# TH. PRUVOST

# LE
# GÉNÉRAL DEPLANQUE
## 1820-1889

### CRIMÉE, MEXIQUE, ALGÉRIE
### ARMÉE DE LA LOIRE

## PRÉFACE
DE
### M. ALFRED DUQUET
Historien militaire

DEUXIÈME ÉDITION

## PARIS
# HENRI CHARLES-LAVAUZELLE
Éditeur militaire
10, Rue Danton, Boulevard Saint-Germain, 118
(MÊME MAISON A LIMOGES)

1902

# LE GÉNÉRAL DEPLANQUE

# TH. PRUVOST

---

# LE
# GÉNÉRAL DEPLANQUE

## 1820-1889

CRIMÉE, MEXIQUE, ALGÉRIE

### ARMÉE DE LA LOIRE

---

*Avec trois Portraits*
*deux Gravures*
*et une Carte des opérations du 16ᵉ Corps, sur la Loire.*

---

## PRÉFACE

DE

## M. ALFRED DUQUET

Historien militaire

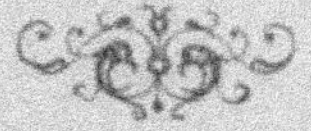

1902

LE GÉNÉRAL LOUIS DEPLANQUE

# PRÉFACE

Il est difficile de trouver un travail aussi intéressant
et aussi consciencieux que celui que M. Th. Pruvost nous
donne sur le général Deplanque. On sent que ce n'est
pas seulement l'écrivain qui raconte la belle vie de son
héros, mais que c'est aussi l'admirateur, l'ami, si nous
pouvons employer ce mot, qui se complaît à mettre en
lumière les qualités, les exploits du général, son parent.

Il est malaisé d'imaginer le soin avec lequel M. Th.
Pruvost a rassemblé ces pages d'histoire où le drame
de la défense nationale se joue en vous déchirant le
cœur, comme il y a trente ans. Que n'avons-nous eu un
plus grand nombre de Deplanque !

Certes, nous ne voulons pas encore exprimer notre
opinion définitive sur l'armée de la Loire et ses généraux ; nous n'en avons pas encore écrit l'histoire et
savons trop combien il est imprudent de rendre un jugement quand on n'a pas examiné toutes les pièces, entendu tous les témoignages. Mais à en croire le remarquable travail de l'auteur, appuyé, nous le répétons,
sur des pièces indiscutables, il nous semble qu'il n'y a
pas témérité à prédire le légitime succès qu'il aura auprès des gens affamés de vérité, auprès des historiens de
l'avenir qui y trouveront maints et maints documents
intéressants, maintes et maintes appréciations décisives,
maints et maints arrêts définitifs.

Voilà justement l'avantage du beau travail de M. Th. Pruvost ; c'est qu'il nous montre les généraux tels qu'ils étaient, c'est-à-dire les uns bons, les autres mauvais, sans compter les médiocres qui étaient légion.

Par conséquent nous ne saurions trop recommander cet ouvrage ; car l'auteur ne s'est pas contenté de raconter, mais a souvent aussi apprécié, et apprécié sainement, les hommes et les événements. Il n'est pas douteux, par exemple, que les considérations précédant l'histoire même du général Deplanque sont, sauf quelques points où il est permis de différer d'opinion, intelligemment pensées et clairement exposées ; ce qui montre, une fois de plus, la justesse de deux vers aussi connus que peu poétiques :

> Ce que l'on conçoit bien s'énonce clairement,
> Et les mots pour le dire arrivent aisément.

Oui, les vrais coupables de la guerre de 1870, sont : d'abord l'Empereur qui n'eut pas la force de résister à son entourage et de lui dire tout haut ce qu'il pensait tout bas, à savoir, que nous n'étions pas prêts.

Ensuite, les journalistes semblables à M. Paul de Cassagnac, — mauvais génie, dans un sens relatif, de l'Empire et de la France, — qui n'avait pas craint d'affirmer que « la force militaire du pays, comme personnel et matériel, comme armement et approvisionnement, ayant été portée à un degré formidable, on était en état de mettre en ligne autant de soldats que la Prusse, et aussi vite, et avec l'avantage d'un armement supérieur ».

Enfin, les généraux, qui n'avaient rien préparé, rien prévu ; qui, sauf les généraux de Palikao, Vinoy, Tripier et quelques autres, ne se doutaient pas de ce qu'est la guerre et n'avaient pas su arrêter le souverain dans la voie où le poussaient de coupables flatteurs.

Combien il est malheureux que des hommes comme Deplanque n'aient pas été là, à côté de Napoléon III pour le rappeler à la réalité !

En effet, Deplanque était des prévoyants. On lira plus loin avec quelle indignation il s'en prend au comman-

dement pitoyable, à l'ineptie des chefs, aux généraux, aux
états-majors, reconnaissant que « seuls les soldats sont
admirables ». Mais on n'ignore pas que les gens au Pouvoir, monarchistes ou républicains, n'admettent auprès
d'eux que des hommes sachant se taire ou approuver ; et
nous redoutons, pour un jour trop rapproché, la navrante
démonstration du mal irréparable qu'auront fait à l'armée
nationale, la fantaisie des humanitaires, les mortelles
doctrines des socialistes. A ce moment ils seront arrivés
à leur but : il n'y aura plus de Patrie ; ils l'auront fait
tuer par l'étranger : nous serons sous le joug de l'Allemand ou de l'Anglais.

Cependant on ne doit pas se lasser de combattre le
bon combat ; il n'est pas permis d'abandonner l'idée de
Patrie quand elle fait la force de nos concurrents, de nos
ennemis.

Et voilà en quoi consiste la valeur, l'utilité de livres
comme celui de M. Th. Pruvost ; c'est qu'ils nous indi-
quent le chemin, en notant les précédentes étapes d'un
soldat patriote, de Deplanque. On ne retombe guère dans
un piège où l'on a été pris : on ne commet pas volontiers,
de nouveau, une faute dont on a eu à souffrir : on permet moins facilement à des gouvernements et à des
généraux, des fantaisies politiques ou militaires qui ont
déjà conduit le pays à deux doigts de sa perte.

C'est le cas, aujourd'hui ou jamais, d'employer les
grands mots, de se servir des phrases solennelles ; car
l'instant présent est plus poignant qu'à n'importe quelle
époque de notre histoire. Non, il n'y a plus une défaillance à supporter, une nullité gouvernementale ou militaire à tolérer, un crime à commettre : l'amphore est
pleine !

Une dernière fois, le livre de M. Th. Pruvost est l'œuvre d'un bon français qui vient à l'aide de tous ceux qui
s'efforcent de conjurer la catastrophe finale : nous le
recommandons de grand cœur à tous les patriotes.

Alfred DUQUET.

Octobre 1901.

# UN MOT AU LECTEUR

Je ne viens pas faire ici œuvre de critique historique. Outre
que je ne suis guère qualifié pour entreprendre un travail de ce
genre, le but spécial que je poursuis est tout autre et beaucoup
plus modeste. Laissant volontiers aux historiens, aux érudits,
le soin d'examiner et de discuter l'opportunité des mesures prises, de critiquer les erreurs du commandement et les fautes stratégiques d'ensemble ou de détail, je rechercherai dans ce qui a
paru sur l'armée de la Loire (1), les passages qui font particulièrement honneur à la 1<sup>re</sup> division du 16<sup>e</sup> corps. Je m'emparerai
des bons endroits, et ils sont nombreux ! Si nombreux même
qu'ils ont provoqué le développement considérable et certes
bien inattendu d'une simple notice (2) pour laquelle je n'avais
rêvé d'abord qu'un cadre de quelques pages. Je m'en console,
trop payé même de mon labeur, s'il me permet d'apporter mon
humble hommage à cette vaillante armée de d'Aurelle et de
Chanzy par la mise en relief des beaux états de services d'un de
leurs lieutenants les plus actifs, mon cousin. Oui, je m'applaudis
de cette occasion qui s'offre aujourd'hui à moi de signaler au
respect et à l'affection de tous, la mémoire d'un officier général
français qui, dans sa sphère d'action relativement considérable,

(1) Ou plus exactement, dans les ouvrages que j'ai eus à ma disposition, que
j'ai analysés et résumés. La librairie Berger-Levrault s'est chargée, si j'avais pu
en douter, de m'apprendre combien mes recherches étaient incomplètes et peut
être insuffisantes. Elle faisait récemment paraître un catalogue in 8° de 600 pages du commandant Palat, sur « les publications de toute nature concernant la
guerre franco-allemande ». Je n'en ai donc dépouillé qu'une bien faible partie.

(2) J'en avais commencé la publication dans la « *Revue historique des Provinces du Nord et de l'Est* », dont le tirage s'est arrêté au 1<sup>er</sup> numéro. — Voyez les
n<sup>os</sup> 1 et 3 : avril et juin 1896.

a su mériter constamment la confiance et l'estime de ses chefs pendant cette période si mouvementée de la guerre franco-allemande de 1870-71. Je n'en veux pour preuve, entre cent autres, que ce billet de Chanzy, du 12 janvier 1871 :

> « Mon cher général, vous connaissez maintenant la situation en
> « avant de Pontlieue : elle ne peut se réparer que par de la vi-
> « gueur *et je compte sur la vôtre*. Les choses sont en bonnes
> « mains en celles de l'amiral (1) : secondez-le sans limites.
> « A cheval donc dès le matin et sus aux Prussiens ; c'est la seule
> « manière de nous tirer d'affaire.
> « Recevez, mon cher général, l'assurance de mes sentiments les
> « plus affectueux.
>
> « Le général en chef ; signé : Chanzy ».

Général de brigade à l'armée de la Loire, mais chargé par intérim, (6 décembre, fin janvier) et cela sans interruption, du commandement de la 1ʳᵉ division du 16ᵉ corps, c'est-à-dire constamment placé sous les ordres de ce même général Chanzy, Deplanque exécuta toujours avec intelligence et « vigueur », nous le verrons, les instructions qui lui furent transmises.

Aussi bien n'est-ce pas du grade en lui-même, occupé dans la hiérarchie militaire qu'il s'agit ici. Le zèle professionnel incessant ; la bravoure tranquille et souriante (2) en face du péril, si puissante pour entraîner les bataillons ; le dévouement absolu à la Patrie envahie : le sacrifice de la vie renouvelé à chaque pas en avant, tenté pour la délivrance du sol natal : la lutte soutenue toujours et quand même, sans espoir, jusqu'au bout, pour l'honneur, alors surtout que l'on avait si bien prévu la lamentable série de catastrophes (3) sous lesquelles se débat le pays épuisé ; telles sont, avec l'amour du soldat et le souci constant de son bien-être pendant cette campagne de 1870-1871, les vertus guerrières qu'il nous faut admirer sans réserves dans le général Deplanque. Et n'est-il pas, d'ailleurs, tels et tels généraux de la Révolution et du premier Empire qui sont devenus, eux aussi, et à bon droit, même dans un emploi subalterne, plus célèbres et plus admirés que certains chefs d'armée ?

Quant à ce qui concerne le rôle du général Deplanque au 16ᵉ

_______

(1) Le contre-amiral Jauréguiberry, qui avait remplacé à titre de général de division auxiliaire, le général Pourcet, à la date du 7 novembre, puis, le 6 décembre 1870, le général Chanzy à la tête du 16ᵉ corps. Sa promotion au grade de vice-amiral est consécutive aux combats de Villepion et Loigny.

(2) On trouvera plus loin les anecdotes si finement contées par MM. H. Bohineust et Mussat, nous montrant sous cet aspect séduisant le commandant du 37ᵉ de marche et du 33ᵉ mobiles.

(3) Dans une dizaine de lettres qu'il écrivait d'Algérie à sa mère, de juin à septembre 1870, et que je reproduis en bonne place.

corps de l'armée de la Loire, je laisserai, si je puis ainsi dire, la parole aux faits (1), m'appuyant principalement pour l'établir sur les rapports officiels de ses chefs immédiats, l'amiral Jauréguiberry, les généraux d'Aurelle de Paladine et Chanzy.

Je sais bien quelles critiques soulèvera le simple aveu de l'emploi d'une telle méthode de travail : je les ai prévues dès la première heure sans trop m'en émouvoir et prie seulement aujourd'hui qu'on se rappelle le résultat que je me suis proposé d'atteindre.

Avec l'incessante préoccupation de nommer tous les auteurs auxquels je ferai mes nombreux emprunts, je n'aurai que le regret d'être trop souvent obligé de me borner : car ils semblent rivaliser entre eux (2) dans la description du réconfortant spectacle qu'offrit à l'Europe entière, la deuxième armée de la Loire. Ils nous montrent à l'envi ces jeunes troupes, à peine aguerries, mal vêtues, insuffisamment armées, aux prises avec les formidables bataillons prussiens, et qui paraissent cependant, aux heures mêmes les plus difficiles, « exécuter une manœuvre » sous le feu de l'ennemi, comme à la parade (3).

Voilà la tâche dans laquelle, encore une fois, je veux presque exclusivement me confiner. Tel quel, ce volume, j'ose l'espérer, ne sera pas dépourvu de tout intérêt pour le lecteur.

Qu'importent après tout, la notoriété plus ou moins grande et la compétence, fort contestable certes, en l'occurrence, de l'auteur, s'il réussit au milieu d'un tel concert d'éloges décernés de toutes parts à l'armée de la Loire, à mieux faire ressortir encore toutes les qualités militaires de l'admirable soldat qu'a été Deplanque ?

Si donc je parviens à dissiper quelques injustes préventions dont n'ont pas toujours su se défendre à son endroit, des compatriotes du général Deplanque eux mêmes : si je réfute victorieusement et par des faits précis l'inepte boutade d'un paysan d'Auxi-le-Château, qui trouvera sa place dans les dernières pages de ce livre ; si je réponds surtout à l'attente de ses anciens frères d'armes, de ses camarades, de ses amis, — le seul public

_______________

(1) Consignés, par exemple, dans les « historiques » des régiments qui formaient la brigade ou la division Deplanque, et dans tous les ouvrages spéciaux.

(2) Tels MM. Maurice Bois, Auguste Boucher, Ulysse Chabrol, Arthur Chuquet, Jules Janicot, Henri Bobineust, Amédée Delorme, Ed. Deschaumes, Le Hautcourt... et cent autres que je citerai tour à tour en suivant la marche des événements.

(3) G⁰ˡ Chanzy : la 2ᵉ armée de la Loire : (édit. de 1888) ; compte-rendu de la bataille de Loigny, 2 décembre : éloge du 33ᵉ mobiles : (Sarthe), de la brigade Deplanque.

à qui j'avais songé longtemps en entreprenant ces recherches ; — si, enfin, l'on veut bien m'accorder que le général Louis Guislain Deplanque, à l'armée de la Loire, s'est montré toujours pendant ce terrible hiver de 1870-71, à la hauteur des circonstances et bien digne de son brillant passé militaire en Crimée, au Mexique et en Algérie :

Mon but alors aura été pleinement atteint

Je n'ambitionne pas autre chose pour sa chère mémoire, ni pour moi même, de plus douce récompense.

Th. PRUVOST

( DEPLANQUE PAR SA MÈRE ).

# LA FAMILLE DEPLANQUE

# LA FAMILLE DEPLANQUE

Le général de brigade Deplanque est issu de l'une des plus anciennes et des plus riches familles d'Auxi-le-Château (1). Il existe, en effet, un acte de vente notariée qui la concerne, lequel remonte à l'année 1640 et porte cette mention : « vente mobilière la plus importante qui se soit faite jusqu'à ce jour dans le district d'Auxi-le-Château ».

Du registre des actes de l'état-civil de cette commune, je me contente d'extraire les quelques indispensables renseignements généalogiques qui suivent.

Le grand père du général, Louis-Joseph Deplanque, « marié à une dame Françoise Daulé, demeurant à Auxi » (2), était « propriétaire et marchand brasseur ».

Le 3 février 1819 il mariait son « fils mineur, Louis-Joseph Deplanque, à Éléonore-Henriette Brigitte Flécheux, née à Auxi, le 20 prairial, an IV de la République, fille majeure de Louis-Guislain-Henri Flécheux, marchand drapier ». Ils eurent trois fils :

Deplanque Louis-Joseph, né le 23 février 1820 ;

Deplanque Charles-Gustave, né le 21 mai 1822 ;

Deplanque Charles-Antoine Henry (3), né le 21 février 1828.

Les trois frères commencèrent leurs études au collège d'Auxi, de bonne réputation, sous la paternelle et habile direction de

---

(1) Chef-lieu de canton de l'arrondissement de Saint-Pol (Pas-de-Calais), sur la rivière l'Authie, de 2721 habitants. — Annuaire de 1868.

(2) La grand'mère du général, du côté maternel, était « une dame Constance-Éléonore Waré, demeurant à Auxi ».

(3) Les prénoms usuels étaient : Louis, Gustave, Henry. — Ce dernier est souvent orthographié Henri, dans les lettres que je possède du général qui écrit indifféremment encore Auxi ou Auxy, le nom de sa petite ville natale.

M. Duquesnoy. Louis et Gustave les continuèrent au collège d'Abbeville (1) et s'y préparèrent à Saint-Cyr.

Les succès de Gustave dans ce nouveau milieu, furent même si remarquables que le chef d'une très importante institution de Rouen (2) l'attira dans sa maison en vue des épreuves du concours général.

Louis Deplanque entrait en 1838 à l'Ecole spéciale militaire, la quittant en 1840, le 93° sur 166 ; et Gustave, qui y était admis à son tour en 1840, en sortait en 1842, le 33° sur 241 promus (3).

A deux ans d'intervalle, les deux jeunes sous-lieutenants furent incorporés au même régiment, le 50° de ligne, alors en garnison à Lille Ils y étaient bientôt rejoints par leur frère cadet, Henry Deplanque, engagé volontaire au 50°, et à qui, le soir, à leurs heures de liberté, ils servaient assidûment de répétiteurs, rêvant pour lui aussi un avenir militaire convenable, même sans le secours de l'Ecole de Saint-Cyr.

La modeste fortune paternelle avait en effet sombré dans des entreprises quelque peu téméraires et des spéculations désastreuses (4) ; et l'aîné de la famille nous apprendra dans sa correspondance, qu'il dut aider les débuts de son frère Gustave, pourvoir aux besoins de son autre frère Henry, en même temps qu'à son entretien personnel, et bientôt même envoyer quelques subsides aux vieux parents d'Auxi-le-Château, le tout prélevé sur sa maigre solde de sous-lieutenant, puis de lieutenant !

En juin 1844, Louis Deplanque obtenait une première et flatteuse distinction ; il passait en effet sous-lieutenant aux grenadiers, c'est-à-dire dans une compagnie d'élite, récompense alors très recherchée (5).

Promu lieutenant le 19 octobre 1844, il était encore affecté, le 9 juin 1847, avec le même grade, *au choix*, à une compagnie de grenadiers.

Le 25 juin 1849 il était nommé capitaine et se rendait bientôt après en Italie, avec le 50° de ligne. Cette première « Campagne » sur laquelle manquent pour moi tous renseignements, lui valut

---

(1) Grosse sous-préfecture du département de la Somme, à quelques lieues d'Auxi-le-Château.

(2) Il suivit pendant les deux années scolaires 1837-1838 et 1838-1839, les cours du lycée, en qualité d'externe libre du pensionnat Lévy.

(3) Croirait-on que la direction de notre Ecole de Saint-Cyr à laquelle je me suis adressé pour avoir les numéros d'entrée des deux frères, en 1838 et en 1840, n'a pas pu me fournir ce renseignement qui doit cependant figurer dans ses archives ?

(4) Il avait en outre équipé, en grande partie à ses frais, une magnifique compagnie de sapeurs-pompiers dont la ville d'Auxi pouvait être fière.

(5) Voir son *dossier*, aux archives administratives du ministère de la guerre.

rapidement le grade de capitaine adjudant-major, le 18 janvier 1851.

Rentré alors en France il concourut énergiquement à la répression des troubles populaires et des soulèvements qui eurent lieu dans le midi, en 1851.

Au début de l'année 1852, Louis Deplanque écrivait, le 4 janvier, à ses « chers Parents » :

« Désirant voir cesser l'état de gêne dans lequel vous vous trouvez, et voulant contribuer, autant qu'il est en notre pouvoir, Gustave et moi, à votre bien-être, nous avons résolu de vous envoyer tous les mois 30 francs. Nous espérons que cette somme que, malheureusement, nous ne pouvons rendre plus forte, jointe aux appointements de notre père, vous mettra à même de vivre comme par le passé »...

Il avait conservé pour la mémoire de son vieux père un culte pieux et attendri, lui sachant gré surtout de ce qu'il avait voulu faire de ses trois *garçons*, des soldats. Il lui était également reconnaissant, somme toute, et bien qu'il s'insurgeât contre des prétentions excessives, non pas en elles-mêmes, mais vu son propre budget, assez restreint, de ce que, après avoir connu longtemps une honnête aisance, il avait su s'incliner devant l'adversité et s'accommoder philosophiquement d'une fort modeste situation à Auxi, non moins modestement rétribuée.

Du reste, monsieur Deplanque, capitaine des pompiers d'Auxi-le-Château, avait les plus beaux états de services. Le 4 janvier 1853, il était, de la part de Monsieur le Sous-Préfet de Saint-Pol, l'objet du rapport suivant, adressé au Préfet du département :

« Monsieur Deplanque, nommé en 1830, capitaine de la compagnie des pompiers d'Auxi-le-Château, contribua puissamment au maintien de l'ordre public dans cette commune pendant le mouvement révolutionnaire. Il organisa la compagnie, l'instruisit et, quoique peu fortuné, coopéra de ses deniers à son équipement. Son énergique dévouement se manifesta dans plusieurs incendies ; et, notamment en 1846, après deux sinistres, où son courage fut de nouveau remarqué, il reçut de M. le Ministre de l'Intérieur, la médaille d'argent de 1re classe (1).

La compagnie qu'il commanda pendant 22 ans, sans interruption, voulut, il y a peu de jours, à l'occasion de sa reconstitution, en conformité du décret du 11 janvier 1852, offrir à M. Deplanque un témoignage de gratitude et d'attachement. Elle ouvrit dans son sein une souscription à l'effet d'offrir à son capitaine une épée d'honneur. Je m'empressai de m'y associer, tant j'applaudissais à cet acte de justice et, à la fois, parcequ'il convenait que je diri-

_______________

(1) Paris, 9 août 1846. Ministère de l'Intérieur. *Récompense pour belles actions.* — « Médaille d'honneur de 1re classe, en argent, au sieur Deplanque, officier des sapeurs-pompiers, pour le courage et le dévouement dont il a fait preuve à Auxi-le-Château, et notamment dans la nuit du 9 au 10 avril 1844 ».

geasse ce mouvement dans cette commune. La souscription a produit une somme de 60 fr. 80. M. Deplanque, qui joint à tant d'autres qualités une grande modestie, a réclamé comme une faveur (1), que l'on n'employât que la plus minime somme à l'achat de son épée, afin que le reste fût destiné à l'orphelin d'un des sapeurs-pompiers, mort dans son service ; en conséquence 34 fr. 80 seulement ont servi à l'achat de l'épée d'honneur.

J'ai fait connaître à M. Deplanque qu'en conformité de l'ordonnance royale du 10 juillet 1816, il avait besoin d'être autorisé avant d'accepter l'arme que ses concitoyens lui destinent. Aujourd'hui que la souscription est fermée, que l'épée est achetée, M. Deplanque sollicite cette autorisation (2)... J'ajoute que M. Deplanque a trois fils, dont deux sont officiers avec le titre de capitaine adjudant major et de capitaine au 50e régiment de ligne et le troisième, sergent-major dans le même régiment (3). Tous trois se sont particulièrement distingués dans les troubles des Alpes en décembre 1851, cités à l'ordre du jour et promus...

M. Deplanque, qui remplit aujourd'hui les fonctions de commissaire de police à Auxi-le-Château, a cessé de commander la compagnie des pompiers, et je dois dire que dans ses nouvelles fonctions, il mérite tous les jours davantage la bienveillance du gouvernement, mon estime particulière et celles de ses concitoyens »...

Veuillez agréer... etc.

Signé : Filmain.

Au commencement de cette même année 1853, le capitaine adjudant major Louis Deplanque était passé, lui aussi, en Afrique.

M. Deplanque mourait le 18 septembre 1854 (4), au moment où ses trois fils débarquaient en Crimée.

---

(1) Extrait du procès-verbal officiel de la démarche faite par la compagnie, le 15 novembre 1852, auprès de son capitaine : « Les sapeurs-pompiers soussignés, désignés pour recevoir la souscription, ayant consulté leur capitaine pour l'ornementation de l'épée qu'ils doivent lui offrir, ont reçu la réponse suivante : Je la veux simple et à l'usage de mes fonctions, son mérite ne consistant que dans l'estime et la reconnaissance de ceux qui me l'offrent. Je désire conserver le plus d'argent possible pour obtenir un livret de caisse d'épargne au jeune fils d'un de nos braves camarades, mort dans le service. — Cet acte de modestie et d'humanité, ayant été su de M. le Sous-Préfet, cet honorable magistrat s'est empressé de doubler la somme de 26 francs qui était restée après l'achat de l'épée, selon le désir du capitaine. Ce noble et généreux exemple a été le sujet d'une seconde souscription, suite de la première, où sont inscrits messieurs... »
Viennent alors 52 signatures.

(2) Elle lui était accordée le 12 février 1853.

(3) Simple coïncidence, sans doute, mais, par elle-même, assez curieuse. Même à cette époque, la présence simultanée de trois frères sous le même drapeau n'était peut-être pas des plus fréquentes.

(4) Louis écrivit à ce sujet une longue lettre à sa mère, le 15 octobre, dans laquelle il lui exprimait toute la douleur que lui causait la « fatale nouvelle ». Cette démarche est trop naturelle en semblable conjoncture pour que je reproduise cette lettre et deux autres qui la suivirent, ayant pour but de régler certains détails tout intimes.

# LES TROIS FRÈRES DEPLANQUE

## EN CRIMÉE

1854-1856

# L'EXPÉDITION D'ORIENT

On sait quelles complications politiques lui donnèrent naissance, de même que les principaux événements militaires qui l'illustrèrent (1). Je veux me borner à rappeler ici, en quelques lignes, et parce que nous aurons les mêmes constatations à faire pour la guerre franco-allemande de 1870, dans quelles « déplorables conditions » cette glorieuse mais sanglante expédition fut conçue, entreprise et conduite.

« Bien que la longue campagne diplomatique qui avait précédé la déclaration de guerre, eût laissé à la France tout le temps voulu pour mener à bien les préparatifs d'une importante expédition (2), quand le moment d'agir arriva, on constata que bien des choses étaient à improviser, et ce manque de prévoyance retarda singulièrement le transport de troupes et l'entrée en action du corps expéditionnaire... Tout d'abord, tant en Angleterre qu'en France (3), on ne se rendit point exactement compte de l'étendue des sacrifices qui seraient nécessaires pour contraindre la Russie à faire la paix. Aussi, il ne fut d'abord question que de la formation d'un corps expéditionnaire de 9.000 hommes (4) ».

Mais l'on ne tarda pas à comprendre que c'était insuffisant pour une démonstration effective, et l'on réunit en France et en

---

(1) La note dite *des quatre garanties*, remise par les grandes puissances européennes... La première phase de la guerre déclarée le 5 octobre 1853 : le désastre de Sinope pour la flotte turque... Le traité d'alliance du 12 mars 1854, entre l'Angleterre, la Turquie et la France, puis la convention du 10 avril suivant...

(2) Gustave Marchal : *La guerre de Crimée.*

(3) Consultez : Léouzon Le Duc (1854) : *La Russie Contemporaine* ; B. H. Gausseron : *Les Veillées populaires*, n° 9 : Introduction ; L. Thouvenel : *Nicolas I$^{er}$ et Napoléon III : les préliminaires de la guerre de Crimée. 1852-1854.*

Cf. appendice 1 à la fin du volume.

(4) Composé de 6.000 Français et de 3.000 Anglais, et qui devait être dirigé sur Gallipoli.

Angleterre deux véritables armées qui furent renforcées d'une division turque (1).

Le commandant en chef des troupes françaises (2) commence aussitôt à se plaindre amèrement de « l'insuffisance de l'artillerie » mise à sa disposition, du chiffre dérisoire de sa cavalerie, du manque de vivres et d'approvisionnements de toute nature (3).

« Nous avons eu à regretter l'insuffisance de certains moyens nécessaires (4), la surabondance de quelques autres moyens moins importants, des secousses, l'emploi fréquent des expédients dans une confusion qui exprimait clairement que la préparation n'avait pas été mûrie. En même temps nous avons compris que le succès, bien qu'il eût couronné nos efforts, eût été moins disputé, peut-être plus décisif au point de vue de la politique de la guerre, si nos troupes eussent combattu avec autant d'ordre et de méthode qu'elles avaient montré d'élan ».

Au cours de l'hiver 1854-1855, nos soldats furent cruellement éprouvés, sous ce climat rigoureux (5). Le chiffre des malades atteignit jusqu'à près du dizième des effectifs. A Kamiesch arrivait tous les matins le convoi des « pieds gelés » (6). Les chevaux avaient non moins à souffrir.

On sait la longue et meurtrière résistance que l'armée russe opposa aux efforts des alliés, et surtout autour de Sébastopol, du « côté de la terre, par où la défense était fort incomplète ». Je n'ai pas à refaire ici le récit, même abrégé, des événements militaires qui marquèrent la campagne. Mieux vaut, sans aucun doute, aujourd'hui que l'alliance franco-russe est un fait accompli, analyser en passant quels étaient les véritables sentiments,

---

(1) Achmet-Pacha commandait ces troupes d'élite (7.000 hommes).

(2) Maréchal de St-Arnaud… « J'ai pour dix jours de biscuit : on ne fait pas la guerre sans pain, sans souliers, sans marmites, sans bidons. »

(3) Cf., le *Dossier de la guerre de 1870* ; collection du journal *La France*, avec une préface de E. de Girardin ; chap. 1ᵉʳ : *Les guerres antérieures, Crimée, Italie*, p. 1 à 6. On y trouvera une série de documents officiels qui « accusent bien des défauts dans notre organisation militaire ».

(4) Général Trochu : *L'armée française en 1867*. Introduction : p. 3 à 5 ; 16ᵉ édition, Amyot frères.

(5) Baudens : *La guerre de Crimée*, p. 179.

(6) Amiral Jurien de la Gravière ; *La marine d'aujourd'hui*, p. 71 ; Docteur Chenu : rapport sur *la mortalité* dans l'armée française, qui fut beaucoup plus décimée que les troupes anglaises. — Nos pertes s'y seraient élevées au chiffre formidable de 95.615 hommes ! Nous avons vu que l'expédition avait été mal préparée. Des complications de nature diverse surgirent encore pour achever le désarroi général : tels le voyage du commandant Pavé, apportant un plan d'opérations, tracé de la main même de l'Empereur et sur lequel les généraux devaient régler leur tactique et leurs efforts ; les divergences de vues entre lord Raglan et Canrobert ; la démission de celui-ci., et autres incidents pénibles. Quant à l'ingérence directe de Napoléon III dans la conduite de la guerre, elle est prouvée encore par la dépêche du général Pélissier, du 19 juin 1855.

l'un pour l'autre, des deux peuples momentanément aux prises.

On a dit sur l'expédition d'Orient ce mot aussi heureux que juste (1) : « il n'y eut d'ailleurs pas de vaincus, pas de vainqueurs ». En effet, les troupes alliées et les troupes russes firent assaut, non seulement de bravoure et d'héroïsme, mais de chevaleresque courtoisie (2), et de respect, nuancé d'admiration réciproque (3).

« La guerre de Crimée restera une des plus sanglantes du siècle ; elle est peut-être celle qui a laissé après elle le moins de souvenirs pénibles... (4) Le souvenir de Sébastopol est en quelque sorte le patrimoine commun et indivisible des deux armées... La campagne de Crimée, en mettant aux prises les deux nations, les avait, pour ainsi dire, présentées et révélées l'une à l'autre... »

M. Alf. Rambaud semble, en vérité, avoir pressenti à 20 ans d'intervalle (5), les événements qui se sont accomplis dans les démonstrations enthousiastes de Cronstadt et de Toulon.

Malheureusement les amis de la Russie et de la France n'avaient pas été seuls perspicaces. Il importe en effet de nous rappeler à la suite de M. G. Rothan (6), qu'au lendemain même de la prise de Sébastopol, M. de Bismarck (7) avait « prévu et prédit un rapprochement intime entre la Russie et la France ». Cette intuition du futur chancelier de fer nous explique pourquoi et

---

(1) Général Saussier. — Discours prononcé à l'église de la Madeleine.

(2) De Bazancourt raconte dans son ouvrage (*Expédition de Crimée*, (chronique de la guerre d'Orient), p. 302-303, l'anecdote du capitaine Dampierre, officier d'ordonnance du général Bosquet, pris par des Cosaques, rendu libre sur parole pour aller rassurer les avant-postes sur son sort, et qui revient, au galop de son cheval, se reconstituer prisonnier.

(3) En voici sans aucun doute, la fort originale et très significative manifestation : « Le 15 avril, les officiers français, le maréchal Pélissier à leur tête, passèrent en revue l'armée russe. Le surlendemain, c'est-à-dire le 17, nous rendîmes la politesse à nos anciens ennemis », dans la plaine de Balaklava. — J. Ph. Brossmann : *Mémoires d'un soldat ordonnance*, 1854-1872.

(4) Alf. Rambaud : *Moscou et Sébastopol*, 1812-1854.

(5) Lire dans la *Revue Bleue* (4ᵉ série, T. IV, nᵒˢ 9 et 11 : nov. et déc. 1895), un article très élogieux et non moins mérité, signé « Armand Du Mesnil » sur ces *Vues prophétiques* de M. Rambaud qui a consacré cinq ou six autres ouvrages à la Russie : *Histoire de la Russie ; la Russie épique* (2 vol.) ; *Français et Russes ; Etude sur l'armée russe* (1893).

Le livre du lieutenant-colonel Hennebert, l'*Aigle russe*, celui déjà cité, de Gustave Marchal..., nous offrent sur cette question de sympathies fort anciennes, sur les idées de rapprochement et d'alliance, d'intéressantes révélations.

En 1872 étaient publiées les *Notes d'un prisonnier de guerre*, dont la 7ᵉ série porte ce titre significatif : la *Revanche contre la Prusse ; l'Alliance russe* ; (Victor Palmé, édit.)

(6) La *Prusse et son roi pendant la guerre de Crimée*. Appendice : pp. 276 et ss.

(7) Alors simple agent diplomatique de la Prusse, près la diète de Francfort.

comment, *dès cette époque* (1), avec un esprit de suite admirable, une patience et une ténacité inlassables, une souplesse peut-être sans exemple, la diplomatie prussienne pivota successivement vers ces deux pôles, dans une unité de vues parfaite : leurrer la France pour abattre d'abord l'Autriche (2), puissance centrale ; fortifier et agrandir d'autant la Prusse, pour se retourner alors contre la France, dupée et isolée.

Or, dans les deux conflits de 1866 et de 1870, le ministre prussien saura assez habilement manœuvrer pour s'assurer de la neutralité de la Russie.

Il y aurait eu pour Napoléon III, au point de vue si important de la science et de la tactique militaires, un grand enseignement à retirer de cette campagne d'Orient ; mais les fautes commises alors n'apprirent rien à ce souverain qui, en Italie, au Mexique et en 1870, sera victime des mêmes errements dans la conception, dans la préparation et dans la conduite des opérations de guerre.

---

(1) Un autre personnage en Prusse se montra d'une égale clairvoyance sur la politique qu'il convenait d'adopter à l'égard de la France après la guerre de Crimée. De 1857 à 1870, De Moltke, en stratégiste qui ne veut rien avoir laissé au hasard, quand l'heure propice aura sonné, concentra tous ses efforts dans l'élaboration de tous les plans nécessaires pour une lutte éventuelle contre la France.

Cf. : La *Correspondance militaire de De Moltke 1870-71* ». Tome premier : la guerre jusqu'à *la bataille de Sedan* ; (Lavauzelle).

(2) Madame Adam, dans ses articles sur la *Politique Extérieure*, dès 1879, prédisait elle aussi, dans la *Nouvelle Revue*, le rapprochement de la France et de la Russie, et en plus, *la formation de la Triplice*.

Cf. : Hippolyte Fournier : *M. de Bismarck et Mme Adam*, pp. 7 et ss. Consultez encore : Mémoires du duc de Morny : *Une ambassade en Russie, 1856* ; un diplomate russe : *Les adversaires naturels de l'Allemagne : Russie et France* ; V. E. Venglin : *L'amitié franco-russe : ses origines*.

LES

# CAPITAINES LOUIS ET GUSTAVE DEPLANQUE

## ET LE SERGENT-MAJOR HENRY DEPLANQUE

*au 50ᵉ de ligne, en Crimée :*

### 1854-1856

Ils débarquèrent en Crimée, le 14 septembre 1854, avec le 50ᵉ régiment de ligne (1) qui prit une part glorieuse aux combats et batailles de l'Alma, Balaklava, Inkermann et Tracktir (2), se distinguant partout entre les plus braves. Il fut même si éprouvé dans certaine rencontre (3), que le capitaine adjudant-major Louis Deplanque, — tous les officiers supérieurs ayant été tués ou mis hors de combat, — dut prendre à l'ancienneté, le commandement provisoire du régiment, auquel il sut d'ailleurs communiquer un nouvel et irrésistible élan.

Nous noterons en passant un détail des plus touchants. Oubliant, dans les heures d'angoisse qui suivent une chaude affaire, les dissentiments qui déjà les divisaient si péniblement, Louis et Gustave se cherchaient, la nuit, sur les champs de bataille, parmi les morts et les blessés ; et leur étreinte, lorsqu'ils se retrouvaient plus ou moins sains et saufs (4), semblait sceller une réconciliation éternelle.

A la fin de la campagne ils furent promus tous deux (5) che-

---

(1) Colonel Trauers ; 1ʳᵉ brigade, d'Autemarre ; 2ᵉ division, Bosquet.

(2) Gustave Marchal, de Bazancourt, Baudens, ouvrages cités ; consulter aussi : le journal du corps de siège de Sébastopol.
Général Thoumas : « Mes souvenirs de Crimée, 1854-1856 »
Paul de Molènes : « Commentaires d'un soldat » p. 78 et n. 5.
Archives historiques du ministère de la guerre : « historique du 50ᵉ de ligne ».

(3) Assaut du Mamelon vert, 7 juin, 1855 — *Tués* : Colonel de Brancion, lieutenant-colonel Leblanc. *Blessés* : chef de bataillon Signorino.
(Renseignement dû à l'obligeance de M. Martinien, du bureau des archives historiques, au ministère de la guerre).

(4) Le capitaine Gustave Deplanque reçut « une contusion à la jambe gauche, produite par un éclat d'obus au combat de la Tchernaïa, le 16 août 1855 » — Cf. Dossier, aux archives administratives du ministère de la guerre.

(5) Septembre-octobre 1855.

valiers de la légion d'honneur et reçurent également la médaille de S. M. la reine d'Angleterre (1), plus tard, en 1859.

Leur belle conduite leur valut en outre une promotion : *Louis* passa chef de bataillon, le 23 septembre, et fut affecté au 7e régiment de ligne.

Quant à *Gustave* qui « s'était tout particulièrement distingué au siège de Sébastopol » (2) il succéda à son frère comme capitaine adjudant-major au 50e de ligne.

Les lettres de Louis Deplanque nous expliqueront pour quels motifs il avait plus que jamais à se plaindre de l'attitude de ses deux frères, Gustave et Henry. Je n'en retiendrai que les extraits strictement nécessaires pour fermer la bouche aux jaloux et aux calomniateurs qui n'ont peut-être pas tous encore désarmé à Auxi-le-château. Nous le verrons de nouveau à l'œuvre ce *mauvais frère, ce mauvais fils*.

Mais ces mêmes lettres (3) nous donnent sur les événements militaires des détails tels qu'on les lira avec intérêt, je n'en doute pas, et avec plaisir, même après toutes celles que nous connaissons déjà et qui sont, au moins en partie, relatives à cette même période (4), 1854-1856.

----

(1) « A quatre agrafes : Alma, Balaklava, Inkermann, Sébastopol (siège de) ».

(2) Dossier, aux archives administratives — et historique du 50e régiment de ligne, aux archives historiques du ministère de la guerre.

(3) Ai-je besoin de faire remarquer que cette correspondance intime n'a pas été écrite en vue d'une publication posthume, mais sans aucun apprêt ni artifice littéraire, au jour le jour, au courant de la plume, et que c'est seulement par un hasard presque providentiel qu'elle a été conservée dans les papiers de madame Deplanque ?

(4) « Lettres du maréchal Bosquet à sa mère, 1830-1858 », choix publié par le général Fay :

« Lettres sur le Caucase et la Crimée ». *Paris*, 1859. Lieutenant Vuillemot. Lettres parues en 1871, dans le *Temps*. H. Galli : Crimée, Italie. Notes et correspondance de campagne du général de Wimpffen.

Celles « écrites de Crimée et d'Italie au maréchal de Castellane », et publiées par la comtesse de Beaulaincourt. (Cf. Revue hebdomadaire : 11 et 18 juin 1898. Le livre de M. Ch. Bocher qui contient ses « lettres de Crimée souvenirs de guerre ». ., etc. Cf. appendice I, à la fin du volume.

LOUIS ET GUSTAVE DEFLANQUE SE CHERCHANT, LA NUIT, SUR LES CHAMPS DE BATAILLE DE CRIMÉE.

# EXTRAITS DE LA CORRESPONDANCE
## DU CAPITAINE LOUIS DEPLANQUE

Devant Sébastopol (Crimée), le 2 novembre 1854.

Ma chère mère (1), j'ai tout lieu de croire, d'après les demandes continuelles que mon père m'adressait et auxquelles je ne pouvais suffire, ayant à fournir à Henri pour lui éviter des punitions et même pis, j'ai lieu de croire, dis-je, qu'il t'a laissée à peu près sans le sou. Dans ma lettre à M⁰ D..., je le prie de pourvoir à tes besoins, soit lui-même, soit par une personne qu'il me désignerait et avec laquelle je me mettrais en rapport pour cela. En attendant je t'envoie un mandat sur la poste de cent francs. Je voudrais pouvoir te fournir les moyens de vivre confortablement ; mais malheureusement, les circonstances ne me permettent guère ici d'économiser, et d'ailleurs la solde d'un officier n'est pas calculée dans ce but ; nous sommes forcés de dépenser en proportion de nos appointements. Comme je le dis à M. D... je doute que la maison te reste. Tâche alors de trouver le moyen de te loger bien et pourtant modestement. J'aimerais du reste que tu fisses toi-même l'exposé de tes ressources et de tes besoins, afin de me mettre en mesure d'y pourvoir... Je ne te parle que de moi dans tout cela, parce que je ne peux compter que sur moi. Je ne comprends pas que vous n'eussiez pas pu vivre à deux avec les 1.200 fr. d'appointements de mon père, ayant logement, meubles etc., pas de frais de tenue ni de toilette ; enfin, point de dépenses continuelles et forcées, comme réunions de corps, voyages, uniformes, domestique... etc. Vous pouviez vivre plus à votre aise que moi avec le double. Enfin, c'est une question que je ne tiens pas à éclaircir pour les autres, mais seulement à bien établir pour moi. Je ne veux pas entendre parler de suppliques, de demandes au Gouvernement, à qui que ce soit. Il sera toujours temps de tendre la main quand tu y seras forcée. Je te prie aussi de ne rien demander à nos très chers parents. Quand on est pauvre, on n'a de parents que les pauvres. Sois digne dans le malheur qui te frappe et tu seras, par là même, au-dessus d'eux. Le siège touche à sa fin : la saison s'avance aussi. Je pense que la campagne ne tardera pas à être terminée pour cette année.

> Adieu, ma chère mère ; aie bon courage et confiance dans ton dévoué, Louis DEPLANQUE.

En ce qui concerne le siège, le capitaine Deplanque s'abusait quelque peu... Sa mère dut lui répondre sans retard, car voici

---

(1) Toutes les lettres que je possède commencent invariablement par cette formule : *ma chère mère* pour se terminer — sauf trois ou quatre où nous trouvons un mot un peu plus tendre, — par cette suite, aussi conventionnelle : *je t'embrasse*, suivie de la signature ; mais nous verrons quels sentiments s'abritaient derrière ces froides apparences.

une autre lettre de lui, du 26 novembre — « au camp, sous Sébastopol », — dans laquelle il lui exprime son contentement d'avoir appris

« Que le loyer de la maison ne se montait qu'à 120 francs par an et que le bail était de 18 ans. Ce n'est certes pas trop cher, et tes désirs, de ce côté, seront satisfaits... D'après ce que tu me dis, et en consultant mes ressources, tous les quatre mois je t'enverrai 100 francs, plus, tous les ans, 120 francs pour ton loyer. Après cela, si tu avais besoin, ne te fais pas faute de me le dire... Mesdemoiselles Pauline et Basilisse auraient eu mauvaise grâce de t'abandonner en pareille circonstance (1) ; cependant je leur sais un gré infini de leur sympathie pour nous, et je te prie de le leur faire savoir...

Ton dévoué fils, LOUIS DEPLANQUE.

Dans une troisième lettre, datée du Camp, sous Sébastopol, le 15 décembre 1854 (2), nous lisons une description un peu attardée de la bataille d'Inkermann. Il est probable que dans celle du 26 novembre Deplanque, absorbé par les soucis d'installation de sa mère à Auxi et par le règlement des affaires de famille, avait oublié de parler de la journée du 5 novembre ou n'en avait pas eu le temps. Quoiqu'il en soit, voici son récit :

Ma chère mère, ta lettre s'est croisée avec la mienne ; du reste, je te répétais à peu près ce que j'ai écrit à M° D., et j'ai été obligé, pour t'adresser celle-ci, d'attendre qu'il y ait des mandats à la poste parce que je voulais t'envoyer une centaine de francs que tu trouveras dans la présente.

Nous avons eu ici de fort mauvais temps et, partant, le siège a fait peu de progrès : cela va mieux et il est probable que 1854 ne se terminera pas sans que nous soyons entrés dans quelque partie de la ville (3). Il y a fort à faire et pour l'avenir du siège, et pour nous, armée de soutien (4).

Le 5 du mois dernier nous avons repoussé 50 à 60.000 hommes que les Anglais avaient laissé monter sur le plateau que nous occupons, avec une partie de ma brigade seulement. Malgré toutes

---

(1) Mlle Pauline Quillier, rentière, habitait Auxi avec Mlles Basilisse et Palmire Dufossé, dont il sera question plusieurs fois, toutes trois fort liées avec la famille Deplanque, et amies d'enfance du capitaine. Elles sont mortes depuis longtemps.

(2) Je ne me flatte pas d'avoir retrouvé toutes les lettres de Deplanque ; Celle-ci est assurément pour faire regretter celles qui auraient disparu.

(3) L'ouvrage déjà cité de M. D. Léouzon Leduc, — d'autant plus curieux qu'il paraissait au moment où les flottes anglo-françaises sillonnaient la mer Noire et la Baltique, — contenait cet avis : « On doit regarder Sébastopol comme une place très forte et très importante, mais non comme une place imprenable, ainsi qu'ont cherché à l'établir tous les écrivains russes. En présence des immenses ressources d'attaque, dont les progrès de la marine et les différentes branches de l'art de la guerre permettent de disposer, elle a des points trop vulnérables pour mériter ce nom ». (p. 386-387 : Renseignements du major Jouval).

(4) L'un des correspondants du maréchal de Castellane lui écrivait, le 11 juillet 1855 : « Jamais la France n'a subi une aussi rude guerre. Les Russes sont de bons et braves soldats qui nous donnent chaque jour des preuves de leur valeur et nous ont repris nos positions à la baïonnette, trois fois, très carrément. Il est vrai que notre ardeur et notre élan en viennent à bout ».

les prédictions (1), il s'en est peu fallu que ces animaux-là ne m'attrapassent. Jamais je ne verrai, sans doute, une pareille grêle de projectiles de toute espèce. Je suis resté 6 heures environ, à cheval, à côté du colonel qui commandait la brigade. Au milieu de tout cela il n'a pas été touché, moi non plus. C'était bien autre chose qu'à l'Alma ! Mais à la fin nous les avons poursuivis à coups de bayonnette. Nous battions la charge sur des tambours abandonnés que nous ramassions, ou bien on la sonnait sur les propres instruments des Russes. C'était une véritable parade de la foire. Tout le monde criait : les Arabes les insultaient dans leur langue et, n'ayant plus de cartouches, leur lançaient des pierres ou les jetaient en bas des rochers. Nos chevaux broyaient les morts et les mourants, qui faisaient chorus de leur côté. C'était quelque chose d'infernal.

Le bruit court qu'après le siège, ma division ira former le noyau de l'armée du Rhin. Cela me procurerait l'avantage de te revoir, peut-être, en traversant la France : et puis nous aurons aussi celui d'être dans un pays civilisé et de ressources de toute espèce. Ici, un chou, quand il y en a, coûte 15 sous : le vin, très mauvais, 2 fr. le litre... etc. Et nous ne mangeons guère que du biscuit et du salé ! Nous nous sommes fait des trous en terre, recouverts de tentes turques, assez solides surtout, pour résister au vent : il y a cheminée

Je suis bien monté de chaussettes de laine, de gilets de laine et de capuchons, de peaux de mouton pour coucher, d'un paletot en peau de mouton aussi. Bref, avec l'habitude que j'ai de vivre dehors, je suis un grand seigneur. Mon mulet vient de m'arriver de Varna avec tout ce qu'on peut désirer en campagne : c'est une fort bonne petite bête arabe qui me coûte bel et bien 300 francs, que je m'applaudis tous les jours d'avoir donnés pour en faire l'acquisition. Mon cheval va bien au feu : c'est l'essentiel.

Il va y avoir de l'avancement. Si tu voyais quelque chose pour moi dans les journaux, ne t'en étonnes pas trop : je le gagne bien ici.

Ton dévoué fils, LOUIS DEPLANQUE.

Le 2 février 1855 il fait à sa mère quelques recommandations :

« Il est important, lui écrit-il, qu'à l'avenir, tu m'accuses réception de l'argent que je t'envoie. Ainsi j'attends encore que tu veuilles bien me faire savoir si, outre les 100 francs dont tu me parles, tu en as reçu 100 autres, envoyés un mois après. Non seulement il me faut pouvoir réclamer en cas de perte ; mais, ce qui est plus important, je ne veux pas que tu manques de quelque chose, même à mon insu.

Gustave, ayant appris que je savais que tu m'avais écrit, s'est décidé à me remettre, *décachetée*, une lettre à mon adresse, renfermée dans la sienne. Je te prie instamment de ne plus user de ce moyen de correspondance : tu voudras bien m'écrire *directement*, à l'avenir.

Enfin, qui sait ? On parle de paix, en France, et l'on a peut-être raison. Ici on fait courir bien des bruits : c'est un commérage permanent. Notre existence est rude et fort monotone. Tout le

_______________

(1) Allusion évidente aux révélations de quelque somnambule extra-lucide d'Auxi ou des environs, connues également de la mère et du fils.

monde, j'en suis persuadé, recevrait avec plaisir la nouvelle de la signature du traité de paix. Lafosse doit être rentré chez lui avec une jambe, [la cuisse], endommagée par un boulet à Inkermann. Je ne pense pas qu'il reste boiteux, mais il sera longtemps à se rétablir. Je crois que son capitaine l'a porté pour quelque petite récompense ; je désire qu'il l'obtienne et qu'il persiste à avoir le bon appétit que je lui connais.

St A... s'est fait tuer en voulant s'assurer de l'état des mollets des russes morts ; (c'est là que se trouve leur bourse) ; c'est un malheureux hasard »... (1).

La lettre du 1er mars 1855, « devant Sébastopol », a dû coûter autant de peine à Louis Deplanque, que de chagrin à sa vieille mère. Quelque pénibles que soient, pour moi aussi, un demi-siècle plus tard, les révélations qu'elle contient, la voici dans ses passages essentiels ; le lecteur appréciera :

« Ma chère mère, ce que j'avais prévu au sujet de Henri est arrivé ; preuve que je n'exagère pas et que tu dois avoir plus de confiance dans mes assertions. Je reçois à l'instant un billet de lui dans lequel il m'informe qu'il est parti pour la France (2) avec son congé, parce que son commandant ne voulait plus le rengager que comme sergent. Tu penses bien que s'il n'a pas été cassé de son grade de sergent-major, ce n'est que parce qu'il était sur le point d'être libéré... Je comprends quelques écarts de jeunesse ; mais le nombre en est illimité et revêt un autre caractère. Je ne veux pas être pris pour dupe ni exploité par un homme sans cœur, fût-il mon frère. Sa conduite, ainsi que je te l'ai déjà dit, me prouve depuis longtemps qu'il a perdu toute espèce de bons sentiments. Il est donc inutile de chercher à le ramener...

Il est probable qu'il va te tomber sur les bras, bien qu'il m'ait dit dernièrement qu'il se brûlerait plutôt la cervelle. *Je ne veux pas que tu le gardes près de toi.* De quelque manière que tu t'y prennes, je saurais en être informé. Je ne veux pas voir ce grand lâche te dévorer le peu que je parviens à économiser pour toi ; je *ne le veux pas.* Te voilà bien avertie...

Gustave finira un de ces jours, par se faire donner quelque bonne leçon. Dernièrement je ne sais ce qu'il est allé faire aux avant-postes ; sa chance le rend trop audacieux, en matière de cette espèce... Je ne lui parle plus pour éviter le scandale de son insolence à mon égard ; mes observations sont accueillies avec d'autant plus d'aigreur qu'elles sont plus justes. J'avais à te dire cela pour répondre à un passage d'une de tes lettres, et pour te faire savoir, malgré tes préventions, qu'il n'y a que sa conduite qui me tienne éloigné de lui. Je sais que tu ne me croiras pas ; tant pis, s'il faut, comme pour Henri, en arriver à des preuves palpables pour te convaincre. Tous ceux qui nous connaissent sont surpris de ne jamais nous voir ensemble ; il est même fort embarrassé de répondre aux questions à lui adressées à ce sujet. Il prend alors le parti de dire de moi tout le mal possible ; seulement ce moyen ne dure pas longtemps parce que le premier individu venu du 50e a bientôt désabusé la dupe.

_______

(1) La lettre se terminait par quelques détails d'intérêt moindre et visant plusieurs personnes d'Auxi.

(2) Sans avoir même embrassé ses frères ! — Il n'est pas de preuve plus explicite des torts qu'il se sentait à leur égard.

C'est navrant d'avoir à te dire tout cela ; et pourtant il le faut bien : c'est mon devoir (1).

Adieu, ma chère mère : prends ton mal en patience et tâche de montrer une digne fermeté au milieu des circonstances dans lesquelles le malheur te place.

Quant à moi je ne te ferai jamais défaut. Louis Deplanque.

Du camp, sur la Tchernaïa, Louis Deplanque écrivait, le 17 août 1855, à sa « chère mademoiselle Pauline » :

Henri a quitté l'armée et ses frères comme un lâche : par dessus le marché il me force de le nourrir, en restant chez sa mère. Vous me donnez tort de leur couper les vivres, soit ; j'ai trop de respect pour vous pour jamais vous contredire sur ce point, ni vous contrarier (1). Je vous demande seulement de bien peser mes raisons, et vous verrez alors que ma mère devient son complice en le gardant. Je serai inexorable. Je vois par là que malgré votre plaidoyer en faveur de ma mère, vous me rendez justice. J'ai toujours su, du reste, apprécier la droiture de votre jugement et je m'en rapporte à vous.

... Le matin du jour où j'ai reçu votre lettre, nous avons eu une bien belle bataille sur la Tchernaïa (2). Les Russes sont venus nous attaquer au point du jour, avec 55.000 hommes d'infanterie et 70 escadrons, des masses d'artillerie, en tout 100.000 hommes, environ. Avec 5.000 hommes d'infanterie et quelques batteries d'artillerie, nous les avons fait reculer et... ils ne reviendront pas de sitôt. Ils ont tenté trois fois le passage de la rivière sur deux points. Arrivant en masses profondes, leurs pertes ont été énormes, et les nôtres très faibles. Je n'entre pas dans les détails : l'armée a été admirable. Cette brave 2ᵉ division encore, a presque tout fait : le 50ᵉ surtout a été porté aux nues ; (j'avais l'honneur de commander le 2ᵉ bataillon). Les Russes avaient franchi un pont : la 3ᵉ division était en pleine retraite. J'arrivai sur le champ de bataille avec le 1ᵉʳ bataillon, commandé par un de mes bons camarades.

Nous n'avions pas d'ordres. — Je lui dis : « il n'y a qu'une seule chose à faire : le brouillard et la fumée empêchaient les Russes de voir ; jetons-nous résolument sur le flanc des Russes ». — Aussitôt dit, aussitôt fait. A vingt pas seulement nous ouvrons notre feu. Les Russes, étonnés, hésitent ; nous chargeons à la bayonnette (3). Nos camarades de la 3ᵉ division, reprenant courage, chargent aussi. En un quart d'heure les Russes étaient culbutés dans la rivière et reconduits au diable avec la mitraille et un feu

_________

(1) On voit quel est le ton de sa correspondance avec mademoiselle Pauline. Il s'est trouvé cependant de bonnes âmes, à Laxi, pour expliquer tout autrement la *nature* de leurs relations, en dépit de la différence d'âge qui les séparait.

(2) Le texte même de cette phrase qui sous-entend un certain laps de temps écoulé, nous prouve qu'il ne saurait être question ici, de la bataille de la Tchernaïa ou de Tracktir, livrée la veille, le 16 août, où, d'ailleurs, le rôle du 50ᵉ ne fut que secondaire et bien que Gustave Deplanque y ait été blessé.

Il s'agit de la bataille du 7 juin précédent. Peut-on croire que l'épisode se confond avec l'incident raconté par le général Canonge : « Histoire militaire contemporaine, 1854-1871 », p. 65-69 : — « à gauche... la brigade Wimpffen avait enlevé la redoute du Mamelon vert... Malheureusement ses troupes, obéissant à un entraînement *irréfléchible*, n'avaient pas su borner là leur succès... Franchissant d'un bond héroïque la distance »... Je ne le pense pas, va la suite de la lettre de Deplanque.

(3) Je respecterai même celles des formes orthographiques employées par Deplanque, qui ont vieilli et sont aujourd'hui démodées.

de 2 rangs qui *fesait* plaisir à entendre. Non seulement les généraux, mais tous nos camarades de la 3e division (1) sont venus nous féliciter. Des officiers de cavalerie (qui n'ont pas osé donner), me disaient : « Quand je rencontrerai un soldat d'infanterie (et surtout de votre régiment), je le saluerai le premier ».

Nous avons, après cela, soutenu deux autres attaques sur le pont. Mais, sans bouger, les Russes reçus à bout portant, renversés à coups de bayonnette, ont, à peine, dessiné la 3e attaque. Quand je voyais ces grandes masses se retirer, je me disais : est-il possible ? Croira-t-on jamais cela ? Mais qu'est-ce que le soldat russe ? (2) Voilà toute la question.

Je n'ai encore rien reçu : je ne comprends pas mon bonheur. Gustave a reçu une légère contusion à la cuisse qui ne le fait même plus boiter. Informez ma mère de cela.

Je ne sais pas ce que je deviendrai ni ce que les chances de la guerre me réservent. Qu'importe ? Je ne désespère jamais de sortir vivant de cette guerre d'extermination. Quant à vous, ne vous plaignez pas de votre âge ; hier j'étais bien plus vieux que vous (3).

Adieu : je vous embrasse et vous remercie de votre dévouement à ma mère. Louis DEPLANQUE.

Cependant les événements se précipitent. Le duel d'artillerie va redoubler d'intensité (4). Le bombardement régulier de Sébastopol s'ouvre le « 5 septembre, à 5 heures du matin (5) : 814 bouches à feu commencent à tonner contre la ville et le fau-

---

(1) Si par hasard ces lignes passaient sous les yeux de l'un des anciens camarades du capitaine adjudant-major Louis Deplanque, je me permets de faire appel à ses souvenirs afin de donner à cette belle description, tout le relief et le crédit qu'elle comporte : l'incident en vaut la peine.

(2) De cette phrase énigmatique et qui, à première vue, aurait bien l'air d'une critique sans réticences, n'était la phrase suivante qui parle de « guerre d'extermination », il faut rapprocher ces lignes que j'extrais de l'ouvrage du général Niel, — p. 95, — et qui visent la journée du 5 novembre 1854 (Inkermann) : « Après la prise de la place, on a trouvé au pied des escarpements situés à l'Est de la route d'Inkermann, des tas d'ossements humains, provenant de soldats *russes qui s'y étaient précipités pour échapper à la défense des alliés* ».
On lit aussi dans le livre du général Canrouge : p. 45 : « *Les Russes évitaient notre poursuite en se jetant dans le ravin* ».
Ils cédaient, sans doute, à la terreur instinctive que tant d'autres ont ressentie devant la *furia* française, s'escrimant baïonnette en main ; mais ils se sont ressaisis et M. Léouzon Leduc — p. 380, — a vanté avec raison, la science, le courage de leurs officiers, la vigueur du corps et l'esprit militaire des soldats.

(3) Allusion transparente aux dangers courus la veille.

(4) Dès le 7 juin 1855, « l'armement des fronts sud de Sébastopol comptait 1174 pièces dont 571 faisaient face aux batteries de siège qui, elles, étaient armées de 508 bouches à feu ». Cf. Gust. Maréchal : ouv. cité p. 299.
Léouzon Leduc : ch. consacré à l'étude de la « force militaire et maritime de la Russie » : p. 349 à 395.
Cf. « l'Historique sur le service de l'artillerie », 1854-1856 : 2 vol. publiés par ordre du ministère de la guerre.
S. M. I. Alexandre III, Empereur de Russie : « Souvenirs de Sébastopol ».
Lettre du général de division Herbillon au Maréchal de Castellane, Rapport du général Pélissier...
Todleben : « Défense de Sébastopol ».

(5) C'était la 6e reprise.

bourg sur lesquels pleuvent des boulets, des bombes, des obus,
des paniers remplis de grenades et de balles » (1).

Les journées du 6 et du 7 furent « plus terribles » encore pour
les assiégés qui se tenaient près des remparts, prêts à repousser
l'assaut qu'ils regardaient comme imminent. Il fut d'ailleurs
donné le 8, à midi ; nous y trouvons le 50e de ligne qui, pendant
l'action, avait pris position dans la dernière parallèle, « ses 3 bataillons formés en colonne au milieu de la redoute ».

Ils parvinrent enfin... « à débusquer l'ennemi, malgré une
grêle de pierres et de balles (2) »... Le régiment y passa la nuit.

Sébastopol succomba, malgré l'héroïsme de ses défenseurs (3).
Le traité de Paris, signé aux derniers jours de mars 1856, mit
fin à cette sanglante et impolitique expédition.

_____________

(1) Gust. Marchal : ouv. cité : p. 344-345.
(2) Historique du régiment aux archives historiques du ministère de la guerre.
(3) Tolstoï : « Les scènes du siège. Les Cosaques ».

# DEPLANQUE AU 7ᵉ RÉGIMENT DE LIGNE

De sa nomination, — 23 septembre 1855, — jusqu'à la fin de l'expédition, le chef de bataillon Louis Deplanque commanda le 1ᵉʳ bataillon du 7ᵉ de ligne que les troupes du corps d'opérations nommaient « le 4ᵉ zouaves », à cause de sa brillante conduite à la bataille de l'Alma.

Rentré en France, Deplanque occupa les loisirs que lui laissait la vie de garnison, à l'étude des langues italienne et Espagnole.

Outre cette mention qui figure à son dossier : « a des notions d'Italien et d'Espagnol », l'ardeur studieuse qu'il y apporta lui valut bientôt des avantages marqués sur ses camarades, pendant son séjour en Italie (1861-1863), et surtout, sans doute, lors de l'expédition du Mexique (1863-1867).

De cette période assez monotone, datent pourtant deux lettres dont je donnerai quelques extraits parce qu'elles me semblent dire le dernier mot, à l'avantage de Louis Deplanque, dans les déplorables querelles de famille que l'on sait et sur lesquelles j'ai hâte de tirer définitivement un voile.

« Vincennes, le 14 septembre 1859. Ma chère mère, je réponds, puisque tu y tiens tant, à toutes tes précédentes lettres ! D'abord, je ne te comprends pas de m'écrire à l'adresse de mon logement et d'ajouter ou *à la suite du régiment*, comme si mon concierge pouvait se charger de cela. Je ne comprends pas ce radotage. Je ne comprends pas non plus les raisons de V... Une fois pour toutes qu'on s'adresse à mon régiment et l'on me trouvera ; ce n'est pas difficile. Il n'y a pas tant de casernes dans une ville et, à la caserne, mon adresse est affichée au corps de garde de l'entrée. Il n'y a donc aucun mystère dans tout cela, comme ta lettre du 21 août s'efforce d'en trouver ; ce n'est que prétexte à commérage, c'est vrai : mais je n'aime pas les bavardages...

Tout curé qu'il est, M. P... ignore en effet ta position ; car il devrait supposer que je puis bien te donner le nécessaire, mais que, *seul*, je ne puis joindre à cela le superflu..... Gustave est rentré à Lyon. Je suis étonné que tu me dises qu'il ne t'a pas écrit, parce que M. C... prétend qu'il t'envoie 20 francs tous les mois, d'après toutefois ce que tu lui aurais dit sans qu'il te le demande. Qui trompes-tu donc ainsi ? Quelle nécessité de raconter

GUSTAVE DEPLANQUE

aux gens ce qu'ils ne vous demandent pas ? Pourquoi vouloir ainsi
leur glisser des mensonges, indignes de ton âge ? Tu crois que
c'est un moyen d'empêcher le monde de connaître la conduite de
Gustave à ton égard ; détrompe-toi : cela ne fait que te faire regarder comme sa complice et perdre l'intérêt que l'on te porte. Tu
es libre de me détester ; mais il faut me rendre justice sous peine
de te faire le plus grand tort... Je ne puis savoir ce que je ferai cet
automne ni cet hiver. A chaque instant il se présente des circonstances qui donnent lieu à des conjectures très variées (1).

Je t'embrasse. Ton fils. Louis Deplanque.

Mardi 8 novembre 1859. Ma chère mère, par suite de la négligence que le vaguemestre du régiment a mise dans son service je
suis en retard pour t'envoyer les 20 francs d'habitude. J'espère
que cela ne t'aura occasionné aucun désagrément si, comme je
l'ai entendu dire, Gustave est allé te voir. J'ai su cela en arrivant
à la caserne de Reuilly où je suis depuis 3 semaines, par une personne du quartier qui avait reçu sa visite. En tout cas il a dû venir
de Lyon où se trouve encore le 50ᵉ, passer une quinzaine à Paris.
Je n'ai pas été surpris de ce qu'il n'était pas venu me voir ; il a
même très bien fait, n'ayant rien de bon à m'apprendre et moi rien
à gagner sur sa conduite. Je n'ai pas entendu dire grand'chose
sur ma position ; seulement il paraît que j'ai des concurrents sérieux dont l'ancienneté de grade fera peut-être bien pencher la balance en leur faveur, malgré la bienveillance du général inspec-
teur pour moi. J'attendrai le mois de février pour aller à Auxi. Je
vais avoir à payer ton loyer : le vol dont j'ai été l'objet et victime
et tous nos changements ne me mettent pas en avance. Je t'ai envoyé un schall. Je pense bien qu'il te fallait aussi du chauffage
pour l'hiver. Je compte que Gustave qui fait des voyages d'agré-
ment et vient passer 15 jours à Paris, peut et *doit* y pourvoir. Cela
dépend de toi.

Je t'embrasse. L. Deplanque.

C'est la dernière fois pour ainsi dire qu'il sera question, dans
la correspondance de Louis Deplanque avec sa mère, de son
frère Gustave. Au retour de l'expédition de Crimée, celui-ci avait
séjourné assez longtemps, nous l'avons vu, dans des garnisons
du midi.

Je ne sais rien de lui de cette période jusqu'à sa mort, sinon
un duel malheureux à Nantes, pour une vétille, puis une assez
longue présence à Bicêtre (2). Il dut enfin s'éloigner du 50ᵉ, ter-
rassé par la maladie, alors qu'il avait, lui aussi, le plus brillant
avenir ouvert devant lui. Il était, en effet, regardé comme « un
officier instruit, intelligent, capable, bien élevé, servant avec
zèle, bon cavalier ». Quelques semaines avant sa mort (3) il était
encore l'objet de la note suivante : « ferait un bon officier supérieur avec un peu plus de santé ».

---

(1) La paix prend tournure, dit-il ailleurs, « et nous ne sommes pas désignés
pour la Chine ».

(2) C'est de là qu'il fut, en dernier lieu, dirigé sur Bordeaux, où les meilleurs
soins lui furent inutilement prodigués.

(3) Le 4 octobre 1865. — Le rapport est du 1ᵉʳ juillet précédent  *Dossier.*

# OCCUPATION DE ROME

## 1860-1863.

Le chef de bataillon Louis Deplanque ne prit pas part à la campagne d'Italie (1), proprement dite.

Le premier bataillon du 7e de ligne qu'il commandait fut simplement du nombre des troupes qui composèrent le corps d'occupation de Rome. Il s'y distingua par un grand nombre de reconnaissances « qui firent honneur au drapeau du régiment » (2).

Rentré en France le 5 janvier 1863, Deplanque rapportait d'Italie la médaille de la valeur militaire de Sardaigne et la décoration de 3e classe de l'ordre pontifical de Pie IX.

Il y a lieu ici encore et dans le même esprit qui a présidé à des observations analogues relativement à l'expédition de Crimée, de rechercher comment avaient été conduits les préparatifs de cette campagne.

Les documents abondent ; je m'en tiendrai à deux courts extraits qui me paraissent les résumer heureusement tous et rentrer dans le cadre que je me suis tracé :

« Ni la campagne de Crimée (4), ni celle d'Italie et encore moins celle du Mexique pendant laquelle Bazaine et Maximilien rivalisèrent de pauvreté de conceptions militaires, ne marquèrent aucun progrès dans les deux principaux moteurs des batailles : la tactique et la stratégie. Les succès obtenus par les alliés en Crimée furent dûs à des causes fortuites qui laissent la question technique pendante (5).

---

(1) De Bazancourt : « La campagne d'Italie, 1859 ». Alfred Duquet : « Histoire de la guerre d'Italie, 1859 ». — Cf. appendice 2, à la fin du volume.

(2) Historique du 7e régiment de ligne, aux archives historiques du ministère de la guerre.

(3) États de services du général Deplanque, aux archives administratives du ministère de la guerre.

(4) Martial d'Estoc : « Le génie de la guerre », p. 69-70. — Cf « Le dossier de la guerre de 1870 ». Chap. 1er : Les guerres antérieures. Crimée, Italie.

(5) « Incorporation hâtée dans l'armée russe d'éléments insuffisamment aguerris ; les maladies des palus criméens qui en enlevèrent 600.000 ; l'action combinée des marines française, anglaise et turque ; l'espace restreint du champ de bataille... »

En Italie, même défaut d'éléments d'appréciation ; car si l'entrain de l'armée française et l'apparition des mitrailleuses, plus terribles par leur action démoralisante sur l'esprit des soldats autrichiens que par leurs effets, ont été pour beaucoup dans les succès obtenus, nous avons vu que le sort général de cette campagne a dépendu, à Magenta, (1) d'un caprice du hasard.

« De 1855 à 1859 (2) quel effort est fait pour remédier à cet état de choses ? où sont les traces d'une tentative de réorganisation ?... Aucune tentative, aucun effort, aucun essai. Dès lors, la campagne d'Italie devait être conduite avec la même imprévoyance, le même décousu que celle de 1851-55.

Voici des aveux décisifs, d'une incontestable authenticité.

Le 15 mai 1859, l'Empereur écrivait :

« Il faut bien vous pénétrer de l'état de choses ; nous avons réuni en Italie une armée de 120.000 hommes avant d'y avoir réuni les approvisionnements ; c'est le contraire de ce qu'on fait ordinairement. Si on ne fait pas des efforts héroïques pour créer une réserve de biscuits et de fourrages, qu'on ne peut former ici, où les administrations n'aboutissent qu'à peine à faire vivre l'armée au jour le jour, je me trouverai dans de grandes difficultés et je ne pourrai pas me porter en avant dans un pays dévasté par l'ennemi. Je vous conjure donc de faire des efforts inouïs pour cuire du biscuit dans toute la France, pour rassembler du foin, et envoyer tout cela à Gênes par des bateaux à vapeur. Les chevaux mangeront l'herbe du pays plus tard, mais je ne puis être en repos que lorsque j'aurai à Alexandrie vingt jours d'approvisionnement en réserve. Il faut doubler le nombre des employés d'administration, il faut envoyer au moins 1.000 infirmiers de plus (3). *L'administration de la guerre a été bien coupable.* Il y a des corps qui n'ont pas encore de marmites pour faire la soupe. Je compte sur vous pour réparer tout cela ».

Le 29, Napoléon III écrivait encore :

« Ce qui me désole dans l'organisation de l'armée c'est que nous avons toujours l'air, en présence d'autres armées et même de l'armée Sarde, d'enfants qui n'ont jamais fait la guerre ; ainsi pour le train des équipages, pour les mulets de bagages des officiers d'administration et des médecins, rien n'est réglé d'une manière invariable. Ainsi, les uns demandent le double de ce qui est nécessaire, ou l'administration ne donne que la moitié de ce qui est nécessaire. Vous concevez que ce n'est pas un reproche que je vous

---

(1) Le 4 juin une partie seulement de nos troupes soutenait l'effort de l'armée ennemie qui avait un avantage marqué. Le général Cler était tué, le général Wimpfen blessé. Canrobert arriva d'abord à la rescousse ; il était temps. Le corps de Mac-Mahon vint enfin décider du sort de la journée.

(2) Le dossier de la guerre de 1870, pages 6, 7, 8.

(3) Dr Chenu : ouv. cité : « A Magenta, chaque médecin des ambulances a eu 75 hommes à soigner, et à Solférino 500 », un peu moins de 3 minutes de temps pour chacun, en comptant les journées à 20 heures...

« Des blessés entassés à Castiglione, n'ont pas même été pansés, faute de moyens suffisants. » M. Levret. — « A Mélégnano j'ai encore trouvé des blessés morts d'hémorrhagies artérielles, et dont les lésions très simples n'auraient certainement pas dû entraîner une terminaison funeste si l'on avait pu parer à temps aux accidents hémorrhagiques ». Dr Richelcu, du 82e de ligne.

fais ; je ne m'adresse qu'au système général qui fait qu'en France nous ne sommes jamais prêts pour la guerre » (1).

Nous terminerons donc ces notes trop rapides en empruntant au « dossier de la guerre » la conclusion de son premier chapitre :

« Ainsi, une armée mal organisée, mal pourvue, sans subsistances, sans médecins (2), une armée qui, suivant l'expression même de l'Empereur, « n'était pas prête pour la guerre ; » une armée qui n'existait, n'était victorieuse que grâce à l'admirable courage de nos soldats ; voilà ce que l'Empire avait su préparer, en 1859, après les leçons et les critiques de 1854 ».

---

(1) A la suite de son tableau de « la mortalité comparée dans les armées française et anglaise » pendant la guerre de Crimée, le docteur Chenu disait que l'expérience acquise par ces cruelles épreuves ne pouvait être perdue, parce que, « ne pas profiter de ces enseignements serait un crime de lèse humanité ». Napoléon III commit ce crime en 1859 et en 1870.

(2) Il avoue, au début de la campagne, qu'il lui manque plus de 300 médecins et 50 pharmaciens. Lettre du 20 mai 1859 ; cf. encore les dépositions et correspondances de l'intendant général devant la commission des marchés ; de l'intendant Wolf, du D⁰ Richefeu, de M. Levret... etc.

Le docteur Champouillon, médecin en chef du 1er corps, informait l'administration supérieure que plus de 800 blessés étaient « nourris par la commisération publique ».

# EXPÉDITION DU MEXIQUE

## 1863 - 1867

# L'INTERVENTION EUROPÉENNE

Elle eut pour but, officiellement (1), de mettre fin aux luttes intestines et à l'anarchie qui désolaient le Mexique, en proie aux compétitions des réactionnaires et des libéraux.

Effrayés et impuissants par eux-mêmes, les premiers finirent par faire appel à la vieille Europe, jalouse déjà et inquiète du « formidable développement » de la République des Etats-Unis.

La cause... ou le prétexte de l'intervention européenne armée, « fut l'édit du 17 juillet 1861 que le congrès de la république promulgua et aux termes duquel le paiement des intérêts de la dette étrangère était suspendu pour une période de deux années ». C'était un coup droit porté à l'Espagne, à la France et à l'Angleterre. Ces trois puissances ainsi lésées, au lieu de chercher un terrain d'entente et de tirer satisfaction par une mesure financière quelconque, de ce pays épuisé, signèrent entre elles, en vue d'une action commune, le traité de Londres (2).

Les alliés eux-mêmes ne tardaient pas à voir clair dans le jeu assez compliqué de Napoléon III ; si bien que la flotte était à peine débarquée à Vera-Cruz que... « les gouvernements anglais et espagnols... donnèrent à leurs troupes l'ordre de se rembarquer ; » et, en avril, la guerre de l'indépendance commen-

(1) Cf. Francisco de Pryda y Arteaga : « le Mexique tel qu'il est aujourd'hui » p. 1 à 55.

E. Masseras : « un essai d'Empire au Mexique », Ch. 1 : « l'intervention française au Mexique vue de près. »

M. Chevalier : « le Mexique ancien et moderne », septième partie : p. 475 à 540.

Voir aussi dans les « papiers secrets brûlés dans l'incendie des Tuileries », etc. (Paris, Lachaux 1871 : p. 153 à 166, deux ou trois lettres de M. de La Pierre, ami et correspondant du duc de Morny ; (Mexico, 10 mars, 11 mai 1865).

(2) 31 octobre 1861. D'après les stipulations, le contingent total se décomposait ainsi : Espagne 7.000 hommes ; France, 3.000 ; Angleterre, 700

çait contre les Français, restés seuls sur le territoire mexicain. Un mois après (5 mai 1862), ils subissaient un retentissant échec devant Puebla. Il s'agissait dès lors de le venger (1) ; l'honneur du drapeau était désormais engagé, et des troupes de renfort considérables furent acheminées vers cette expédition lointaine. C'est ainsi qu'à l'heure où les plus graves préoccupations assiégeaient les esprits clairvoyants en face des complications politiques qui se nouaient en Europe, l'Empereur fut lancé un beau jour, inconsciemment en quelque sorte, dans cette folle équipée. Au lieu de se recueillir en vue d'une intervention décisive et pour jeter, le moment propice venu, son épée dans la balance, il avait laissé distraire son attention des « bouleversements imminents de l'échiquier européen » (2); et ses meilleures troupes, au moment de la solution brutale du conflit austro-prussien, étaient encore engagées dans cette pitoyable aventure, mal conçue, mal préparée, mal conduite, et dont la lamentable issue (3) avait été prédite par tous nos officiers (4). — « Si vous relisez toutes mes lettres (5) depuis que je suis ici, vous verrez que malgré les succès militaires (6) que nous obtenions, mon opinion n'a jamais varié et que je n'ai jamais auguré rien de bon de la guerre que nous avons entreprise si légèrement, sans plan arrêté d'avance et sans avoir les moyens suffisants pour aboutir à une organisation quelconque ».

La France, pendant cinq longues années, sans résultats politiques ni avantages commerciaux durables, prodiguera pour la réalisation d'un rêve chimérique, son or (7) et surtout à la veille de 1870, le sang de l'élite de son armée (8).

---

(1) Certains épisodes d'ailleurs, comme celui du Cerro-Borrégo, sauvèrent l'honneur, pendant la marche en retraite qui suivit l'insuccès devant Puebla du général Lorencez. C'est là que s'illustrèrent le commandant L. Souville et le capitaine Détrie. — Voir la « *Libre Parole* » du 11 septembre 1899.

(2) G. Rothan : « La politique française en 1866 ».
     id.        « La politique extérieure en 1867 ».

(3) L'embarquement des troupes françaises, quittant le Mexique, était terminé le 12 mars 1867, et le 19 juin suivant Maximilien, l'empereur allemand que nous avions eu tant de peine à imposer aux Mexicains, était fusillé par eux à Quérétaro.

(4) Cf. La lettre si éloquente du colonel Margueritte au général de Fénelon.

(5) Lettres du lieutenant-colonel Loizillon à sa sœur, sur « l'expédition du Mexique, 1862-1867. »

(6) Michel Chevalier ; ouvr. cité p. 506 à 515 : difficultés militaires de l'expédition ».

Dr Basch : « Souvenirs du Mexique. »

(7) L'Empereur devait fournir sur place l'argent nécessaire au corps expéditionnaire par l'entremise d'un banquier de Mexico, Jecker.
Cf. Fr. de Pryda y Arteaga : ouvr. cité. p. 51-53.
Prince Bibesco : « au Mexique », 1862, p. 150.
Le général Canonge : ouvr. cité, 1er vol. p. 346-347, donne ce chiffre colossal de dépenses : 363.115.000 francs !

(8) Le même auteur évalue nos pertes à 6.694 hommes sur un effectif de 38.493.

Comme toujours nos soldats se signalèrent par leur intrépidité et leur audace, suppléant ainsi aux ressources qu'une longue et sage organisation aurait dû leur assurer : « La déroute des troupes ennemies dans toutes les circonstances où elles ont osé affronter nos sabres ou nos baïonnettes, puis le siège de Puebla (1) ont donné ample satisfaction à notre honneur militaire. »

C'est beaucoup assurément, mais ce fut tout. Combien n'eût-il pas été préférable de ne pas risquer stupidement un premier échec pour n'avoir pas ainsi plus tard à le venger?

Au seul point de vue qui nous intéresse ici, comme pour celle d'Orient, l'expédition malencontreuse du Mexique nous servit-elle, du moins, de leçon et d'enseignement pour l'avenir ? Nullement. Elle... « détruit notre effectif (2), anéantit le matériel de notre marine, dilapide nos finances, grève notre budget, énerve notre crédit, ruine notre prestige militaire ». Et, chose beaucoup plus grave, « alors qu'elle nous coûte tant, elle ne nous apprend rien, pas même la prudence et la prévoyance ».

Nous n'aurons, hélas! que trop sujet de revenir sur cet ordre de considérations, pour la guerre de 1870-71. Suivons, pour le moment, le 1er bataillon du 7e régiment de ligne dans cette campagne.

Embarqué avec ses hommes sur le *Tilsitt*, le 3 février 1863, Deplanque arriva en plein siège de Puebla. Il fallait assurer aux assiégeants un approvisionnement régulier de vivres et de munitions. Pour cela, de très fortes colonnes, au sein de ce pays soulevé et indisposé contre nous, étaient indispensables. C'est ce rôle difficile et méritoire qui fut principalement assigné au 7e de ligne : « sous un ciel de feu (3), dans une contrée où les influences climatériques sont souvent mortelles, le 7e de ligne n'a cessé de montrer, dans cette ingrate et pénible tâche (4), ce dévouement, ce mépris des fatigues et cette courageuse abnégation qui caractérisent les troupes d'élite ».

Et le chef de l'expédition dira dans une proclamation (5) que, « partout le 7e de ligne s'est fait remarquer par son entrain, sa

---

(1) Le deuxième, du 16 mars au 19 mai 1863. Proclamation du maréchal Forey : 11 juin 1863.

(2) Dossier de la guerre, déjà cité. *Préface*, p. XIX.
Cf. Appendice 3, à la fin du volume.

(3) Historique du 7e régiment de ligne, aux archives historiques du ministère de la guerre.
E. Domenech : « Histoire du Mexique. Juarez et Maximilien »,

(4) Le général Félix Douay « arrivé le 16 à Vera-Cruz avec 300 hommes, se dirigeait aussitôt sur Orizaba avec 47 voitures, 80 chasseurs, 70 soldats du train, laissant le reste au port de débarquement où ils furent fort éprouvés ». Prince Bibesco, ouvr. cité.

(5) Mexico, 20 janvier 1867.

bonne tenue, sa discipline. Par sa valeur, il conserve la glorieuse renommée si justement acquise sous les murs de Sébastopol... ».

Dans les premiers jours de juin nos troupes s'avancèrent sur Mexico ; mais Juarès se déroba devant elles et la ville fut occupée le 7, presque sans coup férir.

Le 1ᵉʳ octobre le général Bazaine (1) recevait des mains du maréchal Forey, rentrant en France, le commandement en chef du corps expéditionnaire. A cette date « nos troupes avaient obtenu d'importants succès (2), mais leur tâche était loin d'être alors terminée. La capitale du Mexique avait, il est vrai, adhéré au nouveau gouvernement que la France croyait devoir lui imposer, mais il n'en était pas de même des populations des provinces qu'un long état d'anarchie rendait rebelles à tout gouvernement régulier... ».

---

(1) Il est indispensable, pour bien apprécier le rôle que Bazaine joua au Mexique, de relire dans le tome II (Edition Belge) « des papiers et correspondances de la famille impériale », les lettres qu'écrivait à son frère le général Félix Douay 1866-1867.

(2) « Le général Margueritte » par le général Philebert.

# LE CHEF DE BATAILLON LOUIS DEPLANQUE
## AU MEXIQUE

Pour réduire à l'obéissance les populations des provinces hostiles à l'intrusion étrangère, il fallut organiser dans le courant du mois d'octobre 1863, de nombreuses colonnes expéditionnaires. Nous y retrouvons au premier rang Deplanque, dont la correspondance avec sa mère, renforcée de quelques lettres de service, émanées du colonel *Garnier*, va nous fournir plus d'un détail intéressant sinon même inédit.

Orizaba (1), le 21 avril 1863. Ma chère mère. Je suis arrivé le 28 mars en rade de Sacrificios, où un coup de vent nous a retenus jusqu'au 1er avril, de sorte que je n'ai eu que peu de temps à rester à Vera-Cruz puisque j'en suis parti le 4. Ce n'est pas un mal, quoiqu'il n'y ait eu encore aucun symptôme de fièvre jaune. Je n'ai pu profiter du courrier anglais qui partait le premier parce que nous n'avons pas pu communiquer assez à temps avec la terre pour mettre nos lettres à la poste. J'ai été fort étonné de ne trouver aucune lettre de France : je suppose qu'elles sont allées au quartier général à Puebla, parce qu'il est défendu d'ouvrir les paquets ailleurs. Ainsi le courrier est passé ici hier et nous reviendra quand il plaira de le renvoyer. J'espère bien cependant que le 25 il nous descendra quelque chose de là-haut. J'aurais pu écrire encore le 8 ; mais déjà j'étais en route avec 40 voitures de munitions et 1.400 hommes d'escorte que je commandais, ce qui me donnait trop à faire pour être disposé à écrire, surtout quand on m'écrit si peu. Enfin je suis arrivé le 10 ici avec tout mon convoi, ayant mis un jour de moins que les autres pour faire la route, et n'ayant perdu que deux ou trois hommes qui se sont trop écartés et ont été, selon toute probabilité, pris par les guérillas qui suivent toujours les colonnes pour tâcher d'attraper quelqu'un ou quelque chose des convois civils qui marchent sous notre protection (2). C'est comme cela qu'ils ont pris 150 mules chargées, à un négociant qui ne me suivait pas d'assez près et voulait encore rejeter la faute sur moi. La conduite de cet homme me fait supposer qu'il était de connivence avec les voleurs et qu'il voulait encore avoir une indemnité du gouverne-

(1) Deplanque, dans cette première lettre seulement, a écrit Orizava. — Cette ville est située à 1.200 mètres au-dessus du niveau de la mer. On en trouvera une description dans le livre de Paul Laurent : « la guerre du Mexique, 1862-1866, journal de marche du 3e chasseurs d'Afrique ».

(2) Comte de Kératry : « la contre-guérilla française au Mexique », p. 167 : « J'ai entendu des notables prétendre que l'Alcade avait une part dans les bénéfices des vols. » Et, ailleurs, les attaques de diligences, les vols à main armée, continuaient « de plus belle sur tous les points. »

ment français ; ce serait double bénéfice, et la chose n'est pas rare (1) ; mais il avait à faire à quelqu'un de peu crédule et je me moque de sa plainte comme de lui.

Le 11 (2) le lieutenant-colonel de Roquebrune que je connais, m'a remis le commandement supérieur d'Orizaba et des environs ; mais je ne l'ai gardé que 8 jours ; mon colonel qui est arrivé le 13, m'en a dépouillé à son profit, d'une manière même assez brusque : ce que je n'oublierai pas. Il vient du reste d'être nommé général : bon voyage ! J'ai connu à Rome notre nouveau colonel et je suis bien avec lui : peut-être serai-je moins maltraité et cesserai-je de *pourrir dans mon grade*. Cependant si nous ne quittons pas d'ici pour prendre part aux opérations, nous ne profiterons pas des récompenses qui seront, du reste avec justice, réservées à ceux qui sont au siège. Pendant le temps que j'étais commandant supérieur, tout me passait par les mains : je savais à peu près tout ; aujourd'hui je suis comme tout le monde, je ne sais rien : et quant à révéler ce que je sais, c'est, tu le penses bien, impossible. Tout ce que je puis dire c'est que le siège de Puebla se poursuit (3), quoique lentement. Depuis Véra-Cruz jusqu'à Puebla, nous avons des postes tenus par la légion étrangère et par le 7ᵉ, aidés de quelques bandes indigènes. Ces postes, placés aux endroits importants à garder, lèvent toute entrave à la marche de nos convois de toute espèce.

Les chaleurs commencent à venir ; mais ici elles sont très supportables, surtout dans mon logement qui est très frais : il suffit de se garder du soleil qui est très traître. Aussi je suis arrivé à la Soledad avec les deux mains enflées comme des pains de munition, pour n'avoir pas mis de gants. C'était un coup de soleil comme on ne peut s'en faire une idée à Auxy.

On trouve ici des carottes, des choux, des pois verts (assez durs cependant), de l'oseille ; du mouton passable, des œufs et même du beurre à 8 francs la livre. Les bananes et les ananas y sont presque pour rien. En revanche le vin coûte 1 piastre 1/2 la bouteille (8 francs environ). C'est du Bordeaux sur lequel on lit l'étiquette d'un crû inconnu en France, probablement. On trouve de la mauvaise bière à raison de 1 réal la bouteille (12 sous et demi). Je préfère boire en mangeant, un mélange de thé et d'eau. L'eau-de-vie coûte le même prix que le Bordeaux, et elle est encore moins bonne. Enfin, il faut encore près de 150 francs par mois, avec nos vivres, pour être nourris convenablement. Mon cheval et mon mulet me coûtent par jour 2 francs de vert ; sans quoi ils mourraient de faim. Tu vois que le supplément de 12 francs par jour qu'on nous donne, n'est pas de trop.

J'oubliais de te dire que malgré les nombreuses sucreries du pays où l'on ne raffine pas, le sucre était encore très cher, et que celui de France coûtait un prix fabuleux. La population ne travaille presque pas : elle tire tout du dehors, et cependant il n'y aurait qu'à vouloir pour tout obtenir. Le charbon est très cher, malgré l'abondance du bois et quel bois ! Quels arbres ! Il y en a

---

(1) Paul Laurent : ouv. cité ; *passim*.

(2) Papiers de Deplanque : « Le commandant Deplanque, du 7ᵉ régiment de ligne, prendra à dater de ce jour, le commandement supérieur d'Orizaba ». Orizaba, le 11 avril 1863 : le lieutenant-colonel, commandant supérieur, de *Roquebrune*. P. C. C. ⸗ le lieut.-col., commandant la place, *A de Camas*.

(3) On trouvera dans les « mémoires d'un soldat-ordonnance » de M. J. Ph. Brossmann, des détails fort curieux sur cette expédition, (Chapitre VI). Voir aussi le volume de l'abbé Lanusse, intitulé « Des braves ».

qui ont des bouquets magnifiques. Ces bois sont remplis de gibier ;
quel dommage que je ne puisse pas encore chasser ! Il y a en outre, des bœufs et des chevaux à l'état complètement sauvage ; les
bœufs se font souvent tuer par nos éclaireurs ; mais les chevaux on
ne peut pas les attraper.

En fait d'antiquités il n'y a que ce que l'on retrouve dans les sé-
culaires tombeaux indiens ; c'est peu de chose : de la poterie, des
têtes bizarres.... Les vrais peaux rouges sont couleur jus de tabac :
c'est le prolétaire du pays. Ils marchent comme des cerfs (1) et
peuvent faire facilement 15 lieues par jour, *dans des chemins non
tracés*.

J'étudie l'Espagnol : c'est à peu près tout ce que j'ai à faire en
ce moment.

Je t'embrasse.

L. DEPLANQUE.

On voit que si cette première lettre s'est fait attendre un certain temps, par suite d'ailleurs de circonstances indépendantes
de sa volonté, Deplanque avait eu à cœur de dédommager sa
mère par l'abondance de ce courrier et la variété des renseignements qu'il contient.

En voici une autre, datée du 20 juillet 1863, d'Orizaba, comme
la précédente :

Ma chère mère, j'ai reçu hier ta lettre du 14 juin et je vois par
elle que, sans le vouloir, il y aura du retard dans ma correspondance et un peu d'ennui pour toi. Enfin, je n'ai pas toujours été
libre dans mes mouvements : j'avais trop de *guerilleros* autour de
moi pour faire parvenir la correspondance sans me dégarnir de ce
dont j'avais besoin pour accomplir ma mission.

Hier, dimanche, Te Deum en l'honneur de l'avénement de Maximilien qui, à ce qu'il ne nous paraît pas, a été proclamé Empereur
du Mexique à l'unanimité !. Bref, tant bien que mal et bon gré mal
gré, il l'est. Grand bien lui fasse et à nous aussi. Nous avons
besoin de repos, les troupes du moins. Cependant il y a encore à
Huatusco des gens qui ne veulent pas se rallier au nouvel ordre
de choses ; et je crois que dans quelques jours, s'ils ne changent
pas d'avis, je serai chargé de les y forcer. Ils ne sont pas nombreux ; mais ils occupent une position trop difficile pour être attaquée de front. Je crois que malgré tous les projets de bravade, je
recevrai l'ordre de les tourner. J'ai encore 3 à 400 hommes avec
moi, et ils ne sont pas 1.000 : c'est tout ce qui me sera nécessaire.
Si ces messieurs s'en vont, j'irai tout simplement prendre le commandement de Cordova. La guerre disent les peureux, ne fait que
commencer. Cela signifierait qu'on serait disposé à nous faire une
interminable guerre de partisans. Je ne le crois pas. Tout ce qu'ils
peuvent faire c'est de se réfugier dans les déserts du Nord ; mais
ici nous pouvons les tenir de tous les côtés.

Nous avons donc donné un empire à Maximilien ; en revanche
nous n'avons rien reçu, ni les uns ni les autres. D... a beau regar-

---

(1) Je ne ferai pas allusion, comme confirmation de ce jugement de Deplanque,
aux ouvrages d'imagination pure que tous connaissent ; je renvoie le lecteur au
livre du comte de Kératry, qui, p. 192, dit, de ces Peaux-Rouges que, « les pieds
nus ou chaussés de la sandale de cuir, ils parcourent facilement de grandes dis-
tances, comme les Kabyles, souvent avec une lourde charge sur la tête ».

der avant de voir quelque chose ; je ne lui en suis pas moins reconnaissant, ainsi qu'aux autres, de l'intérêt qu'ils nous portent. En attendant il ne faut pas croire que parce que le vin est trop rare, l'on manque de vivres : il y en a plus qu'il ne nous en faut. Que cela ne vous inquiète pas plus que le climat qui n'est mauvais que de Vera-Cruz à Cordova, dans ce qu'on appelle les *terres chaudes*. La Vera-Cruz est terrible en ce moment (1) : onze officiers morts en une semaine ! Cela fait impression. Mais, sorti de là, il n'y a plus à craindre le *vomito*. Malheureusement on ne peut pas laisser seule la Vera-Cruz ; c'est donc un triste et douloureux tribut à lui payer. Je me suis trouvé, le mois dernier surtout, au milieu de tout cela, sans ressentir le moindre malaise. Un colonel de mes amis, a été atteint et guéri en trois jours : il est vrai qu'il me ressemble beaucoup, au moral comme au physique. Quand il a été mieux, il voulait reprendre son service ; mais je l'en ai empêché : les rechutes sont faciles et mortelles, sans exception. Il paraît qu'il a suivi mon conseil puisqu'il ne parle même plus de sa maladie dans sa correspondance.

J'ai entendu parler de la lettre de l'Empereur au général Forey, sans pouvoir la lire. Je conçois sa joie : il était grand temps d'en finir. Quand à ses promesses de récompense, on sait pour qui elles sont.

Les élections de Paris donnent fort à réfléchir et ouvriront, — peut être. — un peu les yeux. C'est curieux de voir tous nos gouvernements suivre la même marche : l'exemple des uns n'a jamais su profiter aux autres.

Je t'embrasse,

L. DEPLANQUE.

Chose remarquable, Deplanque, et le lecteur a vraisemblablement déjà noté cette particularité, n'entretient guère sa mère que des opérations militaires et de son genre de vie au Mexique, ou encore de ce qui se passe à Paris. Il en sera ainsi dans tout le reste de sa correspondance avec Madame Deplanque, qu'il appelle quelque part « mon vieux camarade, avec qui je peux encore le mieux vider ce que j'ai sur le cœur. »

Voici encore deux courts extraits de deux lettres (2) qui marquent cette fin d'année et les étapes de Deplanque :

Jalapa, 10 novembre 1863... « La santé de la brigade est très bonne. Un régiment seul, le 51ᵉ a été très éprouvé par les fièvres. On en voyait tout le long de la route, dans un état pitoyable, et ils encombraient les voitures... »

Silao, 21 décembre... « Le seul fait à te noter est l'enlèvement ou plutôt la disparition de deux officiers du 51ᵉ, l'autre jour à la chasse. Ils sont partis en arrivant au camp et depuis, on n'en a plus entendu parler. On n'a pas davantage retrouvé leurs cadavres, quelle guerre ! Il n'y a à craindre que l'assassinat ou le guet-apens... »

---

(1) Cf. Prince Bibesco : ouv. cité, p. 50-51 et 82 ; « vomito, moustiques, zopilotes, puces et chiens, » tout cela réuni pour accabler et tourmenter nuit et jour, nos malheureux soldats !

(2) Deplanque s'y informait de la santé chancelante de Gustave et de la conduite de Henry.

L'année 1864 s'est ouverte sans que la situation ait beaucoup
changé. Plusieurs lettres de Deplanque ont disparu ; voici celle
qu'il écrivait de Cordova, le 25 mars :

Ma chère mère, on commence à croire ici que Maximilien ne
viendra pas ; et les honneurs rendus à la Martinique à M. le capitaine Charles Bonaparte, prince de Canino, font supposer que le
capitaine au régiment étranger pourrait bien passer empereur. Il
est vrai qu'il a un peu plus de protection que moi, celui-là ! C'est
égal ! Passer empereur en arrivant, ce serait un avancement un peu
scandaleux, bien qu'il ne lui aurait coûté que la peine de venir au
monde.

Santa Anna (1) a voulu essayer de reparaître ; on lui a donné
3 heures pour faire ses paquets. Marquès (2) a voulu aussi se mêler
de conspirer en faveur du clergé qui est furieux de ce qu'on n'a
pas voulu lui rendre les biens (mal acquis, du reste), que le gouvernement de Juarès (3) lui avait pris. Voilà les gens de ce pays qui
donnent leur parole, leur signature, et conspirent tout de même
contre ce qu'ils ont juré de soutenir (4). Miramon et Marquès ont
été arrêtés. Le chef suprême de l'intendance mexicaine est accusé,
avec quelques autres, d'avoir volé 90.000 piastres à l'État. Ces gens
là ne sont qu'un ramassis de canailles et de voleurs (5).

A la place de l'Empereur j'enverrais promener Maximilien qui se
fait tant prier et a l'air de nous faire une grande grâce en acceptant la couronne que nous lui offrons, et je m'emparerais du Mexique. Je mettrais dans toutes les administrations, des agents français (6) ; et, au bout de quelque temps, tout allant bien, les plus
récalcitrants n'en seraient pas fâchés. Il n'y a pas moyen de faire
autrement ; il n'y a pas plus moyen de trouver un honnête homme
au Mexique qu'un aveugle avec des lunettes depuis la mort du
célèbre Antôme B...

Je ne sais pas pourquoi je ne me porterais pas aussi bien ici
qu'ailleurs et ce qui peut t'inquiéter à mon sujet (7). En fait d'or et
d'argent j'ai vu passer, il y a quinze jours, 5 millions en argent.
Je t'embrasse.

L. DEPLANQUE.

L. DEPLANQUE.

(1) Cf. Masséras, ouv. cité, p. 361.

(2) Ibid., chap. IX, p. 195 à 225 ; ses exactions et cruautés à Mexico. — Voir
aussi : général Arellano « Les dernières heures d'un Empire ».

(3) Il représentait l'élément libéral. — Le « droit des gens » n'existait encore
au Mexique qu'à l'état embryonnaire. On cite des ordres du jour de Marquès et
de Juarès lui-même qui font frémir (1861-1862). Leurs bandes se faisaient entre
elles la guerre de partisans la plus féroce qui se puisse imaginer, avec des alternatives de succès et de revers. — A côté de ces troupes, plus ou moins enrégi-
mentées, il y avait aussi les brigands proprement dits. On en a vu. — Les Rojas,
Arteaga et d'autres, — terroriser pendant des semaines et des mois des villes de
50.000 âmes, et user de représailles terribles quand, momentanément, la fortune
leur souriait.

(4) Nous retrouvons les mêmes réflexions dans l'ouvrage du comte de Kératry :
p. 191-192.

(5) Cf. de Kératry, p. 167 à 170. — L'auteur cite ailleurs — 195-197 — l'in-
fâme guet-apens où il faillit lui-même succomber par la traîtrise de son hôte, à
Vittoria.

(6) Paul Laurent : ouv. cité. — De Guadalajara, le 18 mars 1864, la même idée est
exprimée en termes identiques : ... « Aussi ne manque-t-il pas de gens qui voudraient voir des Français à la tête de tous les services et de toutes les administrations... »

(7) Point d'inutiles sensibleries, comme on le voit. — Par le début de la lettre suivante, nous devinons que dans la sienne, madame Deplanque avait dû donner
une place importante aux nouvelles politiques.

De Cordova, le 12 avril 1864. — Ma chère mère, je vois par ta lettre du 23 février, que tu étais moins avancée que nous en nouvelles politiques. En ce moment nous attendons le courrier qui arrivera aujourd'hui ou demain à Vera-Cruz (1), pour connaître la date de l'embarquement de l'Empereur Maximilien, et savoir comment les Anglais se tirent des affaires danoises que Napoléon a su très adroitement leur mettre sur le dos, pour leur apprendre à refuser le congrès qu'il leur proposait et auquel ils seront peut-être bien forcés un jour de consentir.

Les affaires d'ici marchent aussi bien que possible. On attend la fin de la lutte entre Vidourri et Juarès (2), dans le Nuevoléon et Cahinla, pour en finir aussi, dans l'état de Oajaca, avec Porfirio-Diaz. Dans l'intérieur (3) on poursuit à outrance les bandes d'assassins et de voleurs qui dévastent encore leur propre pays au nom de la liberté et de l'indépendance. La difficulté est, non de les battre mais de les atteindre : battus et dispersés sur un point, ils reparaissent bientôt sur un autre (4). L'arrivée de l'Empereur exerce une grande influence sur l'esprit de ceux qui hésitent encore à se défendre et à repousser les bandes ; et elle détruira d'un seul coup tous les bruits fâcheux au moyen desquels, dans ce pays si crédule, on entretient la crainte et l'incertitude.

La guerre d'Amérique que l'on croit en Europe si près de finir, se poursuit au contraire avec un grand acharnement et prend le caractère d'une guerre de représailles et d'extermination.

Le procès du complot contre l'Empereur n'a pas l'air d'occuper beaucoup la presse française ; il n'en aura pas moins pour résultat de démontrer la part que Mazzini (5) a prise dans tout cela et de le faire descendre du piédestal sur lequel le plaçait l'Italie comme aussi la France. C'est un grand bien pour tous, par conséquent.

Les graines que j'ai envoyées doivent arriver bientôt. J'espère que L... en aura sa part et qu'elles viendront bien dans sa serre, d'après ce que j'ai entendu dire des gens qui avaient déjà fait l'expérience des produits du Mexique en France. Ce sera une curiosité pour eux et leurs nombreux visiteurs parisiens. Quant aux perroquets, je n'ai pas encore pu m'en procurer de jeunes : j'attends l'époque pour tâcher d'en élever deux ou trois de l'espèce qui *hable* le mieux et de les conserver, chose assez difficile en voyageant avec si peu de moyens de transport et si souvent ; je ferai de mon mieux pour cela, et leur éducation espagnole et française...

Je t'embrasse,                                   Louis DEPLANQUE.

D'Orizaba, 26 avril 1864. Ma chère mère, je viens d'être remplacé à Cordova (6) par le bataillon d'infanterie légère d'Afrique et je ne

------

(1) Le transport la *Drôme* n'y jeta l'ancre que le 30 avril.

(2) Autre orthographe : Vidaurri, Juarez, Marquez....

(3) Précisément les opérations de la Contre-Guérilla française au Mexique qui font l'objet du livre du comte de Kératry.

(4) Ils étaient redevables de leur extrême mobilité, leur permettant des déplacements rapides, insoupçonnés, à l'excellence de leurs montures et à leur parfaite connaissance des régions où ils portaient la lutte.

(5) L'édition Lachaux (1871), déjà citée, contient p. 211 à 227 une lettre de Joseph Mazzini, surnommé Pipo, datée de Florence, 20 septembre 1859 et dans laquelle les vrais sentiments du patriote italien contre Napoléon, se font jour. Elle est adressée à Victor Emmanuel.

(6) La ville, à une hauteur de 850 mètres au dessus de l'océan, avec une température moyenne de 20 à 22 degrés, est « située sur une route fleurie et parfumée », entre Vera-Cruz et Orizaba ; elle « est coquettement bâtie au milieu d'une végétation luxuriante et abrite une population de 3.000 hommes qui, pour se nourrir, n'ont qu'à tendre les bras... » Cf. Paul Laurent, de Kératry, ouv. cités.

crois pas rester longtemps ici : j'irai probablement occuper quelque autre point de la route de Puebla, afin d'éviter que l'Empereur ne soit inquiété sur son passage. On dit que le 7ᵉ reviendra ensuite à Mexico. Enfin! nous nous rapprocherons du *soleil*, du vrai, pas celui des terres chaudes, que nous recevons depuis plus d'un an. Nous attendons l'influence de l'arrivée de l'Empereur (1). Espérons qu'il apportera dans son sac quelque chose qui produira de l'effet : sans cela nous n'aurons pas encore fini cette année et l'espoir que l'on donne aux familles et à toute la France de nous faire rentrer, n'est qu'illusoire : c'est pour calmer les esprits et faire taire les criards...

La politique de l'Europe se ressent, je crois, de l'expédition du Mexique : c'est pourquoi chacun en France désire nous voir rentrer, et nous ne demandons pas mieux, tous, sans exception, même ceux qui ne font que d'arriver, parce qu'ils sont certains d'obtenir autant que les autres.

Le temps est très variable, actuellement, par ici : une journée de pluie froide succède à une journée de vent sud, des plus chauds : c'est le commencement de la mauvaise saison, absolument le contraire d'Europe. Je m'attends à avoir très froid à Mexico, surtout en route, pendant la nuit.

Tout ce que je puis savoir de la culture des plantes dont j'ai envoyé les graines, c'est qu'il leur faut de la chaleur, du soleil et de l'eau : pas moins de 15° de chaleur, bien que ce soient des fleurs des champs : elles sont toutes des terres chaudes.

Le général de Maussion me traite toujours comme à l'ordinaire. Il m'a dernièrement chargé de lui acheter des peaux de tigres et de jaguars qu'on trouve aisément en terres chaudes, et j'ai réussi assez bien à le contenter. J'ai abandonné la terre des perroquets, singes, etc., au moment où j'allais pouvoir m'en procurer. Cependant je ne désespère pas, par mes relations, d'atteindre tout de même mon but. J'aurais préféré les élever moi-même, parce que cela coûte encore assez cher autrement, et que leur éducation en espagnol ferait rougir souvent le fameux Vert Vert lui-même. Il est vrai qu'à Auxi on ne comprend pas cette langue.

Je t'ai déjà écrit que j'avais été oublié au jour de l'an. Cela ne peut pas se passer toujours ainsi : et mes supérieurs le comprennent tellement bien qu'ils finissent par s'occuper sérieusement de moi. C'est ce que j'ai appris il y a peu de jours d'un général mexicain de ma connaissance. Enfin, qu'ils fassent ce qu'ils voudront : je sais ce qui me reste à faire aussi (2). Je verrai d'ailleurs, j'espère, sous peu, au sujet de mon avancement, le chef du cabinet particulier du général en chef; et d'après ce qu'il me dira, je saurai ce qui me reste à faire.

Je t'embrasse,
L. DEPLANQUE.

---

(1) Georges Bertin, dans « Souvenirs de l'expédition du Mexique. Journal d'un chasseur à pied », formule les mêmes réflexions.

(2) Ce fut surtout peut-être pendant cette campagne du Mexique, que l'arbitraire et le bon plaisir des chefs se donnèrent libre carrière, dans l'attribution des promotions et la distribution des récompenses honorifiques. Sans examiner les titres des meilleurs officiers ni les services par eux rendus dans les plus périlleuses missions, on décidera, par exemple, dès leur rentrée en France, « que les propositions pour les grades de colonels et de lieutenants-colonels, venant du Mexique », seront écartées. On avait sans doute assez de favoris de salon à pourvoir !

Au reste les impatiences et les plaintes de Deplanque à ce sujet ne sont pas le cri isolé d'un ambitieux déçu, ni la diatribe d'un révolté. Je renvoie le lecteur au livre de Paul Laurent et à la correspondance du commandant Bochet : il y trouvera les mêmes doléances et les mêmes récriminations.

Les pressentiments qui agitaient Deplanque au début de sa lettre du 26 avril, ne le trompaient point. On songea en effet à lui pour préparer l'arrivée et l'installation à Mexico, de l'Empereur Maximilien :

« Le premier bataillon du 7e de ligne (moins la compagnie de voltigeurs) (1), est, à cette occasion, organisé en bataillon de marche (8 mai, et se met en route sous les ordres du commandant Deplanque, pour Mexico, où il arrive le 19. Ce bataillon est complètement séparé de la portion centrale et a pris avec lui un approvisionnement en effets de toute nature, suffisant pour six mois » (2).

Deplanque accomplit avec bonheur sa délicate et périlleuse mission (3).

Voici une nouvelle lettre de lui, datée de Mexico, le 10 juin 1866.

Ma chère mère, j'ai reçu ta lettre du 27 avril. À peu près à la même époque, nous avons reçu la nouvelle d'une bonne affaire où s'était trouvé de Beaulincourt (4). C'était la première fois que son escadron donnait. Il est certain qu'il sera nommé chef d'escadrons. En cela il a eu plus de chance que moi ; car à peine avais-je quitté Cordova que mon successeur a eu une occasion que je n'ai jamais pu trouver. Bien qu'il l'eût fort mal saisie, il n'en a pas moins réussi ; ce qui lui vaudra tout autant que s'il avait bien dirigé son opération.

Les affaires vont bien ; mais il n'y a pas à compter de longtemps sur l'armée mexicaine, ni sur la population malgré l'enthousiasme que l'on se plaît à signaler partout sur le passage de Maximilien. Ces gens-là sont faux ; ils se plaisent dans le désordre qui perpétue les spéculations hazardeuses, la misère et l'opulence... d'un jour. C'est une existence à part qu'on ne peut pas comprendre en Europe.

Mon colonel m'a dit qu'il ne comprenait rien à mes affaires ; que j'étais parfaitement noté sous tous les rapports. On m'a fait quitter mon commandement de Cordova précisément au moment de profiter du passage de Maximilien. C'est encore une chance à ajouter à toutes celles que j'ai eues depuis plus de 4 ans. Enfin il est impossible d'être plus mal traité, et je ne me gênerai pas pour le dire au général en chef en arrivant à Mexico. On me fait toujours beaucoup de promesses ; mais je ne me gêne pas pour dire très carrément que je ne me paie plus de cette monnaie-là. Le général de Maussion est arrivé hier ici ; je vais savoir quelque chose, sans doute demain, puisqu'il me fait dire de l'attendre quelque part. Et moi je ne me suis pas gêné pour lui faire savoir que le 7e comptait sur sa première entrevue avec le général en chef, pour lui repré-

---

(1) Cf. Historique du 7e de ligne aux archives historiques du ministère de la guerre.

(2) La frégate autrichienne *Novara* amenait le nouvel Empereur en rade de Vera-Cruz, le 28 mai. Cf. *Maximus* : ouv. cité, 36-48.

(3) Elle lui valut d'ailleurs, la médaille du Mexique.

(4) Dans cette guerre toute de reconnaissances, de coups de main et de surprises, le rôle de la cavalerie devait être des plus brillants... « contre des gens qui ne savent que fuir ». Peut-être l'a-t-on même trop vanté. Cf. G. Berton, ouv. cité.

senter que depuis plus d'un an que ce régiment était au Mexique, il attendait quelque chose, et aurait eu plus de chances d'avancement en restant en France. Il faut en finir, et je vois bien que celui qui ne réclame pas est oublié, ici plus encore qu'ailleurs.

L'Empereur a, je crois, fait cesser ce prétendu enthousiasme pour cette espèce de fou (1) qu'on porte aux nues, soi-disant, en Angleterre, après avoir dit que les Italiens ne valaient ni un schelling ni une goutte de sang anglais. C'était une démonstration contre la France, tout simplement, et l'Empereur a bien fait d'arrêter les frais.

L'infanterie de marine est partie en effet (2), depuis l'année dernière, gorgée de récompenses (3), malgré la mauvaise réputation qu'elle s'était acquise ici.

Tu diras à A... que les images que l'on trouve ici viennent de France, sauf quelques saints, fabriqués par les Indiens et qui ressemblent à des singes. Si cependant elle en veut épouser un, je lui trouverai son affaire. J'ai trouvé déjà un perroquet. Je ne sais pas trop si je viendrai à bout de lui donner une éducation convenable, et surtout de le transporter jusqu'au bout, jusqu'en France ; car ce n'est pas une petite corvée.

Dimanche, selon les ordres donnés, nous recevrons ici leurs majestés. Les préparatifs ne sont pas terminés ; il paraît qu'ici moins qu'ailleurs, on s'attendait à leur arrivée. Le génie, nos soldats même sont employés à arranger et à meubler le palais impérial : sans cela on risquerait fort de ne pas trouver de lits pour tout le monde. C'est le plus curieux, à mon avis, de tout ce que j'ai vu jusqu'ici sur ce sujet.

Je t'embrasse.                                    L. DEPLANQUE.

De Mexico, le 26 juin 1864. Ma chère mère, le courrier, arrivé le 15, a été égaré d'Orizaba à Mexico : de sorte que je n'ai pas encore reçu ta lettre ; et, s'il y a quelque chose d'important, répète-le moi, parce que je crains bien que rien ne se retrouve.

Les journaux (4) te diront comment Maximilien a été reçu à Mexico. Que ce soit plus ou moins vrai, peu importe : ce n'est pas ce qui t'intéressera le plus (5) ; ce serait plutôt l'effet produit par son arrivée sur l'état des esprits. Eh bien! cet effet a été assez faible. On ne croyait pas, on a cru, voilà tout. Ceux de notre parti qui avaient si peur de voir l'affaire manquer, ont poussé un ouf de satisfaction ; et les autres... n'en continuent pas moins comme auparavant.

______________

(1) Mazzini.

(2) Il est manifeste que Deplanque répond, point par point, aux questions de sa mère.

(3) Ainsi donc, c'est complet : l'infanterie de marine, après la cavalerie, comblée pour « quelques coups de sabre que les cavaliers parvenaient à donner aux huzards. » On n'oubliait que les fantassins qui étaient là, « sac au dos et au pas gymnastique à toutes les affaires. » G. *Berlin*. — Leurs chefs se plaignent, mais comme leurs hommes, ils n'en conservent pas moins tous une inaltérable bonne humeur. Dans les haltes, dans les camps improvisés, on ne maudissait l'irruption soudaine des Mexicains que quand ils avaient le mauvais goût d'interrompre un spectacle commencé : Michel et Christine, Fich-ton-Kan, et la permission de 10 heures.

(4) Ils purent s'inspirer surtout d'un article très détaillé, publié par « l'Estafette ». — Maximilien fit à Mexico son entrée solennelle le 12 juin, après un pèlerinage la veille, au sanctuaire de Guadalupe.

(5) J'ai déjà souligné le caractère tout spécial de la correspondance de Deplanque avec sa mère.

Cependant on est en pourparlers partout et avec tous, et même avec Juarès. Uvaga a fait sa soumission avec toute sa troupe ; reste à savoir si son exemple sera imité par le reste. Après tout, quand cela serait, comme on ne peut avoir aucune confiance dans ces gens-là, notre présence n'en est pas moins indispensable ; et s'il rentre des troupes au mois d'octobre, il n'en rentrera pas beaucoup. Maximilien, dès les premiers jours, a renvoyé l'infanterie de sa garde, tant elle le gardait mal. A Chapultépec il est gardé par les grenadiers et les voltigeurs de mon bataillon, et à Mexico par les zouaves. Il faut des années et la conscription pour avoir ici une armée un peu propre.

Je crois que je ne tarderai pas à quitter Mexico pour aller remplacer le 99e qui, dit-on, rentre en France. Il faut un mois de marche pour me rendre où il est, et un mois pour en revenir, plus 15 jours pour aller de Mexico à la Soledad : en tout, deux mois et demi ; d'où je conclus que le mouvement ne peut tarder à commencer si le départ doit s'effectuer en octobre de Vera-Cruz.

Il y a bal demain chez le général en chef en l'honneur de leurs majestés. J'irai y passer une heure : j'en ai assez de ces réunions. Les dames de Mexico n'ont rien d'attrayant : elles sont laides et mal habillées ; elles se plaquent de blanc et de rouge pour se donner une tête excentrique ; ce qui ferait croire qu'on est dans un bal de carnaval....

J'écris aujourd'hui à Paris pour tâcher de ne pas être oublié au 15 août. J'ai une de mes *recrues* au ministère qui peut me faire du bien s'il le veut : nous verrons. Enfin si je ne suis pas nommé pour cette époque je ne sais quand je le serai ; et, en attendant, je solliciterai soit une convalescence, bien que je sois très bien portant, soit une permutation : je ne puis pas rester dans une position qui devient ridicule. Tous mes camarades le comprennent ainsi et l'autorité elle-même ne dit pas le contraire.

M. de Maussion est venu ici pour solliciter un congé, soi-disant pour aller chercher sa femme. *Je crois qu'il ne reviendra plus.* Pendant son séjour où il m'a fait, tout comme d'habitude, beaucoup d'amitiés, je l'avais prié de parler un peu au général en chef de son ancien régiment. Je crois qu'il n'en a rien fait, qu'il ne s'est occupé que de lui (1), comme me le disait le colonel de la légion que j'ai rencontré hier et qui s'intéresse plus à moi que mes propres chefs, quoique je ne l'aie connu que par les rapports de service que j'ai eus avec lui dans les terres chaudes.

Je t'embrasse,

L. DEPLANQUE

Le commandant Deplanque (2) était enfin promu lieutenant-

---

(1) Deplanque a-t-il reconnu plus tard qu'il s'était trompé, ou bien a-t-il généreusement pardonné à M. de Maussion son égoïsme ? Toujours est-il qu'il envoyait d'Algérie, en 1871, à madame de Maussion, un joli coffret de « bois de palmier travaillé », dont la comtesse le remerciait par une charmante lettre dans laquelle elle l'invitait à venir passer quelques jours à *Montdésir*, leur résidence.

(2) « Notes particulières et successives », extraites du dossier du chef de bataillon Deplanque 1856-1862, et du commandant Deplanque, 1862-1864 : « officier instruit, bien élevé et vigoureux.... Constitution athlétique ; caractère doux et bienveillant... sert avec zèle et intelligence ; se conduit bien, a de la tenue ; connaît son métier ; officier supérieur d'avenir... — Bon chef de bataillon : sa conduite, sa tenue et sa manière de servir sont très bonnes... Excellent officier, instruit énergique, brillant : à hauteur de toutes les fonctions qu'on pourrait lui confier...»

*Signé :* A. DE CAMAS.

colonel le 12 août 1854, et affecté, dès lors, au 51ᵉ régiment de ligne.

A partir du mois de septembre suivant, sa correspondance devient assez régulière, et, au point de vue des opérations, des plus intéressantes.

L'Historique du 51ᵉ nous apprend « qu'il a pris le commandement des grenadiers (3ᵉ et 4ᵉ compagnies), et des voltigeurs du bataillon. Il est alors nommé commandant supérieur d'Aguas-Calientes. »

Il va nous fournir lui-même tous les détails nécessaires sur la marche des événements.

# LE LIEUTENANT-COLONEL LOUIS DEPLANQUE

## AU MEXIQUE

De Quérétaro (1), 17 septembre 1864. Ma chère mère, parti de Mexico le 9 de ce mois, je suis arrivé ici aujourd'hui à 10 heures du matin et j'y ai reçu l'ordre de repartir demain pour Aguas-Calientes, afin de prendre le commandement supérieur de cette province, au lieu de joindre mon nouveau régiment à Guanajuato. Le courrier de France est arrivé le 13 à Vera-Cruz ; je pense qu'il sera dans 4 à 5 jours à Guanajuato ; alors, tant pour faire connaissance avec mon nouveau colonel que pour recevoir mes lettres, j'irai de la Caleva à Guanajuato et je rejoindrai mon convoi le lendemain même à Silao. Mes chevaux sont bons : ils peuvent faire trente lieues quand les autres n'en feront que quinze en deux jours.

Je ne sais pas ce qui a empêché le général en chef de me dire, avant de partir, qu'il m'envoyait à Aguas-Calientes ; je n'ai jamais refusé d'aller où l'on m'envoyait.

J'ai vu V..., avant de quitter Mexico : il était tout triste de me voir partir ; il n'y a cependant pas de quoi, et je vais dans un bon pays.

Les dernières nouvelles de ce matin disent que le bruit court que Ortéga a été tué, et que Juarès, battu, a failli être pris. Je crois bien que le général Brincourt est maître de Oajaca. Tout cela cependant demande confirmation. En tout cas, si Juarès se retire comme on le dit dans le Chihuahua, on prépare une expédition pour l'y poursuivre ; et l'on croit toujours ici que l'on ira, pour couronner l'œuvre, dans la Sonora, (à la recherche de l'or et de l'eau, probablement). Nous y verrons les fameux sauvages, les Apaches et les Comanches, tant célébrés par nos romanciers à effet, les imitateurs blagueurs de James Fenimoore Cooper.

L'Empereur a été dix jours malade à Irapuato. Il est attendu à Guanajuato et je crois qu'il n'ira pas plus haut ; car il en a assez vu comme cela, des *richesses de son empire!* Dans une quinzaine de jours, moi je serai à Aguas-Calientes, d'où je t'écrirai pour le départ du 15 octobre, s'il y a moyen.

Je t'embrasse,                              L. DEPLANQUE.

D'Aguas-Calientes, 29 octobre 1864. Ma chère mère, ta lettre du 20 août ne m'est parvenue ici que le 24 octobre, à cause du mauvais état des chemins ; mais les pluies ayant cessé, j'ai reçu celle du 13 septembre avant hier au soir, 27 octobre. Il faut 8 jours au courrier pour aller d'ici à Mexico, par le beau temps ; par le mauvais, il n'y a plus de limites ; hommes et bêtes courent risque d'être entraînés par le torrent dans les boues mouvantes.

---

(1) Albert Hans : « Quérétaro. Souvenirs d'un officier de l'Empereur Maximilien. »

Il n'y a pas à t'inquiéter pour moi ; tout est tranquille de ce côté, sauf l'affaire qui vient d'avoir lieu à Estanzouella, près de Frunillo, où 500 français ont battu 4.000 ennemis qui avaient 20 canons. Tout peut donc être considéré comme terminé par ici.

Vers la fin de ce mois, je vais sur Durango. Je ne sais si ce sera pour rester dans ces parages ou pour expéditionner plus loin. De tous côtés, les dissidents, battus et traqués, se soumettent ou s'expatrient. Nous touchons à la fin de cette série de combats plus ou moins aventureux, de surprises et de démarches longues et pénibles. Tranquillise-toi : j'espère jouir de ma nouvelle position tôt ou tard.

Nous sommes ici dans une contrée où il fait assez froid pour cultiver la vigne, et le vin qu'on y fait n'a qu'un défaut, c'est de coûter 35 sous la bouteille ; mais on arrivera à fabriquer aussi bon qu'en France.

Ma nomination (1) fait du bruit, à ce qu'il paraît : je ne sais trop pourquoi elle impressionne tant de gens qui devaient s'y attendre tôt ou tard... *Enfin, quels que soient les motifs de cette émotion*, je ne leur en sais pas moins gré, et je te prie de leur renouveler mes remerciements.

Je t'embrasse.                                L. DEPLANQUE.

Une lacune malheureusement, et des plus considérables, se produit ici dans la correspondance de Deplanque ; et l'historique du 51ᵉ régiment de ligne ne nous fournit que bien peu de renseignements sur son compte, dans les derniers mois de 1864.

Le 18 décembre, cependant, nous le retrouvons, « commandant une avant-garde dans une marche contre l'ennemi » (2).

Bientôt après, « le 1ᵉʳ janvier 1865, il concourt à l'enlèvement de la formidable position connue sous le nom de l'*Espinazo del diablo* (3). Ses troupes (3 compagnies), qui formaient la colonne de gauche, rivalisant avec celles de la colonne de droite, « gravissent résolument les rochers, sans répondre au feu de l'ennemi, atteignent les redoutes derrière lesquelles il est abrité (4), l'attaquent à la baïonnette, le culbutent dans les ravins : et, le pourchassant de sommet en sommet, le forcent à fuir en désordre sur la route de Mazatlan » (5).

Le 7 janvier 1865, l'ennemi essaya encore une fois, à *Higuéras*,

---

(1) Celle de lieutenant-colonel, du 12 août précédent. — Deplanque, comme on le voit, n'est pas dupe de la petite comédie de sentiment jouée par quelques-uns de ses concitoyens.

(2) Cf. *Dossier de Deplanque aux archives* du ministère de la guerre.

(3) On trouvera un double récit, également intéressant, de ce joli fait d'armes, — Espinazo ou Espina : échine ou épine du diable, — dans les ouvrages de Paul Laurent et G. Bertin.

(4) Onze barricades ou retranchements furent ainsi enlevés !

(5) Les traits d'héroïsme abondent, d'ailleurs, dans cette campagne. Il faut relire dans les « Héros de Camaron » de l'abbé Lanusse, l'épisode de la défense de cette *hacienda* par « la 1ʳᵉ du 3ᵉ de la légion. »

M. Émile Faguet dans les « Souvenirs d'un soldat », a reproduit p. 223, la conduite admirable du détachement du capitaine Danjou et du sous-lieutenant Vilain, luttant pendant 10 heures avec 65 hommes contre 2.000 ennemis.

d'arrêter la marche victorieuse du 51e régiment de ligne ; mais « deux compagnies d'élite que commandait le lieutenant-colonel Deplanque suffirent pour le chasser » (1). Et même les dispositions avaient été si habilement prises que nos troupes ne subirent aucune perte.

A quelque temps de là (2), Deplanque fut « cité à l'ordre du jour du corps expéditionnaire du Mexique, comme s'étant fait remarquer à Higuéras, en janvier précédent » (3).

Dès le commencement de février le 1er bataillon, sous les ordres du lieutenant-colonel Deplanque, avait pris possession de Noria (4) : « Établi dans cette ville, au milieu des populations hostiles ou effrayées par les menaces de l'ennemi, le 1er bataillon parvint, par son admirable discipline, à combler le vide qui s'était fait autour de nous, à ramener tous les habitants et même à les armer pour notre cause » (5). L'éloge n'est pas mince. Entre temps, Deplanque faisait rayonner des reconnaissances dans toute la région. Au mois de mars, lors du départ du colonel Garnier, Deplanque prit le commandement de Mazatlan (6).

A partir de cette époque, pour le reste de l'année 1865 et pour une très grande partie, également, de 1866, je pourrai joindre aux lettres de Deplanque à sa mère, la copie, dans leur ordre chronologique, de certaines pièces officielles, dont le double a été conservé dans ses papiers.

Les billets de service échangés entre le colonel Garnier et Deplanque y dominent ; ordres de mouvement, considérations stratégiques, aperçus sur les mœurs locales…, tout y est (7). J'en donnerai les plus larges extraits possibles.

Cavallo, 24 juillet 1865. Mon cher Deplanque, outre le soldat renvoyé cette nuit, M. le lieutenant Martin, des voltigeurs, a dû retourner à Guaymas. Cet officier est réellement malade.

Pas de pitié pour les voleurs : le conseil de guerre…… Dites à notre propriétaire que les commandants supérieurs sont logés aux frais des municipalités, et dans des maisons particulières lorsque les municipalités n'ont pas de bâtiment ad hoc. Ainsi donc sa maison ou notre maison est le logement du commandant supérieur jusqu'à nouvel ordre. Il faut bien que vous puissiez me donner l'hospitalité si je reviens d'Hermosillo. Vous avez dû rire au nez de cette

---

(1) Historique du 51e régiment de ligne, aux archives historiques du ministère de la guerre.

(2) 10 mai 1865. Cf. son dossier.

(3) États de services de Deplanque, aux archives administratives…

(4) Paul Laurent, ouv. cité : « fatigues que nos pauvres soldats » y supportent.

(5) Historique cité du 51e de ligne.

(6) P. Laurent, G. Bertin, ouv. cités : « punaises la nuit, moustiques le jour ».

(7) Paul Gaulot : « L'Empire de Maximilien ».
E. Lefèvre : « Histoire de l'intervention française au Mexique ». 2 vol.

brave et digne femme.... Mon cher camarade je vous envoie 15 malades. Monsieur le capitaine Simonnot vous fera prévenir et vous enverrez des cacolets.... Il n'y a aucun changement à faire tant que durera mon expédition ; qui sait ce qui en adviendra ? Il faut donc attendre.

Tout à vous d'amitié.

C. GARNIER.

D'Hermosillo (1), le 29 juillet 1865. Mon cher Deplanque, après 6 jours d'une marche réellement pénible, je viens d'arriver à Hermosillo. J'ai dû laisser à la Pasa, à 7 lieues d'ici, le lieutenant Lientaud avec deux compagnies et 17 voitures. Par suite des orages de ces derniers jours, les voitures passent si difficilement que j'ai dû fractionner notre petite troupe. Les chasseurs à cheval sont arrivés hier soir : l'accueil qui nous a été fait a été presque bienveillant ; il y avait certainement beaucoup de curiosité, mais les visages n'indiquaient pas la peur ; aujourd'hui c'est encore mieux qu'hier.

J'ai trouvé ici deux hommes acceptant carrément notre intervention : de sorte que les affaires politiques promettent une marche franche. Les affaires militaires sont bonnes. Corella, le commandant militaire laissé ici par Pezqueyra, a vidé les lieux le 27, avec 150 hommes. Le 28, 50 étaient revenus ici, refusant tout service. Maintenant on dit que le reste s'est dispersé. Un contre bruit m'annonce que Tanori a battu, le 27, la cavalerie ennemie, commandée par le sieur Aguerro. Vous voyez que tout marche à souhait ; et si ce n'était la mort de ces 6 malheureux de Cuvallo (2), je me réjouirais d'avoir entrepris cette expédition ; mais toute médaille a son revers et là mienne pourrait bien en avoir deux : le second serait le blâme d'en haut.

Je n'ai encore rien vu ; cependant je puis vous dire qu'il y a de très beaux jardins, de l'eau fraîche et des puits : ma prochaine lettre vous en dira plus long. Aujourd'hui je me borne à vous annoncer notre arrivée. J'ai à écrire à bien des personnes. Lisez la lettre au général Aymard et cachetez-la (3). Par le prochain courrier je répondrai à votre lettre pour Campillo.

Corella, dans sa fuite, a fait enterrer ses 4 canons. Des Indiens sont en campagne pour les retrouver, car il y a grosse récompense. La débandade a été complète parmi la garnison d'Hermosillo. Dites de ma part à M. Calvo, qu'il peut annoncer à Mexico l'occupation heureuse d'Hermosillo. Faites la même recommandation au préfet.

Tout à vous d'amitié.

C. GARNIER.

30, six heures du matin. — Lientaud m'écrit qu'il sera ici vers 10 heures ; je mets midi et nous serons tous réunis. Nous avons voyagé avec les armes déchargées parce que tout le pays est tranquille. Je demande un pavillon à l'Amiral ; s'il vous en donne, envoyez-le moi par la première occasion. Dites aussi de ma part à

---

(1) Paul Laurent, ouv. cité : « J'ai beaucoup regretté Hermosillo ; c'est une bonne ville où j'étais fort bien et où je ne manquais de rien. La vie m'y était douce et facile ».

(2) Peut-être s'agit-il des « ivrognes invétérés » dont parle Deplanque dans sa lettre.

(3) Voilà une preuve de confiante amitié qu'un supérieur ne doit guère prodiguer à ses subordonnés, sauf à bon escient, et même entre pairs, sans doute aussi assez rare.

M. de Linière qu'il vous envoie la note de ce qu'il a dépensé pour les troupes de Corona, en argent et en vivres.

A cette même date précise du 29 juillet 1865, Deplanque écrivait à sa mère la lettre suivante qui complète le billet du colonel Garnier que nous venons de lire :

De Guaymas (1). Ma chère mère, depuis ta lettre du 13 mai datée de Gonesse et que j'ai reçue au commencement de ce mois, celles que tu as reçues de moi (2) t'ont successivement annoncé les changements opérés dans nos opérations depuis le mois de février. La Sonora, comme j'ai dû te l'écrire, serait à nous depuis longtemps si d'autres combinaisons, sans doute, et les grandes chaleurs, n'avaient jusqu'ici fait retarder l'ordre de marche en avant. Cependant, depuis le 23 mon colonel est en marche sur Hermosillo, où il arrivera demain au plus tard. Les populations et surtout les indiens avaient proclamé l'empire et pris les armes contre Pezqueyra ; de sorte que nous ne pouvions ni arrêter le mouvement ni le laisser sans direction. Ainsi l'expédition de la Sonora a été à peu près nulle sous le rapport militaire. On ne souffre que de la chaleur et des moustiques. Nous n'avons, depuis 4 mois, perdu qu'un seul homme de maladie ; et encore c'était un vieil ivrogne usé. En revanche ceux-ci ont payé leur tribut au soleil des tropiques ; en voilà 6 qui meurent asphyxiés, et cela n'a pas l'air de corriger beaucoup les autres. Nos troupes doivent être aussi dans le Chihuahua, dernier refuge de Juarès, qui était venu se placer pour attendre ses prétendus amis les Américains et les recevoir à leur entrée ; mais ceux-ci se moquent de lui et paraissent plutôt disposés à reconnaître l'empire mexicain qu'à le combattre. Enfin, en résumé, tout va être bientôt terminé, comme *conquête* : maintenant, comme *occupation*, c'est une bien autre affaire (3), et mon avis est qu'elle sera longue, si l'on ne veut pas s'exposer à recommencer.
Je te quitte et t'embrasse.

L. DEPLANQUE.

D'Hermosillo, le 9 septembre... Mon cher Deplanque, je reçois de la Magdalena des nouvelles assez sérieuses : le courrier de lundi vous les portera, mais en attendant je crois qu'il faut nous presser un peu. Il arrivera demain 10, à Guaymas, 12 voitures de M. Ynigo ; vous *les retiendrez toutes* et vous m'enverrez aussitôt que possible, le commandant de Linière, les deux compagnies du 1er bataillon et tout ce qui doit marcher avec ce dernier convoi. Les voitures qui ne seront pas employées pour le transport des sacs, seront chargées de vivres et de munitions.
Je vais faire un rapport pour le général Aymard. Vous le lirez

---

(1). Paul Laurent : « Tu ne peux te figurer rien de plus désolé et de plus aride que les montagnes qui entourent Guaymas de tous côtés. Il n'y a pas un pouce de végétation... On y est dévoré littéralement par les moustiques et affilé par les mouches. Il est impossible de coucher dans les maisons ».

(2). Je n'ai pu en retrouver aucune.

(3). E. Masséras : p. 6, 7. « avec un territoire comme celui auquel on avait affaire, l'occupation de Vera-Cruz, d'Orizaba, de Puebla et de Mexico, la possession incontestée des cent lieues de route qui relient ces quatre villes entre elles, ne signifiait rien quant au but final, »... en cas de résistance simplement passive du pays à l'instauration du nouveau régime. C'est, en quatre lignes, le procès de l'expédition, eût-elle été bien préparée et mieux conduite.

et vous l'enverrez par le bâtiment *Stephen* ; ce sera sans doute la
voie la plus rapide.

Tout à vous d'amitié,

GARNIER, colonel du 51e.

P. S. Je reçois à l'instant même, 12, 2 heures, une lettre de Guil-
let qui m'annonce que tout marche bien à Urès. Presque tous les
hommes demandent à rentrer chez eux. On leur donne 10 piastres
et ils sont très contents. Presque tous emportent leurs armes, d'abord
parce qu'elles leur appartiennent ; et ensuite, dans chaque pueblo,
on va former une garde nationale pour la défense du pays contre
les Apaches (1).

*
* *

De septembre 1865 au mois d'avril 1866, nouvelle lacune dans
la correspondance de Deplanque avec sa mère et avec le colonel
Garnier. Les ouvrages spéciaux ne mentionnent guère non plus
de faits saillants.

Voici ce que, le 22 avril 1866, il écrivait à sa « chère mère » :

J'ai reçu ta lettre du 27 février et celle du 13 mars et je réponds
aux deux. Toutes les nouvelles que reçoit mon colonel dont le
beau-père est placé de manière à tout savoir, s'accordent à nous
faire rentrer à l'automne avec le 81e et le 7e bataillon de chasseurs
à pied. Les mesures que je vais prendre sont conformes à ces
bruits, ces nouvelles de France aussi ; nous serions remplacés,
et c'est ce qu'on aurait dû faire depuis longtemps ; mais... Enfin,
patience ; encore 7 à 8 mois.

Oui je suis très occupé : je ne sais comment j'y tiens. Je dicte
plus de trente lettres par jour sans compter celles que j'écris, et
les dépêches télégraphiques. Ma vue est par trop fatiguée pour
écrire le soir ; je me promène un peu sur la place. Aymard n'a
passé qu'une heure avec moi, le 16 : c'est à peine si j'ai eu le
temps de lui expliquer et de lui remettre le plus pressé ; il est
reparti le 16 de bonne heure ; j'ai ravitaillé sa colonne d'argent et
de vivres. Mon colonel est encore à Uruapan : j'ai affaire à tout le
monde, et pourtant je suis tellement connu qu'on ne m'écrit plus
qu'en mettant mon nom sans grade, sans indication de lieu ni rien.

Avec cela il faut que j'ouvre l'œil. J'ai encore ainsi sauvé une
compagnie de zouaves en enfreignant les ordres du maréchal qui
m'a approuvé par le télégraphe quand je lui ai rendu compte et
expliqué mon mouvement.

Je ne puis te dire ici, en peu de mots, pourquoi cela va mal. En
résumé, c'est l'énergie qui manque aux autorités, incertaines de
savoir si nous ne les laisserons pas en plan. Voilà le secret. Le

_______________

(1) L'idée n'était peut-être pas aussi heureuse que cela, à cause de toutes les
intrigues qui se nouaient à la cour de Maximilien, grâce à l'influence néfaste du
belge Eloin dont « tout le mérite consistait à exercer l'Empereur et les Français.
En un mot, « à voir de près ce qui se passe ici, on ne peut se défendre d'être
inquiet ».

Correspondance citée du vicomte E. de La Pierre (Édit. Lachaux). — Voir encore E. Masséras : tout le chap. II, p. 163.

général Garnier (1) me promet l'emploi de tout son crédit. Je ne sais pas pourquoi tu me parles toujours de ce que disent les journaux (2). Je l'ai cependant déjà bien souvent répété qu'ils n'étaient inventés que pour tromper les imbéciles qui les lisent. Que ces journaux parlent ou non de Régulés il existe : ce n'est pas un mythe (3). Il a déjà été battu par Mendez et par Aymard, et n'est pas encore content. Il a même déjà reparu à la tête de 700 cavaliers. Sois donc, une fois pour toutes, persuadée que personne ne connaît le Mexique.

Je vais avoir la visite de Maximilien et, auparavant, celle de son ex-ministre. Louis Roblas, qui vient de m'écrire qu'il serait enchanté de faire ma connaissance personnelle. J'en ai beaucoup à leur dire.

Je t'embrasse.

L. DEPLANQUE.

De Léon le 1ᵉʳ juin 1866. Ma chère mère, comme toujours et plus que jamais à cause des pluies qui commencent, il me faut écrire à l'avance pour le courrier du 15.

Le bruit de notre départ a ranimé l'esprit du parti que nous combattons ; néanmoins il a été battu partout, même en Sonora, où Tanori, tout opale qu'il est, les a chassés d'Hermosilla, dont la trahison (4) les avait rendus maîtres un instant. Il n'y a que le Chihuahua qui ait faibli ; mais les bandes venues du nord ont été battues trois fois, la plupart deleurs chefs tués ou blessés, dès qu'elles ont voulu tâter nos lignes : cet avantage permettra sans doute de les rejeter encore une fois sur Pasa del Norte. Par ici, battus, rendus, et la saison des pluies approchant, ils demandent grâce. On a grand tort de la leur accorder au lieu de les écraser, parce qu'ils recommenceront l'année prochaine, rien ne leur coûtant moins que la violation de leur parole. On cherche par tous les moyens à attirer l'armée française dans celle du Mexique : avancement réel ou de promesse, solde... ; néanmoins il y a peu d'élus, résultat du peu de confiance dans les hommes et dans les choses.

Toujours est-il que nous ne tarderons pas à rentrer : je vois clairement, à moins de complication, que nous partirons après les pluies et le vomito. Si nous nous arrêtons à Mexico ce sera pour peu. Néanmoins le général et le colonel comptent beaucoup sur les récompenses qui nous y seront données. Le colonel vient de rentrer ; le général ne tardera pas à en faire autant, ce que j'attends avec impatience pour me reposer un peu.

Je t'embrasse.

L. DEPLANQUE.

La « complication », vaguement entrevue, se produisit presque aussitôt : et « le 2ᵉ bataillon du 51ᵉ de ligne, (commandant

---

(1). La nomination était toute récente.

(2). Son opinion ne changera pas, au moment de la déclaration de guerre, en 1870.

(3). *Carbajal* non plus, qui fit si longtemps échec à nos troupes dans l'état de Taunaslipas ; (combat de San Antonio., etc.). *et* : comte de Kératry ; ouv. cité p. 129 à 127.

(4). Des représailles terribles avaient été exercées dans les mêmes conditions, en 1865, par exemple, dans la ville de Linarès, puis dans celle de Vittoria, privées de leurs garnisons protectrices.

de Musset), sous les ordres du lieutenant-colonel Deplanque fit, dans le courant du mois de juillet 1866 (1), la dernière campagne de Michoacan, avec le général Aymard ».

Dans une lettre à sa mère, datée de Toluca, le 21 août, voici ce qu'il nous apprend sur cette campagne :

Ma chère mère, j'ai enfin reçu tes deux lettres du 30 mai et du 12 juin, le 1er août, à Mararatio ; mais il n'y a pas eu moyen d'y répondre, et de là ici, nous avons toujours circulé dans un pays ennemi où les courriers étaient interceptés. Depuis le 19, — avant hier, — nous nous retrouvons en pays ami, dans une grande et belle ville où l'on trouve ce qu'on veut et à 16 lieues de Mexico. Cette campagne d'un mois est terminée, et nous repartons demain 22 pour Mexico où nous arriverons le 24. Nous nous demandons si nous nous y reposerons enfin, en attendant notre départ, ou si nous ne recommencerons pas une nouvelle expédition, soit dans le Huesteca, soit dans la terre chaude, vers Jalapa ; c'est ce que nous ne tarderons pas à savoir.

Mais nous n'avons pas été heureux dans celle-ci ; beaucoup de fatigues, de la pluie, du froid, des chemins atroces ; et quand nous avons atteint Régules à Zitacuara, il a pris devant nous vers le sud, par Incarnacion et Laureles. Nous n'avons pas voulu le suivre dans cette direction, le pays étant ruiné complètement et très fiévreux, dans cette saison. Après avoir séjourné 24 heures à Zitacuara, qui a fort souffert et tombe en ruines, nous avons pris à travers la Sierra. Le 15 notre arrière-garde a été attaquée par les gens du pays qui sont armés par Régules, et qui s'étaient cachés dans les bois. Le général m'avait laissé à l'arrière-garde, prévoyant ce qui est arrivé, et j'ai essayé d'atteindre ces drôles. Mais ils connaissent bien leurs montagnes et s'étaient placés de manière à nous nuire impunément ; de sorte que j'en ai été pour mes peines. Il est vrai que, de leur côté, ils n'ont pas été plus heureux que moi : nous n'avons pas eu un seul homme touché. Ce même jour, au moment où nous franchissions la crète de la Sierra, est survenu un magnifique orage (2) qui nous a trempés jusqu'aux os ; mais nous étions alors au milieu d'une forêt magnifique et nous avons campé autour d'un lac qui a été tout illuminé de feux cyclopéens. Voilà comment nous avons passé la fête de sa Majesté (3).

Malgré tout cela, sur les 800 hommes environ que je commandais, je n'ai pas eu plus de 30 malades par jour. Aymard a assez souffert : il est sujet à des névralgies très pénibles. Moi je me suis toujours très bien porté, sauf le froid que je supporte difficilement, depuis que j'ai été en Sinaloa et en Sonora.

A peine la guerre était-elle commencée qu'elle était finie, d'après ce que nous savons d'Europe ; mais cela me fait bien l'effet d'un replâtrage qui ne durera pas. En attendant, les Mexicains espèrent que ce sera un motif pour ne pas retirer les troupes aussi

_____

(1). Cf. Historique du régiment aux archives historiques du Ministère de la guerre ; mais ici encore les détails manquent totalement. Il est vraisemblable que ce fut peu de chose, puisque Deplanque lui-même, dans la lettre qui suit, se contente d'y faire une brève allusion.

(2) Prince Bibesco : ouv. cité, p. 127 ; description d'un orage dans les Cumbres.

(3) Elle se célébrait ailleurs avec un luxe inouï et d'après un cérémonial conforme à l'imitation des pratiques de la cour d'Autriche. Cf. F. Masseras : ouv. cité ; p. 34-35, et la correspondance du « Courrier des Etats-Unis » 1864.

vite. Ils sont perdus en effet, si nous les abandonnons ; tant pis pour eux : pourquoi aussi ne veulent-ils rien faire pour se défendre et soutenir leur imbécile d'Empereur ? (1).

L'ex-ministre de S. M. Maximilien est très embêté : je l'ai vu en passant à Sauces. Deux compagnies d'infanterie qu'il avait organisées pour la défense de Guanajuato, ont tourné casaque. Nous l'avons assez blagué, le général et moi, et nous lui avons prêté deux compagnies pour lui éviter d'autres inconvénients. Ces deux compagnies ne nous ont rejoints qu'hier soir. Quant à Maximilien, j'espère qu'il me dispensera de voir sa sale tête d'âne ! [sic]

J'ai reçu aussi dernièrement une lettre du général Garnier. Je suis convaincu qu'il m'aidera ; mais pour cela il faut que je sois l'objet d'une proposition. Il me dit qu'on ne me laissera certainement pas rentrer sans la croix d'honneur d'officier (2). Cela est possible; mais à la fin j'y compte peu, et d'ailleurs, le maréchal n'est pas à Mexico.

Les pensées ne viennent pas si loin, surtout au Mexique où l'on pense si peu, où l'on ne pense à rien : néanmoins celle que tu m'as envoyée était très bien conservée. — Mes amitiés à tous ceux qui s'intéressent encore à moi. Je t'embrasse.

L. DEPLANQUE.

Par décret impérial du 19 décembre 1865, le drapeau du 51e régiment de ligne avait été décoré, en récompense de la belle conduite de ses hommes aux combats de San-Lorenzo (8 mai 1863), Val Santiago et Guaymas (mars 1865).

Le 25 septembre 1866, le maréchal Bazaine (3), commandant en chef le corps expéditionnaire du Mexique, passait en revue toutes les troupes présentes à Mexico. Il profitait de l'occasion pour attacher de sa main sur le drapeau du régiment, cette croix si méritée ; et Deplanque fut promu officier de la légion d'honneur (4).

Bientôt après le régiment rentrait en France et opérait sa traversée sans aucun incident notable (5). Il débarquait à Brest le 4 avril 1867.

---

(1) Les lettres de M. De la Pierre parlent de « l'hostilité indécemment notoire » de son entourage pour les Français, et des fautes qu'il accumule au point que, « rien qu'à persévérer 6 mois encore dans son étrange aveuglement il n'y aura plus moyen de le maintenir ». Édit. Lachaux, 1871.

(2) J'ai déjà dit que les ouvrages de Paul Laurent et Georges Bertin renferment des plaintes analogues : lettres des 19 janvier, 19 février, 7 décembre 1864, du capitaine Bochet qui ne fut promu qu'en 1865, comptant 7 ans 1/2 dans son grade et « bien moins heureux que le jeune marquis de Massa » écrivait-il le 27 août 1866.

(3) Historique du 51e au ministère de la guerre.
La lettre du capitaine Bochet, citée tout à l'heure, et celle datée de Mexico, le 27 août 1866, contiennent sur Bazaine, « cause de tout par sa mauvaise volonté et ses mauvais procédés envers Maximilien et sa manie de tout commander de loin », de fort sévères appréciations.

(4) Le brevet est du 10 octobre — Deplanque ne recevra la médaille du Mexique que le 29 novembre 1867.

(5) Le 51e régiment de ligne fut un des premiers rappelé et l'on conviendra sans peine qu'il avait droit à quelque repos.
Deplanque bénéficie alors de quelques semaines de congé qu'il vint passer dans le Pas-de-Calais.

# ALGÉRIE

## 1867-1870

# LE COLONEL DEPLANQUE

## A LA LÉGION ÉTRANGÈRE

Les plus braves de nos officiers se font d'ordinaire et très justement d'ailleurs, un titre de gloire d'avoir appartenu aux cadres de choix de la « Légion », et surtout de l'avoir commandée. Mais si l'honneur est grand d'une telle mission, les difficultés d'ordre tout spécial et les responsabilités particulières qui accompagnent l'exercice de ce haut commandement, pourraient bien faire hésiter les plus intrépides : en effet,

« Dans cet hybride milieu où l'homme entre masqué (1), sans papiers d'identité, de nationalité, sans extrait de casier judiciaire, sans rien qui le recommande, rien qui parle de son passé, il y a d'étranges mélanges de bons et de mauvais, d'héroïsmes latents et d'âmes à tout jamais dégradées (2) : mais l'on peut dire que de cet ensemble indéfinissable, se dégage une énergie de fer, l'instinctive passion des aventures, une étonnante fécondité d'initiatives, un suprême dédain de la mort, toutes les originalités sublimes des vertus guerrières... »

Or, le nouveau colonel du régiment étranger, Louis Deplanque, par ses brillantes qualités tout ensemble et par ses défauts eux-mêmes (3), à cause de sa bravoure fort aventureuse dans les

---

(1) Certaine brochure allemande ayant perfidement attaqué la légion étrangère dont les preuves de bravoure cependant ne sont plus à faire et dont les services rendus à la cause française dans toutes les parties du monde ne se comptent plus depuis longtemps, M. de Villebois-Mareuil prit la défense de nos troupes africaines. — J'emprunte ce passage à l'éloquente préface de son livre sur *la légion étrangère*.

(2) Nous verrons tout à l'heure quelles inquiétudes ces « mauvaises têtes » de légionnaires inspiraient à Madame Deplanque pour son fils.

(3) Je ne fais pas une hagiographie. Louis Deplanque n'était assurément rien moins qu'un petit saint.

« pointes » à pousser contre l'ennemi, comme aussi pour son intrépidité, le verre à la main, et mille autres exploits de nature plutôt scabreuse que l'on se contait sous le manteau, Deplanque dis-je, devait plaire à ses turbulentes troupes (1). Ce qui est bien certain c'est qu'il leur apparut « comme le chef digne de leur commander » et qu'il connut « parmi elles, la puissance exaltée du commandement » (2).

Deplanque, promu colonel au régiment étranger (3), arriva à Sidi-bel-Abbès le 24 septembre 1867, précédé de la réputation qu'il s'était acquise au Mexique. L'attirance instinctive des hommes vers leur nouveau chef; cette « sympathie » marquée des légionnaires pour Deplanque, était précieuse en soi, car notre situation en Afrique était alors des plus pénibles et des plus inquiétantes, sous tous les rapports. Nos troupes, en effet.... «formées d'éléments disparates, ne se distinguaient plus guère que par une double tendance à l'ivrognerie et à l'insoumission... » (4) Il est vrai qu'elles y étaient « mal vêtues, mal chaussées, mal nourries »; qu'il leur fallait s'aventurer parfois jusqu'à 10 kilomètres pour les corvées de bois ; que les matériaux dont elles avaient tant besoin pour la construction de leurs misérables baraquements, faisaient complètement défaut ; que les « gardes »

---

(1) Je le comparerais volontiers à *Lassalle* (1775-1809). De part et d'autre, en effet, nous trouvons un mélange de vertus militaires, dignes du plus grand éloge, et de folles équipées, véritable défi permanent jeté à la morale courante.

On sait que Lassalle à Rivoli, puis en Egypte, à la bataille des Pyramides, dans la campagne d'Allemagne de 1805, dans celle d'Espagne, 1808... se montra d'un héroïsme tel que « Bonaparte » avait déclaré qu'il « méritait bien de se coucher sur les drapeaux pris à l'ennemi ».

La mort à Wagram de cet « entraîneur d'hommes, fut un deuil pour l'armée »

Or, presque autant que son « intrépide vigueur » et son mépris du danger, devenu légendaire, la multiplicité et l'éclat de ses aventures amoureuses avaient contribué à faire de lui l'idole de l'armée.

Cf. : « Carnet historique et littéraire » du comte Fleury : « Les femmes à l'armée pendant la Révolution et l'Empire », — Robinet de Cléry : « Le général Lassalle, d'Essling à Wagram : correspondance et biographie ».

Le parallèle s'imposerait encore entre Deplanque et le général *Yusuf* (1808-1866). Mêmes natures primesautières et tempéraments exaltés ; caractères également aventureux, braves, téméraires même à la guerre, « sans peur et sans reproche », mais avec, ensuite, toutes leurs faiblesses d'*hommes*, toutes les petites défaillances du commun des mortels.

Voir, à ce sujet, les deux gros volumes, bourrés de faits, d'anecdotes et de récits que consacre au général Yusuf, le colonel Trumelet. — Yusuf eut sur Deplanque l'avantage de rencontrer un adversaire courtois dans la personne de M. Arthur de Fonvielle, du journal algérien l'*Entr'acte*, qui l'avait « plaisanté ».

(2). M. de Villebois-Mareuil : ouv. cité, *préface*.

(3) Sa nomination est du 3 août précédent.

(4) Cf. : « Historique de la légion étrangère, par le général Grizot et le lieutenant Coulombon, de 1831 à 1887. » Livre X, p. 317 et saq.

Colonel Trumelet : ouv. cité ; 2e vol., 1836-1866.

P. Quesnoy : « L'armée d'Afrique », p. 324.

Roger de Beauvoir : « La légion étrangère ».

étaient nombreuses et les fatigues excessives, à cause de la dis-
sémination imprévoyante des hommes dans une foule de petits
postes, à peine reliés entre eux... — Le décret impérial du 15 février 1868 qui viendra supprimer les compagnies d'élite, partant
*la haute paye*, mettra comme on le devine sans peine, le comble
au mécontentement général. A la fin d'octobre nous trouvons le
colonel Deplanque à Mascara, et voici, dans une lettre à sa mère
du 27, les renseignements qu'il donne sur son installation :

J'ai reçu ta lettre du 21. Je ne suis pas du tout à plaindre dans
ma petite maison. Un matelas et une paillasse, c'est tout ce qu'il
faut : les lits trop doux ne valent rien dans les pays chauds ; on
s'y enfonce trop, on y étouffe. Il ne fait froid ici que la nuit ; par
conséquent il est inutile de faire du feu pendant le jour ; or, j'ai pour
18 francs, une provision de bois pour mon hiver : un peu, matin et
soir, suffira. La saison des pluies se fait attendre ; je n'ai pas encore
eu besoin d'allumer mes cheminées.

Le choléra a quitté Mascara d'une façon définitive : on est rentré
dans les casernes. C'est un choléra très inoffensif pour les Européens, en général, mais qui tape fort sur les Arabes. Encore une
année de sécheresse ou de sauterelles et ce choléra, c'est fini de
la race Arabe et l'Algérie est colonisée ! Les légumes dont tu me
parles n'existent pas ici : j'ai voulu te dire que nous avions l'essentiel : choux, pommes de terres, salade, oseille, épinards.

J'écrirai à mon ami Claude, du 48e, au sujet d'E... Il n'y a pas à s'en
occuper du reste maintenant : il faut bien qu'il apprenne l'exercice
tout comme les autres, d'abord ; on verra après. J'attends des nouvelles du 51e pour faire venir d'autres photographies : d'ailleurs je
ne suis pas d'avis d'en donner à tout le monde comme tu as l'air de
vouloir le faire. Il n'y aurait plus de mérite alors. Je trouve que les
25 à 30 que j'ai destinées moi-même à Auxi. sont suffisantes.

Je t'embrasse.                                   LOUIS DEPLANQUE.

Il écrivait encore de Mascara, le 26 décembre 1867 :

Ma chère mère, je ne sais pas pourquoi tu me trouves si avare.
Je n'ai plus, tu l'oublies, les appointements du Mexique, et d'ailleurs, si je calcule bien, voilà, — sans compter la petite rente et la
palatine, — plus de 350 francs que tu reçois, et je paierai encore le
loyer ! Pourquoi ne pas me dépouiller tout à fait ? Tu ne t'inquiètes
pas de savoir s'il me reste assez pour moi ; pourvu que tu acca-
pares le plus possible, c'est tout ce qu'il te faut !

Enfin le colonel Deplanque semble définitivement s'affranchir
de toutes ces attristantes préoccupations d'ordre intime pour
revenir aux considérations politiques et militaires auxquelles il
nous avait habitués. Ce qu'il ne nous dit pas c'est de quelle façon
ses officiers et lui s'ingéniaient à charmer le moins mal possible,
les longs loisirs forcés de cette existence monotone et vide. Mais
d'autres nous aideront à combler cette lacune. Ce n'est pas seulement à Géryville que les « officiers jouent et *que* la dame de

pique a de nombreux admirateurs » (1). Il en est de même à Mascara et ailleurs. On y boit ferme aussi ; l'abus des liqueurs fortes produit des ravages effrayants dans les cadres. Quelques-uns de ces messieurs, il est vrai, aux prouesses retentissantes, y gagnèrent des surnoms de ce genre : « le capitaine triple-sec » : le « commandant la verte », le « colonel vermouth ». Ils se piquaient, comme on le voit, d'émulation d'un nouveau genre, ayant trop souvent Deplanque à leur tête (2).

De Mascara, le 6 juin 1869, le colonel Deplanque écrivait à sa mère :

Je réponds à la fois à tes lettres du 20 et du 31 mai. La série des mauvais temps n'a pas persisté ici comme en France. Cependant les chaleurs ne viennent pas vite ; elle commencent à peine et encore, avec alternatives de froid..., relativement, bien entendu : l'été ne durera guère que 3 mois, d'après cela. C'est ce qu'on demande dans ce pays, comme dans le Nord on demande le contraire...

Napoléon, ne sachant comment usurper le pouvoir, quand il était président, avec une certaine apparence de légalité, a inventé le suffrage universel : mais il n'a pu le supprimer comme une vieille paire de bottes. Aujourd'hui, cette arme se retourne contre lui-même, comme on le lui a prédit dans le temps. Si encore, on ne nommait que des députés de l'opposition, il n'y aurait pas grand mal ; mais on ne s'arrête pas là. On rejette Jules Favre et Thiers comme trop modérés et l'on prend les Bancel, les Gambetta..., représentants de la révolution en permanence : ceux qui veulent se mettre à la place de ceux qui ont quelque chose parce qu'ils n'ont rien. Nous marchons, encore une fois, tout doucement vers l'anarchie et le renversement de la société par le déchaînement de l'envie et de tous les autres travers des populations les plus corrompues et les plus avides de jouissances ; passions qu'on exploite aujourd'hui en les flattant, mais dont on ne sera bientôt plus le maître.

_______

(1) MM. Grisot et Coulombon : ouv. cité.

(2) On lit dans la *Légion étrangère* de M. Roger de Beauvoir (p. 101), cet « amusant épisode de la vie de garnison » :

« En 1869, le dépôt de la légion était à Mascara. Le colonel Deplanque, venant du 7° de ligne, commandait le régiment depuis deux ans. Célibataire endurci, il habitait une maison isolée, à quelques pas de la porte de Tiaret. Le poste qui gardait cette porte, fournissait la sentinelle placée devant la porte du logement du colonel. Un soir de juillet, celui-ci, rentrant vers onze heures et passant à côté de la sentinelle, lui rappela qu'elle ne devait laisser approcher personne de la maison. Un quart d'heure plus tard le légionnaire de faction est relevé par un allemand comprenant à peine le français ; son camarade lui transmet la rigoureuse consigne. Mais voilà que le colonel Deplanque, mourant de chaleur, se met en caleçon et en pantoufles, sort de chez lui par une porte de derrière et va pour prendre le frais ; puis il veut rentrer par la porte de devant. La sentinelle croise alors la baïonnette et comme le colonel l'apostrophe violemment, elle fond sur lui et l'oblige à se réfugier un poste. Là le colonel dit au caporal : « relevez-moi cette brute ! » Le caporal perd la tête et au lieu d'aller relever la sentinelle, court au poste de police chercher un autre factionnaire. Coût : huit jours de salle de police au caporal et une nuit passée à la prison par le factionnaire allemand. Les hommes de garde à la porte de Tiaret furent dorénavant triés sur le volet ».

Il faut regretter cet accès de mauvaise humeur chez « ce célibataire endurci » de Deplanque. Le factionnaire eût même mérité des éloges, au lieu d'une nuit... à la prison.

Si D... avait mené une vie plus dure et plus active, lui et tant d'autres, il ne serait pas si impotent. Je ne ressens rien de tout cela, moi, quoique la goutte n'ait épargné ni le côté maternel, ni le côté paternel.

C'est bien en effet le général Wimpfen qui vient à Oran. Il y arrive précisément aujourd'hui, avec le vapeur du gouverneur général, attendu qu'il fait partie de la liste, et que ce sera une occasion naturelle de faire connaissance avec les troupes placées sous son commandement. Je prépare tout doucement mon travail en attendant ses instructions. Je ne suis pas flatté de l'avoir ; pour bien des raisons, il me déplait, et c'est un mauvais homme, mauvais soldat et mauvais général. Je l'ai eu en Crimée comme général de brigade et je l'ai vu à l'œuvre.

Je t'embrasse.                                          L. Deplanque.

De Mascara toujours, le 17 janvier 1870, le colonel Deplanque adressait à sa mère une lettre à laquelle j'emprunte seulement deux passages significatifs (1) :

« N'aie aucune crainte au sujet de mes hommes ; ils ne sont pas aussi féroces qu'on le croit ; et d'ailleurs, ils savent que je les connais et que je ne les manquerais pas...

Il vient d'y avoir encore une petite histoire dans le sud. On s'est mis en mouvement quand les maraudeurs étaient déjà rentrés chez eux. C'est toujours comme ça ; mais on sait tirer parti de ces affaires insignifiantes.

J'ai le commandement de la subdivision, ce qui me donne, en raison de la fin de l'année, beaucoup de travail de bureau...

Je t'embrasse.                                          L. Deplanque.

Je terminerai cette première partie de mon travail en reproduisant une lettre adressée de Mascara, 11 février 1870, au colonel Deplanque par un fonctionnaire indigène. Elle jette un jour tout particulier sur l'organisation administrative de l'Algérie, notamment sur les sentiments des Bureaux arabes envers l'autorité militaire : symptôme des plus graves, à la veille surtout des complications européennes que tous pressentaient à cette heure.

Il s'agit d'une plainte portée par voie hiérarchique jusqu'au colonel, par un employé des dits bureaux arabes, lequel proteste contre une punition qui l'a frappé.

Mon colonel, on vient de m'infliger une punition de 30 jours de prison, dont on doit ultérieurement vous faire connaître le motif.

Appelé par mes fonctions de secrétaire au bureau arabe (2) à être spectateur des attaques clandestines dont vous êtes constamment l'objet, même de la part de vos subalternes auxquels il ne coûte quelquefois qu'une simple signature à obtenir pour satisfaire leur désir, j'ai puisé, il n'est que trop vrai, dans ces luttes auxquelles je me suis trouvé quelquefois associé malgré moi, les germes de

_______________

(1) Le reste a trait encore à des explications dont nous ne connaissons déjà que trop la nature délicate et... l'objet, cet incorrigible Henry et ses escapades.

(2) Ils avaient été organisés, après la conquête, par le général Bugeaud. — Nous les voyons dans toute leur beauté en 1869 !

l'indiscipline la plus blâmable. Ce que j'entends ici par indiscipline c'est l'esprit d'opposition et de haine qui nous anime contre nos chefs de corps, esprit dont nous finissons bientôt par subir le contact.

Les conséquences de ces influences se sont révélées fréquemment dans nos rapports avec nos commandants de compagnies qui, grâce à nos fonctions spéciales, n'ont jamais pu obtenir de nous la moindre soumission aux ordres qu'ils étaient appelés à nous donner ou qu'ils étaient chargés de nous transmettre de votre part.

Les mesures proposées par M. le chef du bureau arabe, et dont vous avez reçu communication par la lettre précitée, n'étaient donc que des mesures appropriées à la circonstance et devant faciliter certaines combinaisons auxquelles un *prétendu vol* devait servir de prétexte et qui n'avaient d'autre but que celui d'assurer à un protégé, une situation avantageuse.

Tant que vous avez commandé la subdivision, j'avais toujours espéré voir ma demande de mise en justice prise en considération; car, le cas un instant admis, que je fus coupable, comment aurais-je pu espérer échapper à la loi commune qui veut que tout crime ou délit soit déféré à la justice? Je ne soupçonnais certes pas non plus qu'après les informations prises et mon innocence *tacitement* reconnue, l'on me laisserait croupir dans une prison sous le poids d'une accusation mensongère, habilement déguisée.

Je ne crains pas de dire, mon colonel, que je suis ici l'écho de ce que ressentent, chacun dans une égale mesure, tous mes collègues des bureaux arabes qui ont cru voir pour eux, dans la nature de tels procédés, un manque de sécurité pour l'avenir.

Le sentiment qui m'a dicté ces lignes est celui que j'ai éprouvé à la suite de l'entrevue où j'eus l'honneur de vous être présenté pour la première fois, et où j'ai compris que je m'étais, en effet, bien écarté de la ligne des égards dûs à un chef de corps (1). Je crois inutile d'ajouter, mon colonel, que je suis prêt à assumer toute la responsabilité de mes paroles ; et quoique vous m'ayez convaincu, dans notre entretien, qu'elle ne vous apprendront rien de nouveau, j'espère que vous y trouverez quelques circonstances atténuantes.

Je suis avec un profond respect..., etc.      *Signé, S...*

Mais nous voici à la veille d'événements plus graves. La correspondance du colonel Deplanque avec sa mère devient plus fréquente et plus régulière, roulant exclusivement sur les préoccupations actuelles ; le lecteur n'aura pas à le regretter.

Sans doute, Deplanque n'est pas le seul officier qui, malheureusement pour nous, se soit en vain montré trop bon prophète ; mais il entre dans un examen général de la question avec un luxe de détails qui peuvent avoir encore quelque valeur.

---

(1) On ne s'étonnera que d'une chose, après ces tristes révélations, c'est que les soulèvements, en Algérie, à la nouvelle de nos premiers désastres sur la frontière de l'Est, ou du moins après Sedan, n'aient pas pris le caractère formidable d'un mouvement d'ensemble de rébellion et de révolte contre notre autorité, ainsi battue en brèche par avance.

Cf. Capitaine Blanc : « Généraux et soldats d'Afrique ». (Les bureaux arabes.)
P. Hugonnet : « Souvenirs d'un chef de Bureau Arabe ».

# GUERRE FRANCO-ALLEMANDE

## 1870-1871

# LA GUERRE FRANCO-ALLEMANDE

J'ai expliqué déjà pourquoi j'entendais restreindre le plus possible mes investigations à la campagne de l'armée de la Loire et, dans cette phase spéciale des opérations militaires de 1870-1871, au rôle du 16ᵉ corps, voire même à celui des seules troupes plus immédiatement placées sous le commandement du général Deplanque.

Cependant quelques-unes des lettres de mon cousin à sa mère, du 19 juillet à la fin de septembre, m'ont paru appeler quelques notes complémentaires sur la guerre de 1870, mais destinées tout simplement d'abord à relier ces lettres les unes aux autres. De bienveillants encouragements m'ont décidé à y ajouter un aperçu sur « les causes de nos désastres » (1), résumé de tant d'ouvrages de haute valeur (2) et modeste commentaire d'un canevas que Deplanque esquissait déjà si bien, au courant de la plume, et à l'heure même où les premiers revers nous accablaient dans l'Est (3).

Je n'ignore pas que plusieurs estiment qu'il est superflu pour ne pas dire déplacé et dangereux, de récriminer aujourd'hui contre ce passé maudit.

A ceux qui se font naïvement illusion sur les véritables senti-

---

(1) C'est surtout à cette partie de mon travail qui m'a coûté huit années de lectures et de recherches, que M. Alfred Duquet fait allusion dans sa trop élogieuse préface.

(2) Tout semble avoir été écrit sur cette question complexe. Cf. Appendice 4, à la fin du volume. — Je me bornerai nécessairement à condenser toutes ces critiques et à grouper les multiples constatations, sous quelques principaux chefs d'accusation.

(3) Voir ses lettres des 16 et 29 août 1870.

ments que l'on nourrit à notre endroit de l'autre côté du Rhin (1), ces quelques pages ne sauraient convenir.

Elles s'adressent aux seuls Français qui pensent que le spectacle de nos malheurs et de nos hontes contient toujours en lui-même un utile et fort enseignement pour l'avenir ; à tous ceux qui n'ont pas cessé de gémir sur les « folles et criminelles conditions » dans lesquelles fut préparée, déclarée et conduite cette monstrueuse guerre de 1870 ; aux patriotes qui ne veulent pas oublier quels deuils et quelles ruines elle a partout amoncelés en France (2), ni de quel poids terrible elle continue de peser sur nos relations diplomatiques par l'amoindrissement, dans toute l'Europe, de notre ancien prestige, comme aussi sur nos finances, à l'intérieur, par l'effroyable « bilan » qui l'a liquidée, par les impôts et les charges de toute nature qui en ont été la conséquence (3) immédiate ou indirecte.

Lisons ce document qui se passe de commentaires (4) ; notre armée, « jusqu'au milieu de février, avait fait prisonniers et envoyé en captivité (5), 11.860 officiers français ; 371.981 hommes. En outre... 7.456 officiers et 241.686 hommes, avec 285 canons de l'armée de l'Est, étaient entrés sur le territoire de la Suisse. Nos trophées étaient de 107 aigles ou drapeaux ; 1.915 canons de campagne ou mitrailleuses ; 5.526 canons de place ; 853.000 armes

---

(1) Et d'ailleurs l'expérience a déjà été faite. — En 1867, lors de l'affaire du Luxembourg, un groupe d'étudiants strasbourgeois, invoquant les grands principes internationaux de solidarité humaine, de paix universelle, de science destructrice des frontières... s'étaient adressés à leurs « frères » d'Allemagne. On ne répondit que par des paroles haineuses et des espoirs de revanche à cet appel pacifique.

W. Raymond : « Les Prussiens ». — Garnier-Pagès, dans une séance du national Vérein, avait jadis porté un toast à « la fraternité et à la liberté des peuples ».

MM. H. Fouquier et G. Goyau ont montré que les opposants républicains sous l'Empire « ont été trahis, en 1870 », par les républicains et les socialistes d'Allemagne.

(2) Léon Bloy : « Sueurs de sang, 1870-71 ».

Jules Mania : « Lauriers et cyprès. Férocité, barbarie, lâcheté ».

Cf. Appendice 5, à la fin du volume.

(3) En 1874, un rapport de M. Léon Say établissait que les « conséquences directes » de la guerre coûtaient à notre pays près de douze milliards.

De 1869 à 1881 notre dette consolidée passait de 397 à 735 millions.

Les charges du budget de la guerre n'ont fait, depuis, que s'accroître, et sont presque, aujourd'hui, d'un milliard annuel.

(4) Ouvrage du grand État-Major prussien : « La guerre franco-Allemande de 1870-1871 » ; 6 vol. (1872). Traduction du capitaine E. Costa de Serda, de l'État-Major français, et Kussler, professeur de l'École supérieure de guerre.

Cf. 2e partie, 2e section : 5e volume, p. 1465 ; et supplément, C. C. : p. 757.

(5) On sait tout ce que nos hommes eurent à souffrir, d'abord dans la presqu'île d'Iges, du « froid, de la pluie, et surtout de la faim », puis dans les villes d'Allemagne, pendant leur captivité.

Cf. Appendice 6, à la fin du volume.

portatives. Comme rançon, l'Alsace-Lorraine, moins Belfort, et
5 milliards. »

On voudrait pouvoir douter de l'exactitude de cet orgueilleux
tableau synoptique (1). A peine, hélas ! doit on le taxer de quelque exagération dans tel ou tel détail secondaire.

Voici, d'ailleurs, l'exposé du bilan de la dernière guerre, tracé
par la main d'un de nos historiens militaires (2) : « notre so
envahi ; nos armées détruites ou captives ; cent mille de nos
soldats, l'élite de la jeunesse, sacrifiés sur les champs de
bataille (3) ; nos villes et nos villages pillés (4) et saccagés ; notre
dette accrue de plus de cinq milliards (5) ; notre matériel de

______

(1) Quand donc aurons-nous notre histoire *officielle* de la guerre de 1870-71,
remettant, s'il y a lieu, certaines choses au point ?
En attendant, lire : « La revue d'histoire, rédigée à l'Etat-Major de l'armée » :
section historique.
H. Galli : « Les anniversaires de 1870, d'après Français et Allemands ».
F. Bonnet : « Guerre franco-allemande. Résumé et commentaire de l'ouvrage
du grand Etat-Major prussien ».
P. Hugonnet : « Les champs de bataille de 1870 ».
(2) Rohu : « La guerre dans l'Ouest. »
Dusseux : « Histoire générale de la guerre de 1870 », 2 vol., cf. : 2° vol.
p. 205 et seq.
(3) Médecin principal Chenu : « Rapport sur la mortalité dans l'armée
française. »
Tableau comparé des pertes :
    *Français* : 138.871 tués ; 137.626 blessés ; 320.000 malades.
    *Allemands* : 31.288 —     127.887  —       12.301   —
(4) M. Passy, dans son « enquête », a évalué à 700.000.000 « les exactions et
les vols » qui furent commis dans les départements français envahis.
Cf. Appendice 7, à la fin du volume.
Le rapport de H. Durangel sur « la réparation des dommages résultant de l'invasion », fourmille des plus précieux renseignements sur ce sujet.
En 1871 était commencée à Bordeaux, la publication d'une brochure sous ce
titre significatif : « recueils sur les exactions, vols et cruautés des armées prussiennes en France ».
Des fermes, des villages, des villes entières furent dévastés, pillés et incendiés,
froidement, méthodiquement, pour le plaisir d'augmenter le dommage et les
ruines ; on a vu plus d'un officier présider aux badigeonnages de pétrole, allu-
mant lui-même la torche dévastatrice, et la promenant de porte en porte.
(5) L'indemnité de guerre proprement dite, dut être payée en or ou en billets
de banque autres que des billets français.
Ces conditions draconniennes nécessitèrent des frais supplémentaires considérables de change, de courtage, d'intérêts et d'amortissement de l'emprunt.
Elles eurent, par contre, l'avantage de ne pas épuiser le crédit, la garantie fidu-
ciaire de la banque de France. Et, du reste, au début de la guerre, cet établissement financier, suivant le conseil de M. G. Rothan, avait vidé ses caisses. L'or fut
expédié en 20.000 colis, à Cherbourg, pendant trois semaines, et jusqu'à la veille
de l'investissement de Paris.
Il ne faut pas passer sous silence l'exercice journalier du droit de réquisition
dont abusèrent les Prussiens pour nourrir et entretenir leurs troupes sur le territoire ennemi ; ni les énormes « contributions de guerre » dont ils ont frappé la
plupart des villes conquises.
Paris, par exemple, taxé d'abord à un milliard par M. de Bismarck, dut verser
200 millions de francs.
Il y a encore les dépenses nécessitées par l'occupation prussienne jusqu'à notre
complète libération, c'est-à-dire l'entretien de 80.000 hommes dont la solde indi-
viduelle était de 1.50 par jour.
Et enfin telles et telles clauses du traité de Francfort (10 mai), tendaient à conduire la France à un Sedan économique.

guerre resté aux mains de l'ennemi (1) ; nos malheureuses frontières tournées contre nous (2) ; deux de nos plus patriotiques provinces violemment arrachées du sein de la mère-patrie (3). Voilà quels étaient les résultats d'une guerre follement déclarée et plus follement conduite ».

S'il est vrai qu'en s'emparant des territoires français, l'Allemagne « ait fait faire un énorme pas en arrière à la civilisation » (4), et qu'en les détenant depuis, « elle viole un principe qui prenait tranquillement sa place dans les mœurs politiques de l'Europe moderne » ; si la force brutale ne doit pas, ne peut pas primer indéfiniment le droit ; et si, d'autre part, il nous est interdit, sous peine d'abdication et de déchéance (5), de renoncer aux provinces perdues, il faudra bien qu'un jour ou l'autre, soit diplomatiquement (6), soit les armes à la main, se règle entre la France et l'Allemagne cette irritante question de l'Alsace-Lorraine (7).

De tout temps, des philosophes et des poètes, quelquefois par par dilettantisme, parfois aussi le plus sérieusement du monde (8), ont rêvé d'un idéal de paix universelle, de concorde et d'harmonie. A côté d'eux, de bons esprits et de grands cœurs, mêlés à la vie active des nations et même au gouvernement des peuples, ont caressé les mêmes espérances.

---

(1) Il fallut le remplacer, créer ensuite et perfectionner sans cesse de nouveaux types de fusils et de canons...

Tout compris, les frais de la guerre de 1870-71 se montèrent certainement à plus de 16 milliards.

La France n'en couvrit pas moins deux fois son emprunt du 27 juin 1871 et plus de cinq fois celui des 28 et 29 juillet 1872.

(2) Dont Metz, place de guerre qui à elle seule, selon l'expression d'un allemand, « vaut cent mille hommes ».

(3) Pour atténuer les torts de l'Allemagne en 1870, on a invoqué l'annexion par la France, de Nice et de la Savoie. On oublie que ces populations ont été consultées et ont librement disposé de leur sort. Ensuite, seulement, le traité de Turin (1860) consacra leur réunion à la France.

(4) Scrutator : « Qui est responsable de la guerre ? » — Sous ce pseudonyme se cachait la haute personnalité de M. Gladstone, auteur de cinq lettres qui furent publiées en anglais d'octobre 1870 à janvier 1871. — Traduction Alfred Sudre. Voir la « Presse » du 30 mai 1898.

(5) Scrutator : *ibid.*
Fr. Wirth : « L'Alsace et la France ».

(6) On a proposé déjà plusieurs solutions ; partage à l'amiable entre l'Allemagne et la France de l'Alsace-Lorraine, d'après la langue qu'on y parle... (M. Pan Aryan).

Organisation de ce territoire en petit royaume indépendant protégé, comme la Suisse et la Belgique, par l'Europe entière... etc.

(7) Evariste Bavoux : « La Prusse et le Rhin ».
Ed. Sp. Beesly : « Les causes du militarisme moderne ».
Cf. Appendice 8, à la fin du volume.

(8) Bernardin de Saint-Pierre, Mirabeau ; Victor Hugo qui, dans les pages immortelles des *Châtiments*, s'était efforcé de « déshonorer la guerre, voulant la tuer ».

Or, voici qu'après diverses manifestations infructueuses (1), on semble repris dans les hautes sphères diplomatiques, par la louable ambition de résoudre ce problème. On se flatte que le jeu régulier d'une sorte de tribunal suprême réglera, par arbitrage international, tout incident de frontière, tout litige d'intérêt ou d'influence, aplanira tout *casus belli*, au mieux des droits des faibles, désormais protégés contre les convoitises de leurs puissants voisins. Plus d'inutile effusion de sang ! Il suffira d'en appeler à un simple débat juridique contradictoire…

Généreuse utopie ! Décevante chimère ! La cruelle ironie des choses a d'ailleurs dressé en face des grandiloquentes mais stériles manifestations de La Haye (2), les multiples péripéties du duel des républiques du Transvaal et de l'Angleterre.

Et c'est ainsi que les rêves des philosophes et des poètes (3), que les conceptions désintéressées et les plus nobles initiatives d'un Empereur, vont rejoindre dans l'impuissance finale, les violentes théories anarchistes et les visées socialistes de pure fantasmagorie internationale.

Pourquoi ne pas modifier, tout d'abord, certaine apostrophe célèbre pour demander à Messieurs les Allemands de « désarmer les premiers » ?

Or, y songent-ils ? — La transformation de leurs anciennes défenses, la construction de nouveaux forts d'arrêt ; les perfectionnements de jour en jour apportés à leur outillage militaire ; leur budget de la guerre…, sont une première réponse qui nous fixerait sur leurs intentions. Le prodigieux accroissement de leur marine de guerre depuis 1870, ne s'explique pas seulement par des préoccupations d'expansion coloniale ni par l'âpreté de la lutte industrielle et commerciale…

On alléguera que toutes ces « précautions » ne sont prises qu'en vue d'une agression possible, probable, imminente même de la part des Français, jaloux et impatients de reconquérir leur ancienne frontière. Il conviendrait alors de rappeler ces paroles, adressées jadis par De Moltke aux « Délégués de la paix » : —

---

(1) En 1887 se fondait à Paris, « l'Association de la Paix par le Droit ». Pendant notre exposition de 1889 fonctionna le « Congrès international de la paix. »

Lieutenant-colonel, Hennebert « La guerre imminente ; défense du territoire ». Cf. chap. 1er.

En 1892, F. Dreyfus écrivait un livre : « L'arbitrage international ».

En 1894, R. de la Grasserie publiait : « Des moyens pratiques pour arriver à la suppression de la paix armée et de la guerre ».

(2) Léon Chomé : « La conférence de La Haye. Désarmer c'est déchoir »

A Charmoin : « L'arbitrage international et la conférence de La Haye ».

(3) Le onzième Congrès de la paix doit se réunir, en 1902, à Monaco.

« La guerre est sainte, d'institution divine ; c'est une des lois sacrées du monde ; elle entretient chez les hommes tous les grands, les nobles sentiments, l'honneur, le désintéressement, la vertu, le courage, et les empêche de tomber, en un mot, dans le plus hideux matérialisme » (1)

Que pensent de cette justification de la guerre (2) les apôtres de la paix universelle et nos partisans quand même de l'oubli du passé ?

La fallacieuse théorie des « nationalités » (3), occupa longtemps aussi de prétendus esprits libéraux. Que ceux qui s'obstineraient à y voir le germe d'une paix européenne durable, veuillent bien jeter un rapide coup d'œil sur la carte de l'empire allemand tel que le conçoivent nos excellents et pacifiques voisins de l'Est.

Ils affirment dans la géographie qui s'enseigne *officiellement* dans leurs écoles, et en s'appuyant uniquement sur la nature et sans invoquer le droit brutal de la conquête, que, même aujourd'hui et malgré toutes les « restitutions » qu'ils ont déjà su imposer autour d'eux depuis 1860, « leurs frontières politiques sont de beaucoup en arrière de leurs frontières naturelles (4)... Le Jutland, la Hollande, la Belgique, l'Artois, la Flandre, les anciennes terres d'empire que possède encore la France ; la Suisse, les provinces du haut Danube et le territoire au Nord du Niémen (5), n'appartiennent pas encore à l'empire allemand dans

---

(1) « Ainsi, se réunir en troupeaux de quatre cent mille hommes, piller les villes, brûler les villages, ruiner les peuples..., voilà ce qu'on appelle ne pas tomber dans le plus hideux matérialisme ».
Guy de Maupassant : préface du livre de Garchine : « La guerre ».

(2) Veut-on savoir quel était aux yeux de De Moltke « le meilleur moyen d'obtenir la réduction d'une place ? » — C'est de « bombarder à outrance la ville elle-même ; car il n'y a pas à hésiter entre la vie de quelques soldats et la destruction de centaines de maisons...
... *Il faut terroriser l'élément bourgeois.* »
Cf. Un capitaine de Metz : « Gloria victis. L'armée française devant l'invasion. Les erreurs de la Débâcle », p. 112-116.
On sait avec quelle insistance les femmes de Prusse osèrent réclamer le bombardement de Paris, trop différé à leur gré.
Cf. « Carnet de campagne, 1866-1870 » du maréchal de Blumenthal.

(3) Thiers, en 1867, réfutait déjà cette « politique détestable », dans ses discours au corps législatif : 17 et 18 mars :
« Elle est contraire aux intérêts caractéristiques de la politique française ». Elle doit provoquer fatalement un jour la déchéance de la France au 3e rang, » après la Russie qui compterait 120 millions d'hommes et l'Allemagne 60 ».
Un américain M. Pan Aryan, qui avait repris à son compte cette théorie, s'est attiré une fort éloquente réponse de M. J. Hermweb, dans « La guerre et la frontière du Rhin ».

(4) Victor de Saint-Genis : « L'ennemi héréditaire. Les invasions germaniques en France. L'Europe délimitée par la Prusse. »
La guerre de 1870 fut la 28e invasion prussienne en France.

(5) Voilà qui promet, dans l'avenir, en faveur de la paix universelle. Qu'en pense sa Majesté l'Empereur de Russie, qui a provoqué le Congrès de La Haye ?

le sens politique : la grande patrie ne compte malheureusement que 13.408 milles carrés de superficie ; un tiers du territoire national est retenu par ses voisins ».

L'Atlas d'Hermann Habenicht, l'un des plus répandus là-bas, affirme que « l'Allemagne n'a encore repris qu'une partie » des provinces perdues ; il contient une carte de France dont ont disparu la Lorraine, la Franche-Comté, la Bourgogne et nos départements qui longent la frontière belge (1).

Il ne faut donc rien sacrifier à l'utopie ; « la guerre est une fatale loi qui domine l'humanité (2) ; on peut la policer, mais il n'est au pouvoir d'aucune volonté humaine de la supprimer ».

C'est là une vérité générale qui acquiert une signification singulière par la situation de la France, humiliée, vaincue, démembrée, laquelle, « sans s'exposer au sort de la Pologne, n'a pas le droit de renoncer à reconquérir l'Alsace-Lorraine » (3), vis-à-vis de l'Allemagne unifiée et victorieuse et qui nourrit le rêve du pangermanisme. Disposée à renoncer bénévolement aux conséquences du traité de Francfort ? Elle l'est d'autant moins, qu'elle estime que ses voisins détiennent encore un tiers de son territoire.

En définitive, l'actuel état de paix armée est une duperie pour les uns comme pour les autres.

En 1886 un officier supérieur prussien écrivait tout un livre pour établir la nécessité d'une nouvelle guerre à bref délai, entre l'Allemagne et la France (4).

En 1890, dans une brochure qui eut aussi quelque retentissement, un député français (5), après avoir rappelé les conséquences financières de nos désastres (6), et montré le danger permanent auquel nous expose « la trouée faite aux flancs de la Patrie », concluait, lui aussi, pour des considérations d'ordre divers, à la nécessité d'une prochaine prise d'armes (7). Il n'est pas douteux

---

(1) Cf. Heinrich : « Les invasions germaniques en France ».

(2) Novicow : « La guerre et ses prétendus bienfaits ».
Martial d'Estoc : « Le génie de la guerre ».
P. Lacombe : « La guerre et l'homme ».
J. Heimweh : ouv. cité.
Guy de Maupassant : préface citée de l'ouvrage de Garchine : « La guerre est plus vénérée que jamais... »

(3) Novicow, F. Wirth, Scrutator... ouv. cités.

(4) Lieutenant-colonel C. Kœttschau : « La prochaine guerre franco-allemande ». Traduction Jœglé. Cf. ch. II, p. 174 et ssq.

(5) Camille Dreyfus, député de la Seine : « La guerre nécessaire. Réponse d'un Français à M. de Bismarck ».

(6) Dussieux : ouv. cité ; le dernier chapitre.
Cf. Appendice 8 à la fin du volume.

(7) Capit. Danrit : « La guerre de demain », 6 vol.

en effet, que notre armement intensif qui engloutit « tant de milliards, consacrés à une œuvre qui dépérit sans espoir de renaître », nous mène droit à la ruine : il nous faut donc, par une guerre « inévitable et nécessaire », faire réviser l'article 1er du traité de Francfort, sous peine de sombrer bientôt et cette fois irrémédiablement, dans un Sedan économique.

Telle est bien, en effet, l'impérieuse question qui se pose : nos ressources financières nous permettront-elles de faire face indéfiniment, et sans que la question d'Alsace-Lorraine soit enfin tranchée dans un sens ou dans l'autre, aux charges écrasantes, toujours en augmentation d'année en année, de notre budget de la guerre (1) ?

On l'a fort judicieusement remarqué (2) : aujourd'hui il faut penser « qu'après la guerre, rien n'est plus désastreux que la paix armée ; qu'avec un lourd budget militaire, bien avant que notre armée soit en état *de prendre la revanche*, nous courons grand risque de tomber à plat dans la banqueroute. Et alors, le crédit mort... quel cataclysme ».

A quoi bon tous ces sacrifices si le passé doit rester pour nous ce qu'il est, bien que nous incombe, d'autre part, le devoir de l'effacer ?

Un jour ou l'autre nous aurons donc la guerre et, dans cet ordre de considérations, le plus tôt serait le mieux.

Serions-nous prêts pour affronter de nouveau la lutte ? Je renvoie le lecteur aux meilleures sources de renseignements pour qu'il se prononce lui-même après lecture (3).

Est-il du moins vraisemblable que dans ce duel inévitable, nos ennemis se comporteraient avec plus d'humanité que pendant la campagne de 1870-1871 ?

Car on ne conteste plus guère les atrocités que les Prussiens et leurs alliés commirent partout en France au cours de « l'année terrible » (4) ; mais on a cherché à faire bénéficier ces soudards d'une mauvaise excuse : ils avaient à se venger des « humiliations et des cruautés » dont leurs pères avaient souffert de la part des Français, au temps de Louis XIV, pendant la Révolution et sous

---

(1) Mathieu Bodet : Les finances françaises de 1870 à 1878 », 2 vol.
*** « L'armée française et son budget en 1890 ».
Discussion du budget de la guerre : exercice 1901.

(2) Couturier de Vienne : « Epître à M. Thiers », 1871, p. 24.
Baron Ch. Mourre : « D'où vient la décadence économique de la France ».
R. G. Lévy : « Le péril financier ».

(3) Gustave Narcy : « La future débâcle ».
Cf. Appendice 9, à la fin du volume.

(4) Documents sur l'invasion. Appendice 5 à la fin du volume.

le premier Empire, notamment dans le Palatinat (1). Prenons-y garde : on justifierait facilement ainsi les pires retours à la barbarie ! Il est fort probable d'ailleurs que les torts y furent réciproques (2).

*
* *

L'un des meilleurs fourriers de l'invasion, a-t on répété partout, a été le maître d'école allemand. Ici, l'histoire impartiale doit en effet reconnaître que l'action exercée sur la jeunesse fut considérable, mais faire en même temps remonter toutes les responsabilités jusqu'au roi de Prusse lui-même et à son entourage immédiat (3).

Afin que dans cette guerre où l'on voulait abattre pour jamais la France, les soldats et les officiers, même supérieurs, fussent débarrassés de tout scrupule à l'égard des populations ennemies, voici à quel point on avait à leurs yeux travesti la vérité :

« Les officiers Bavarois les plus instruits, étaient convaincus que la barbarie régnait en France (5) et que la civilisation était le lot de la Germanie. Ils rêvaient l'extermination de la France et nous disaient, dans leur fureur, que les femmes françaises mêmes, ces *pourritures*, devaient être fusillées comme les hommes. Les placards et les ordres du jour (5), émanant du quartier général, les entretenaient d'ailleurs, eux et toute l'armée, dans un leurre permanent. C'est ainsi qu'ils nous affirmaient que les Français étaient des monstres, hachant en morceaux les prisonniers et jetant du salpêtre dans les plaies des blessés. La crainte de tomber dans ces supplices leur donnait l'excès de fureur qu'ils montraient partout et les affolait à l'heure des combats... »

Ne voilà-t-il pas un singulier jour jeté sur les atrocités sans nom qui furent commises et sur les plus odieuses violences ?

---

(1) F. Wirth : ouv. cité.

(2) Le 5 juin 1815, après le retour de l'île d'Elbe, le préfet De Bry, dans une réunion de fédérés strasbourgeois, s'écriait : « que l'ennemi se présente ; qu'ils arrivent surtout ces Prussiens, fameux par leur jactance et par l'affreux mérite d'avoir surpassé naguère en cruautés les barbares eux-mêmes, contre des femmes, des enfants, des vieillards sans défense : ceux que le sort des combats et la trahison ont fait tomber entre leurs mains ne les ont pas oubliés ».

(3) Il est acquis que le mot d'ordre vint des hautes sphères gouvernementales.

(4) Camille Lemonnier : « Sedan », p. 113-114.

(5) Ch. Staehling : « Histoire contemporaine de Strasbourg et de l'Alsace ». — Le bombardement de la place, entre autres victimes, tua six jeunes filles. Cela n'empêcha pas le major allemand de se plaindre de ce que le général Uhrich manquait aux usages !

G. Desjardins : « Tableaux de la guerre des Allemands dans le département de Seine-et-Oise », p. 100.

Monstrueuses instructions qui furent données *pendant l'armistice*, pour lever les contributions de guerre. Le 18 février, le major Blumenthal autorisait « toutes les violences, sauf l'incendie des maisons et la fusillade », interdits... « pendant les suspensions d'armes ».

Rolin : ouv. cité. — Ils profitent de l'armistice pour améliorer leurs positions.

A Bazeilles, 400 hommes et enfants furent massacrés et brûlés vifs par Von der Thann (1). Une jeune fille de 20 ans y fut enfermée et dévorée par les flammes au fond d'une cave...

A Donchery, une autre jeune fille du même âge fut violée par ces monstres sous les yeux de ses parents (2)...

Pour venger la mort d'un de ses dragons, le commandant ennemi accordait à ses hommes trois heures de pillage dans Avallon (3). On y arrachait aux femmes leurs chaînes et leurs montres et même leurs boucles d'oreille...

Au combat de Pourpry (1ᵉʳ décembre), où de Sonis et Charette intervinrent héroïquement et furent tous deux blessés, le commandant de Troussures tomba lui-même grièvement atteint « près du général de Sonis qui le vit achever à coups de crosse de fusil par les Prussiens, peu de temps après, au moment où ils reprenaient l'offensive » (4).

A Neuilly, « dans l'église où ils avaient établi un poste de cavalerie, l'autel était souillé, les vitraux brisés ; des vêtements sacerdotaux mis en pièces, étaient épars sur le sol » (5).

Décidément ils sont complets, les guerriers du grand et pieux roi Guillaume (6). On pourrait hélas ! multiplier ces citations si elles ne ravivaient pas de si lugubres et si cuisants souvenirs (7).

---

(1) J. Wirth : « Les gloires militaires de l'Alsace » ; — p. 229.
Dick de Lonlay ; ouv. cité : 1ᵉʳ vol. ; « De Niederbronn à Sedan ». — Après Wissembourg, prélude de Bazeilles les Allemands, maîtres de la ville, massacrèrent la population : « ces brutes pillaient et tuaient avec une sauvagerie qui rappelle les plus mauvais temps du moyen-âge ».

(2) C. Lemonnier : « Sedan ». — p. 82, 84 et 141-143. L'auteur prend soin de nous rappeler qu'il est étranger, n'a eu à se plaindre personnellement ni des Allemands ni des Français, et raconte sans parti pris ce qu'il a vu.

(3) D'après le colonel Lebrun de Rabot.

(4) Le Hautcourt : « Josnes, Vendôme, Le Mans. » p. 317.
Le rapport du capitaine Jayr au général Camô, cité p. 31, établit qu'à Messas, le 9 décembre, trois francs tireurs ont été brûlés vifs par l'ennemi durant un engagement.

(5) Emile Faguet : « Les fusiliers marins ; Louis Lande. » p. 169.

(6) W. Filippi : « La guerre de 1870-1871. Documents officiels allemands », etc. Dépêche du roi Guillaume à la reine Augusta, le 2 septembre, pour lui annoncer la capitulation de Sedan : « *quelle tournure la Providence a donnée aux événements* » !

(7) Ed. Deschaumes : « La retraite infernale. » — Saint-Calais, p. 232. — Le Saint : « La guerre entre la France et la Prusse, 1870-71 » : sac des tapisseries de Beauvais, p. 150. — Sous les initiales P. de P., avec le titre de « Choses à retenir » a paru dans un journal dont je regrette que le nom m'échappe aujourd'hui, une énumération de faits incroyables de déloyauté et de perfidie sur les champs de bataille. — Rolin ; ouv. cité, nous décrit le massacre des gardes mobiles du 1ᵉʳ bataillon de la marine à *Bolbec*.
X : « Souvenirs de 2 invasions prussiennes. Ruses de guerre des Allemands ». G. Fautras : « De la Loire à l'Oder. Récits de captivité d'un prisonnier civil en 1870-1871. — Première quinzaine d'octobre : Ormes-Bruy. Les 3 premiers chapitres. — Cf. encore de Mazade, Dussieux... ouv. cités.

Que l'on pense toujours en France aux misères et aux hontes de l'année terrible, c'est fort bien sans doute ; mais cela ne vaut-il vraiment plus la peine qu'on en parle aussi quelquefois encore ? (1) Ce chauvinisme-là ne doit effaroucher personne.

Et que l'on ne m'accuse pas de vouloir ici forcer la note et d'assombrir à dessein le tableau !

Un écrivain allemand a lui-même reconnu expressément que « l'incendie d'Ablis ne s'éteint pas dans l'histoire ; qu'il reste une tache ineffaçable pour ceux que leur aveugle passion a entraînés à donner des ordres barbares, pour ceux qui ont contraint leurs soldats à mettre tout à feu et à sang » (2).

Veut-on encore d'autres témoignages ?

Le correspondant de la « Gazette de Cologne », M. Walchenhusen, parlant des ravages qu'il a constatés à Châteaudun et qui ne peut pas s'expliquer cette « témérité folle chez des bourgeois d'une cité importante et riche », s'exprime ainsi : (3)

« C'est une cruelle et effroyable loi de la guerre que celle qui punit par le fer et le feu toute immixtion bourgeoise dans le métier des armes ; mais cette loi est indispensable. Et pourtant *les premiers et terribles exemples* destinés à mettre le peuple en garde contre ses entraînements, sont demeurés sans résultats. Le sort de Bazeilles a été appliqué à mainte localité, mais vainement. Ce qui était dans les commencements, un fait isolé est devenu un fait général et s'est élevé à la hauteur d'un principe (4)... C'est en effet un spectacle désolant que celui de toutes ces ruines où règne un silence de mort. Un chemin m'a mené avant hier (1er décembre), à travers plusieurs endroits dévastés : à *Vialon*, par exemple, où chaque coup tiré d'une fenêtre a été puni par l'incendie de la maison ; ou bien encore à *Bonnecal*, où un trompette de cuirassiers a été tué avant hier et où tout avait un aspect tellement sinistre que j'ai préféré passer mon chemin, bien que la nuit commençât à tomber... L'activité bourgeoise a cessé dans toutes les villes ; personne ne travaille plus, et nous chercherions en vain à faire raccommoder nos bottes qui prennent l'eau depuis longtemps. Aussi nos soldats sont-ils aujourd'hui, qui est jour de repos, à la recherche de souliers et de bottes, qu'on a bien çà et là, *pris aux pieds des habitants* »...

Çà et là aussi on a « déménagé » quelque magasin de bonneterie parce qu'il faut bien et d'autant plus même que la capitulation de

---

(1) Jean Heimweh : « Pensons-y et parlons-en ».

(2) Zimmermann : « La guerre franco-allemande ».

(3) Ed. Neukomm : « Les Prussiens devant Paris ». Cf. p. 181 et ssq.

(4) C'est pour cela peut-être qu'un jeune sous-lieutenant demandait à son colonel s'il fallait incendier un village ou tout simplement le « ravager avec modération »

Des soldats bavarois pénétrant dans une ville, « faisaient à part eux la réflexion que leurs camarades prussiens n'y vont pas de main morte quand ils s'y mettent ».

Paris semble imminente, « songer au retour au pays » (1).
M. de Freycinet a cité, de son côté (2), le rapport d'un journaliste anglais qui suivait les opérations de l'armée française :

« Pendant la journée du 9 (décembre), *Beaugency* fut parcouru
par des patrouilles prussiennes (3) et toutes les maisons du faubourg
ainsi que les boutiques des marchands de tabac et des confiseurs
furent pillées »... Les blessés étaient entassés dans une sorte de
couvent dont toutes les fenêtres avaient été rompues ; ils y étaient
« couchés sur le parquet avec leurs blessures non pansées. La
puanteur était effrayante... Dans toutes les maisons du village,
même spectacle. Dans quelques chambres il y avait douze ou qua-
torze hommes, dont plusieurs morts... *Beaucoup d'allemands, avec
la croix rouge, passèrent pendant la nuit; mais ils refusèrent de
donner le moindre secours, étant trop occupés à emmener le
bétail, les ânes et les chiens qu'ils avaient pillés dans les fermes
voisines* ».

Ce sont des étrangers, des neutres, et même, ne l'oublions
pas, des Allemands à qui échappent tous ces aveux !

Nous n'avons pas usé de représailles ; nos procédés restèrent
corrects et ce sera l'éternel honneur des vaincus de 1870. Au lendemain de la bataille de Coulmiers, le maire de cette localité se
disait certain que « les blessés et les prisonniers allemands
seraient traités par ses concitoyens d'une manière conforme aux
lois de l'humanité ».

Il en fut ainsi partout (4). Et d'ailleurs M. de Freycinet a reproduit la lettre d'un officier bavarois qui raconte « les soins dont
il a été l'objet dans un pays dont ses camarades ont brûlé les
villes et les villages, égorgé les vieillards et les enfants et où la
soldatesque a commis les brutalités les plus révoltantes ». Et il
concluait : « quelle terrible chose si on usait de représailles envers
nous ! »

Notre magnanimité a-t-elle, du moins, réussi à toucher les
hordes teutonnes ? En cas de nouveau conflit aurions-nous moins
d'horreurs à redouter d'elles ?

Le lieutenant-colonel Kœttschau a voulu dissiper toute équivoque : « Une nouvelle guerre est nécessaire, a-t-il écrit, et elle
aura de prime abord un caractère impitoyable. Il n'est pas im-

---

(1) C'est dans cette intention encore qu'ils avaient rassemblé à Rambouillet, un
immense troupeau de moutons et les plus beaux étalons percherons, « excellente
acquisition pour nos haras », dit-il cyniquement.

(2) « La guerre en province pendant le siège de Paris ».

(3) Ed. Deschaumes : ouv. cité, p. 152. —Grenest : ouv. cité, 2ᵉ vol.

(4) Rolin : Soins dont on entoura dans l'ouest, *tous les blessés.*
E. Faguet : attentions dont sont comblés, à la Roquette, nos trop rares prison-
niers de guerre : ouv. cité p. 164.
Monod : « Allemands et Français en 1870-1871 ».

possible du tout que nous marchions en avant en ayant pour
mot d'ordre : pas de quartier » (1) !

Méditons encore cette page vengeresse :

« Les Allemands ont fait la guerre en barbares ; ils doivent en
subir les conséquences (2). Ils ont remis en vigueur tous les vieux
usages de guerre du moyen âge qu'on croyait abolis : ils ont mas-
sacré les prisonniers, entre autres 49 mobiles du bataillon de la
Marne à Passavant, le 25 août 1870 ; ils ont rétabli le système des
otages ; ils ont inventé le système des otages placés sur les loco-
motives des chemins de fer ; ils ont autorisé et organisé le pillage
et l'incendie ; ils ont exploité commercialement le réseau de l'Est
en transportant à leur profit voyageurs et marchandises jusqu'en
mars 1871, contrairement à tout droit et à toute justice, et ont
ainsi volé 44 millions de francs à la compagnie de l'Est ; ils ont
frappé les pays envahis de réquisitions et de contributions énormes ; ils ont accompli partout de sauvages exécutions ; ils ont
annexé des territoires sans le consentement des habitants et sans
prendre une part proportionnelle de la dette de la France ; ils ont
exigé une indemnité de guerre exorbitante et sans précédents,
non pour s'indemniser mais pour s'enrichir ; ils ont déménagé,
emballé et expédié des mobiliers en Allemagne pour augmenter
leur bien-être ; ils ont sans cesse violé le droit des gens et ont fait
faire à l'Europe un déplorable retour en arrière vers la barbarie.
Telle est la vérité et les dénégations ou les rectifications les plus
hypocrites ne parviendront pas à la voiler. »

En 1870 la 28ᵉ invasion allemande a donc été marquée, en
France, « par des actes inqualifiables de cruauté (3), par un parti
pris inexorable de pillage régulier et de sévérité imméritée ;
elle laissera des traces profondes dans le cœur des contemporains. Et quelle semence germera dans l'âme de nos fils ? »

Ils savent, à tout le moins, dans quel esprit les Allemands fran-
chiraient pour la 29ᵉ fois le Rhin.

*
* *

Les historiens allemands conviennent de l'étendue des sacrifices que leur a coûtés cette campagne de sept mois (4), pour
laquelle cependant ils avaient su merveilleusement réunir toutes
les sortes de supériorités. Que fût-il donc advenu, — et qu'ad-
viendrait-il, le cas échéant, — dans une lutte qui n'eût pas été, —
et ne serait plus — follement préparée et conduite plus follement
encore ?

---

(1) A l'issue des grandes manœuvres de 1900, un major allemand se plaignait
de « l'insuffisance des blessures » que peut faire la lance !

(2) Dussieux, ouv. cité : 1ᵉʳ vol., p. 187, relativement aux atrocités commises à
Bazeilles et que les Allemands s'efforcent toujours de nier ou d'amoindrir.

(3) Y. de Saint-Genis : ouv. cité, p. 260.

(4) Ouvrage du grand État-Major prussien : « nos pertes totales s'élèvent à
6,247 officiers, médecins, fonctionnaires ; à 123.453 hommes ; 14,505 chevaux ;
1 drapeau ; 6 canons ». — Cf. encore : major Scheibert : « La guerre franco-
allemande » (trad. Jaeglé).

En 1870, conscient de sa « grande supériorité numérique » (1), confiant dans la portée considérable et l'extrême justesse de son artillerie, l'ennemi usa avec bonheur d'une tactique unique : nous envelopper, nous déborder, nous tourner, manœuvre très simple dont le résultat était double. L'armée française était ainsi rejetée en arrière et l'envahisseur s'établissait sur les positions abandonnées ; ou bien elle était vite cernée dans les places de guerre où elle avait été chercher un abri, « réduite par la famine, le blocus et le siège » (2).

En définitive les succès des Allemands dérivent beaucoup moins encore de leur science stratégique et de leurs très réelles qualités militaires que des circonstances. Un secrétaire du roi de Prusse, Schneider, a daigné avouer que ses compatriotes, avec toute leur science, toute leur bravoure, toute leur discipline, « eurent aussi un bonheur insolent » ; que « les généraux ennemis semblaient, pour la plupart, frappés d'un aveuglement sans pareil dans l'histoire de la guerre et que la *masse des fautes commises par les Français* » (3), surpasse de beaucoup le nombre des avantages et des combinaisons heureuses des Allemands.

N'est-il pas des plus significatifs, cet aveu ? (4).

Quoiqu'il en soit d'ailleurs, il est incontestable que le meilleur moyen de travailler à notre relèvement définitif c'est encore de bien connaître le passé, afin d'y puiser des leçons de choses, sévères le plus souvent pour nous mêmes, parfois aussi réconfortantes, instructives toujours et de salutaire effet.

C'est dans des études et des critiques consciencieuses de ce genre que nos fils pourront « puiser plus d'un enseignement » et apprendre « à la dure école de la honte et du malheur » à reconnaître quels sont « nos défauts capitaux et héréditaires (5) ; la recherche de l'éclat et de la gloire ; le désir de briller, non pas par un travail tranquille à l'intérieur, mais par d'aventureuses

---

(1) Dusaert : ouv. cité.

(2) Et pour précipiter les événements l'ennemi « avait recours au bombardement qui sème l'épouvante et le découragement au sein de la population des villes investies ».

(3) Nous en verrons le détail au cours de cette étude.

(4) M. E. Zola n'en a pas moins écrit la « Débâcle », et rien à ses yeux n'est venu racheter l'incapacité des chefs, leur lâcheté même, ni l'indiscipline et l'ignorance des soldats.
Le « Désastre » de Messieurs Paul et Victor Margueritte, et le livre d'un capitaine de Metz, « Les erreurs de la débâcle », nous semblent plus près de la vérité.
Signalons encore une substantielle petite brochure de M. Amédée Le Faure : « Les fautes stratégiques des Prussiens ».

(5) Correspondance de M. Strauss avec Renan (1re lettre).

entreprises au dehors : la prétention arrogante d'être à la tête de la civilisation (1) ; le penchant à prendre les nations en tutelle et à les exploiter (2) » ; la *gloire*, enfin, ce feu follet qui nous a toujours attirés loin des champs prospères du travail pour nous conduire à l'abime...

C'est dans cet esprit que j'apporterai, sans haines inutiles, sans provocations d'aucune sorte ni violences de parti pris, une modeste contribution aux ouvrages de tous ceux qui se sont efforcés, depuis trente ans, de travailler à « l'œuvre de guérison et de résurrection » (3). *C'est icy une étude de bonne foy*, pourrais-je écrire. L'on voit assez par quelles préoccupations elle m'est dictée, et dans quelles conditions elle sera poursuivie.

Je la livre aux méditations du lecteur, sous le patronage de cette parole profonde : « C'est la sagesse des vaincus de savoir lire dans leur propre histoire et d'y trouver la vérité qui peut les instruire et les fortifier » (4).

----

(1) Il y a du vrai dans ces reproches. Je ne sache pas cependant, et l'on en peut croire ici le témoignage de Zimmermann, que les cruautés commises de sang-froid par les Allemands en 1870, les aient placés « à la tête de la civilisation ».

(2) Scrutator a établi, dans ses lettres, que toutes nos expéditions furent, au contraire, toujours désintéressées.

(3) F. Delaunay : « Histoire de la campagne de France, 1870-1871 ». — Ouvrage en 7 fascicules. Cf. Introduction : p. III-IV.

(4) Ch. de Mazade : « La guerre de France ».

# AVANT LA GUERRE

**1. *Considérations politiques et militaires sur le second empire*.** — Foulant aux pieds fort cyniquement tous ses engagements antérieurs de « conserver la République », le prince-président l'étrangla (1). Hanté de l'espoir de faire réviser l'équilibre européen qui nous avait été imposé en 1815, le nouvel empereur montra bien vite que « l'empire c'est la paix » (2).

A l'expédition de Crimée succéda la campagne d'Italie. Si, dans la première, Napoléon III servit surtout les intérêts de l'Angleterre, il fit une politique beaucoup plus détestable encore en poursuivant, dans la seconde, l'amoindrissement de l'Autriche et la constitution de l'unité italienne avec « le sang de la France et son argent » (3).

Après s'être ainsi aliéné bien des sympathies dans les milieux diplomatiques, il commit une impardonnable série de fautes en laissant la Prusse s'agrandir tranquillement, de 1860 à 1865, aux dépens des petits états, ses voisins (4).

Mais, toujours dans ce même ordre d'idées, son erreur capitale fut d'assister impassible en 1866, leurré par de vagues promesses de compensations territoriales sur le Rhin et du côté de la Bel-

---

(1) Nuit du 1ᵉʳ au 2 décembre 1851. — Louis Bonaparte fut proclamé empereur l'année suivante, après que le sénatus-consulte du 7 novembre lui eût facilité l'exécution de ce coup d'audace.

Eug. Ténot : « Paris en décembre 1851. Etude historique sur le coup d'Etat ».
Cf. Appendice 10, à la fin du volume.

(2) Au cours d'un voyage dans le centre et le midi de la France, en septembre-octobre 1852, le prince-président affirmait encore que « l'Empire c'est la paix, car la France la désire, et lorsque la France est satisfaite, toute l'Europe est tranquille. »

Cf. *Revue des Deux Mondes*, à partir du 15 février 1898 : plusieurs articles de M. Emile Ollivier sur Napoléon III.

(3) Le dossier de la guerre : ouv. cité. — Prince Lubomirski : « De Sébastopol à Solférino ».

Si l'Empereur avait escompté la reconnaissance ultérieure du jeune peuple italien, les événements de 1870 furent pour lui une bien cruelle désillusion.
Cf. G. Rothan, « L'Allemagne et l'Italie, 1870-1871 ».

(4) Comte de la Bouvardière : « La Prusse, péché de l'Europe ».

gique (1), à l'écrasement de l'Autriche par la Prusse (2). Car c'est
afin de contrebalancer la prépondérance de cette même Autriche, puissance centrale, qui l'inquiétait, que Napoléon III avait
créé sur ses flancs, en 1859, au prix d'une guerre difficile, la
nation italienne. Comment donc les inéluctables répercussions
de cette campagne de 1866 lui échappèrent-elles ? Comment, sans
préjuger le résultat final, d'ailleurs également dangereux pour
la France, ne vit-il pas que ce duel entraînerait la rupture de cet
équilibre européen dont il semblait avoir voulu à deux reprises
déjà, en 1854 et en 1859, assurer le maintien ? En effet, le triomphe de l'Autriche c'était la ruine d'une œuvre si laborieusement
accomplie sept ans auparavant, et tout serait à recommencer de
ce côté. Dans l'hypothèse beaucoup plus vraisemblable (3), d'un
succès de la Prusse, nation jeune, active, aux mains d'un homme
d'état ambitieux, résolu, entreprenant, le péril qu'il avait essayé
précédemment de conjurer ne pouvait que se déplacer pour passer de Vienne à Berlin et devenir ainsi plus direct encore et plus
immédiat.

La vérité est que l'Empereur des Français ne fit tout d'abord
que de la politique incohérente (4), et qu'il se laissa ensuite ridiculement jouer par le chancelier prussien (5). Il était, d'autre
part, paralysé par l'aventure du Mexique au point que, l'eût-il
voulu, il n'aurait guère été en mesure d'empêcher alors la Prusse
d'accomplir la première partie de son programme : l'abaisse-

---

(1) Au moment où il redoutait encore quelque mouvement de sympathie en
notre faveur, Bismarck publia certains papiers diplomatiques relatifs à des « négociations » ouvertes jadis dans ce sens entre l'Empereur et lui-même. L'effet de
cette prétendue révélation fut décisif, surtout en Angleterre qui, jusqu'à la dernière heure, nous avait ménagé ses bons offices.

(2) Victor Tissot (Oscar Meding) : « Les Prussiens en Allemagne. De Sadowa à
Sedan ».
Cf. Appendice 11, à la fin du volume.

(3) Admise par tous, sauf par lui. — Malgré sa haine personnelle contre la
dynastie régnante, les préférences intimes de Napoléon III étaient pour l'Autriche.

(4) Proudhon, dans sa brochure « Le système fédératif », avait prédit que l'unité
italienne que nous faisions en 1859, se retournerait bientôt contre nous et conduirait logiquement à la seconde, l'unité allemande.

(5) Les entrevues de Biarritz furent un triomphe pour Bismarck.
Benedetti : « Ma mission en Prusse ».
G. Rothan : ses deux ouvrages sur notre politique en 1866 et 1867.
Ed. Portalis : « Deux Républiques ». — Prologue, p. 29-30.
Ed. Schuré : ouv. cité. Portrait de Bismarck, p. 18-23.
Cf. Appendice 12, à la fin du volume.
Bismarck excella toujours à exploiter contre nous notre susceptibilité elle-
même. — En 1870, il saura s'en faire un levier qui lui permettra de dominer les
princes allemands de la confédération, pour créer enfin l'unité germanique au
profit de la famille royale de Prusse.

ment de l'Autriche. Au lendemain de Sadowa (1) elle reprendra la préparation de la seconde partie de ce programme ; l'humiliation de la France et sa déchéance dans le concert européen, après un écrasement sans exemple sur les champs de bataille (2).

**2. *L'œuvre de M. de Bismarck*.** — Il ne cachait plus guère sa haine contre la France et les Français, pendant que ses auxiliaires (3) apportaient les derniers perfectionnements au « mécanisme militaire » (4) qui venait déjà de faire si prestigieusement ses preuves contre l'Autriche (5).

Lorsque survint l'affaire du Luxembourg (6), Bismarck, qui voulait gagner encore un peu de temps, s'humilia avec « sa souplesse d'acrobate et son machiavélisme consommé » (7). Il entendait bien n'ajourner la lutte que pour la rendre plus terrible et plus décisive.

En Prusse tout avait été de longue date, prévu, pesé et discuté pour le plan d'invasion de l'Alsace Lorraine et même de la France (8). Estimant que son heure était enfin venue, le « ministre dirigeant prussien (9) souleva la question de l'équilibre euro-

---

(1) La campagne de 1866 ne servit que de stimulant aux Prussiens. De Moltke et Bismarck y virent en œuvre leurs conceptions militaires : ils en corrigèrent aussitôt tous les points faibles ou douteux pour mieux faire encore sur un autre théâtre.

(2) De Moltke se préparait depuis 1857, à une guerre éventuelle contre la France. Deux hypothèses résultaient d'un examen approfondi de la situation politique et militaire de l'Europe : la lutte aurait lieu contre la France isolée, ou contre l'Autriche et la France réunies ; un double plan d'opérations avait été élaboré permettant à la Prusse de faire face à cette double éventualité.

(3) De Moltke et De Roon. A eux trois « ils aiguisèrent et dirigèrent », a-t-on dit, l'épée de la Prusse contre la France.

(4) Ch. de Larivière : « Les origines de la guerre de 1870 ».

(5) La Prusse y dut, en grande partie, ses succès foudroyants, à la rapidité de sa mobilisation, à la sûreté de sa concentration. Or, en France, de 1866 à 1870, on négligea complètement ces deux branches pourtant si importantes de la tactique militaire.

(6) G. Rothan : « L'affaire du Luxembourg », (3ᵉ édit. : 1885).

(7) Ed. Schuré : ouv. cité.

(8) Bismarck avait élevé l'espionnage à la hauteur d'une institution nationale qui lui rendit les plus grands services en 1870.
Depuis plusieurs années le général Ducrot « obsédait le pouvoir »... de ses révélations sur le rôle des espions prussiens dans nos provinces de l'Est.
On ne voulut jamais l'écouter. Or, il a été prouvé, depuis, que l'armée d'invasion traînait à sa suite les pièces de rechange nécessaires pour rétablir rapidement le passage sur les ouvrages d'art que nous aurions pu endommager ou détruire.
Le 7 mars 1867, il écrivait déjà au général Trochu : « il n'est pas un Allemand qui ne croie à la guerre dans un avenir prochain... A moins d'être aveugle, il n'est pas permis de douter qu'elle éclatera au premier jour. » En 1868, ses lettres au général Frossard, sont aussi significatives.
Si l'on en croit le Dʳ Russel, dans sa lettre au *Times* du 4 février 1871,... « les officiers supérieurs prussiens auraient pu s'orienter les yeux fermés, dans nos forts et nos places de guerre. »

(9) Le Saint : ouv. cité.

péen pour lequel avaient combattu jadis François Ier, Henri IV,
Louis XIV et qui, depuis Charles Quint, n'avait jamais été menacé
davantage » que depuis dix ans, par la Prusse elle-même. La candidature d'un Hohenzollern au trône d'Espagne « menaçait directement un principe au nom duquel la France venait de combattre en Orient, en Italie et au Mexique » ; elle vint mettre le feu
aux poudres.

On sait trop à quel misérable artifice Bismarck eut recours
pour précipiter les événements (1) tout en laissant à la France
l'apparence de tous les torts (2), même celui de la provocation
et de la rupture diplomatique.

Depuis, les choses ont été très impartialement remises au point.
S'inspirant d'une parole de Montesquieu, un écrivain faisait récemment remarquer que « la responsabilité de la guerre ne
tombe pas sur ceux qui tirent les premiers coups de fusil, mais
bien sur ceux dont la conduite outrageante amène à tirer ces
coups de fusil » (3).

Un homme d'état célèbre (4), après avoir vanté le « désintéressement de la France, son dévouement, sa générosité, sa fraternité dans ses promenades militaires à travers l'Europe », dit
que la guerre, en 1870, « a été cherchée de parti pris par le ministre dirigeant prussien, préparée de longue date, précipitée au
dernier moment par des artifices frauduleux dont le seul but
était de rejeter sur la France en 1870, l'odieux d'une apparente
agression, — comme on l'avait fait en 1866 à l'égard de l'Autriche » (5).

La cause semble donc aujourd'hui définitivement entendue, et
Napoléon III, dès son arrivée à Metz au milieu des troupes qui
se massaient péniblement à la frontière, pourra dire sans forcer
la note (6), que « de nos succès, dépendait le sort de la liberté et
de la civilisation ». Son crime irrémissible est d'avoir donné tête

---

(1) E. Lavisse : « Lettre à l'Empereur d'Allemagne. La dépêche d'Ems. »

(2) C'est ainsi déjà qu'en 1866 il avait manœuvré vis-à-vis de l'Autriche.

(3) Ed. Sp. Beesly : ouv. cité.

(4) M. Gladstone, alias « Scrutator » : brochure citée.

(5) En vain essayait-on de donner le change pendant que l'on préparait l'opinion publique contre les Français : « Depuis 1866, écrit Strauss à Renan, nous
tenions en Allemagne une guerre avec la France pour inévitable : *non pas que
nous désirions la guerre*, mais nous connaissions assez les Français pour savoir
qu'ils la voudraient. Ils la voulaient et l'ont faite, parce qu'un peuple ne renonce
pas sans peine à une suprématie traditionnelle... »

(6) Proclamation du 28 juillet 1870.

baissée dans le piège qu'on lui tendait (1), et d'avoir voulu « réparer Sadowa, sans en avoir préparé les moyens » (2).

*3 La préparation en France*. — Chose inouïe, en effet, alors que toutes les puissances, au lendemain de Sadowa, « s'empressaient, suivant leurs ressources et leurs moyens, de modifier l'ordonnance de leur armée (3..., il n'y eut que la France qui assista impassible, momifiée par le régime impérial, à ce mouvement de réorganisation militaire qui se faisait autour d'elle ».

Le contraste est frappant. Pendant que la Prusse poursuit, sous l'impulsion de ses hommes d'état, sa fiévreuse préparation, on reste endormi en France dans la plus complète et la plus trompeuse sécurité. Nos institutions militaires sont proclamées parfaites (4), notre commandement incomparable. Nous avions les meilleurs fusils ; nos canons ne le cédaient guère au modèle de M. Krupp (5), si admiré à notre exposition universelle de 1867, et nous avions sur les Prussiens l'avantage des mitrailleuses qui, aux essais de Meudon, venaient d'accomplir sur de pauvres chevaux, une si terrifiante besogne (6).

Ainsi donc, ni les « leçons du passé », c'est-à-dire l'expérience acquise à nos dépens en Crimée, en Italie et au Mexique, ne nous avaient profité, ni les enseignements plus récents encore de 1866 ne firent sortir de leur torpeur les chefs responsables de notre organisation militaire.

Monstrueux aveuglement ou bien épouvantable folie ? Incapa-

---

(1) On lit dans les rapports Stoffel ce propos de Bismarck : « Nous ne ferons pas la guerre à la France. Il faudra qu'elle vienne chez nous nous tirer des coups de fusil à bout portant ».

(2) Dès 1867, M. Thiers s'écriait, tel Dumouriez en 1792 : « il est temps, je vous le déclare ; il n'y a plus une seule faute à commettre ».

On lui fit un crime de ses objurgations qu'on méprisa. — Il faut encore signaler la rare indépendance du prince Napoléon, cousin de l'Empereur, qui, jusqu'à la dernière minute, lui renouvela en vain les plus sévères avertissements, de même d'ailleurs que dans les années précédentes. Il s'était déjà opposé de toutes ses forces, mais inutilement aussi, à l'expédition du Mexique.

(3) Martial d'Estoc : ouv. cité.

Le Saint, ouv. cité, énumère également tous les essais qui furent tentés alors par les principales puissances européennes et par l'Amérique.

Voir aussi Dussieux, ouv. cité : 1ᵉʳ vol., ch. III.

(4) Maréchal Randou, 1867.

(5) Notre direction d'artillerie s'abstint de tout effort sérieux de ce côté, quoique — ou parce que — l'Empereur lui-même se fût toujours piqué de connaissances spéciales dans cette arme.

(6) Sans doute les vainqueurs de Solférino et de Magenta restaient les premiers soldats du monde ; mais la lutte à quelques centaines de mètres, les charges à la baïonnette allaient devenir presque impossibles, et l'impétuosité de nos cavaliers inutile devant la longue portée et la précision de l'artillerie ennemie.

Appendice 13, à la fin du volume.

cité radicale ou bien imprévoyance poussée à d'invraisemblables limites ?

L'un et l'autre, peut-être, tout à la fois.

Quoiqu'il en soit et pour aider le lecteur à se prononcer, voici, émanant de personnages officiels, placés aux meilleures sources de renseignements, quelques paroles relatives à nos forces et à nos ressources, quelques appréciations qui sont désormais acquises à l'histoire.

**4 S. M. L'Empereur** — A propos de la guerre de Crimée, la remarque était déjà faite que Napoléon III ne « savait pas forcer l'obéissance » (1). Dans l'attribution des postes du haut commandement, l'influence des coteries de la cour joua aussi un grand rôle lors des expéditions d'Italie et du Mexique.

Le mal n'avait fait que croître aux alentours de 1870, et les intrigues, les manœuvres plus ou moins avouables des ambitieux sans scrupules se donnaient libre carrière... Les nominations scandaleuses, faites de la sorte au détriment des officiers laborieux et instruits, eurent vite amené le dégoût du métier chez les plus susceptibles, le découragement chez tous les autres (2). Notre corps d'officiers d'État major avait cessé d'être à hauteur de sa tâche ; il se peuplait des anciens aides de camp de l'Empereur et des favoris des Tuileries (3) : le recrutement des hauts cadres était lui même irrévocablement compromis.

Faible de caractère, effrayé de toutes les complications de la politique internationale ; aux prises avec l'opposition (4) qui, de jour en jour grandissait à l'intérieur (5) ; souffrant déjà d'un mal

---

(1) Journal de Castellane.

(2) Les inspections générales ne signalaient plus rien. L'Empereur avait bien maintenu les tableaux d'avancement pour que le ministre lui signalât les officiers capables ; mais il s'arrogeait ensuite tous les droits et n'en faisait qu'à sa guise.

(3) C'est hélas ! en leur faveur qu'il multipliera, en 1870, les corps d'armée sur la frontière pour leur donner à tous satisfaction.
Le comte de La Chapelle, dans son ouvrage, n'a pas craint d'écrire, à seule fin sans doute d'infirmer les déclarations alarmistes mais exactes du colonel Stoffel, que nous n'aurions chez nous que « l'embarras du choix » parmi les officiers d'État major.
Cf. « Les forces militaires de la France en 1870 ».

(4) E. Ollivier : « Le 19 janvier ».
Gustave Flourens : « Paris livré ». — Ch. I$^{er}$, première partie : fin de l'Empire. — On lit dans la première lettre de Strauss à Renan : « ce qui pousse Napoléon III à surexciter la passion nationale pour la guerre, c'est un dessein conscient et raffiné d'égarer la nation au profit des calculs d'un froid égoisme... et de détourner son attention de la décadence morale et politique à l'intérieur »

(5) M. Granier de Cassagnac, en juillet 1870, déclarera sans ambages que « la guerre était nécessaire aux besoins de la dynastie », parce que, sans elle, Napoléon III « sentait bien que la France lui glissait dans les mains ».

terrible qui ne lui laissait plus guère aucun repos (1), l'Empereur
était devenu, en quelque sorte, le jouet de son entourage (2).
Ballotté sans cesse d'une extrémité à l'autre, sans idées générales ni vues d'ensemble en politique, comme sans convictions bien
arrêtées pour ou contre la guerre (3), il vint, en 1870, « se précipiter dans le piège que lui tendait son redoutable adversaire,
avec une sorte de fascination et d'aveuglement, pareil à l'oiseau
qui disparaît éperdu dans la gueule du serpent » (4).

Après Sadowa, l'Empereur avait tout d'abord envisagé sainement la situation. Il reconnaissait, en effet, que « les troupes allemandes venaient de se distinguer dans la guerre contre l'Autriche » (5) ; il n'hésitait même pas à déclarer que, dans ces conditions, « la revendication des provinces du Rhin serait aujourd'hui
un défi jeté à toute l'Allemagne et que, dans cette guerre de
conquête, nous n'aurions aucun allié. »

Or, en 1868, il élabore un plan d'invasion de l'Allemagne,
reposant tout entier sur une marche offensive initiale, c'est à-
dire une sorte de réédition de la tactique adoptée en 1866 par la
Prusse contre l'Autriche (6). Mais pour porter ainsi rapidement
nos forces par la vallée de la Sarre, afin de séparer l'Allemagne
du Nord de la Confédération des états du Sud (7), le concours de
l'Autriche et de l'Italie nous était nécessaire : les négociations
diplomatiques ne nous l'avaient pas assuré. Il nous eût fallu
aussi être prêts : et nous l'étions si peu que l'Empereur lui-
même déclarera le 20 juillet (8), qu'il ne « veut commencer les

---

(1) M. Ch. Donos, dans « Verlaine intime », nous apprend que le poète, vers 1868,
avait conçu le dessein de tuer le *tyran*, mais que l'ayant rencontré un jour « si
las et si triste » et portant déjà sur son visage « les traces de la maladie qui devait
le tuer », il eut pitié de lui et lui fit grâce.

P. et V. Margueritte : « Le Désastre », p. 13, 85 et passim.

P. et V. Margueritte : « La chevauchée au gouffre », p. 722 (Revue de Paris,
15 août 1901).

On lit dans le « journal de Fidus. » — La Révolution de septembre : Paris assiégé.
— p. 22 ; « L'Empereur semblait alourdi (on dit aujourd'hui ramolli), et n'avait
plus l'énergie du coup d'État ». — Et, *en note* : « L'Empereur, mais on l'ignorait
généralement, était épuisé depuis plusieurs années déjà, par les souffrances du mal
terrible qui l'emporta ».

(2) L'influence de l'impératrice Eugénie était désormais sans limites.

(3) En 1863 — à la veille de l'expédition du Mexique ! — il rêvait du « désarme-
ment général ».
Cf. Revue de Paris du 15 mai 1899 : article d'Albert Pingaud.

(4) F. Delaunay : ouv. cité.

(5) Édit. Lachaux des papiers sauvés des Tuileries.

(6) Gust. Marchal : ouv. cité, p. 3.

(7) Après Sadowa, Napoléon III s'applaudissait de voir l'Allemagne « partagée
dès lors en trois tronçons qui ne pourraient jamais se réunir contre lui » !

(8) Le 23, il adressait à son ministre de la guerre un *memento* des modifications
à intervenir, quand il se fut rendu compte par lui-même que tout allait de mal
en pis.

opérations que quand l'armée sera complétement constituée ».
Nous savons pourtant que, dès le mois de janvier 1869, Napoléon III
proclamait sans restrictions, le pays « en mesure de faire face à
toutes les éventualités ; nos armées de terre et de mer fortement
constituées : notre armement perfectionné, nos arsenaux et nos
magasins remplis, nos réserves exercées, la garde nationale en
voie d'organisation ; nos places fortes en bon état... » (1). Et tout
cela, ajoutait-il superbe, « donne à notre puissance un développement considérable ».

Aussi concluait-il que *« le but de ses efforts est atteint* : que les
ressources militaires de la France sont désormais à la hauteur de
ses destinées dans le monde. »

Il nous suffirait de rapprocher ces cinq lignes orgueilleusement
mensongères, des dépêches de nos généraux à l'ouverture des
hostilités sur la frontière (2). Mais nous avons mieux encore ; la
lettre que ce même Napoléon III écrivait à sir John Burgoyne (3),
le 29 octobre 1870 (4) :

« Nos désastres, avoue le vaincu de Sedan, viennent de cette
circonstance que les Prussiens ont été plus tôt prêts que nous et
que, pour ainsi dire *ils nous ont surpris en flagrant délit de
formation*. L'offensive (5) m'était devenue impossible ; je me suis
résolu à la défensive (6) ; mais, empêché par des complications
politiques (7), la marche en arrière a été arrêtée, puis est devenue impossible ».

Le triste commandant en chef jusqu'au 13 août 1870, que cet
Empereur (8) qui, en Crimée, en Italie, au Mexique s'était montré
si imprévoyant ; qui n'avait eu depuis, en temps de paix, que des
relations passagères avec l'armée, limitées même à des effectifs

---

(1) Autant d'affirmations gratuites. Mais comment avec un outillage militaire
aussi complet, aussi parfait, l'Empereur a-t-il été obligé, dans sa proclamation
du 28 juillet 1870, de parler de la longueur et de la difficulté de la guerre entreprise ?

(2) Dossier de la guerre : chap. VI, cité plus loin.

(3) Il avait dirigé en Crimée, le service de l'artillerie anglaise et était resté en
relations suivies avec l'Empereur.

(4) Trois mois après l'entrée en campagne, le jour même de la capitulation à Metz
du maréchal Bazaine.

(5) Elle n'est pas possible en effet à qui se laisse surprendre « en flagrant délit
de formation » !

(6) Rien n'avait été préparé non plus dans cette hypothèse d'un premier échec
possible : nous n'avions aucune place à l'abri de laquelle l'armée pût se réorganiser...

(7) Ce n'est pas en nier l'existence ni même la gravité que de constater qu'elles
n'expliquent pas la *débâcle* tout entière.

(8) Déposition du général de Ladmirault : Enquête.

restreints et à des armes de choix, et jamais avec l'infanterie, cette reine des batailles !

**5 *Les ministres et le haut commandement*** — Mais il est d'autres affirmations non moins catégoriques et de poids aussi considérable que celles de l'Empereur lui-même : il importe de les résumer ici.

Le *maréchal Niel*, l'un des plus fermes soutiens de l'empire, déclarait (1) que « si les circonstances changeaient, toutes les forces militaires sont prêtes..., que l'on peut se livrer au commerce et à l'industrie en toute sécurité, *laissant les voisins faire de la politique au point de vue de la guerre.* »

Pour ce qui est de « l'armement, ajoutait-il, nous sommes tranquilles et nos magasins sont en bon état  Sous le rapport de l'attelage nous sommes en bonne position. S'il était nécessaire d'appeler les réserves qui font monter notre armée à 660.000 hommes, dans la situation actuelle (2), il ne faudrait pas longtemps pour les mettre en route... Le pays sait qu'il ne sera pas pris au dépourvu et que si le moment de combattre venait, tout le monde serait prêt... *Et si la guerre devenait nécessaire, nous sommes parfaitement en mesure de la supporter* ».

Comme on le voit, le but du maréchal Niel était « pleinement atteint » : il n'était pas en reste avec l'Empereur !

On aurait pu s'attendre cependant à moins d'enthousiasme de la part du maréchal. On sait, en effet, l'opposition que fit à sa loi le Corps législatif lui-même et l'hostilité violente qu'elle rencontra dans une certaine Presse, ennemie des armées permanentes. Pas du tout ; il consacre même les données optimistes reproduites tout à l'heure, par cet éloge bien senti de son système de recrutement : je suis parvenu, « entrant profondément dans la pensée de l'Empereur..., à résoudre le problème jusque là réputé insoluble, de doubler les forces militaires de la France (3), non seu-

---

(1) Discours au Corps législatif : 20 mars ; 9, 12 et 22 avril 1869.

(2) Tel n'était pas le sentiment de la Prusse sur cette même loi du 1ᵉʳ février 1868.

Cf. Rapport Stoffel du 12 août 1869.

Insuffisante sous bien des rapports cette loi, dont d'ailleurs le successeur du maréchal abandonna peu à peu l'application, créait des *soldats-citoyens*, mariés pour la plupart, pouvant passer dans leur famille une notable partie de leur temps de service.

(3) Il ne semble pas que l'État-major prussien s'en soit autrement ému. En effet si De Moltke écrivait le 8 août 1866 : « D'après nos calculs la France ne peut réunir une armée de 250.000 hommes, prêts pour la guerre, entre Metz et Strasbourg, en moins de 28 jours », il n'indique, en 1869, que le chiffre de 343.000, comme étant celui, *au maximum*, dont nous pourrions disposer pour soutenir le premier choc de 400.000 adversaires mieux armés...

Il estimait par contre que sa mobilisation à lui, lui donnait un effectif total de 1.208.089 hommes, que dans son livre le colonel Borbstaedt n'a réduit que de 77.789 unités.

lement sans augmenter ses charges en temps de paix, mais en
les allégeant pour les familles (1) et en diminuant les charges du
Trésor... Rappelons ici ce qui a été fait ; le tableau est assez
grand pour se passer de commentaires Une armée de ligne de
750.000 hommes, disponibles pour la guerre : près de 600.000
hommes de garde nationale... 1.200.000 fusils fabriqués en moins
de dix huit mois : les places mises en état et armées (2) ; les arsenaux remplis, un matériel immense, prêt à suffire à toutes les
éventualités, quelles qu'elles soient ; et, en face d'une telle situation, la France, confiante dans sa force, garantie solide de la
paix... Tous ces grands résultats obtenus en deux années ! »

Quant à *Lebœuf*, depuis 1866 il était prêt (3). A l'en croire, notre
système de mobilisation était complet et parfait (4). Le chassepot,
la mitrailleuse nous rendaient invincibles. Sur le papier il nous
mettait en ligne une armée de 1.142.000 hommes (5) et, la guerre

—————

(1) Reste à savoir ce que la discipline et l'esprit militaire pouvaient gagner à ces
retours périodiques, à ces séjours prolongés dans leurs foyers, des soldats et
sous officiers-citoyens. La question a, certes, son importance pour qui se rappelle
que le général Ducrot, dès 1867, se plaignait de la difficulté de plus en plus
grande que l'on éprouvait partout dans le recrutement « des cadres des fourriers
et des sergents-majors ».

Le duc de Gramont, en 1870, n'avait en eux qu'une confiance très limitée :
mais Le Bœuf — c'était dans l'ordre ! — les prisait fort et attendait beaucoup de
ces contingents de la garde nationale.

(2) *Paris excepté*, pour l'excellente raison, disait encore le maréchal Niel, le
22 avril 1869, « qu'aucune armée ennemie, quelque forte qu'elle soit », n'oserait
venir l'investir, « au cœur de la France, en se plaçant sur un cercle de 20 lieues »,
et courant le risque de se faire elle-même assiéger à son tour.

De Moltke tenta cette opération avec succès l'année suivante.

L'affirmation, en ce qui concerne les autres villes, est, s'il était possible, plus
risquée encore.

Cf. Lieutenant-colonel Prévost : « Les forteresses françaises pendant la
guerre ».

Marcel Poullin : « Nos forteresses françaises en 1870-1871. Nos places assiégées ».
Marcel Poullin : « Nos places perdues d'Alsace-Lorraine ».
Girard et Dumas, ouv. cité ; chap. consacré aux villes assiégées.
Cf. Appendice 14, à la fin du volume.

(3) De Suzanne : « La guerre de 1870. Des causes de nos désastres ».

(4) L'exposé fait par le ministre en date du 31 janvier 1869 était aussi optimiste :
« l'organisation des équipages d'artillerie de campagne est entièrement terminée
et les magasins renferment tous les éléments pour compléter rapidement les
équipages nécessaires aux armées... Il en est de même des équipages de siège
dont le matériel considérable peut... en peu de temps, être réuni sur un point
donné... »

(5) A la demande de l'Empereur il rédigera plus tard encore, les 5 et 6 juillet,
« une note sommaire sur la situation de l'armée ». Il trouve alors « 588.000 hommes disponibles pour la guerre, plus 74.546 non valeurs : « soit un total de 662.546
soldats, comptant à l'armée régulière, qui seraient prêts quinze jours après l'ordre
de mobilisation !

On rapprochera ces chiffres de ceux que fournissent deux ouvrages apologétiques
tels qu'on les dit avoir été inspirés par l'Empereur : celui du comte de La Chapelle,
déjà cité ; et celui d'un Rural, « Ils en ont menti ».
Voir encore : Stéphane Liégeard : « Trois ans à la Chambre », Ch. I. — Fernand
Giraudeau : « Vingt ans de despotisme et quatre ans de liberté ».

durât-elle trois ans, pas un seul « bouton de guêtre » ne nous ferait défaut !

Encore un qui avait pleinement atteint son but ! — A la veille des événements, son assurance et sa confiance en l'avenir ne se démentirent pas, bien au contraire même : « Ma seule politique, déclamait-t-il aux applaudissements nourris du Corps législatif, dans la séance du 30 mars, ma seule politique la voici : c'est d'être toujours prêt... Si la guerre arrive je dois être prêt ; tel est mon devoir et je le remplirai... »

**6  Les comités directeurs et les bureaux de la guerre.** — Président du comité de l'artillerie au ministère de la guerre, Lebœuf n'ignorait cependant pas la valeur du canon Krupp comme portée et comme justesse. Les expériences du camp de Châlons ne le décidèrent pas à chagriner S. M. l'Empereur par un sévère compte-rendu. On s'en tint au canon de bronze de 1859, évinçant de parti pris le modèle prussien en acier (1). La même comédie se renouvela pour l'adoption du fusil Chassepot qui fut examiné par une commission incompétente et accepté sans aucune expérience comparative.

Depuis la substitution des armes rayées aux armes lisses, les autres nations marchaient de progrès en progrès ; elles créaient des champs de tir, multipliaient les exercices (2) pour que le fusil à tir rapide, quel qu'il fût, pût produire tout son effet. En France le « monopole » paralysait tous les efforts : l'Ecole polytechnique, « véritable franc-maçonnerie toute puissante » (3), tenait les officiers d'infanterie à l'écart des commissions, voire même des expériences et des essais définitifs.

L'instruction de la cavalerie, sa théorie de manœuvres, son équipement, sa formation de combat, tout aurait dû être modifié à cause de la portée du canon Krupp ; on ne fit rien dans ce sens.

De même encore pour l'infanterie. On présentera par masses nos régiments, nos bataillons, au tir si puissant et si admirablement réglé de l'ennemi, au lieu de les fractionner, de les éparpiller même le plus possible, en tirailleurs, abrités derrière quelques plis de terrain. Dans quelles proportions notables n'eût-on pas ainsi réduit nos pertes pour toutes les rencontres du mois d'août ?

**7  Notre État-Major.** — Le mot de Duruy s'impose invinciblement ici à la mémoire : « l'incapacité dans un certain poste et

---

(1) De Suzanne, ouv. cité ; p. 69.

(3) Le colonel Stoffel signalait les progrès accomplis en Prusse sous ce rapport.

(2) Les choses ont-elles beaucoup changé depuis trente ans ?

portée à un certain degré, devient crime ». Notre état-major fut
de beaucoup au-dessous de sa mission (1).

Cela tient à une foule de causes diverses qui, en définitive, font
encore remonter la plus grosse part des responsabilités jusqu'à
l'Empereur lui-même et ses ministres.

Déjà les lettres de Deplanque (2) nous ont montré comment les
titres et les plus légitimes intérêts des officiers faisant campagne
en Crimée et au Mexique, avaient été odieusement sacrifiés à
l'avancement de certains de leurs camarades, restés en France,
qui excellaient surtout à parader dans les salons des Tuileries et de
Saint-Cloud. Ces beaux « danseurs infatigables » (3) devaient plus à
l'Impératrice et à la bienveillance de ses dames d'honneur (4) que
tel colonel et tel commandant, au bruit légitime suscité autour du
plus brillant fait d'armes (5).

En 1860, l'apparition d'une brochure du prince Frédéric Charles,
« des moyens de combattre l'armée française » (6), n'émut guère
notre état-major. On n'attacha à cet écrit qu'une importance
secondaire qui provoqua même plus d'un haussement d'épaules
et des sourires de dédain et de pitié. On y aurait eu cependant la
preuve que nos ennemis, « dans la guerre de Crimée et dans la
guerre d'Italie surtout, avaient parfaitement saisi nos imperfections et spécialement le point vulnérable de nos habitudes de
tactique sur le champ de bataille » (7).

Les rapports du colonel baron Stoffel ne réussiront, (8) pen-

___________

(1) Le colonel Stoffel l'avait assez prédit.

(2) Celles aussi contenues dans les deux ouvrages de Georges Bertin et de Paul
Laurent dont j'ai donné plus haut des extraits.

(3) Papiers des Tuileries : édition belge déjà citée.

(4) Dussert, p. 87. — De Suzanne, p. 47. — Dussieux, p. 59, ouv. cités. — Général
Trochu ; ouv. cité : « Les officiers sérieux et dévoués, mécontents, étaient dégoû-
tés du métier. A quoi bon, après tout, travailler et apprendre ?... C'était s'exposer
à être mal noté que de travailler avec application... Les grades étaient donnés
presque exclusivement à la faveur ».

(5) Nos ennemis avaient saisi cet autre côté faible de notre organisation militaire. L'ouvrage du grand état-major prussien observe, en effet, qu'un « système
prédominant de favoritisme avait introduit jusque dans les hauts grades, de nombreux éléments inférieurs à leur position ».

(6) Traduction W. Reymond.

(7) « Armée française en 1867. » — Edit. Amyot.

(8) De 1866 à 1870. On lit dans la lettre préface de l'édition de 1871 : « J'avais
discerné, dès les premiers mois de mon séjour à Berlin, que la guerre avec la
Prusse était écrite dans le livre du destin, et je me voyais forcé de vivre au milieu
d'un peuple, notre futur et implacable ennemi, dont je reconnaissais, en toute
chose, la supériorité écrasante. »
Parmi les rapports pressants que notre attaché militaire avait adressés de Berlin
à Paris, je me bornerai à citer ici celui du 20 avril 1868, dans lequel il analysait
les « éléments de supériorité de l'armée prussienne » ; son mode de recrutement ;
la science des officiers de son état-major... Et celui du 12 août 1869 où il établissait
notre complète infériorité à tous les points de vue : artillerie, manœuvres, tir
télégraphie, places fortes ; et, malgré notre loi du 1ᵉʳ février 1868, sous le rapport
du recrutement et des effectifs. — Cf. p. 96 à 130.

dant quatre ans, qu'à exciter la verve moqueuse et la faconde intransigeante des chefs éventuels de notre armée, pour qui la Prusse n'était toujours qu'une puissance militaire de deuxième ou troisième ordre, dont on aurait facilement raison.

**8. *Nos institutions militaires*.** — Elles étaient faussées sous tous les rapports et seuls les esprits superficiels pouvaient encore en espérer de bons résultats.

Dans nos écoles Polytechnique et de Saint-Cyr, le cours d'art et d'histoire militaires ne portait pas sur les campagnes modernes (1).

L'enseignement de l'anglais et même celui de l'allemand y était *facultatif* (2) !

Ces élèves officiers se montrèrent aussi, en 1869 (3) férus, à leur manière, du principe d'obéissance et de discipline.

Dans notre école d'artillerie et du génie à Metz, on s'en tenait toujours à cet axiome fondamental qu'il faut cinq ans, au minimum, pour faire un vrai et bon soldat. Aussi, aux yeux des professeurs de tactique et du génie militaire, l'armée prussienne si vantée, n'était-elle qu'une *école de Landwehr*, une « organisation magnifique sur le papier (4), mais un instrument douteux pour la défensive et qui serait fort imparfait pendant la première période d'une guerre offensive ».

Cette appréciation, à la veille de la campagne foudroyante de 1866, semble déjà plus que surprenante ; ne nous récrions pas trop vite cependant.

En effet, au *lendemain même de Sadowa*, l'enseignement officiel s'augmentait dans toutes nos écoles militaires spéciales, d'une « conférence » qui avait été faite par son excellence le ministre de la guerre sur la campagne austro-prussienne de 1866. Eh bien ! qui le croirait ?

Rien n'avait trouvé grâce aux yeux de ce ministre de génie : la tactique, la stratégie, le plan d'opérations de l'armée prussienne, faisaient tour à tour ressortir les fautes que son état-major avait commises l'une sur l'autre : la concentration des troupes, — si habile et si rapide qu'elle déconcerta l'adversaire, — y était jugée avec autant de sévérité.

Ce document inénarrable se terminait par certain souhait qui

_______________

(1) C'était peut-être un hommage indirect à l'impérial traducteur des Commentaires de César : la guerre des Gaules.

(2) Les mieux notés héritent du sobriquet de « crétins ».

(3) Révolte qui éclate à Saint-Cyr.

(4) Extrait du cours d'art militaire, professé en 1864.

dépasse dans le grotesque et le monstrueux, tout ce qu'on peut imaginer : *puissent les Prussiens, si nous devons en venir aux mains avec eux, suivre les mêmes errements !*

Voilà dans quelles conditions se faisait l'éducation militaire de nos futurs officiers. Quels services pouvait-on attendre, en cas de guerre, des spécialistes, des professionnels qui leur enseignaient une science à laquelle ils ne comprenaient plus rien eux-mêmes ? Qu'espérer surtout des nombreuses générations d'officiers qu'ils avaient formées et qui allaient se mesurer avec un ennemi redoutable, de parti pris méconnu et dédaigné ?

Pour entraver, dès le début de la guerre, la concentration de l'Allemagne du Nord, nous avions aussi fondé d'assez sérieuses espérances sur notre flotte : c'est là un point de notre étude qui trouve sa place naturelle ici, parce que nous n'aurons pas à y revenir plus tard. Or, le mémoire allemand sur « les probabilités de la prochaine guerre », rédigé par l'état-major ennemi en 1869, désirait plus qu'il ne la redoutait une démonstration navale de notre part sur les côtes de la Baltique !

On n'ignore pas d'ailleurs que pour réaliser une idée de Trochu en 1870 (1), nous ne pûmes réunir que 7 cuirassés et 1 aviso.

Nous n'étions donc pas mieux préparés à la lutte, sur mer que sur terre, et il nous sera impossible de tenter de ce côté une diversion qui eût pu avoir sa répercussion sur les événements.

**9. *L'intendance*** fut l'un des rouages qui laissa de tout temps le plus à désirer dans notre armée. Nous l'avons déjà vue à l'œuvre en Crimée et en Italie, incapable d'approvisionner nos troupes de viande fraîche et de pain (2). Les attributions du service sont d'ailleurs démesurément étendues et variées ; on y perd un temps précieux en formalités, en signatures, en paperasseries : la fo.o.o.rme, toujours !

En attendant l'on est obligé de recourir à l'industrie privée ; de réquisitionner sur place les denrées nécessaires à l'alimentation de l'armée ou de les faire venir à grands frais des régions limitrophes.

Il convient de rappeler à la décharge de ce corps, qui fit d'ail-

---

(1) En août, une escarmouche eut lieu entre les deux flottilles, à l'ouest de Rügen. Cf. René de Pont Jest : « La campagne de la mer du Nord et de la Baltique. » — *Moniteur universel* ; 1870-71.

On signale encore le duel du *Météore* et du *Bouvet*, le 12 novembre, dans les parages de la Havane.

Notre division navale des mers de Chine et du Japon, commandée par l'amiral Dupré, tint, il est vrai, 118 bâtiments de commerce allemands, étroitement bloqués ; mais à la fin de la guerre une frégate prussienne, l'*Augusta*, venait capturer nos propres bâtiments à l'embouchure de la Gironde !

(2) Carnet de la *Sabretache* ; fév. 1901.

leurs preuve du plus grand dévouement, le mot de l'Empereur qui avouait avoir d'abord porté ses troupes en Italie avant d'y avoir fait concentrer les subsistances qui leur étaient indispensables, et assuré ensuite la régularité de leur ravitaillement. En 1870 les intendants se heurtèrent partout aux mêmes difficultés et n'eurent pas toujours à se louer de leurs rapports avec les généraux qui s'en prenaient à eux de toutes leurs déconvenues et des lenteurs du service (1).

Mais il est juste d'ajouter que cette intendance, « si ignorante et si routinière » (2), n'admettait pas qu'on pût nourrir et approvisionner une armée d'un million d'hommes de première ou de seconde ligne.

**10**. *Les ambulances*. — L'organisation du service santé (3) était resté d'une insuffisance déplorable. Son matériel était toujours aussi lourd, incommode, primitif même. Dans les ambulances divisionnaires, le personnel avait été inconsidérément réduit, manquant de tout, même de charpie ; et, pour sauver nos blessés, nous savons encore qu'en Italie nous avions dû recourir à l'aide des médecins indigènes.

Malgré les pompeuses déclarations des Niel et Lebœuf, en 1869, ici comme ailleurs, nous fûmes surpris en flagrant délit de formation.

**11**. *Presque tous nos officiers* en France partageaient plus ou moins l'optimisme des Randon, Niel et Lebœuf, et se laissaient bercer de beaux mots, de tapageuses déclamations. Ils vivaient d'ailleurs sur leur vieille et glorieuse réputation, souvent bien surfaite, et s'accordaient pour contester la justesse des conclusions Stoffel.

Ils étaient pour la plupart âgés, affaiblis par de glorieux ser-

---

(1) Il était de bon ton dans l'armée de tenir à distance ces « fonctionnaires », de les ridiculiser, d'annihiler leur influence, de contrecarrer leurs efforts.

Il faut bien reconnaître qu'au milieu du désarroi général qui suivit nos premiers revers, la difficulté de leur tâche fut décuplée et qu'elle fut aussi pénible et compliquée encore, plus tard, sur la Loire.

(2) Truchy : « L'armée française en 1871 ».

(3) Le D<sup>r</sup> Chenu nous en a montré les effroyables lacunes pendant l'expédition de Crimée, où, sur une centaine de mille hommes, nous en perdîmes les trois quarts de maladie.

On ne saurait trop faire ressortir, à ce sujet, que, si la première année de cette guerre fut également meurtrière pour les Anglais, nos alliés, la question fut portée devant le Parlement où elle eut pour contre-coup, le renversement du cabinet Aberdeen et l'arrivée aux affaires de Palmerston.

*Or, l'année suivante, les pertes des Anglais furent réduites à 2.21 0/0 de leurs effectifs.*

La mortalité doubla dans nos rangs en 1855-1856.

Cf. « Revue du Cercle militaire » ; sept. 1900.

vices ou efféminés par la vie de cour (1) ; les uns et les autres sans confiance et sans entrain, bien que ne permettant pas qu'on mit un seul instant en doute devant eux, la supériorité incontestable de la France sur sa rivale éventuelle.

Déplanque nous parle « de plus d'un colonel » qui se découvre soudain des infirmités et des douleurs à la veille de la guerre. Nombreux furent ceux qui boudèrent la besogne et mirent en jeu pour se faire caser dans des emplois de tout repos, loin des champs de bataille, toutes les influences dont ils disposaient (2).

Ainsi donc, un très grand nombre d'entre eux étaient incapables de toute initiative (3) ; les autres ne savaient rien des choses de la guerre et n'avaient aucune expérience réelle du service en campagne. Ils n'étaient pas connus du soldat et ne firent aucun effort pour gagner sa sympathie. A peine de temps à autre, montaient-ils une heure ou deux à cheval, toujours pour quelque service commandé.

« Braves, brillants, susceptibles d'enlever leurs hommes et de marcher sans sourciller à l'assaut (4), nos officiers ne consacraient pas assez de temps à l'étude et à des méditations... Ils ignoraient l'état actuel des grandes puissances de l'Europe, leur armement, les ressources dont elles disposent ».

« Si mes soldats étaient admirables, je n'étais pas digne de les commander (5) ; je ne leur apportais pas... le travail de garnison, l'étude patiente, consciencieuse, ayant attendu le champ de bataille pour apprendre mon métier et y arrivant avec cette inexpérience et cette légèreté du caractère français. »

Aux premiers revers ils se trouvèrent démoralisés, désemparés. Tous, sans doute, ne tinrent pas en public à leurs troupes des « discours inconvenants » ; mais le plus grand nombre furent incapables de maintenir dans les rangs l'ordre et la discipline ;

---

(1) Ceux-là prirent grand soin de bourrer leurs malles comme pour une partie de plaisir ou un voyage au long cours, non seulement des objets indispensables mais des choses superflues et luxueuses. Il en est qui, au retour d'une reconnaissance ou le soir d'une bataille, s'inquiétaient moins des conséquences de la journée, des morts et des blessés, que de leurs cantines et de ce qu'on leur servirait pour leur souper.

(2) Lieutenant-colonel Patry : « La guerre telle qu'elle est », p. 5.
Colonel F. Pix : « Souvenirs intimes du maréchal de Mac-Mahon », dans la *Lecture* du 11 mars 1899.

(3) On leur envoyait d'ailleurs des ordres incompréhensibles, souvent contradictoires.

(4) M. Ed. Lepelletier dans « l'Éclair » du 21 novembre 1899.

(5) Saint-Genest : « Lettres d'un soldat ». — Introd., p. 7.
Les chefs de l'armée française a dit Von Der Goltz, — ouv. cité, p. 93-95 — « vivaient sur une réputation surfaite et trop facilement conquise contre des adversaires peu solides, des Kabyles, des Mexicains ».

et quelques autres semblèrent même se désintéresser de la conduite de leurs hommes, laissant ainsi la retraite se changer d'elle-
même en déroute et en débâcle.

**12. La diplomatie**. — Ecoutons ce jugement sévère porté
contre le second empire (1) : « Depuis 1859 la France n'a eu dans
sa politique extérieure, ni direction ni principes.... Vit-on jamais
spectacle plus affligeant ? Une diplomatie ignorante, sans tenue,
sans traditions (2) ; un peuple..., vivant sur son passé glorieux,
trompé sur sa force, enivré de lui-même, dédaigneux d'autrui
et toujours prêt, sur les plus futiles préjugés, à célébrer son
omnipotence ».

Encore qu'il ne faille pas toujours accepter sans réserves ces
papelardes réprimandes de M. Strauss, il est certain que nous
fûmes surtout victimes, en 1870, de notre infatuation démesurée ;
ce qui nous empêcha, alors qu'en 1866 nous avions clairement
discerné que l'agression venait de la Prusse, de nous rendre à
cette même évidence, et de nous mettre en état de soutenir l'assaut, sinon par nos seules forces, du moins à l'aide de solides
alliances.

Ce fut longtemps pour Bismarck le seul point noir visible à
l'horizon. Mais peu à peu les puissances, indignées de notre attitude criminellement provocatrice et des extravagances commises par les agents de l'empire, nous abandonnèrent l'une après
l'autre à notre destin.

L'Angleterre interposa effectivement ses bons offices avec une
bienveillance aussi inlassable qu'inutile, jusqu'au 15 juillet.
Alors, le jeu des petits papiers auquel se livra Bismarck et l'aveuglement du Corps législatif l'obligèrent à l'abstention définitive.

Et d'ailleurs, avant la guerre, quelques vagues négociations (3)
avaient seules été tentées. A la dernière heure (4) elles parurent

---

(1) Première lettre de M. Strauss à Renan.

(2) Partout nous remontons jusqu'à l'Empereur dans cette recherche des responsabilités encourues. — Napoléon III, à l'occasion, négligeait ses ambassadeurs
pour traiter directement ou par un envoyé extraordinaire, avec les autres sou-
verains.

(3) Henri d'Ideville : « Journal d'un diplomate en Allemagne et en Grèce. —
Dresde-Athènes, 1867-1868 ».

(4) Général Lebrun : « Souvenirs militaires, 1866-1870 ». — Les préliminaires de
la guerre. Missions à Vienne et en Belgique.
Marquis de Gabriac : « Souvenirs diplomatiques de Russie et d'Allemagne,
1870-1872 ».
D'autres démarches furent même effectuées pendant la campagne : Cf. Jules
Pointu, ouv. cité.
Reitlinger : « Une mission diplomatique en octobre 1870 ».
Eugène Poujade : « La diplomatie de l'Empire ».
Général Fleury : sa dépêche du 30 août (Russie).

trop intéressées pour avoir chance de succès en Russie, à Vienne, en Italie.

Le Danemarck nous laissa longtemps dans l'illusion, avec le très vif et sincère désir de nous venir en aide ; mais la Prusse veillait de ce côté et sut facilement le contenir.

Pour soutien, pour unique allié... platonique, nous eûmes le Pape qui, le 22 juillet encore, offrait sa médiation ; mais Bismarck, avec un beau dédain, refusait de s'incliner « devant l'influence morale et religieuse » personnifiée par Pie IX. A ses yeux la force primait le droit !

**13. *Les hommes d'état.*** — « La dignité de la France est méconnue », déclame Rouher : « Votre Majesté tire l'épée ; la patrie est avec vous, frémissante d'indignation et de fierté » (1). Il ajoutait : « se refusant à des impatiences hâtives, animé de cette calme persévérance qui est la vraie force, l'Empereur a su attendre : mais *depuis quatre années* il a porté à sa plus haute perfection l'armement de nos soldats, élevé à toute sa puissance l'organisation de ses forces militaires...

Grâce à vos soins la France est prête, Sire, et par son enthousiasme elle prouve que comme vous, elle est résolue à ne tolérer aucune entreprise téméraire ».

Pourquoi hésiter d'ailleurs, dit ce ministre qui renchérit encore sur Niel et Lebœuf? En avant, car « si l'heure des périls est venue, l'heure de la victoire est proche ».

Et pour terminer, l'orateur paraphrasant avec plus de virtuosité encore le classique *veni, vidi, vici*, disait à son maître : après la victoire « Votre Majesté se dévouera, de nouveau, à ce grand œuvre d'améliorations et de réformes dont la réalisation, — la France le sait et le génie de l'Empereur (2) le lui garantit, — ne subira d'autre retard que celui que vous emploierez à vaincre ».

M. E. Ollivier déclarait, lui, qu'il n'hésitait pas à assumer toutes les responsabilités de cette guerre, « le cœur léger. »

Plus tard encore un ministre de la guerre par intérim, le général Déjean, affirmera que « la France peut armer deux millions de défenseurs : leurs fusils sont prêts et il en restera encore un million en réserve ».

C'est ainsi que l'on a trompé le public en répétant partout que « nous étions prêts pour soutenir la lutte, que nous n'avions rien

---

(1) Le 15 juillet, à Saint-Cloud.

(2) Six semaines plus tard ce « génie » sombrait à Sedan, dans une catastrophe sans exemple dans l'histoire, et sans doute irréparable pour toute autre nation que la France.

à craindre, que nous avions huit ou dix jours d'avance sur l'ennemi » (1).

Ici, remarquons-le bien, la responsabilité est double. La Commission qui a interrogé les ministres et examiné les documents relatifs au soi-disant outrage infligé là-bas à M. Benedetti, mentait sciemment lorsqu'elle affirmait (2) que « la France ne pouvait subir l'affront fait à la nation », puisqu'il n'y avait pas eu d'offense. Et quand elle ajoutait « qu'inspirées par une sage prévoyance, les deux administrations de la guerre et de la marine se trouvaient en état de faire face avec une promptitude remarquable aux nécessités de la situation », elle ne faisait que répéter les déclarations des ministres sans doute, mais aussi sans avoir exigé d'eux des documents et des preuves indiscutables.

**14. *Le sénat et le corps législatif*.** — Ces deux assemblées ont, de leur côté, endossé une énorme responsabilité (3).

Thiers et Gambetta furent impuissants à obtenir la lumière et à faire entendre la voix de la raison (4).

Au Corps législatif les esprits étaient même si montés contre toute idée d'atermoiement et contre le recours à de nouvelles négociations diplomatiques, qu'un député lançait à Thiers, prêchant une dernière fois le calme et la dignité, cette grotesque apostrophe : « Vous êtes la trompette anti-patriotique du désespoir » (5).

On l'a dit avec justesse (6) : le gouvernement et les corps constitués français sautaient, avec « une violence imprudente, sur la première occasion qui se présentait de faire la guerre avec la Prusse ».

---

(1) Déposition de M. Dréolle devant la Commission d'enquête.

(2) Rapport du marquis de Talhouet, rapporteur de la Commission.
Séance du Corps législatif : 9 août.
Déposition de M. de Kératry : *enquête*.
Curieuse profession de foi de M. Lafond de Saint-Mür, en 1876.
Dossier de la guerre : p. 72 et ssq.

(3) Séances des 12, 13, 15 et 16 juillet 1870. — Le 6 déjà, le duc de Gramont avait fait, « dans un langage hautain et peu diplomatique », une déclaration d'une si grave importance qu'on avait résolu d'en atténuer les termes ; mais le parti de la guerre, reprenant le dessus, avait réussi à imposer le texte primitif qui fut lu à la tribune du corps législatif.

(4) Alf. Darimon ; « La journée du 12 juillet 1870 ».
Alf. Darimon ; « Notes pour servir à l'histoire de la guerre de 1870 ».

(5) Cf. : Journal de Fidus, Lettres de Saint-Genest…, ouv. cités.
Thiers fut conspué ; des attroupements se formèrent devant sa maison : on le traitait d'espion, de vendu.
Le 13, on accusait le cabinet de « poursuivre des négociations dérisoires, indignes de la France, qui ne peut plus éviter la guerre sans abdiquer son rôle en Europe ». *Baron Jérôme David.*

(6) Correspondance de Metternich avec son gouvernement.

Elle est également vraie cette autre remarque : « Les hommes d'état qui gouvernent la France ont su, par une fausse direction calculée, exploiter pour leurs intérêts et leurs passions personnels, l'amour propre légitime mais irritable du grand peuple qui est notre voisin » (1).

Un incroyable vent de folie soufflait sur les Chambres françaises qui offrirent alors le spectacle le plus déconcertant (2).

Les plus calmes d'ordinaire se montaient vite au diapason des plus exaltés. On rappelait quelle avait été notre attitude énergique en 1830, lors d'une offense faite à Alger à notre représentant. Et l'Empereur ne vengerait pas l'affront que le roi de Prusse venait, à la face de l'Europe entière, d'infliger à son ambassadeur, M. Benedetti?...

Quel affront? A vrai dire, on n'en savait rien : mais cela importait peu pour le moment. On se garda bien, d'ailleurs, d'interroger sur ce sujet Benedetti lui-même, rentré à Paris et qui déclarera bientôt « qu'il n'avait reçu aucune offense à Ems et que le roi de Prusse n'avait pas refusé de le recevoir » (3).

Le prétexte était trouvé, il fallait l'exploiter : les partisans de la guerre allèrent jusqu'au bout et eurent le dernier mot.

Cette inqualifiable attitude nous aliéna l'Europe entière (4).

**15** *Les Journalistes*. — Nous étions prêts ! — S'inspirant de toutes ces déclarations mensongères autant qu'officielles, les journalistes, trompés eux-mêmes, venaient à la rescousse pour tromper le public et chantaient à l'avance victoire sur tous les tons.

« Que les Prussiens prennent tout leur temps, écrivait l'un d'eux (5) : la France est prête... Personne n'ignore que nous avons en ce moment vingt jours d'avance (6) sur les Prussiens : *nous sommes prêts et ils ne le sont pas...* »

----

(1) Discours du roi de Prusse au Reischstadt ; 19 juillet.

(2) Le 13, M. de Kératry proteste contre le renvoi des interpellations et accuse le ministère de « faire le jeu de la Prusse et celui de Bismarck ».
Le 15, M. Thiers lutte contre la droite de l'assemblée, MM. Granier de Cassagnac, comte de la Tour, marquis de Piré, Horace de Choiseul, baron Jérôme David... « qui souffrent de l'entendre » et le prient de « garder ses leçons de prudence » qu'ils récusent. Cf. Canis : « Histoire de la République française depuis 1870, jusqu'en 1882 ». — Chap. 1ᵉʳ.

(3) Sa déposition devant la Commission d'enquête sur le 4 septembre.

(4) Dossier de la guerre : chap. IV ; L'opinion de l'Europe.

(5) M. Granier de Cassagnac dans le « Pays » des 9, 12 et 18 juillet 1870.

(6) Les feuilles républicaines, le *National*, le *Siècle*, l'*Opinion*, s'élèvent contre l'éventualité d'une solution pacifique du conflit, et des organes légitimistes comme l'*Union*, le *Monde*, l'*Univers*, abondent dans le même sens.
Lire encore le 1ᵉʳ chapitre du livre de Saint-Genest : « Lettres d'un soldat », — *Frœschwiller*.

« La force militaire du pays, comme matériel et comme personnel, comme armement et comme approvisionnement, ayant été portée à un degré formidable, on *est en état de mettre en ligne autant de soldats que la Prusse, et aussi vite, avec l'avantage d'un armement supérieur* » (1).

Décidément le but des communs efforts est plus qu'atteint !

« L'illusion du succès était générale », selon le mot de Blanqui dans la « Patrie en danger ».

Et Fidus écrit encore dans son journal (2) : « Oui, il est vrai, on n'était pas prêt, mais on croyait être prêt et prêt suffisamment. Tout le monde, l'*Empereur seul peut-être excepté*, même M. Thiers (voyez son discours du 30 juin 1870), était persuadé que nous avions assez de forces pour vaincre et pour vaincre promptement »...

Les officiers généraux (3), les grands dignitaires, les titulaires des postes administratifs les plus en vue, donnaient l'exemple d'un « enthousiasme délirant ».

*La foule*, à Paris (4) et dans les grandes villes, surexcitée par tous ces boniments, répétait avec l'impératrice Eugénie (5) : « c'est ma guerre » et se croyait déjà aux portes de Berlin. Elle se livrait en attendant, aux plus enfantines et indécentes démonstrations, sur les grands boulevards comme à la gare de l'Est, indignes d'un peuple conscient de sa vraie force et de la gloire de son passé.

Telle était à la mi-juillet 1870, la situation.

Il semble bien, en vérité, que l'on n'avait en France, « pas d'autre préoccupation que de partir en guerre contre la Prusse » (6).

---

(1) Les rapports Stoffel auxquels les événements n'ont que trop complètement donné raison, affirmaient le contraire avec la dernière énergie. Le journal, la *Liberté*, en 1869-1870, avait répété ces cris d'alarme.

Et d'ailleurs les auteurs de l'ouvrage du grand état-major prussien reconnaissent avoir toujours eu sur nous, en 1870, « la supériorité numérique, celle de l'artillerie, des dispositions stratégiques et du haut commandement ».

(2) Cf. P. 156-158.

(3) Corentin Guyho : « L'empire inédit ».

Les habitués des salons impériaux estiment « que tout cela durera bien autant qu'eux », ce qui leur suffit.

P. Lenglé ; « Le neveu de Bonaparte ».

(4) Journal de Fidus ; aspect de Paris du 18 au 26 juillet, p. 40-45.

P. et V. Margueritte ; La désastre, 69-71. — Départ de Saint-Cloud.

(5) Pierre de Lano ; « L'impératrice Eugénie ».

Tout le ch. 8 : *Avant la guerre*.

(6) Remarque des auteurs de l'ouvrage du grand état-major prussien.

Bismarck, sans aucun doute, n'avait jamais osé rêver, pour ses louches intrigues, des auxiliaires inconscients plus dociles, — pour ne pas dire de plus dévoués complices, — que tous ces hommes d'état, ces sénateurs et députés, ces journalistes, ces généraux et ces ministres du gouvernement impérial ; un partenaire plus insignifiant, moins prévoyant et moins habile que Napoléon III lui-même (1), sur le compte duquel il était d'ailleurs depuis longtemps fixé et qu'il avait défini autrefois, pendant ses années d'ambassade à Paris, « une grande incapacité méconnue » (2).

C'est à lui, en définitive, qu'il faut demander compte de nos désastres, parce que jusqu'à lui remontent toutes les « responsabilités de l'année terrible » (3) qui pèseront à jamais sur sa mémoire.

_______

(1) Le général comte de Palikao a déclaré expressément que les divers corps ou armes ne devaient pas être incriminés, « parce que les fautes partaient de plus haut ». — Cf. « Un ministère de la guerre de 24 jours ».

(2) Depuis, le député prussien Jacobi l'a appelé « le plus grand idiot de tous les despotes de l'histoire universelle ».

(3) Titre d'un ouvrage du comte d'Hérisson.
Cf. encore Albert Sorel : Histoire diplomatique de la guerre franco-allemande.
Alfred Michiels : « Histoire de la guerre franco-allemande et de ses origines ».
Le Hautcourt : « La défense nationale en 1870 ». 9 vol. — tome I : les origines.
Ch. de Larivière : le dossier de la guerre... ouv. cités.

# LA DÉCLARATION DE GUERRE

## LES DEUX ADVERSAIRES EN PRÉSENCE

Par tout ce qui précède, nous pouvons d'un mot définir la situation : les Prussiens étaient prêts ; nous, nous ne l'étions pas, malgré toute notre jactance et en dépit de nos puériles rodomontades.

« Les rapports si vrais et si détaillés du baron Stoffel (1), lisons-nous dans l'ouvrage du grand état-major prussien, auraient bien dû convaincre le gouvernement de l'Empereur que l'Allemagne était complètement en mesure de relever le gant qu'on lui jetait ».

Il n'en fut rien, et les préparatifs de la France étaient à peine commencés, sur aucun point encore aucune armée n'était réunie quand, le 19 juillet, notification officielle de la déclaration de guerre était faite à Berlin par notre agent diplomatique.

Nous allons assister à la lutte « de l'imprévoyance, de l'ignorance et de l'ineptie contre toutes les qualités opposées, la prévoyance, l'instruction, l'intelligence » qui déjà avaient présidé à la préparation de la campagne et en assureront le succès.

En Allemagne, la formidable organisation militaire prussienne date de 1861 (2). Ce mécanisme compliqué fut entretenu et amélioré avec des soins incessants. Les forteresses, les lignes ferrées stratégiques..., tout est « construit, réparé, perfectionné » par de Moltke. En 1867, après l'écrasement de l'Autriche, il élabore un plan d'opérations contre la France agressive, aidée de l'Autriche, désireuse de venger Sadowa. Mais l'orientation donnée alors à la politique française le tranquillise et il devine qu'il n'aura que la France seule sur les bras. Notre nouvelle loi militaire l'inquiète

----

(1) Le *14 juillet 1870*, il faisait savoir à notre ministre de la guerre « qu'après 20 jours comptés, à partir du 15, la Prusse aurait plusieurs armées de 100.000 hommes, concentrées chacune en des points déterminés de la frontière ».

(2) On se rappelle que la brochure du prince Frédéric-Charles, neveu du roi Guillaume, est de 1860.

Le Hautcourt : « Les deux adversaires et premières opérations », Tomes 1 et 2.

Romagny : « La guerre franco-allemande de 1870-1871 ».

d'abord ; il modifie son plan aussitôt sur cette donnée générale : supériorité numérique de l'armée française, même réduite à elle seule, au début de la campagne. Il oriente sa tactique nouvelle, en conséquence. Mais il est bientôt rassuré sur les résultats que donnera la loi Niel... Il met alors la dernière main à ses combinaisons stratégiques. Il nous a révélé lui-même à quels prodigieux résultats il était arrivé pour la campagne de 1870 (1) : « chaque corps connaissait le lieu d'embarquement, le jour et l'heure de départ, la durée du voyage, les stations de repos et les points de débarquement. On avait préparé l'installation de magasins..., » échelonnés sur les diverses étapes à parcourir. Sans encombrement, leurs chemins de fer qui disposaient du matériel et du personnel nécessaires, firent au jour le jour, une besogne nettement définie et assignée à l'avance (2).

Quel contraste avec l'imbroglio, les ordres et contre-ordres, les marches et contre-marches inutiles et fatigantes qui énervèrent bientôt, puis exaspérèrent nos soldats français ! (3)

Sur un ordre du roi de Prusse, l'Allemagne entière se leva comme un seul homme : « La mobilisation et la concentration des troupes allemandes (4), a écrit le lieutenant-colonel Rousset, se firent avec une précision, une régularité, une rapidité merveilleuses »..., et leurs effectifs comprirent bientôt 1.200.000 hommes, sur le pied de guerre, 250.000 chevaux, 2.000 canons.

En France, la concentration présenta un tout autre tableau. *Nous étions prêts !* qu'on en juge !

« On vit, dès les premiers jours, ce que valait réellement notre organisation militaire » (5). Le 18 juillet, de Failly déclare à

---

(1) Dussieux : ouv. cité : 1ᵉʳ vol : p. 84. — En 24 jours l'ennemi disposait de 480.000 hommes, instruits et bien équipés.

En réalité nos effectifs à nous, n'étaient, au 1ᵉʳ août, que de 336.000 hommes, d'après l'ouvrage même du grand état-major prussien ; trad. citée : p. 10-11.

(2) En France ce service n'était pas et ne pouvait pas être plus prêt que les autres.

Jacqmin : « Les chemins de fer français pendant la guerre de 1870-71 ».
Baron Ernouf : « Histoire des chemins de fer français pendant la guerre franco-prussienne. »

(3) P. et V. Margueritte : Gustave Marchal... : ouv. cités.

(4) Or, de Moltke estimait que la mobilisation lui donnerait une force totale de 1.208.089 soldats que, dans son livre, le colonel Borbstaedt n'a d'ailleurs réduite que de 77.789 unités. — Cf. J. Claretie : « Portraits contemporains » : tome 2, De Moltke, empereur Guillaume...

(5) Paul Le Hagenr : « Histoire de l'armée française » — p. 202.
Voir dans le *Dossier de la guerre*, déjà cité, tout le chapitre 6 : les dépêches : p. 77 à 112. Dans les procès-verbaux de l'*Enquête de 1872*, les dépositions Billot, Stéenakers, Riant et celles des membres de la commission des marchés.
Cf. Auguste Wolff : « Préparatifs de la Prusse et de la France et début de la guerre ».

Bazaine que « nous avons besoin de tout sous tous les rapports ». A Bitche, on s'aperçoit que les 17 bataillons « n'ont point d'argent pour vivre », et qu'il n'y en a pas davantage dans « les caisses publiques des environs, ni dans les caisses du corps ». A Metz, on découvre aussi que les « approvisionnements de toutes sortes sont insuffisants quand les effectifs seront au complet ». Le 20, l'intendant général Blondeau télégraphie, de Metz encore (1) : « ni sucre, ni café, ni riz, ni eau-de-vie, ni sel ; peu de lard ou de biscuit ». Le 21, le général Michel, à Belfort « cherche ses régiments... »

De toutes parts on réclame de l'argent, des vivres, des tentes abris, des effets de campement, des munitions, des armes, des cartes de la frontière de France...

Le ministre se borne à répondre aux chefs de corps : débrouillez-vous ! — Telle était la situation de nos troupes de couverture ; voilà les préparatifs que l'on avait faits pour une guerre offensive !

La place de Metz n'était pas armée ; ses forts d'arrêt les plus indispensables n'étaient pas terminés (2). Les villes de Strasbourg, de Thionville, de Verdun, de Sedan..., n'étaient pas mieux en état de se défendre ou manquaient des munitions nécessaires et de tous les approvisionnements. A Thionville, le 24 juillet, *tout est encore complètement dégarni*. Le 3ᵉ corps, à cette même date (25), quitte Metz sans ouvriers d'administration, sans infirmiers, sans caissons d'ambulances ni fours de campagne... Il n'y a plus à Metz « qui fournit aux 3ᵉ, 4ᵉ et 5ᵉ corps », ni biscuit, ni avoine ! — *Pas un corps d'armée n'a le personnel strictement nécessaire au service* (3).

Nous étions prêts !

_______________

(1) Dans l'*Officiel* du 5 mai 1872 : rapport du duc d'Audiffret-Pasquier sur les « marchés ». — Le rapport Rivière, etc.

(2) Lieut.-col. Prévost ; Marcel Poullin... our. cités.

(3) Le 27, l'intendant du 1ᵉʳ corps, faute de personnel, « ne peut rien constituer ».

On lit dans l'ouvrage du grand Etat-major prussien : « La diplomatie française aurait pu retarder le dénouement du conflit jusqu'au moment où l'on eût été prêt à combattre ; mais elle déclara la guerre, au contraire, avant que le gouvernement ne soit en mesure de donner une suite immédiate à cette déclaration. Et c'est ainsi qu'un peu plus tard les forces françaises se virent attaquées par les armées allemandes sur leur propre territoire, avant même quelles fussent réunies et en état d'entamer les opérations offensives ».

Peut-être est-il permis de penser que l'Empereur, soustrait à toutes les pressions de son entourage, se fût d'autant plus résigné à la paix qu'il n'ignorait pas, dans son for intérieur, la réelle supériorité de la Prusse et de l'Allemagne qui, réunies, « disposaient de 900.000 hommes ».

Voir une brochure de sa main qui fut distribuée aux Chambres, en mai 1870.

Privé du concours de l'Italie, notre obligée, et de celui de l'Autriche dont il avait escompté le désir de vengeance, Napoléon III, sans armée (1), dut renoncer à une offensive que les « circonstances politiques », selon sa propre expression, en ne se dessinant pas telles qu'il les avait espérées, rendaient d'ailleurs impossible. Il lui faudra même bientôt reconnaître qu'il ne peut pas porter ses troupes à la rencontre de l'armée allemande. Et c'est ainsi qu'il en sera réduit, quinze jours après la déclaration de guerre, à improviser « un système défensif » (2). Épouvanté, l'Empereur perdit plusieurs jours (3), essayant de mettre un peu d'ordre et de cohésion parmi les premières troupes, si péniblement rassemblées sous sa main. L'occasion de frapper alors un grand coup, un coup décisif peut-être, dont on avait peur en Prusse, lui échappait ainsi sans retour.

Les scandaleuses rivalités qui animaient les uns contre les autres nos généraux et qu'ils ne surent même pas faire taire devant l'ennemi (4), avaient obligé l'Empereur, pour échapper à d'incessantes récriminations et satisfaire tant d'appétits toujours en éveil, à fractionner outre mesure les trois armées dites d'Alsace, de Metz et de Châlons (5) ». Or, à ce « faible rideau de

---

(1) H. Mangeot : « Des causes de nos désastres en 1870, au point de vue de notre armement ». — Ardouin Dumazet : « Une armée dans les neiges, Journal d'un volontaire, du corps franc des Vosges » chap. 1er. — Dussieux : 1er vol. ouv. cité. — Gustave Marchal : « Le drame de Metz » ch. 6. — Jean de Villeurs, ouv. cité. chap. 1er « l'Entrée en campagne ». — E. Desprels : « Les leçons de la guerre » : ch. 56, modes d'avancement ; ch. 57, infirmités de l'âge.

Cf. appendice 4 à la fin du volume.

(2) Mais pour suppléer ainsi au pied levé à l'absence de tout plan concerté et mûri à l'avance, il eut fallu du coup d'œil, des connaissances militaires de premier ordre, du génie même. Or, « pour être prince et s'être fait empereur, on ne s'improvise pas général en chef », eût-on même étudié la guerre dans les livres. Aussi, le 30 juillet, rien n'était-il encore arrêté sur les opérations de l'armée française.

(3) P. et V. Margueritte : « Le désastre », p. 186-190. — Arthur Chuquet : « La guerre de 1870-1871 ». — G. Marchal, ouv. cité. p. 81.

(4) Du Barail nous parle d'une discussion acrimonieuse qui s'éleva entre Le Bœuf et Frossard, devant l'Empereur impuissant. — Le 6 août, le maréchal Bazaine, immobile au camp de Saint-Avold, laissera écraser en détail Mac-Mahon à Wœrth et à Frœschwiller ; — et Frossard à Forbach, « pour qu'il y gagne seul son bâton de maréchal ». Le 18, en faisant donner la garde, il eût sauvé Canrobert, qui succomba sous le nombre...

Napoléon III « avait espéré par sa présence maintenir l'entente entre ses généraux : il n'en fut rien ». Elle ne stimula pas davantage leur « manque d'initiative ». Le général Montaudon aurait fait répondre au général Frossard qui réclamait du secours : « puisqu'il est dans la m... qu'il y reste ! — Lire dans le journal la *Presse*, mars-avril 1899, une série d'articles « les derniers jours », signée *Memor*.

A. L. Wolonski : « Une page d'histoire, campagne de 1870-18... » p. 152. — Capitaine Pinget : « Feuilles de carnet », p. 14. — Lient.-col. Patry, p. 61. — Général Ambert dans « L'invasion » p. 267 ; dans « Après Sedan », p. 132. — Général Derrécagaix : « La guerre moderne », tome I, p. 62. — Général Thoumas, « Les transformations de l'armée française ». Tome II, p. 632.

(5) Il en forma *huit* corps, sous son autorité supérieure, mais qui furent éparpillés le long de la frontière, depuis Thionville jusqu'à Belfort.

troupes » ne figurant qu'un « cordon de vedettes qui n'ont derrière elles ni petits postes ni grand' gardes », (1) l'ennemi opposera des masses imposantes, réparties en trois armées (2), conduites par des généraux de choix, et bien « décidés à frapper de grands coups dès le début » (3).

C'est en vain qu'après Wissembourg, Napoléon III essaiera une tardive concentration en réunissant les 1er 5e et 7e corps sous l'autorité de Mac-Mahon, les 2e 3e et 4e sous les ordres de Bazaine, conservant pour lui-même la garde et le commandement général des opérations. Les armées allemandes « ont pu se porter en masses et pénétrer comme des coins dans nos héroïques phalanges trop disséminées (4) ».

Pendant les deux premières semaines d'août, les efforts de l'armée prussienne seront singulièrement facilités par tout ce concours inouï de circonstances et par « l'irrésolution des chefs de l'armée française, les continuels changements apportés à leurs plans et les mouvements contradictoires qui en étaient la conséquence » (5). Mais aussi, comme l'ennemi va en profiter !

Après Wissembourg, Frœchwiller, Forbach, ce sera Borny, Rezonville, Saint-Privat ! Combien d'autres journées suivront, plus douloureuses encore et plus humiliantes !

---

(1) Comte d'Hérisson : ouv. cité.

(2) Fortes respectivement de 60.000, 160.000 et 180.000 hommes.

(3) A. Girard et Dumas : ouv. cité.

(4) Baron Jérôme David : corps législatif, séance du 9 août 1870. — Perspicacité bien tardive chez celui qui, le 15 juillet « récusait » bruyamment les leçons de modération et de prudence de Thiers.

(5) Ouvrage du grand Etat-major prussien : trad. De Serda-Kussler.
On a souvent parlé depuis 1870 du « rajeunissement des cadres ». La plupart de nos généraux, beaucoup de colonels et même de commandants étaient incapables physiquement de résister aux fatigues et au surmenage de la vie militaire en campagne ; les premières opérations furent, sous ce rapport encore, toute une révélation. Les autres ne songeaient même pas à monter à cheval pour se faire voir de leurs troupes alors qu'un général « doit être connu de ses soldats bien avant un combat et même avant une guerre ; s'il attend le jour du feu pour se montrer, le soldat qui jusque-là a jugé sévèrement son absence, ne lui accorde qu'une médiocre attention et presque aucune confiance ». Cf. Raoul de Narcy : « Journal d'un officier de Turcos », p. 33.
On commit d'ailleurs la faute de donner à toutes nos troupes d'Afrique des chefs inconnus d'elles et qui jusque-là « jouissaient en France d'une tranquillité complaisante ».

# CORRESPONDANCE DE DEPLANQUE

## ET PREMIÈRE PHASE DES HOSTILITÉS

### *Juillet-Août* 1870.

L'historique détaillé des hostilités dans l'Est, de juillet à septembre 1870, ne saurait trouver place ici. Je me bornerai à indiquer les principaux événements militaires qui se succédèrent
avec une si foudroyante rapidité, afin de relier l'une à l'autre les
lettres écrites d'Algérie à sa mère par le colonel Deplanque (1).

Nous n'aurons plus ensuite qu'à compléter l'étude qu'il nous
offre des « causes de nos désastres », dans la correspondance qui
suit, et à l'heure même où ils accablent le pays.

De Mascara, le 19 juillet. Ma chère mère. Les événements se sont bien précipités depuis ta lettre du 11. C'est
hier que nous avons reçu la nouvelle de la déclaration de
guerre à laquelle tout le monde s'attendait d'après la
manière dont s'engageait cette affaire et dans laquelle
nous avons été ridiculement joués (2). L'Empereur fait
appel à « notre dévouement et à notre patriotisme » pour
la bonne exécution des ordres qui vont nous être transmis.
Je ne vois pas trop la nécessité de nous répéter cela si ce
n'est comme avertissement : (ce télégramme a précédé
de quelques heures celui de la déclaration de guerre).
Les turcos, les zouaves et les chasseurs d'Afrique sont
en mouvement vers le littoral ; ils s'embarquent au fur
et à mesure qu'ils arrivent et qu'ils trouvent place dans

---

(1) Deplanque en a souligné lui-même certains passages ; je les mettrai en
italiques et respecterai scrupuleusement aussi l'orthographe fantaisiste, — voulue
ou non, — de quelques noms propres.

(2) Le désistement du candidat au trône d'Espagne nous donnait pleine et entière
satisfaction. Mais on prétendit exiger du roi de Prusse une promesse catégorique,
l'engagement officiel qu'il s'opposerait à ce que cette candidature surgit de nouveau
dans l'avenir. Il s'y refusa : ce fut la rupture définitive. Nous nous sommes donc
surtout « joués » nous-mêmes.

les bateaux. Le régiment étranger, les bataillons d'Afrique et les troupes de France qui se trouvent actuellement en Afrique, *y resteront et n'y seront point renforcées* (1). On prend des dispositions pour la défense du littoral et la marine s'occupe d'assurer la défense de la Méditerranée. Tout porte à croire que les Espagnols ne viendront pas nous chercher noise. Quant aux Arabes, cela dépendra probablement bien des nouvelles qu'ils recevront de nos débuts en Prusse. Jusqu'ici nous n'avons rien appris de nos alliances (2), ni de celles de nos adversaires.

Partout nos officiers ont protesté contre les mesures qui les excluaient de l'armée de Prusse ; mais, *pour bien des raisons*, ils ne seront pas écoutés. Dans cette occurrence je ne sais trop que faire. Je trouverais assurément à permuter ; car il est plus d'un colonel qui, robuste et vaillant il y a 8 jours, déclare aujourd'hui avoir droit à la retraite ; (nous avons vu cela en Crimée). Mais ferais-je bien ou mal ? Le général de Wimpffen m'a promis que je serais le premier à marcher en cas de soulèvement, ce qui me donnerait un rôle moins effacé qu'en France et compenserait les dispositions à la préférence qu'on aurait nécessairement pour l'armée de Prusse. Enfin je crois que ce qu'il y a de mieux à faire est de suivre sa destinée et d'attendre la tournure que prendront les événements (3)...

Je t'embrasse.                                  L. DEPLANQUE.

De Mascara, 2 août. Ma chère mère. Tous les officiers qui rentrent de France nous font le tableau de l'enthousiasme que la guerre y a fait naître et tous les journaux racontent aussi bien des choses, vraies ou supposées (4).

---

(1) Nos hommes d'état avaient déclaré, avant la guerre, pouvoir maintenir 50.000 soldats en Algérie pour contenir les Arabes et observer les Espagnols.

Dès le 6 août on était obligé de rappeler le corps d'occupation laissé en Italie, et bientôt après, nos troupes d'Afrique.

(2) Et pour cause ; nous n'en avions pas ; quant à notre adversaire il n'en avait nul besoin. En France on y songea trop tard et M. Thiers se promena en vain à travers l'Europe indifférente, sinon hostile.

(3) La lettre se terminait par quelques mots sur l'achat d'un cheval.

(4) On avait bien promulgué, le 19 juillet, la « loi du silence » pour empêcher la divulgation de nos plans de campagne (?). Les journalistes eussent été bien embarrassés pour le faire ! Mais leurs divagations n'avaient pas que le grave inconvénient de trahir les difficultés de notre concentration ; elles indiquaient surtout la faiblesse de nos effectifs.

Ainsi il n'a jamais été question d'envoyer mon régiment en Prusse, *pour bien des motifs*, et il n'y partira peut être pas. Je crois seulement que l'on organisera à Besançon un deuxième régiment étranger, réceptacle des déserteurs, mais qui ne me regardera pas du tout (1). Je reçois quelques étrangers et quelques déserteurs des provinces récemment annexées à la Prusse ; mais mon effectif était déjà descendu si bas qu'au train dont on me recrute, il me faudra du temps pour avoir seulement 3 à 4.000 hommes.

Les journaux ne peuvent rien savoir de nos alliances (2) ; ces choses-là ne se disent pas plus en pareilles circonstances que le plan de campagne : ils ne peuvent faire que de très vagues conjectures ou profiter de quelque petite indiscrétion. Je n'en sais donc pas plus que toi sur ce sujet.

Il fait très chaud ici : les fièvres commencent à se développer ; le temps devient orageux tous les soirs, mais la pluie n'a pas encore réussi à tomber : nous avons au moins de 40 à 50 degrés, à midi, à *l'ombre* ! Ça me rappelle la Sonora.

Ton couplet n'est pas fameux (3), quoique très patriotique. Mais ce n'est pas tout de chanter victoire ; il faut y arriver et ce sera dur !

L'inaction des deux partis, depuis la déclaration de guerre et malgré la grande quantité de troupes déjà en présence, commence à faire supposer ici qu'on négocie encore la paix (4). Je ne crois pas cela, moi ; ce ne serait d'ailleurs qu'un replâtrage inutile, la question politique n'étant pas tranchée (5)...

Je t'embrasse.                         L. DEPLANQUE.

----

(1) Ce ne fut que tout à la fin de la guerre qu'on lui confia cette tâche.

(2) A. Chuquet : ouv. cité, p. 9-12.

(3) Encore un des détails, non des moins curieux, de cette correspondance entre la mère et le fils.

(4) L'inaction ne s'explique que trop, — et d'ailleurs ne durera plus guère, — par l'achèvement de la concentration de l'armée prussienne, prête à jouer son rôle, et par l'impuissance radicale de la nôtre, surprise « en flagrant délit de formation ». Nos soldats, pendant cette énervante période d'attente, se comparaient eux-mêmes « à une ligne de douaniers ».

(5) Il terminait en annonçant à sa mère « un envoi de 100 francs ».

Oui, « les événements vont se précipiter ». L'insignifiante démonstration de Sarrebrück (1) du 2 août, est suivie, le 4, du
meurtrier combat de Wissembourg (2) et, le surlendemain 6, de
la bataille de Frœschwiller.

Le spectacle que présente dès lors l'armée française fait pres-
sentir les pires catastrophes ; et il convient de méditer un instant
cette page éloquente (3) : le réquisitoire est complet.

« Après Forbach la lumière est faite : tout est perdu, la France
est livrée. Ses régiments ne sont ni moins braves, ni moins disci-
plinés qu'ils l'étaient à Malakoff ou à Palestro (4) : ses officiers
sont toujours aussi vaillants. Ses généraux n'ont rien appris depuis
Mélégnano ou Solférino. Mais la guerre s'est transformée ; par les
télégraphes et les chemins de fer, une nation entière, armée et concentrée en douze jours, peut se ruer sur une autre, et cette masse
immense dispose de la science moderne, appliquée à la destruction. La vérité était cruelle et terrible. La cavalerie ne sait pas
éclairer et n'a pas désappris la charge (5). L'artillerie n'a pas de
canons et les boulets percutants (6) dont elle vient seulement d'apprendre les propriétés, lui font défaut. Les mitrailleuses sont impuissantes à la remplacer. L'infanterie, émue et décimée par les
obus qui partent des batteries invisibles, instruite à faux, ne sait
pas tirer parti de ses fusils et épuise ses munitions.

Pas une seule de nos places fortes n'est armée (7). Elles sont

(1) On n'en poussa d'ailleurs pas les résultats, le général de Failly ayant oublié
d'en indiquer clairement l'objectif et le but.

(2) Les 1.500 hommes de l'armée allemande, dont 91 officiers, mis hors de combat, disent assez l'âpreté de la lutte, étant donnée surtout la disproportion des
forces engagées de part et d'autre ; 6.500 français contre 70.000 adversaires !
Il n'en est pas moins vrai, comme l'écrit A. Chuquet, que « Wissembourg annonçait Frœschwiller et Sedan ».
Cf. Revue d'Histoire, octobre 1961 : p. 829 et ss. « Journée du 5 août ».
Publication de la section historique de notre État-major : « La journée du 6 août »

(3) De Suzanne : ouv. cité. — Comte d'Hérisson, p. 37-50. — Cela suffisait au maréchal Randon, dans son mémoire de 1867, on s'en souvient.

(4) Ils restent capables d'assez d'endurance et d'héroïsme pour se faire tuer en
luttant un contre six ou sept adversaires ; mais l'ennemi poursuit sa marche et
nous refoule devant lui. — Nos pertes seront :
le 14, à Borny, de 3.608 hommes ; celles des Allemands de 4.906 ;
le 16, à Rezonville, de 16.959 hommes ; celles des Allemands de 15.804 ;
le 18, à Saint-Privat, de 12.373 hommes ; celles des Allemands de 20.167.
De H. Leclerc : « Tableau d'ensemble des pertes de l'armée allemande. »

(5) De Brack : « Avant-postes de cavalerie légère ».
Cf. Appendice 13 à la fin du volume.
Sous le premier Empire on s'éclairait à 60 ou 80 kilomètres, en avant, sur le
front et sur les deux ailes des troupes.

(6) De Chalus : « Wissembourg, Frœschwiller », p. 95
Général Ducrot, général de Mac-Mahon : « Rapports sur la journée du 6 août »,
pour l'Empereur.

(7) Nous en avons déjà cité plusieurs. — Strasbourg qui n'était pas en état de défense, reçut les premiers projectiles prussiens le 18 août, sous la direction de
Werder. Le bombardement dura « 31 jours pendant lesquels 241 bouches à feu
lancèrent dans la ville 193.722 projectiles, soit quatre à cinq coups par minute.
La capitulation n'eut lieu que le 28 septembre. Pendant un mois 11.000 combattants avaient résisté à 60.000. »
Cf. Appendice 14, à la fin du volume.

sans canons nouveaux de grande puissance et toutes vont tomber sous les coups de l'artillerie moderne (1).

Ah ! Écoles spéciales, monopoles..., comités de toutes sortes, qu'avez-vous à dire? Vous surtout, ministre artilleur, corporation et direction de l'artillerie, l'avez-vous livré votre pays? Répondez!

Ils venaient d'assister au renversement de toutes les lois de la guerre admises par eux, les seules qui leur fussent connues. Plus les régiments étaient braves, plus ils étaient mauvais. Que valait l'élan d'un torrent de zouaves contre une batterie invisible, placée à quatre kilomètres, rectifiant son tir à chaque coup (2)...; contre une infanterie embusquée à la lisière d'un bois et tirant avec calme? Que valaient d'héroïques cuirassiers, lancés bride abattue contre des houblonnières dont chaque perche abritait un tirailleur exercé et sûr de son arme ?

Si, au vif mécontentement, suite de la désillusion générale, on ajoute l'irrégularité de distributions insuffisantes (3), souvent même l'absence complète de distribution, on aura une explication beaucoup plus rationnelle de l'indiscipline dans l'armée, des récriminations à tous les degrés de la hiérarchie, qu'en les attribuant à la propagande des clubs (4)... Il y a des coupables : ce ne sont pas les soldats, ce sont les généraux (5) ».

Non les coupables n'étaient pas les soldats (6), ni les sous-officiers, mais le haut commandement (7).

---

(1) Après une héroïque résistance qui console de la lâcheté de Bazaine, Toul, investi le 11 août, ne se rendit que le 23 septembre. — Verdun tint bon du 24 août au 9 novembre. — Soissons supporta 37 jours de siège...

(2) L'auteur explique fort bien les causes de la supériorité de l'artillerie prussienne d'après les rapports du colonel anglais Maxwell et ceux de deux officiers d'artillerie française.

(3) Batalier : « L'intendance militaire pendant la guerre de 1870-71 », p. 20-23. Le général Douay, d'ailleurs surpris à Wissembourg et écrasé avant qu'on lui eût porté secours, n'avait reçu « ni son ambulance, ni son artillerie, ni ses voitures de campagne ». Cf. *Enquête* : déposition Mac-Mahon.

D'un autre côté, le 7 août, l'intendant en chef à Metz réclame d'urgence des farines ; le soir il télégraphie au ministre de cesser tout envoi, et dans la nuit du 7 au 8, il sollicite 2.200 quintaux de denrées de toute espèce. — Cf. *Enquête* : déposition de l'intendant général Blondeau.

(4) Leur influence y était cependant bien pour quelque chose. — Ici les ouvrages cités de Ed. Portalis, A. Chuquet, Journal de Fidus et les rapports Stoffel, se rencontrent avec l'ouvrage du grand État-major prussien.

Lire encore sur les causes « intellectuelles et morales » de nos désastres : Abbé Odon Dignat, « Le vrai coupable : Prudhon et ses victimes ». — Émile Ollivier : « Le 19 janvier » (Plébiscite du 8 mai). — Émile Beaussire : « La guerre étrangère et la guerre civile » (§§ 1 et 2). — Un provincial habitant Paris, juin 1871 : « Réflexions sur les événements des dix derniers mois, 1870-1871 ». — Prévost-Paradol : « La France nouvelle, 1868 ». — Alf. Darimon : « L'agonie de l'Empire ». — Général Jérôme Ulloa : « Du caractère belliqueux des Français et des causes de leurs derniers revers ». Trad. E. Moullé.

(5) Cf. Lettre de Déplanque du 29 août 1870.

(6) G. Arnoulin : « Guerre de 1870-71. Le livre d'or de 1870 ».

P. et V. Margueritte : « Une époque, Les braves gens et la Chevauchée au Gouffre ».

« Les erreurs de la Débâcle, de M. Zola » par un capitaine de l'armée de Metz.

Ils arrachèrent d'ailleurs ce cri : « Ah! les braves gens », au vieux roi Guillaume dont la garde trouva son tombeau à Saint-Privat.

(7) Il fut « détestable ». Cf. De Kameck : auteur allemand.

L'ouvrage du grand État-major prussien dit que « jusqu'à Sedan », le courage et l'endurance du soldat français restèrent dignes de tous les éloges, mais que « les officiers ne furent pas à la hauteur de leur mission ».

Le commandant Bochet écrira, le 15 août : « Nos petits conscrits ont été très calmes sous le feu ; c'est, hélas ! le commandement qui manque ».

Il est vrai que se voyant livrés sans défense possible à la merci de l'ennemi, n'ayant pas même quelque chose à se mettre sous la dent après toute une journée de lutte (1), nos hommes se laissèrent aller au découragement et se livrèrent bientôt à des actes regrettables de brigandage et d'indiscipline (2). La situation était des plus alarmantes.

Le 7, « à l'aube, la plus grande partie de l'aile droite de l'armée française (3) passe par Strasbourg (4). Les hommes, harassés de fatigue, se traînaient avec peine ; une foule énorme se pressait dans les rues et formait une haie silencieuse au long cortège de héros, vaincus de la veille. Cet immense et lugubre convoi dura près de deux jours ; la douleur était dans tous les cœurs.... Les communications postales et télégraphiques ne tardèrent pas à être interrompues et une longue période d'isolement et d'incertitude commença dès lors pour les strasbourgeois. L'armée allemande se rapprochait : elle occupait Haguenau et Brumath, villes distantes de quelques lieues ; et la forteresse de Strasbourg dont le général Uhrich avait le commandement supérieur, n'était pas encore en état de défense (5) ».

Écoutons encore l'un des modestes acteurs (6) de cette première partie du drame national :

« 9 août. Notre marche a été des plus fatigantes, et il est heureux que les Prussiens ne nous aient pas attaqués à ce moment-là. Nos hommes n'avaient absolument rien mangé (7)... Notre commandement est pitoyable. Nous ne voyons jamais nos généraux ni notre état-major s'occuper des soins les plus élémentaires que le règlement leur impose. Notre colonel, ce beau braillard, est démoralisé et tient devant nous des discours inconvenants... Seuls nos soldats sont admirables ; ils ont confiance dans leurs officiers et sont furieux de tourner le dos aux Prussiens... Si, à cause de l'ineptie de nos chefs (8), nous devons être battus, j'aime mieux me faire tuer (9) que de revenir honteusement à Paris ».

Oui, l'ineptie des grands chefs était cause de tous nos mal-

_______

(1) Journal d'un officier de Turcos », chap. III-IV. *Après Froeschwiller, retraite sur Saverne et scènes de désordre*, p. 160-150.

(2) Mais là aussi, au camp de Châlons, partout le spectacle est le même : le comte d'Hérisson nous l'a décrit dans son livre. La lettre d'un aumônier de la 2ᵉ ambulance nous apprend qu'à l'arrivée au camp « les indices de découragement et d'insubordination se multiplient ». — Voir le journal d'un officier de Turcos, p. 150-158. (Garde mobile de Paris !).

(3) E. Mathis : Les héros de l'avenir », p. 97-108.

(4) Émile Zola : « La Débâcle ».

(5) « Les forts détachés étaient encore à l'état de projet », Girard et Dumas.

(6) Le commandant Bochet : correspondance ; extrait de l'ouvrage cité de G. Bertin.

(7) Il écrit ailleurs : « L'Intendance ne vaut pas mieux que notre état-major ».

(8) *Ineptie*, terme que nous retrouvons dans les rapports Stoffel. — Le comte d'Hérisson, ouv. cité — a dit que notre état-major, celui de l'armée du Rhin en particulier, ne se distinguait que par « l'ambition, la vanité, l'insuffisance ».

(9) Le commandant Bochet fut tué le 18 août, à Saint-Privat.

heurs (1) Les chemins de fer avaient pris leurs dispositions pour le transport des troupes d'après les effectifs indiqués en 1869 : or il manquait *près de 1.300 hommes à chaque régiment*. — La surabondance du matériel inutilisé provoqua sur certains points des encombrements dont le contre-coup fut un retard considérable dans la distribution des vivres aux unités déjà aux prises avec l'ennemi... A Metz, aucune instruction n'avait été donnée aux fonctionnaires de l'intendance territoriale pour la réception des vivres qu'on y faisait affluer de toutes parts (2), l'administration supérieure manquant elle-même d'instructions précises...

*<br>* *

Il ne faudrait pas croire que tous se soient rendus à l'évidence ni que tous les yeux se soient dessillés en face de nos premiers revers. Sans doute, dans la séance du 9 août, et cela l'honore (3), le baron Jérôme David constatera « que nous n'étions pas prêts pour la guerre en face de la Prusse qui s'y était préparée de longue date ; » que nos ennemis avaient voulu cette guerre et n'avaient cherché qu'un prétexte, ce qui explique que nous avons devant nous « des armées organisées de longue main »... Mais dans cette même séance M. E. Ollivier parle « de revanche prochaine », aucune de nos « défenses naturelles ou de nos forteresses » n'étant encore entre les mains de l'ennemi ! Jules Favre osant déclarer qu'à la vérité, « le sort du pays est compromis », soulève une tempête de protestations.

Le ministre de la guerre ose prétendre « que nos immenses ressources sont intactes ! »

Aussi les racontars de la Presse allaient-ils leur train, et après le combat de Wissembourg, dans la nuit du 6 au 7 août, diverses versions heureuses, toutes fort circonstanciées, avaient-elles été vite mises en circulation, provoquant d'enthousiastes manifestations (4). Mais bientôt, par un article du *Times*, la vérité transpi-

---

(1) Jacqumin : ouv. cité. — L'intendance *divisionnaire* n'osait pas toucher aux marchandises en magasin parce qu'on ne savait pas « si les corps s'arrêteraient à Metz » ou pousseraient plus loin.

(2) « Les changements d'organisation étaient permanents. La grosse affaire, en 1870, c'est que les projets ont varié tous les jours ». — Déposition Blondeau.

(3) Etant donnée son attitude dans la séance du 15 juillet, il y avait bien quelque mérite de sa part à produire en public cet aveu. Il est vrai que comme correctif il ajoutait que l'armée « est à peine entamée, qu'elle se reconstitue et qu'elle réparera ses revers passagers ».

(4) Jules Pointu, ouv. cité : p. 106, 108 et p. 138-144. — Journal de Fidus, ouv. cité : p. 47-48... 101-102.
La « loi du silence » était restée inefficace ; des incidents de ce genre, parfois suscités ou exploités par l'adversaire, s'y produirout jusqu'à la fin du siège !

rait. Aussitôt, rue Vivienne, place Beauveau et sur divers autres points, un affolement général, prêt aux pires extrémités, succédait à la joie délirante qui se donnait carrière.

Sur le théâtre des opérations, l'Empereur s'était enfin décidé à passer la main au maréchal Bazaine ; mais au lieu du général Manèque que Bazaine demandait comme chef d'Etat-Major, il imposait le général Jarras (1), et restait lui-même à l'armée où sa seule présence était une permanente complication (2). Quand il se résolut, trop tard, au départ définitif, le spectacle « de cette calèche sinistre emportant le vieillard et l'enfant, dos courbés sous le poids du sort », (3) — un mois après la déclaration de guerre ! — c'en était fait de la France, bien que selon le mot de l'Empereur Napoléon III, le maréchal Bazaine, eût semblé le 15, à Borny, « avoir rompu le charme ».

Mascara, le 16 août 1870. Ma chère mère, Depuis que le câble entre Marseille et Alger est rétabli, nous avons les nouvelles presque aussitôt qu'en France ; il n'y a que les journaux que nous ne pouvons recevoir quotidiennement. C'est te dire que tu t'es donné une peine inutile à m'écrire les dépêches télégraphiques qui ne sont plus un mystère pour personne. A l'époque où je t'ai écrit, je ne pouvais encore rien savoir. L'Algérie est aussi en état de siège ; on prend des dispositions de défense, principalement pour l'intérieur. Cependant rien n'a encore bougé. Tout le monde est armé ici comme en France ; *ce qui n'empêchera pas les Arabes de se soulever si nous avons encore quelque échec.*

Tout s'explique dans ce qui arrive, excepté pourtant une seule chose que pas un militaire ne parvient à comprendre : ce sont *les surprises continuelles* et l'ignorance des

---

(1) Certes, je ne sous-entends rien de désobligeant pour le général Jarras ; mais on avouera que nommé à ce poste si délicat dans de telles conditions il n'y serait pas *persona grata* et que, dès lors, des froissements et des mécomptes étaient inévitables. — En même temps Lebœuf, ancien ministre de la guerre, devenait le subordonné de Bazaine.

(2) Cependant, depuis nos premiers revers le prince Napoléon le suppliait de se replier sur Châlons, puis sur Paris, pour y organiser la défense.

(3) P. et V. Margueritte : « le Désastre », p. 100-102.
Ch. Fay, « Journal d'un officier de l'armée du Rhin », p. 67.
Le mouvement de retraite sur Verdun, commencé dès le 14 par Bazaine, désormais maître de ses combinaisons, n'avait révélé « qu'incohésion, lenteur, adoption des pires dispositions de marche ».

forces ennemies qu'on a devant soi (1) ; ce qui nous a fait bien du mal et est venu mettre le comble à toutes nos grandes fautes. Je n'en dirai pas davantage sur ce sujet parce que ça me mènerait trop loin ; et d'ailleurs, je ne suis pas même général, encore moins journaliste, quoique j'écrive beaucoup (2).

Je comprends maintenant les manœuvres de B... Il y en a plus d'un qui chante la Marseillaise et qui pense comme lui. C'est qu'il ne s'agit pas de chanter ; il faut marcher. Or je trouve qu'on chante beaucoup trop et je suis convaincu qu'on éprouve de grandes difficultés à faire arriver les divers contingents décrétés. C'est pour cela que les Prussiens ont eu affaire à des corps d'armée creux : ils n'avaient pas la moitié de leurs hommes ! Cette leçon nous coûtera cher et ce n'est pas la dernière.

Le corps législatif a aplati le ministère Ollivier (3); *que serait-ce s'il savait tout !* En tout cas nous ne tarderons pas à savoir à quoi nous en tenir. La première affaire décidera de tout le reste. Bonne ou mauvaise, elle est inévitable dans quelques jours (4).

Je ne lis pas les journaux parce qu'ils m'agacent avec toutes leurs ridicules appréciations ; mais j'entends causer des choses les plus saillantes qui s'y trouvent. C'est ainsi que j'ai su l'affaire de la Bourse et que je vois avec la plus

---

(1) Le 4 août, la faible division Abel Douay était surprise à Wissembourg par les trois corps du prince royal.

Le 16, le général de Forton l'était à son tour. — Le 18, le 1ᵉ corps était obligé d'accepter la lutte dans les mêmes conditions.

Paul et Victor Margueritte : « Le Désastre ».

Le 29 et le 30, le corps de De Failly sera surpris à Beaumont dans des circonstances inouïes d'imprudence et de légèreté.

Ch. De Mazade, Gustave Marchal, ouv. cités. — Dussieux, 1 vol. 96. — Ulysse Chabrol, « Rudes Étapes » : « je crois que l'imprévoyance et l'indécision, furent pendant cette maudite guerre, les causes les plus fréquentes de nos revers ; presque toujours, lorsque nous fûmes battus, c'est que nous avions été surpris ».

Capitaine Hallouin, « La journée du 14 août 1870 », d'après Cardinal von Widdern.

(2) J'ignore ce que peuvent être devenus ces manuscrits et notes.

(3) Séance du 9 août. — Le nouveau ministre de la guerre fut le général Cousin-Montauban, comte de Palikao, qui a écrit : « Un ministère de la guerre de 24 jours ».

Quelques jours après, sous la poussée de l'opinion publique et sous l'empire de certaines préoccupations politiques, le général Trochu était nommé gouverneur militaire de Paris.

(4) Il s'en livrait une ce jour là même à Rezonville, avec un acharnement terrible ; mais là encore l'artillerie ennemie nous décima.

grande peine que déjà nous manquons de courage et de patriotisme.

Je t'embrasse.                    LOUIS DEPLANQUE.

La bataille du 16 août (1) nous avait fermé la route de Verdun. Ici les responsabilités se précisent. Le maréchal Bazaine déserta la lutte sous le prétexte qu'il craignait de manquer de vivres. Or le général Pourcet (2) a établi, documents en mains, que le 16 au soir, sur le plateau, Bazaine avait des vivres assurés « pour toutes les journées des 17 et 18 et une partie de celle du 19 », et qu'il y avait même à proximité d'autres convois, sans compter les approvisionnements qui étaient préparés à Verdun et le long de la route.

Le mouvement de retraite commença le 17, au point du jour, dans une confusion inouïe : « Si le prince Frédéric Charles nous avait suivis dès le matin avec sa cavalerie et avec du canon, en s'avançant contre Gravelotte (3) ; si des tirailleurs de Steimmetz étaient apparus sur le flanc droit de la colonne dans les bois de Vaux et des Oignons, qui n'étaient même pas gardés par les nôtres, nous aurions été témoins d'une affreuse panique et peut-être d'une déroute fatale ».

Le 18, nouvelle affaire à Saint-Privat où l'ennemi avait rejoint Bazaine dans son mouvement de retraite sur Metz (4). Le corps de Canrobert, à droite, succomba après une héroïque résistance, entraînant dans son recul les troupes de Ladmirault qui se comportaient avec une égale vaillance, sans qu'une intervention de la garde impériale vint du moins essayer de rétablir le combat !

Si l'on en croit un officier général prussien (5), le maréchal Bazaine aurait pu à Borny, le 14, « écraser successivement les trois

---

(1) *Gravelotte*, ou *Rezonville*, ou *Mars-la-Tour*.

Grâce à sa concentration savante, l'ennemi put y recevoir à temps de ses différents corps, des renforts considérables qui le laissèrent définitivement maître du champ de bataille.

Un officier général de l'armée de Metz : « La France et son armée en 1870 ». Général Jarras : « Souvenirs », déjà cités.

Au lieu de s'acheminer vers Briey, Bazaine donnait l'ordre de se replier « à l'abri du camp retranché de Metz », sous le prétexte absolument faux d'un manque « de vivres et de munitions ».

P. et V. Margueritte : ouv. cité, p. 216. — A. Chuquet : ouv. cité, p. 114 à 158. Alf. Duquet : « Freschwiller, Châlons, Sedan ».

(2) *Enquête* : sa déposition.

(3) Ch. Fay : ouv. cité, p. 98-100.

(4) Comte d'Hérisson : ouv. cité, p. 88 : « Situation morale et matérielle de l'armée du Rhin au 13 août ».

La vérité est que Bazaine, après Rezonville, s'était empressé de diriger le gros de ses *impedimenta* sur Metz, et qu'il n'était plus dès lors, absolument libre de tous ses mouvements.

(5) « Opérations militaires autour de Metz ».

corps d'armée ennemis qui le menaçaient » ; et le 16, à Mars-la-Tour, s'il avait été mieux renseigné par son service d'éclaireurs, au lieu d'être surpris lui-même, il lui eût été facile de « tomber à l'improviste sur les troupes allemandes ». — Ce qui est moins discutable encore c'est que, le 18, il parut à peine sur le champ de bataille, qu'il maintint ses réserves hors de la portée de son aile droite (1) en danger, n'amena pas du canon en bonne position pour s'assurer le succès de la journée, et s'abstint, en un mot, « de faire acte de commandement » (2).

Nos troupes comme toujours, s'étaient montrées admirables le 18 ; le commandement seul avait été pitoyable (3), selon l'expression du commandant Bochet.

Refoulé sous les murs de Metz (4), dont les forts n'étaient pas en état, Bazaine essayait à peine d'entraver l'établissement des lignes du blocus, alors qu'avec une armée de 140.000 hommes il eût pu occuper une forte position centrale et, vraisemblablement, battre séparément les deux moitiés de l'armée d'investissement (5).

Le 26, au matin, il sembla pourtant se décider à une vigoureuse sortie dans la direction générale de Grimont, Servigny, Noisseville, Sainte-Barbe et le banc Saint-Martin Il apparaît que ces préparatifs, si bruyamment menés, n'avaient pour but que de donner le change à l'opinion publique et de calmer l'irritation grandissante de ses troupes : car, « à cinq heures du soir (6), après avoir reçu toute la journée une pluie torrentielle, l'armée regagna ses campements, sans comprendre quel pouvait avoir été le but de cette pitoyable démonstration ».

A Mascara, le 29 août 1870, voici les réflexions que suggère au colonel Deplanque notre système de mobilisation si vanté :

---

(1) Il convient de signaler l'habileté et le dévouement dont fit preuve, le 18, l'intendant général Blondeau.

La lutte fut opiniâtre à *Gravelotte*.

G. Marchal : ouv. cité, chap. IX, p. 250.

(2) Voir une remarquable série d'articles publiée dans le *Temps* en 1888, sous la signature du général Thoumas.

(3) « Détestable », dit de Kameck, un auteur allemand.

(4) Le comte d'Hérisson écrit à la page 70 de son livre, que « l'idée de se cramponner à la place de Metz, tant reprochée au maréchal Bazaine, n'est pas même de lui, mais appartient en propre à l'Empereur ».

(5) Anonyme : « Observations sur l'armée française à propos de la campagne de 1870. »

(6) Ouv. cités sur nos désastres en 1870, et, en particulier celui de MM. P. et V. Margueritte, p. 255 et ss. — On commettra les mêmes fautes devant Paris. L'ennemi, solidement établi dans des positions qu'on avait eu le tort de lui laisser occuper presque sans coup férir, y résistera victorieusement aux efforts désespérés de la garnison. N'est-ce pas le cas de répéter cet aphorisme militaire célèbre : « toute armée bloquée et assiégée est une armée perdue » ?

Ma chère mère, il est fort évident qu'il y avait bien des choses à faire avant de déclarer la guerre. Notre organisation n'est pas celle des Prussiens, tant s'en faut. Il fallait réunir et organiser les régiments, brigades et divisions, les partager, ensuite seulement, en corps d'armée ; faire rejoindre le régiment à tout ce qui devait y rester ; appeler en même temps la deuxième portion dans tous les dépôts pour l'habiller et pour l'instruire ; réunir et exercer la mobile, instruire et organiser la sédentaire ; fabriquer des munitions de toute espèce ; transporter dans l'intérieur les fusils et les canons des arsenaux de la frontière ; fournir des chevaux à l'artillerie, au train, à la cavalerie ; avoir des approvisionnements de chaussures, d'habits, de havre-sacs ; les vivres de réserve en quantité, lard, biscuit, etc., etc...

Rien de tout cela n'était encore fait quand on a déclaré la guerre, et quand le bœuf (*sic*) est venu dire que nous étions prêts, il savait probablement que nous ne l'étions pas ; mais il croyait que la Prusse serait moins vite prête que nous ; *elle l'était déjà depuis longtemps*. C'est pour cela qu'elle nous a insultés si grossièrement (1). Connaissant le caractère de l'Empereur, elle s'est dit : « il déclarera la guerre quand même, et avant qu'il ne soit prêt nous serons à Paris ». C'est ce qui arrive aujourd'hui. On paie sans doute fort cher des hommes qui sont chargés de savoir ce qui se passe chez les autres nations. Nos agents en Prusse ont bien mal gagné leur argent (2) ; car, s'il eût été renseigné (3), je ne puis croire que l'Empereur

---

(1) D'Afrique, Deplanque en jugeait sur le compte-rendu officiel des séances du Corps législatif. Nous savons ce qu'il faut penser de cette prétendue « insulte ».

(2) L'excuse de Deplanque est qu'il ne connaissait sans doute qu'imparfaitement l'envoi et la teneur des rapports Stoffel. Force lui eût été de reconnaître que c'est de gaieté de cœur que son Empereur avait commis la « sottise » qui devait nous coûter si cher !

(3) Il y avait eu, d'ailleurs, bien d'autres avertissements, dont Napoléon III eût dû faire son profit.

Le 7 mars 1866 le général *Ducrot* écrivait que la Prusse « serait en mesure de mettre en ligne 600.000 hommes avec 1.200 bouches à feu, avant que nous ayons songé à organiser les cadres indispensables... » pour en conduire au feu, même la moitié.

La correspondance du général *Cousin-Montauban* qui commandait en 1867 le 4ᵉ corps à Lyon, est aussi des plus significatives. — Il rappellera dans la brochure qu'il a consacrée à son ministère de 24 jours, que *Bourbaki* avait rapporté d'un récent voyage en Prusse « une haute idée de l'armée prussienne et l'avait répandue parmi nous ».

En 1868 paraissait une brochure : « Aurons-nous la guerre ? »

eût fait une sottise qui lui coûtera et qui nous coûtera si cher.

A la déclaration de guerre on a déployé ce qu'on avait de troupes tout le long de la frontière, en attendant que les renforts arrivent. Mais il faut que chaque homme aille de chez lui au chef-lieu ; puis du chef-lieu au dépôt de son régiment qui est souvent très loin (1) ; qu'il y soit habillé, armé... etc., et enfin qu'il aille de là, rejoindre son régiment (2). Avant que cette opération n'ait eu le temps de se terminer, les corps étaient déjà en mouvement ; dirigés à droite, les renforts ne trouvaient plus leurs corps, qui déjà avaient été dirigés à gauche (3)...

Les Prussiens n'ont pas eu de peine à percer ce faible rideau de troupes et à entrer par où ils ont voulu. La résistance était impossible : elle n'a même fait qu'augmenter le désordre. Les généraux s'éclairaient mal, se laissaient surprendre ; notre peu de monde n'avait jamais le temps d'arriver et de se réunir sur les points menacés qu'on ne connaissait que trop tard. On se faisait alors attaquer au milieu de tous ces mouvements....

Il est étonnant qu'il ne soit pas arrivé plus de malheurs ; c'est *grâce à la résistance désespérée de nos soldats*.

Ainsi, il y a à faire la part de l'insuffisance des moyens et de l'incapacité de ceux qui commandent. Voilà ce que c'est que de nommer aux grades élevés des gens sans intelligence et sans capacité, *ignorant leur métier, ayant presque toujours vécu loin de la troupe et étrangers à tout ce qui s'y rapporte.*

Le bœuf (*sic*) pouvait être mis à la tête de cette catégorie, malheureusement trop nombreuse et trop connue

---

(1) Nous lisons les mêmes remarques, formulées en termes identiques, dans l'ouvrage cité d'Arthur Chuquet, p. 15.

(2) Le général Vinoy dans son livre sur « l'Armée française », nous parle, lui aussi, des hommes qui « avaient fait inutilement 2.000 kilomètres de chemin de fer, deux traversées de deux jours au moins chacune », afin d'aller se faire armer et équiper en Algérie, pour revenir ensuite à leur point de départ avant de « rejoindre » pour tout de bon.

Il y a plus fort encore : à Toulon, du 20 au 25 juillet, on embarqua pour l'Algérie des infirmiers et des ouvriers d'administration !

(3) Au milieu de ce beau désordre on se demandait où passaient les hommes, et l'Empereur lui-même, généralissime, télégraphiait le 31 juillet : « *On dit* qu'il y a dans les dépôts beaucoup d'hommes qui pourraient rejoindre. Faites les mettre en marche... »

de nous tous ; et l'Empereur s'imaginait qu'en habillant comme lui ses favoris en généraux, ils le deviendraient comme lui-même (1).... devenu son oncle.

Les Prussiens ont mis d'un seul coup tout leur monde en ligne ou à peu près ; et ils ont eu raison, parce que c'était le moyen de nous écraser (2). Ils n'ont pas réussi aussi complétement qu'ils l'espéraient (3) ; et même, plus ils s'éloigneront de leur pays, plus il leur sera difficile de nourrir des masses si nombreuses et si considérables, réunies sur un seul point. Nous, à force d'hommes, nous pouvons encore les battre.... »

Malheureusement, cette lettre de Deplanque est incomplète, le dernier feuillet en ayant été égaré.

Pour vivre en pays ennemi, les Allemands échappèrent aux difficultés que le colonel Deplanque prévoyait pour eux (4), en inaugurant un système de réquisitions, de contributions de guerre, d'exactions et de pillages, d'intimidation par l'incendie des habitations et même par le meurtre des paysans, qui a fait d'eux non des adversaires favorisés de la fortune et dignes de leurs insolents triomphes, mais des voleurs enrégimentés, des bandits, qui ont déshonoré leur uniforme et leur drapeau.

L'invasion s'étendit dès lors de proche en proche, avec un luxe inouï de précautions (5), malgré les éclatants succès du début. Le siège de Strasbourg, bientôt celui de Metz et des autres places d'Alsace-Lorraine, n'immobilisèrent pas si complètement le gros des forces de l'ennemi, qu'il ne poussât déjà ses incursions dans

---

(1) Ici, cinq ou six mots illisibles. — Conjecture : comme lui-même *se flattait de devenir ce qu'était* devenu son oncle ?

(2) Dans « le coup d'œil jeté sur la campagne jusqu'au commencement de septembre », les auteurs de l'ouvrage du grand État-major prussien, trad. citée, résument ainsi les événements, p. 1412 ; « un mois à peine s'était écoulé depuis l'ouverture des hostilités et déjà, sur les 300.000 hommes que l'Empereur Napoléon avait opposés aux Allemands, les uns étaient prisonniers, les autres bloqués sous Metz. »

(3) Ils étaient même obligés d'avouer l'étendue de leurs pertes, lesquelles « en tués et blessés, dépassaient déjà 70.000 hommes ». Mais ils ajoutaient que « l'armée française avait succombé dans huit grandes batailles, devant la tactique plus énergique et la persévérance plus soutenue de ses adversaires ».

(4) Dans son ouvrage, le D' Chenu a mis en regard le chiffre des malades des deux armées : 12.301 allemands contre 300.000 français ! — Écart prodigieux, dû surtout à ce fait que les Allemands cherchaient partout, le plus souvent même par les moyens les moins avouables, à assurer le bien être de leurs soldats dans les *cantonnements* ; tandis que nos troupes, maintenues presque constamment au *bivouac*, pendant un hiver des plus rigoureux, y subirent d'inutiles privations, un surcroît d'épreuves et de souffrances, que notre État-major et le service de l'intendance furent impuissants à leur éviter.

(5) Bitteau, « Souvenirs d'un télégraphiste ».

tous les départements limitrophes, avec, pour objectif principal,
l'occupation des points stratégiques qui commandaient les voies
ferrées (1).

Cependant nos hommes d'état et nos journalistes parisiens se
félicitaient à qui mieux mieux d'illusoires triomphes. Le 20 Août
le ministre de la guerre (2), se faisant à la tribune législative
l'écho des stupides légendes (3) qui électrisaient la foule, affirmait que les « trois corps prussiens », opérant contre Bazaine,
avaient été rejetés dans les carrières de Jaumont !

La Presse continuait d'égarer l'opinion publique par des récits
d'imagination pure et des contes à dormir debout. Elle répan-
dait à profusion des versions circonstanciées de l'enlèvement du
prince royal de Prusse et de 40.000 Allemands : ce qui était, d'un
seul coup, la suppression pure et simple de l'armée de Steimmetz !

Sur un autre terrain, Mac-Mahon, jaloux d'éclipser la gloire de
son digne émule Canrobert, accomplissait dans la direction de
Châlons (4) une retraite aussi prodigieusement habile que celle
effectuée jadis par Xénophon, à la tête de ses dix mille héros grecs !

La vérité, hélas ! était beaucoup plus prosaïque et infiniment
moins rassurante.

Les forces auxquelles le maréchal Bazaine commandait en chef
depuis le 13 août, étaient immobilisées sous Metz.

L'armée qui avait été réunie au camp de Châlons ne présentait
aucune cohésion. Elle errait à l'aventure sous les ordres du maréchal de Mac-Mahon qui fut arrêté à Reims, dans sa marche sur
Paris, par une dépêche pressante du maréchal Bazaine (5).

---

(1) Toul, par exemple, Verdun, Soissons.

(2) Général Cousin-Montauban, comte de Palikao. — Sa crédulité peut paraître
d'autant plus surprenante qu'il avait été, avant la guerre, l'un de ceux qui en
avaient prévu les résultats.
Cf. Couturier de Vienne : Epître à M. Thiers., p. 64-65.

(3) Au dix-huit août, les Allemands avaient déjà perdu plus de 200.000 hommes.
Nous avions un allié superbe, le *typhus* ! La dysenterie s'était coalisée avec notre
excellent Chassepot, avec nos admirables mitrailleuses, pour l'extermination des
hordes barbares qui avaient osé poser le pied sur notre sol...

(4) Gagné de vitesse par les Allemands, il n'avait pas pu opérer sa jonction avec
l'armée de Metz.
Général Trochu, « Une page d'histoire contemporaine » : (Discours des 30 mai ;
2, 13, 14, et 15 juin 1871), p. 33.

(5) On lira à ce sujet une brochure du colonel baron Stoffel, de la plus haute
importance : « La dépêche du 20 août 1870 du maréchal Bazaine au maréchal de
Mac-Mahon ».
Les deux autres dépêches des 27 et 28 août, sont autrement pressantes encore,
et Mac-Mahon s'y conformait d'autant plus que les instructions lancées de Paris,
sous le coup des plus graves préoccupations politiques, abondaient dans le même
sens.
L'Impératrice régente et son conseil, ne voulaient à aucun prix que l'Empereur
Napoléon III, qui suivait toutes les évolutions de l'armée du maréchal de Mac-
Mahon, regagnât en vaincu Paris, où déjà grondaient de terribles symptômes
de révolution.

L'esprit de solidarité militaire lui fit d'abord rebrousser chemin. Il était même prêt à tenter les opérations qu'il jugeait impossibles ou plus que téméraires quelques jours auparavant, c'est-à-dire à produire « une diversion puissante sur les corps prussiens ». Mais, menacé bientôt d'être lui-même pris entre deux feux, il voulait, le 27, gagner Mézières et reprendre ensuite son premier mouvement, lorsqu'une dernière dépêche de Paris (1) lui enjoignit de se porter au secours de Bazaine. Il obéit. Or on lui avait annoncé qu'il avait trente heures d'avance sur l'ennemi qui, tout au contraire, était déjà sur ses derrières. Le passage de la Meuse se fit dans des conditions déplorables ; le 29, son arrière-garde était attaquée. Le 30, le corps de De Failly (2) était surpris et écrasé à Beaumont. Il fallait se replier et les diverses fractions de l'armée française se rallièrent, les 30 et 31 août (3), dans la direction de Sedan (4).

Les positions qu'on lui fit occuper à Bazeilles, Givonne, Illy, allaient devenir un véritable « nid à obus ». On sait le reste.

Un dernier mot sur les « complications politiques » dont parlait l'Empereur à sir John Burgoyne et relatives à cette période, juillet-août 1870.

L'impératrice régente Eugénie, le 2 août, commence par « travailler » la dépêche qui rend compte de l'affaire de Sarrebruck (5) ; « Louis vient de recevoir son baptême du feu. Il a été admirable de sang-froid, n'étant nullement impressionné *et semblait se promener au bois de Boulogne* (6). Une division..., etc. »

Le 3, toujours par peur de l'effet produit sur la foule, elle désire que dans le communiqué aux journaux, on remplace les mots

---

(1) Elle le trompait d'ailleurs sur les positions qu'occupait l'armée prussienne.

(2) Cf. Abbé Defourny : « L'armée de Mac-Mahon et la bataille de Beaumont (en Argonne) ». — Grand Didier : « L'exacte vérité sur la trouée tentée à Balan ».

(3) Le 31 août les Journalistes trouvaient que l'armée « était encore en très bonne situation ! »

Le 1ᵉʳ septembre, — veille de Sedan, — l'*Agence Havas* nous attribuait même la victoire.

Dans le courant du mois de septembre, plusieurs journaux se prétendront « les organes des seuls bons français et, par horreur des vérités amères et des aveux qui désenchantent, maintiendront leurs lecteurs dans un aveuglement funeste. — Si jamais, ajoute le prince Georges de Saxe, vous rencontrez les directeurs du *Figaro* et du *Gaulois*, vous les remercierez de ma part ; car leurs récits et leurs commentaires n'ont pas nui au succès des armées allemandes ».

Cf. abbé Deramey : « Guerre franco-allemande de 1870-71 : notes et souvenirs d'un curé de la banlieue de Paris », p. 25-26.

(4) Cf. appendice 16, à la fin du volume.

(5) Cf. « Les derniers télégrammes de l'Empire. Documents inédits. Campagne de 1870. » — Paris, L. Beauvais, éditeur, 25, quai Voltaire. Brochure suggestive, parue en 1871.

(6) Membre de phrase supprimé.

« les officiers d'artillerie français sont enthousiasmés » par les mots « *les officiers comptent beaucoup sur l'effet des mitrailleuses* ».

Après Wissembourg, elle engage l'État major de l'Empereur et Lebœuf « à se servir un peu plus de chiffres qu'on ne le fait. »

Tout va bien d'ailleurs : les premiers échecs ne sont rien ; « nos troupes se concentrent facilement. Il n'y a pas lieu d'être alarmé ; l'idée d'un beau retour soutient les forces et les espérances » !...

En lisant les dépêches après Wissembourg, l'Impératrice écrit à l'Empereur que « l'impression qui lui reste est toute à son avantage », et qu'il est impossible « que le moral » des troupes allemandes ne soit pas atteint, après cette lutte de trois régiments contre deux corps d'armée dont faisait partie la garde prussienne...

Le 6, elle est rentrée à Paris, — où la confiance est immense — « pour être plus au centre des affaires ».

Le 7, elle recommande à l'Empereur de ne pas se préoccuper de « l'opinion de Paris » dans ses opérations militaires, l'important n'étant pas « *de faire vite mais de bien faire* », et l'audace avec laquelle procède l'ennemi devant lui être fatale, « si nous ne prenons pas une revanche trop vite ». Pour elle, « il est évident que nous aurons un succès si nous ne nous pressons pas ».

A cette date ont lieu diverses intrigues contre Lebœuf et Frossard. Trochu refuse le ministère : « Dejean n'inspire confiance à personne ».

M. Émile Ollivier intervient et télégraphie à l'Empereur que l'effet de la retraite de Châlons ne sera pas bon ; « il va de soi que nous ne parlons que politiquement ; mais le point de vue stratégique doit l'emporter sur le point de vue politique et vous êtes le seul juge. » Et il ajoute :

« L'état de l'opinion publique est excellent. A la stupéfaction, à une immense douleur ont succédé la confiance et l'élan. Le parti révolutionnaire lui-même est entraîné dans le mouvement général. Un ou deux misérables ayant crié : *Vive la République !* ont été saisis par la population elle-même. Chaque fois que la garde nationale sort, elle est acclamée.

« Ainsi n'ayez aucune inquiétude sur nous, et ne songez qu'à la revanche qu'il nous faut, dussions-nous faire tous les sacrifices.

« Nous sommes tous unis ; nous délibérons avec le Conseil privé dans le plus parfait accord. L'Impératrice est très bien de santé. Elle nous donne à tous l'exemple du courage, de la fermeté et de la hauteur d'âme. Nous sommes plus que jamais de cœur avec vous. EMILE OLLIVIER ».

Le 8, l'Impératrice ne veut pas que l'Empereur se prive, à Metz, de Canrobert, qui peut lui être fort utile là-bas. Elle répond d'ailleurs de sa bonne ville de Paris, où, pour former une armée, elle a appelé Palikao que l'opinion désignait et qui doit être ministre de la guerre sous peine de complications.

Il faut évincer Changarnier, « arrivé ce matin et qui a demandé audience au ministre. Essentiel : prévenir demande en envoyant Palikao ».

Un peu plus tard : « Palikao ne va plus à Metz. Je suis en crise ministérielle : ne vous inquiétez pas. Il est urgent, pour satisfaire l'opinion publique, qu'à l'ouverture de la Chambre on annonce le remplacement du maréchal Lebœuf. »

Le 9 « le général de Palikao accepte et part immédiatement pour Metz.. Tout va bien ici, l'ordre ne sera pas troublé ». Mais le Conseil et l'Impératrice, — dont la tendresse augmente avec les événements, — « ne sont pas de l'avis rapporté par M. Maurice Richard. »

L'Empereur, lui, ne comprend pas l'envoi de Palikao à Metz où il ne pourra rien changer à la situation, et où Changarnier est déjà venu se mettre à sa disposition. Et il ajoute : « Pour ce qui concerne l'armée, il ne faut rien faire sans me consulter ».

« *Vous ne vous rendez pas compte de la situation*, répond aussitôt l'Impératrice à Napoléon III. généralissime des armées de France. Il n'y a que Bazaine qui inspire confiance : la présence du maréchal Le Bœuf l'ébranle aussi bien là-bas qu'ici. Les difficultés sont immenses,... et l'émeute est presque dans la rue... »

Les dépêches de la soirée du 9 et de la journée du 10, visent le général Bazaine (1), auquel l'Empereur a confié la direction des opérations et du commandement de l'armée : ce qui fait de la charge de major général de l'armée que l'on veut enlever au maréchal Le Bœuf, une « superfétation ». L'Impératrice le supplie alors, « au nom de son ancien dévouement », de donner sa démission.

Mais l'Empereur déclare « qu'il lui est plus impossible de se passer d'un major général que du ministre de la guerre ; qu'il

______

(1) Nous avons vu des appréciations sévères sur le rôle militaire de Bazaine au Mexique. Peut-être se rappelle-t-on moins le passage de ses adieux à ses troupes qui explique trop bien ses hésitations et son attitude en 1870, — où, en disant au revoir à ses « chers compagnons », il leur donnait rendez-vous partout où l'éclat de nos armes et *les intérêts de la dynastie*, intimement liés au sort de la France..., rendraient leur commune présence nécessaire.

n'y a aucun rapport entre ces fonctions et celles du maréchal Bazaine » (1)...

Le 11, Pietri dit à l'Impératrice : courage, parce que « notre situation s'améliore, toute l'armée, concentrée sous le canon de Metz », y étant en sûreté.

Le 12, en apprenant la démission du maréchal Lebœuf, l'Impératrice le remercie de cette preuve de dévouement donné à l'Empereur et dont elle se déclare « touchée et émue », en même temps qu'elle félicite l'Empereur lui-même et le remercie de « ce grand sacrifice ».

Le 13, l'Impératrice reçoit de l'Empereur diverses communications relatives à la concentration de troupes sous les ordres de Mac-Mahon, afin « de réunir à Châlons les éléments d'une puissante armée ».

Le 14, l'Empereur annonce son intention de passer « sur la rive gauche de la Moselle », avec « Verdun pour point d'appui ».

Jusqu'au 18, rien d'intéressant dans les communications. Nous apprenons alors que des « travaux de défense doivent être exécutés au château et dans la forêt de Meudon et sur un terrain particulier, en face la nouvelle manufacture de Sèvres ».

Les dépêches des 19, 20 (2), 22 août, trahissent l'inquiétude de Mac-Mahon qui s'avance sur Reims, au sujet de Bazaine. Mais enfin Napoléon reçoit le 22, « de bonnes nouvelles de Bazaine, du 19, qui, — il l'espère, — vont changer nos plans ».

En effet l'Empereur télégraphie, le 23 : « Demain nous serons à Rethel ».

Les dépêches du 24 nous montrent que Mac-Mahon prend en main la conduite de l'armée. Il s'occupe de Reims qui doit « opérer le ravitaillement des armées qui opèrent dans le nord-est ». Cependant l'Empereur annonce au ministre de la guerre qu'il lui enverra le lendemain, les noms des officiers qu'il a nommés, « d'accord avec le maréchal Mac-Mahon », et qu'il pourra ensuite « employer à l'intérieur les généraux » qu'on lui renverra.

Du 25 au 28 affluent à Paris, des nouvelles les plus alarmantes, dont le double de cette dépêche au général Douay : « Strasbourg est perdu si vous ne venez immédiatement à son secours. Faire ce que vous pourrez. *Signé* : général Uhrich ».

L'Impératrice n'en affectait pas moins toujours un calme inébranlable : et, dans la nuit du 28 au 29 elle écrivait à l'Empereur, au quartier général : « Ici tout va bien. Je vous embrasse tendrement ».

---

(1) Mais puisqu'il va passer la main à ce dernier ?

(2) « *Il y a ici, télégraphie l'Empereur, un grand besoin de marmites et de bidons. Ne peut-on en faire faire un grand nombre à Paris ?* »

## CONCLUSIONS

Essayons de mettre un peu d'ordre et de lumière dans ce chaos pour dégager toutes les responsabilités.

Le 13 août, Napoléon III investit le maréchal Bazaine du commandement en chef de toutes les forces de l'armée du Rhin, qui se replie sous Metz.

Il vient alors rejoindre Mac-Mahon au camp de Châlons, le 17, où 145.000 hommes se trouvent bientôt réunis sous les ordres du maréchal, qui *reste néanmoins soumis au maréchal Bazaine*, et… à l'Empereur.

Trochu, nommé gouverneur de Paris, y était venu apprendre à la régente et au conseil des ministres, que l'armée de Châlons s'avançait sur Paris. Mais l'Impératrice et son conseil privé comme les ministres, « jugeaient impossible la rentrée à Paris de Napoléon III vaincu (1). Il fallait pour l'opinion, disait-on, d'abord qu'on ne parût pas abandonner Bazaine, ensuite que l'Empereur remportât une victoire avant de revenir dans la capitale. Ainsi fut décidée, après de longues hésitations, la funeste marche sur Sedan. On allait secourir Bazaine, le débloquer, s'unir à lui… ».

On venait, sur ces entrefaites, d'apprendre l'héroïque résistance de nos troupes à Gravelotte. Le général de Palikao ordonnait au maréchal de Mac-Mahon de se porter au devant de l'armée de Bazaine en appuyant vers le nord, de manière à prendre à revers les troupes ennemies. On précipitait à ce point le départ du camp, que le 21, une grande partie des tentes et des baraquements y était livrée aux flammes. La précaution n'était pas inutile puisque, le soir même les Allemands s'y installaient.

Indépendamment des ordres du ministre de la guerre, Mac-Mahon avait, pour précipiter son mouvement vers Metz, un appel pressant de Bazaine lui-même qui, après Saint-Privat, lui annonçait qu'il comptait bien toujours « prendre la direction du nord et se rabattre ensuite par

_______________

(1) Camille Pelletan, député : « De 1815 à nos jours », p. 274-275.

Montmédy sur la route de Sainte-Ménehould à Châlons, si elle n'est pas fortement occupée. Dans ce cas je continuerai sur Sedan et même Mézières, pour gagner Châlons ».

Mac-Mahon, faisant taire ses anciennes craintes d'être « enveloppé par l'ennemi », abandonnait sa marche sur Paris pour remonter à la rencontre du maréchal Bazaine; « mais tandis qu'il presse la marche de ses soldats, il apprend que le maréchal Bazaine s'est, en quelque sorte, immobilisé dans Metz (2). Aussitôt il donne l'ordre de rétrograder et de se replier sur Mézières ; mais au même moment, il reçoit du ministre de la guerre la dépêche suivante: « au nom du conseil des ministres et du conseil privé, je vous demande de porter secours à Bazaine, en profitant des trente heures d'avance que vous avez sur le prince royal de Prusse ».

Les 28, 29 et 30, Mac-Mahon poursuivait sa marche en cherchant à se rapprocher de Bazaine, et livrait plusieurs engagements partiels. Le général De Failly, surpris à Beaumont, éprouvait des pertes considérables.

On trouvait les Prussiens occupant partout solidement les positions sur la Meuse.

C'est ainsi que les préoccupations politiques avaient tour à tour provoqué, arrêté, repris en les modifiant, des opérations militaires qui, finalement, acculaient l'armée de Châlons dans « l'entonnoir de Sedan », alors que la reddition des forces de Bazaine, désormais bloquées définitivement, sans secours possible, sous Metz, ne pouvait plus être qu'une question de jours et même d'heures, s'il avait plu à l'Etat-major prussien, après le 2 septembre, de brusquer les événements.

_______________

(2) Canis : ouv. cité, p. 47-48.

# LE
# GOUVERNEMENT DE LA DÉFENSE NATIONALE

———

Le 4 septembre, la République était proclamée à l'Hôtel-de-Ville de Paris (1). A peine constitué, le nouveau gouvernement déploya sur tous les points la plus virile énergie, organisant partout la résistance (2). Sous cette vivifiante impulsion, l'artillerie, le génie, l'intendance... rivalisèrent aussitôt d'activité et de zèle, à Paris comme dans les départements. Le général de division Tripier (3), se faisait remarquer dans la direction des travaux d'art qui furent exécutés en face du plateau de Châtillon que l'on voulait à tout prix reprendre à l'ennemi. Plus tard, son rôle sur la Marne fut également des plus brillants (4).

Le colonel Thoumas (5), appelé à la direction de l'artillerie,

(1) Le parti d'opposition, formidablement organisé dans les dernières années de l'Empire, était trop bien servi par les circonstances pour ne pas les exploiter contre un régime responsable de la guerre et de nos désastres.

Les 16 membres appelés à diriger les services publics, étaient présidés par le général Trochu.

Cf. A. Callet : « Les origines de la 3ᵉ République. Documents historiques ».

(2) Le manifeste publié disait que le nouveau pouvoir était prêt à traiter et à payer une indemnité de guerre, mais « qu'il ne céderait ni un pouce de terrain ni une pierre de nos forteresses ».

Cf. Jules Favre : « Histoire du gouvernement de la Défense nationale ».

Saint-Marc Girardin : « Rapport présenté à l'Assemblée nationale sur les actes du gouvernement de la Défense nationale ».

Comte d'Hérisson : p. 57-92. — Journal de Fidus, p. 65 et 115. — Brochure Crémieux., etc.,

(3) Encore un Artésien, d'Hesdin, à 20 kil. d'Auxi-le-Château, le pays natal de Deplanque. — Sur son rôle pendant le siège, cf. les ouvrages de MM. Viollet-le-Duc, général Ducrot, Alf. Duquet ; le « Gaulois », nᵒ du 31 décembre 1897 ; le « Figaro », nᵒ du 27 octobre 1899.

(4) Il reçut la médaille militaire par décret du 16 décembre 1870, avec effet du 8.

(5) P. d'Arliquet : « Les Contemporains »; nᵒ 169, « le général Thoumas, 1830-1893 ».

Major Blume : « Opérations des armées allemandes depuis Sedan ».

s'était trouvé, lui aussi, « aux prises avec des difficultés terribles. »

Les efforts accomplis dans les autres armes et rouages militaires furent non moins remarquables, et il m'est impossible, même dans ces notes rapides, de ne pas mentionner les chefs des divers services sur lesquels, en province, s'appuya la Délégation (1). Qu'on pense ce que l'on veut de la résistance après Sedan, — question que d'ailleurs nous traiterons à part, un peu plus loin, — un fait reste acquis, indéniable : Gambetta et tous ses auxiliaires, M. de Freycinet en tête, ont rivalisé pendant trois mois et demi, « d'efforts considérables (2), énormes même sous certains rapports, entrepris et réalisés pour essayer de résister à la formidable invasion qui étreignait la France ».

Voici d'ailleurs ce qu'en Allemagne les sommités militaires pensent de l'œuvre de Gambetta et du concours prodigieux qu'il obtint de tous ses collaborateurs (3) pour la réorganisation de l'armée française : « Grâce à une volonté de fer, l'infatigable ministre parvenait à mettre en campagne contre les Allemands,

---

(1) Dussieux : ouv. cité, tome II, pp. 142 et 155 à 177. — Rapport Perrot, ouv. cité, p. 19 à 45.

Le général Lefort, chargé des armées, réunissait sur la Loire, en 21 jours, 100.000 hommes qui formèrent les 15ᵉ et 16ᵉ corps. Il se retira le 12 octobre, et fut remplacé par M. de Loverdo, lorsque M. de Freycinet s'installa au ministère de la guerre, comme *délégué*. — L'intendant Audenard, puis M. de Kératry imitèrent cet exemple. Le général Véronique présidait au génie ; on nommait MM. Audenard et de Panañeu, directeurs des services administratifs ; M. de Chaudordy était placé à la tête des affaires étrangères...

(2) Rapport Perrot, p. 27. — Cette constatation revêt ici une importance particulière, étant donné le nombre et aussi la portée des critiques que ce rapport contient contre Gambetta et M. de Freycinet, qui furent incontestablement l'âme de la Défense nationale.

On sait que par une décision du 13 juin 1871, une « commission d'enquête sur les actes du gouvernement de la Défense nationale », composée de 30 députés, était instituée. En 1875, le 23 juillet, son rapporteur, M. Perrot, membre de l'assemblée nationale, déposait son important travail. J'ai étudié de près ces gros volumes qui fourmillent de dates, de faits précis, de pièces officielles, dont le contrôle est des plus faciles : a) par les ouvrages des généraux d'Aurelle, Chanzy,... qui ont été mêlés aux événements et celui de M. de Freycinet ; b) par tous ceux qui ont été, depuis, écrits sur la matière ; c) par le livre de M. J. Reinach. « Dépêches, circulaires, décrets, proclamations et discours de Léon Gambetta, membre du gouvernement de la Défense nationale, » etc.

Eh bien ! j'avoue humblement ne pas comprendre l'accusation de « partialité, d'injustice et de passion » qui a été portée contre ce rapport par *Dussieux*, ouv. cité : 2ᵉ vol. p. 158, *nota*.

Le réquisitoire qui devait paraître dans le rapport de M. Auguste Callot et que son fils a publié, est autrement vigoureux contre la politique des hommes du 4 septembre. — Je n'aurai pas, moi non plus, que des éloges à distribuer.

(3) Le colonel Thoumas, livra, du 10 octobre au 9 février, « 1.400 pièces de tout calibre : production énorme, représentant par jour, 2 batteries tout équipées et pourvues de leur personnel. »
P. d'Arliquet : publication citée.

une masse de 600.000 hommes avec 1.400 bouches à feu » (1). Ceux pour qui la réussite n'est pas tout encore, lui sauront gré de n'avoir pas désespéré de la Patrie (2).

L'insuccès final tient, d'une part, à la situation générale, d'autre part, à certaines « circonstances fâcheuses », et enfin à des fautes d'administration, directement imputables à Gambetta et à M. de Freycinet.

*La situation générale*. — La lutte à outrance fut « une lutte de pygmées contre des géants » (3). La faible armée de ligne dont nous disposions à la déclaration de guerre, avait fondu sur les champs de bataille de l'Est ou bien se trouvait bloquée sous Metz avec Bazaine. En septembre, alors que tout était plus que compromis, nous n'avions plus de vieilles troupes. Voilà qui explique avant tout, que tant de patriotiques initiatives furent impuissantes pour sauver le pays

Il eût fallu, en effet, pouvoir créer de toutes pièces et du jour au lendemain, en face d'un adversaire, outillé formidablement pour la lutte, enorgueilli encore par une fortune insolente et des triomphes continus, tout ce qui nous faisait défaut; or, on n'improvise pas une armée (4).

Il ne manquait, à cette jeune armée de la Loire, que l'on fit comme par enchantement sortir de terre, ni l'héroïsme et l'habileté des chefs, ni le courage et l'endurance des soldats. Les uns et les autres s'unirent, alors que tout semblait désespéré,

---

(1) Ouvrage du grand Etat-major prussien : traduction citée.
Voir aussi : Von Der Goltz : « Gambetta et ses armées ». — H. Draussin : « Portraits historiques » (Gambetta, p. 141-228). — Ph. Audebraud : « Nos révolutionnaires, 1830-1880 » (Gambetta). — Alb. Tournier : « Gambetta » (chap., Gambetta et l'armée). — J. Reinach : « Léon Gambetta. » — Arthur Chuquet : ouv. cité (Gambetta et de Freycinet, p. 167-172). — Dassieux, major Blume, Dusaert : ouv. cités.

(2) Au commencement de décembre, alors que tout paraissait perdu, Gambetta voulut encore continuer la lutte. C'était là une « résolution virile », dit Von Der Goltz, qui ajoute: « au lieu de se laisser aller au découragement et d'abandonner l'entreprise avortée, il conçut la pensée audacieuse de changer la retraite en offensive et la défaite en victoire. Et quelque insensé que les généraux français aient jugé à l'unanimité ce projet, il ne l'était cependant pas ».
La preuve en est dans les opérations que conduira le général Chanzy jusqu'aux derniers jours de janvier.

(3) Jean de Villeurs : ouv. cité, p. 166.

(4) « Il y a en Suisse, comme partout, une foule d'ignorants disposés à croire qu'une armée peut être créée de toutes pièces sous le feu de l'ennemi ; qu'une entreprise de guerre peut être improvisée ; qu'on peut conduire les hommes à la bataille sans leur avoir préalablement enseigné comment on s'y comporte et inculqué les vertus du soldat par la pratique méthodique et suivie d'une sévère discipline… » — Colonel Secrétan : « L'armée de l'Est. »
Cf. Appendice 4, à la fin du volume.

pour tenir de longs mois encore la campagne (1), harcelant sans cesse un ennemi stupéfait et exaspéré de leur persévérance, et qui semblait avoir pour alliées toutes les rigueurs d'un épouvantable hiver.

Mais les troupes de d'Aurelle et de Chanzy n'eurent pas le temps de se bien laisser pénétrer de *l'esprit militaire*, généreuse synthèse des idées de sacrifice, d'obéissance passive, et d'abnégation, du don absolu de soi; idées et sentiments qui ne peuvent se développer normalement dans le cœur et dans l'esprit du conscrit, du mobile, que par une instruction professionnelle patiente, graduée, solide, et par une réelle expérience prolongée des choses de la guerre.

Plus spécialement au sujet des troupes qui furent chargées de la défense de Paris, mais la remarque s'applique à merveille à toutes les forces que le gouvernement dut « improviser », de septembre 1870 à janvier 1871, je citerai cette fort judicieuse réflexion d'un de nos plus distingués écrivains (2) : « On oublie trop, quand on critique les appréhensions du gouvernement de la Défense nationale et son inaction dans les deux premiers mois, l'état profond de détresse où se trouvait ce malheureux corps d'armée (3), en grande partie composé d'hommes tirés des dépôts ou de jeunes recrues. Il n'avait pas et ne pouvait pas avoir cette cohésion, cette solidité, nécessaires plus que jamais en face d'ennemis victorieux. De plus, les fuyards de toute sorte, les maraudeurs et les traînards de l'armée de Sedan, multipliaient dans ses rangs les éléments de désordre et de démoralisation. C'était plus qu'une retraite ; c'était presque une déroute. Tous les corps et les uniformes se trouvaient confondus... »

De même encore quand on blâme « l'inaction » apparente de la délégation de Tours, de la mi-septembre à la fin d'octobre, sur la Loire, et celle du commandement, on oublie qu'ils organisaient de concert le premier noyau de l'armée et ainsi préparaient Coulmiers.

***Les circonstances fâcheuses*** — Dans son livre M. de Freycinet énumère, comme ayant influé sur la marche des évène-

---

(1) Il était inévitable que des lacunes et des imperfections subsistassent. — On a souvent décrit de quels éléments disparates se composaient ces bataillons hétérogènes ; la variété de leur armement, leurs uniformes composites...

Cf. Dassieux ouv. cité, 2° vol. p. 171.

L'armée de Bretagne, celle du Nord, celle de l'Est... luttèrent contre les mêmes difficultés, lors de leur formation précipitée, à mesure qu'augmentait le danger de l'invasion.

Cf. Appendice 15, à la fin du volume.

(2) Emile Faguet : « Les fusiliers marins ». p. 34.

(3) Celui du général Ducrot.

ments à l'armée de la Loire, « un ensemble de circonstances déplorables », qui amena le désastre final (1).

Dans une lettre datée de Diziers, le 4 novembre, le général Borel exposait magistralement au général d'Aurelle de Paladine, quelle avait été la répercussion de la capitulation de Metz sur l'action et sur les moyens de défense de cette armée de la Loire : « Un fait immense est venu modifier notre situation.... L'armée du prince Charles est devenue disponible et il faut s'attendre d'ici quelques jours, à avoir 100.000 hommes de plus sur les bras (2). A mon avis, dans les circonstances actuelles, Orléans ne nous est plus utile et peut même être dangereux pour nous (3). Tout mouvement sur Orléans est un mouvement faux »...

***Les fautes d'organisation politique et de stratégie.*** — Il serait ridicule de vouloir paraître ignorer ou céler la gravité de certaines fautes, d'ordre général, qui furent commises, sans doute sous l'empire des circonstances spéciales que l'on traversait, — ce qui les explique et les atténue même dans une certaine mesure, — mais qu'il n'est pas possible de passer sous silence.

« Pour organiser la défense en province (4), le gouvernement de la Défense nationale, enfermé dans Paris, s'était contenté d'envoyer à Tours (5), une délégation de trois personnes ; MM. Crémieux, Glais-Bizoin et le vice-amiral Fourichon. Ce dernier (6) avait seul une compétence militaire. Les deux premiers

---

(1) Outre que l'auteur a été mêlé de très près à l'œuvre du gouvernement et à toute la suite des événements, l'analyse de son livre nous permet de condenser en quelques lignes, une foule d'ouvrages spéciaux, des plus documentés, écrits depuis sur le même sujet.

Cf. Appendice 4 à la fin du volume.

(2) En immobilisant longtemps encore sous les murs de Metz, les forces allemandes qui vinrent, dès le mois de novembre, sur la Loire, accabler d'Aurelle, Bazaine eût permis au général en chef de l'armée de la Loire de mieux s'organiser, d'entraîner et d'aguerrir ses jeunes troupes et peut-être de les conduire à des succès plus décisifs que celui de Coulmiers.

(3) On recevra cependant le 5, l'ordre de l'accomplir. — Après Coulmiers, Gambetta et de Freycinet approuvèrent complètement le plan du général d'Aurelle qui voulait s'en tenir à l'organisation de son armée, tout en restant sur la défensive, dans les positions très fortes qu'il s'y était choisies. Mais tout fut changé d'office, le 20, avec la marche sur Pithiviers.

Était-ce une faute ? N'étions-nous pas « tout à fait fous » de sortir de ces lignes stratégiques avantageuses, pour attaquer l'ennemi à découvert ?

C'est l'opinion du général Deplanque qui se trouve confirmée par deux auteurs prussiens dans des ouvrages déjà cités du major Blume et de Von Der Goltz.

Bon ou mauvais en lui-même, le plan ainsi modifié devait être rapidement exécuté. D'Aurelle perdit du temps et Gambetta fractionna trop l'armée.

(4) Rolin : « La guerre dans l'Ouest ».

(5) Décrets des 12 et 16 septembre. — Il est évident que ce choix, dicté avant tout par des considérations politiques, n'était pas des plus heureux.

(6) L'amiral Fourichon démissionnait le 10 octobre : ce qui provoquait encore une complication nouvelle.

avaient fait de l'opposition sous l'Empire et ils avaient énergiquement revendiqué nos libertés ; mais ils avaient combattu avec non moins d'énergie la loi militaire de 1868 et s'étaient ainsi rendus les complices de ceux qu'ils accusaient. Étrange et triste contradiction des choses : ceux qui étaient chargés d'organiser la levée en masse, de prêcher la guerre à outrance et de décréter la victoire, étaient les mêmes hommes qui, deux ans auparavant, avaient demandé la suppression de l'armée et l'abolition de nos institutions militaires ! »

Les « Délégués », eussent-ils d'ailleurs possédé toute l'autorité morale et la compétence professionnelle, nécessaires pour une telle mission, n'auraient vraisemblablement pas beaucoup mieux réussi, du moment qu'ils ne savaient pas, — eux et tous leurs collègues, — « ajourner la politique à des temps meilleurs ». Or, les faits sont là, nombreux, qui attestent qu'ils en restèrent esclaves.

« Depuis que vous êtes au pouvoir (1), leur écrit M. de Kératry qui vient de se séparer d'eux, la province ne vous a refusé ni hommes, ni argent… ; vous avez été les maîtres de tout ; et malgré le million de soldats qui se sont levés à votre appel, les affaires n'ont fait qu'empirer. L'invasion a gagné presque la moitié de la France ; aucune place forte n'a été secourue (2) et les Prussiens ont allongé de trente lieues le rayon de leur cercle d'investissement autour de la capitale (3). Il est donc certain que la tâche est trop lourde pour vous… Vos forces ne répondent pas aux besoins

---

(1) Lettre du comte de Kératry : Nantes, 27 décembre 1870, à Crémieux, Gambetta et Glais-Bizoin.

La délégation de Tours, expliquait-il encore, « s'est malheureusement écartée de la voie sage que lui traçait la nécessité » : allusion au décret du 25 décembre qui supprimait les conseils généraux pour les remplacer par des commissions départementales, aux ordres des préfets) ; ce qui portait « un coup terrible » à la défense nationale.

D'autres mesures, antérieurement prises, étaient non moins fâcheuses : le 13 octobre, par exemple, un décret avait suspendu les lois d'avancement régulier ; le 14 avaient été créés les commissaires civils pour la guerre…

Nous avons vu l'influence de la politique sur le début de la guerre. Il est facile de prouver que Gambetta et de Freycinet ont trop souvent, eux aussi, cédé à des considérations de cet ordre. En voici deux exemples typiques :

Le 5 novembre un télégramme dit au général d'Aurelle : « Préparez tout comme si vous deviez exécuter votre mouvement dès le 6 au matin… *Il est possible que les circonstances politiques obligent à revenir ce soir ou demain sur cette décision* ».

Le 23, M. de Freycinet avoue que « des *nécessités d'ordre supérieur* nous obligent à faire quelque chose et par conséquent, à sortir d'Orléans ».

(2) Peut-être, en effet, au lieu de songer sans cesse et avant tout à Paris, eût-il été de meilleure tactique de délivrer Metz, pour inquiéter ensuite les derrières de l'ennemi. C'est une théorie. — Cf. Appendice 16, à la fin du volume.

(3) Nous avons entendu le maréchal Niel déclarer en 1869, qu'aucune armée ennemie, quelle que fût sa force, n'aurait osé venir l'assiéger, au cœur de la France,

de la situation » (1). — On a fort bien expliqué, d'autre part, que
« l'une des grandes fautes stratégiques (2), la plus grande peut-
être du gouvernement de la Défense nationale, est de ne pas avoir
vu que la première place à débloquer était, non pas Paris mais
Metz, *parce que* l'armée de Metz pouvait seule sauver le pays et
débloquer Paris. Elle contenait des cadres pour 600.000 hommes
et plus » (3).

Et l'auteur estime qu'un corps de 30.000 hommes, porté à Nancy
dans le courant du mois de septembre, changeait la situation en
forçant Bazaine à sortir de Metz ; tandis qu'abandonné à lui-
même, il s'est contenté de vains simulacres de forcement du
blocus qui n'allèrent guère au-delà de quelques échauffourées
d'avant-postes, accompagnées d'une heure ou deux de canon-
nades (4).

Cette question de stratégie est de celles que je me garderai bien
d'aborder. Et d'ailleurs la marche sur Paris, mieux étudiée (5) et
plus vigoureusement conduite (6), conserve ses partisans.

Quoiqu'il en soit, il est hors de doute que tous les calculs, tous

---

et n'aurait d'ailleurs pas pu refermer sur elle un tel cercle d'investissement de
vingt lieues d'étendue.

On ne pourrait attaquer Paris « que par quelque côté, isolément », auquel cas
ce « ne sera pas Paris, qui sera assiégé ; c'est l'assiégeant qui sera pris, enveloppé
de tous les côtés ». Il suffisait pour cela « de ne pas laisser bâtir dans la zone ».
Cf. Couturier de Vienne : ouv. cité.

Aussi rien n'avait-il été préparé dans l'éventualité d'un siège à soutenir. — « L'enceinte de Paris était bien défendue par 3.000 pièces de rempart ; mais quels services
rendirent-elles à la garnison ». Cf. Marquis de Biencourt, ouv. cité.

Du 17 septembre au 31 octobre, date du premier effort sérieux, il fallut parer
au plus pressé et tout improviser pour la résistance.

Cela permit à l'ennemi de se rendre inexpugnable dans ses propres positions.
Cf. Appendice 17, à la fin du volume.

(1) A Paris le gouvernement se montra trop faible avec les agitateurs et les
révolutionnaires, leur faisant même délivrer des armes qui seront utilisées ensuite
pour la Commune. — Dussieux : 2ᵉ vol. p. 155, 182, 231.

(2) Un Officier supérieur d'infanterie : « Observations sur l'armée française à
propos de la guerre de 1870 ».

(3) L'armée du Rhin comprenait 180.000 hommes, 48.000 chevaux, 450 pièces
d'artillerie et 80 mitrailleuses ; elle était composée... « d'officiers pleins d'énergie
et de dévouement, de soldats aguerris, vétérans de rudes et glorieuses guerres,
animés d'un superbe esprit de discipline et d'une bravoure exemplaire ». — Bitteau : ouv. cité.

(4) P. et V. Marguerite, Gustave Marchal : ouv. cités. — Cf. Appendice 16, à la
fin du volume.

(5) Dussieux : ouv. cité, p. 8, *note 1.*

(6) Le gouvernement avait laissé d'Aurelle maître de ses mouvements pendant
la première quinzaine de novembre ; mais vers le 20, les conceptions stratégiques
de Gambetta et de M. de Freycinet se modifièrent ; le malheur est qu'ils ne lancèrent alors que des instructions contradictoires. En effet, le 19, Gambetta conseillait au général en chef de continuer ses travaux en avant d'Orléans, pour en faire
« un nouveau Sébastopol ». Mais le lendemain 20, M. de Freycinet télégraphiait
au même d'Aurelle : « nous ne pouvons demeurer éternellement à Orléans ;
Paris a faim et nous réclame ». — Auquel écouter et comment s'y reconnaître ?

les plans d'opérations dûs aux membres du gouvernement de la
Défense nationale, procédèrent d'une seule et même idée maî-
tresse : rassembler coûte que coûte et le plus tôt possible (1), les
troupes de l'armée de la Loire à proximité de Paris, en vue d'y
combiner leurs efforts avec ceux de la garnison contre les masses
allemandes employées au siège. Dans leur pensée, la reprise
d'Orléans devait être la première étape de cette longue et difficile
opération et la diversion vers Pithiviers était ensuite destinée à
faciliter, à la fin de novembre, la jonction de d'Aurelle avec Ducrot
aux alentours de Fontainebleau.

A côté de tous ces ordres et instructions qui s'annihilaient les uns
les autres, il est aussi telles et telles demi-mesures qui ne satis-
faisaient personne et compromettaient, par contre, le succès de
nos armes. C'est ainsi que le gouvernement, sachant le général
d'Aurelle hostile à la marche sur Pithiviers, se passa de lui et n'y
affecta que les 18ᵉ et 20ᵉ corps avec une partie du 15ᵉ.

Le général Ducrot qui, à la tête de 100.000 hommes, était sorti
de Paris, fut arrêté à Villers-Champigny et dut rentrer sous le
couvert des forts de la place.

Sur un autre théâtre, le général d'Aurelle se trouvait déjà aux
prises, les 1ᵉʳ et 2 décembre, avec l'ennemi qu'il ne parvenait pas
à forcer dans ses lignes (2).

Tous les écrivains s'accordent pour nous représenter l'armée
de la Loire, après Loigny, comme absolument « démoralisée et
désorganisée » et incapable dès lors de nous permettre plus longtemps de patriotiques illusions (3). Gambetta, venu lui-même en
personne, dans les lignes de Josnes (9-10 décembre), dut modé-
rer ses exigences. Il semblerait donc qu'on se rendît à l'évidence
pour renoncer définitivement à l'espoir, désormais chimérique,
d'amener les forces de l'armée de la Loire jusque sur les derrières des troupes allemandes d'investissement. Or, le gouvernement ne répudia jamais son projet primitif, sans retours partiels, sans timides et incohérentes reprises qui n'ajoutèrent que

----

(1) C'est avec raison que M. de Freycinet se plaint, dans son livre, des renseignements erronés que le gouverneur avait donnés sur les ressources de la place ;
ce qui les amena, Gambetta et lui, à « commettre des fautes en voulant précipiter
les événements, dans l'espoir d'arriver à temps au secours de Paris ». 1 et 2 décembre. Encore la *politique* fit-elle ici des siennes ? nous aurons l'occasion d'y
insister tout à l'heure.

(2) Malgré d'héroïques efforts, le 18ᵉ corps ne s'avança guère au-delà de Toury ;
le 17ᵉ fut arrêté à Patay et Sougy ; le 15ᵉ à Santilly. Seuls les faibles effectifs de
Cathelineau réussirent à pousser jusqu'à Fontainebleau, mais trop insuffisants pour
en imposer à l'ennemi.

(3) Ce n'est plus « qu'un troupeau ». — A. Cliquet : ouv. cité.

Saint-Genest : ouv. cité, nous a décrit cette « armée qui fond », du 6 au 15
décembre : p. 158-181.

complications inutiles au désarroi général. On fit un crime au
général d'Aurelle de ses représentations trop justifiées, de ses
résistances trop expliquées ; or, le seul et le premier soin de Chanzy, nommé — le 6 décembre — général en chef, pour accentuer
l'offensive, sera de continuer fébrilement la tâche de réorganisation et d'entraînement, entreprise par d'Aurelle.

Si encore le commandant en chef des forces réunies sur la Loire
avait pu compter sur le concours actif des autres armées en
formation dans l'Ouest, le Nord et l'Est de la France ! Il n'en fut
rien (1) ; une action d'ensemble ne fut, à aucun moment, con-
certée dans ce but.

Et enfin la réussite éventuelle des opérations de l'armée de la
Loire, marchant au secours de Paris, était subordonnée à l'énergique offensive de la capitale. Les généraux d'Aurelle et Chanzy,
après lui, ne pouvaient avoir quelque chance de se rapprocher
de Paris, que si l'Etat-major allemand s'était vu obligé de compter de très près avec les entreprises de la garnison. Or, tout au
moins pendant le premier mois du blocus, renouvelant les fautes
commises par Bazaine à Metz, le général Trochu se maintint sur
la défensive (2) ; il laissait ainsi l'ennemi organiser presque à
son aise ses travaux d'approche et installer sur des positions
commandant les forts de la place, toutes ses puissantes batteries
de siège, au fur et à mesure qu'elles devenaient disponibles. Il
fut bientôt impossible de l'en déloger, malgré tant de prodiges
d'énergie et de vaillance (3).

Si l'admirable population parisienne sut résister stoïquement
aux souffrances, aux privations inouïes (4), — suites naturelles

---

(1) Ed. Deschaumes : « La retraite infernale », p. 215-220.
On connaît toutes les dépêches par lesquelles Chanzy réclamera en vain du
gouvernement, du 10 au 30 décembre surtout, des renseignements à ce sujet. —
Plus tard encore et malgré des appels réitérés, il n'obtiendra pas de Bourbaki la
« démonstration » attendue.

(2) Colonel comte Moltray ; « Les fautes de la défense de Paris ».
Il y avait sans doute fort à faire. Après Sedan les 150.000 Allemands qui s'étaient
acheminés vers Paris, purent sans trop s'inquiéter de ses vieux forts, en commencer l'investissement. Ensuite, avec leurs 300 bouches à feu de fort calibre, ils
réduisirent notre artillerie au silence et s'avancèrent à couvert pour un sévère
blocus. — Cf. G. Flourens : « Paris livré ». — Ch. 8 : Inaction de Trochu.

(3) Alfred Duquet : Paris, « le 4 septembre et Châtillon ». — Paris, « Chevilly et
Bagneux ». — Paris, « la Malmaison, le Bourget et le 31 octobre ». — Paris,
« Thiers, le plan Trochu et l'Hay ». — 4 vol.
Jules Claretie : « Paris assiégé, Champigny, Buzenval ».
Ed. Neukomm : « Les Prussiens devant Paris, p. 74 ». — Le Bourget : Incen-
die de Saint-Cloud, p. 91-95.

(4) Journal de Fidus : les Fusiliers marins, ouv. cités.
Cf. Appendice 17, à la fin du volume.

d'un long siège et d'un bombardement féroce (1), — il n'est pas
moins indiscutable que la garnison se trouva frappée d'impuissance presque radicale quand ses chefs crurent enfin l'avoir suffisamment « dans la main », pour tenter de briser le blocus.

Somme toute, la capitulation de Paris, « ville immense que
guettait la famine, n'était qu'une simple question de jours » (2) ;
et les officiers prussiens, tranquilles désormais (3), escomptaient
philosophiquement cette éventualité, attendant le « moment
psychologique ».

Ils n'ignoraient pas non plus que leur œuvre, toute de sang et de
ruines, suspendue par l'armistice, serait continuée par les communards auxquels, — le général Trochu a dû l'avouer à la tribune, — les mairies de Paris avaient distribué 25.000 fusils,
excitant ainsi, dans une époque aussi troublée, les pires instincts
de gens sans aveu, voire de repris de justice (4).

***Les fautes personnelles***. — Gambetta et M. de Freycinet ont
un compte sévère à rendre à l'histoire pour d'autres actes.

Gambetta (5), quels qu'aient pu être l'indignation et le désespoir d'un patriote éprouvé et ardent comme lui, s'oublia, en annonçant aux troupes la honteuse capitulation de Metz, jusqu'à

(1. Major de Sarrepont : « Bombardement de Paris par les Prussiens en 1871 ».
— Joguet-Tissot : « Les armées allemandes sous Paris ».

(2) Ils savaient que Paris n'avait de vivres que jusqu'au 31 janvier, date à
laquelle il faudrait prendre, « pour nourrir les habitants, sur les réserves des
forts et sur les ressources des troupes ». — C'est nous-mêmes, d'ailleurs qui
avions dit au début que « Paris ne tiendrait pas au-delà de 90 jours ».
Le 25 octobre, Jules Favre affirmait que dans 15 jours Paris serait prêt ; que
la province devait alors disposer de 150.000 hommes, parce que, le 15 décembre
était « le terme extrême des approvisionnements de Paris ».
Dans sa dépêche du 18 novembre, Trochu dira que « nous avons de quoi vivre
largement jusqu'à la fin de l'année ; mais l'esprit public ne nous suivra pas jusque-
là. Il faut que notre problème soit résolu bien avant ».

(3) Grande avait été l'inquiétude à Versailles à plusieurs reprises.

(4) Paul de Saint-Victor : « Barbares et bandits. La Prusse et la Commune ».—
Louis Gallet : « Guerre et Commune ».

(5) Alfred Bertezène, dans la « Révolution, poème universel » (p. XIV, exposé
du siège de Paris), s'exprime ainsi sur son compte : « On oublie trop souvent que
Gambetta n'a quitté Paris que le 7 octobre 1870 ; que, par conséquent, il a assisté
impassible à l'investissement de la cité ; qu'il a été au courant de la honteuse démarche de Jules Favre à Ferrières ; qu'il n'a pas protesté contre cette humiliation gratuite infligée au patriotisme des Parisiens ; qu'il a connu Trochu pré-
somptueux, incapable, bavard, qu'il l'a soutenu de ses votes au Conseil du
gouvernement ; que, s'il a été aperçu souvent au balcon du Boccador, nous ne
l'avons jamais vu aux avant-postes. Il ne s'est prodigué qu'en proclamations. En
province quelle victoire a-t-il remportée ? Qui veut-on encore glorifier ? Est-ce le
financier, ami de Ferrand, dont la cour des comptes n'a pu apurer la gestion et
dont la cour d'assises a frappé les auxiliaires ? Est-ce l'administrateur qui a fourni
nos soldats de semelles de carton, de fusils hors de service, de cartouches de son ?
Est-ce enfin le général qui, apprenant que l'armée était coupée en deux, s'écriait :
tant mieux ; cela nous en fera deux !... Est-ce le savant tacticien qui confondait
Epinay-sur-Orge avec Epinay-sur-Seine ?... »

parler de trahison (1). L'heure était décisive : il eût fallu ne songer qu'à relever les courages abattus, par un suprême appel au patriotisme de tous, sans récriminations haineuses, sans malédictions rétrospectives, peut-être même aujourd'hui encore, en partie du moins, exagérées et injustes (2). Les troupes de d'Aurelle n'étaient déjà que trop disposées à s'affranchir des règles étroites de la discipline. L'effet produit par cette diatribe enflammée fut désastreux : le soupçon et la défiance grandirent dans les rangs, à l'égard même de nos plus braves officiers.

Gambetta, prenant personnellement en main le pouvoir, commençait par déclarer qu'il n'y avait pas sur la Loire, au mois d'octobre, « d'homme à la hauteur des circonstances ». Et M. de Freycinet, le poussant encore dans cette voie pour se débarrasser de Bourbaki, vers la mi-décembre, écrira : « c'est le fétichisme des vieilles gloires militaires qui nous a perdus. Je sais bien que si j'étais le maître, il y a longtemps que j'aurais rompu avec ce préjugé » (3).

Directeurs d'armée et tacticiens improvisés (4) Gambetta et le délégué à la guerre se jouèrent, pendant toute cette campagne, des difficultés multiples que devait inévitablement rencontrer une armée d'aussi récente formation. Du fond de leur cabinet ils mettaient théoriquement en mouvement les recrues et les mobiles de d'Aurelle, les manœuvrant comme les « pièces d'un échiquier (5), » et attendant de ces régiments à peine encadrés et aguerris, dénués de tout, des évolutions rapides, sous un froid de 12 à 16 degrés, des marches longues et difficiles : des efforts tels, en un mot, que les hommes du métier eussent hésité à les demander à leurs vieux bataillons d'Afrique. Seuls aussi, ils semblèrent ignorer constamment le nombre et les ressources de l'ennemi, comme l'étendue et la valeur de nos forces réelles à lui

---

(1) … « Le maréchal Bazaine a trahi… ». Proclamation lancée de Tours.

(2) Débats du procès de Versailles : Dussieux, 2ᵉ vol.
Comte d'Hérisson : « La légende de Metz »

(3) Nous verrons si, même au second plan, il fut beaucoup gêné par ce « préjugé ».

(4) « Un avocat improvisé dictateur et maître de la France, secondé par un ingénieur, dictant des ordres, imposant à de vieux généraux leurs plans de bataille, leurs mouvements préparatoires, l'emplacement de leurs troupes : la situation était nouvelle et des plus délicates ».
(12 novembre : Extrait des projets d'opération du prince Frédéric-Charles.)

(5) Gambetta s'en est vanté : cf. rapport Perrot, p. 181, déposition Crémieux. Voir à ce sujet, la brochure de Glais-Bizoin et certains passages des ouvrages de d'Aurelle, Pourcet…

opposer (1). La soudaine intervention d'un facteur imprévu, capable de modifier du tout au tout les intentions premières et les combinaisons stratégiques, tranquillement élaborées à distance (2), n'ayant pas été supputée par eux, n'était jamais admise. Point de complications, point de retard : l'hypothèse donnée devait toujours être et rester quand même la seule, la vraie. C'est ainsi que l'initiative des chefs de corps, en face d'un péril se dressant soudain devant eux, se trouvait par avance paralysée et annihilée.

Gambetta et surtout M. de Freycinet multipliaient, dans leurs instructions aux généraux de l'armée de la Loire, de l'ouest et de l'est, des avis de ce genre : « Continuez à vous tenir en communication constante avec moi... Vous vous dirigerez sur Tours où vous entrerez... à moins de forces supérieures » (3), dit le Délégué.

De temps à autre, il daignait accorder un *satisfecit*, le 22 novembre, par exemple, au général Jaurès ; à M. de Serres, au général Crouzat « qui est allé coucher aux Bordes ».

Le 23, les mesures « vigoureuses » que prend Gambetta « le comblent de joie et d'espérance » ; sa seule présence, il en était sûr, « sauverait la situation ». Il sait que la « ligne de Châteaudun sera bien gardée par le nouveau commandant en chef, de Sonis », et il a la satisfaction de voir « s'exécuter ponctuellement les autres ordres » qu'il avait envoyés à cette armée.

Il écrira à ce même général de Sonis : « Comportez-vous en tout et pour tout dans le commandement du 17ᵉ corps, comme si vous deviez le garder. Il dépendra de vous, en effet, de le garder définitivement. Nous vous verrons à l'œuvre (4) ». Dans une

---

(1) Le 20 novembre M. de Freycinet *prêtait* au général d'Aurelle un effectif de 250.000 hommes. Le général, montrant qu'on faisait à tort figurer dans ce chiffre formidable, des troupes en formation, ou trop éloignées du théâtre des opérations, ou même destinées à d'autres corps, concluait : « l'évaluation que vous faites de toutes ces forces est donc exagérée, et en partie fictive ».

En vain le 4 décembre, convaincu que la retraite s'impose d'urgence, vu l'état de son armée, prétendait-il « qu'étant sur les lieux », il est bien mieux qualifié que les deux ministres pour apprécier la situation. — On passa outre et on le destitua. Et Chanzy, son successeur, dut avant tout continuer à réorganiser son armée, ne pouvant songer à rien entreprendre.

(2) Il leur suffisait que le thème initial des opérations eût été tracé de leurs propres mains, à Tours ou à Bordeaux, sur des renseignements incomplets ou même inexacts, sans aucune connaissance des difficultés pratiques et locales, des empêchements fortuits de la dernière heure...

(3) Instructions au général Pourcet, commandant du 25ᵉ corps, en date des 25 et 26 janvier.

(4) En date du 26 novembre, au général de Sonis, qu'il a promu divisionnaire, il recommande beaucoup de vigilance, ne lui prescrivant d'ailleurs aucun mouvement particulier : « vous apprécierez vous-même, d'accord avec d'Aurelle, auquel vous référerez selon les cas »

autre dépêche il lui dit de « prendre pour règle que toute position
à conserver plus de 24 heures, doit être transformée en camp
retranché ».

Le même jour encore il exprime à Gambetta la *pleine confiance*
qu'il a que sa « vigueur rétablira entièrement la situation dans
l'Ouest ». Puis il demande des explications au général Crouzat
qui a adressé à Gambetta, à Tours, une « dépêche anti-hiérar-
chique autant qu'imprudente ».

Le 23 encore, et je terminerai par cette dépêche (1) au général
d'Aurelle, qui lui avait proposé une série de mouvements d'ensemble, M. C. de Freycinet répond : « j'ai lu votre lettre apportée
par le capitaine d'état-major. Des Pallières exécutera demain le
mouvement prescrit, *mais* s'arrêtera au-dessous de Chilleurs-
aux-Bois, sans sortir de la forêt. Crouzat exécutera de même
demain son mouvement prescrit, *mais* prendra position entre
Bellegarde et Bois-Commun, en faisant occuper Ladon et Maizières par des avant-postes. L'un et l'autre attendront de nouveaux
ordres pour aller plus loin. Quant à vous-même il vous appartient
de prendre des dispositions pour que le départ de Des Pallières
ne vous découvre pas ».

Voilà ce qu'on appelle exécuter les mouvements prescrits ! On
bouleverse de fond en comble le plan du général en chef qui doit
modifier ses instructions à ses lieutenants pour se conformer aux
« ordres du Ministre » !

Dans une lettre « pleine (2) de sens et de loyauté » et d'une
très méritoire modération, le général Martin des Pallières (3)
semble avoir résumé toutes les considérations que suggéraient
aux simples profanes tout comme aux professionnels eux-mêmes,
cette « mise en marche des différents corps d'armée suivant des
plans », qui étaient complètement propres, le plus souvent, au

______

(1) Lire encore celles échangées entre M. de Freycinet et d'Aurelle, le 23, au
sujet de la marche sur Pithiviers. *Enquête*, p. 581 et seq.

(2) Rapport Perrot, Tome 1, p. 217 et 250-251.

(3) Cet officier sera relevé de son commandement le 12 décembre, par M. de
Freycinet. Or, le 25 septembre voici comment le ministre de la marine s'exprimait
sur son compte : « Je forme une division territoriale et j'en donne le commandement au général de division des Pallières, de l'infanterie de marine, jeune et
vaillant officier, blessé à Sedan ».
Des Pallières finit par se demander si l'acceptation des « ordres de mouvements
à outrance », venus directement de Tours, lui était plus longtemps possible, et si,
comme chef, il ne « se rendrait pas coupable envers le pays » en exécutant des
plans « dont il soupçait tous les dangers ». Il écrivit alors sa lettre. M. de Freycinet, dans 2 dépêches successives de Tours, 10 décembre, demandait à Gambetta
la destitution de des Pallières et sa comparution devant un conseil de guerre, et
celle de « son chef d'état-major des Plas, qui n'est qu'un Yaraigne un peu plus
intelligent ».

délégué à la guerre, « et en dehors de la conception desquels était placé le commandant en chef ».

Et si le général reconnaissait que tous « ces ordres ont émané jusqu'à ce jour, de personnes qui sont certainement animées des sentiments les plus patriotiques », il ajoutait qu'elles « ne se rendent pas compte exactement » des difficultés de la guerre, parce qu'il est impossible « de juger ces questions de loin et du fond d'un cabinet, sans parler des mouvements imprévus de l'ennemi, que pressent bien mieux celui qui l'a sur les épaules que celui qui agit d'après des rapports politiques de personnes, le plus souvent étrangères au métier » (1).

Dans de telles conditions, les froissements entre la direction civile et l'autorité militaire, pour ainsi dire en antagonisme permanent (2), étaient inévitables, avec les tiraillements, les retards, les malentendus, les à-coups, les fausses manœuvres. L'ennemi profitait de tout cela et ce duel scandaleux entre pékins et professionnels n'a pas échappé à sa critique : « Les ordres étaient fixés pour la marche sur Etampes (3), — 15 novembre ; — ils ont été révoqués le lendemain. Nous avons vu bien des choses extraordinaires dans cette guerre, et des *ordres d'avocat* pourraient bien enjoindre de nouveau à l'armée de la Loire de marcher sur Paris coûte que coûte » (4).

Chose plus grave encore que cette incessante immixtion dans la conduite des opérations militaires, le commandement *direct* d'une importante fraction de l'armée du général d'Aurelle fut exercé pendant trois mois par Gambetta et par M. de Freycinet (5).

---

(1) L'allusion semble ici transparente. On sait d'ailleurs le rôle qui fut joué à Orléans par M. Cochery, lors de la révocation du général de Lamotterouge. La dépêche de Gambetta, datée de Tours, le 11 octobre, est à relire.

Il faudrait encore bien éclaircir quelle fut la mission de certains « envoyés » civils, familiers des ministres, auprès des généraux ; (Eugène Sourdeaux, 17octobre ; V. Bézard, Châteaudun, 17 novembre)… Il est insuffisant que M. de Freycinet — qui, le 3 novembre, avait envoyé M. de Serres auprès du général en chef d'Aurelle, — écrive : « vous vous méprenez entièrement sur le caractère » de telle et telle mission… — C'est sur des rapports confidentiels de cette nature que furent faites plusieurs exécutions, par exemple, le 12 novembre, celle du général commandant le département de l'Yonne.

(2) En décembre M. de Freycinet se plaint des « dépêches écœurantes » qui lui arrivent de Peytavin, Morandy et Michaux et les voudrait voir traduire devant un conseil de guerre sur l'ordre de Gambetta.

(3) Extrait des « projets d'opérations » du prince Frédéric-Charles.

(4) On sait que cet ordre fut donné et conduisit à Villepion et à Loigny.

(5) M. de Freycinet qui faisait tous les plans, les imposait aux généraux de façon absolue.
Cf. Dussieux : ouv. cité, tome 2, p. 163.
Gambetta « entendait raison volontiers ».
*Enquête* : déposition Chanzy, p. 216-217.
Le 30 novembre, M. de Freycinet disait aux généraux : « *Notre* plan n'est pas à discuter ; il est exécutoire ».

Ce n'est que le 15 novembre que le 17e corps (général Durrieu) fut enfin placé « sous le commandement supérieur du général d'Aurelle ».

Les troupes du général Crouzat ne relevèrent immédiatement du général en chef que le 3 décembre. Or, l'inaction des 18e et 20e corps, qui n'avaient pas reçu d'ordres du gouvernement, en temps utile, « amena la défaite de l'armée de la Loire (1), — sa gauche et son centre, — à Loigny et à Chevilly... — Le mal était donc fait » (2).

Il y eut d'ailleurs, durant toute cette période, des flottements inouïs, des « conceptions de groupements contradictoires ». Les dépêches de M. de Freycinet des 4-5 décembre placent les 18e et 20e corps dans la « main de Bourbaki » ; mais il ajoute : « Si vous n'avez pas d'ordre spécial du général d'Aurelle, je vous invite, je vous engage à vous replier ».

Le 13 décembre Gambetta, qui « réfléchit » encore aux modifications à introduire dans le commandement des 15e, 18e et 20e corps, prie M. de Freycinet d'y réfléchir lui-même et d'expédier ensuite les lettres de service (3).

Le 14, le délégué à la guerre répond à Gambetta « qu'il goûte fort sa combinaison de personnel... »

On le voit, l'influence de M. de Freycinet grandit et son autorité s'affirme (4), si tant est, il est vrai, qu'il ait jamais eu bien sérieusement, comme il le dit dans sa dépêche du 4 novembre, la crainte d'être désavoué par ses collègues du gouvernement. En quelques semaines, son influence, au sein de la délégation, est devenue telle que nous l'entendons tenir à Gambetta ce langage significatif (5) :

... « Les généraux auxquels vous avez affaire, ne sont suscep-

----

(1) Dussieux : tome 2, p. 30 à 35.

(2) D'Aurelle, le 21 novembre télégraphiait : « Ne connaissant pas le but précis des mouvements que vous avez ordonnés, il m'est fort difficile de donner des instructions qui pourraient s'écarter de vos intentions ».

(3) Gambetta soigne surtout les besoins de la politique.

(4) N'est-ce pas lui déjà qui, le 15 octobre « donnait pleins pouvoirs » au général Petiet pour « l'évacuation du matériel et de la capsulerie de Bourges » ?
Ses dépêches des 21, 22 et 23 novembre nous le montrent, combinant certains remaniements dans le haut commandement : Durrieu à remplacer par de Sonis ou Jauréguiberry...
En voici une autre du 24, à Gambetta : « Je vous supplie de ne pas laisser donner d'ordres directs à aucune partie de l'armée de la Loire ; faites passer ces ordres par nous-mêmes, au prix d'un retard ; sans cela nous courrons le risque le plus grave ; c'est qu'un même corps reçoive des ordres contradictoires. Ainsi nous avons déjà donné des instructions à de Sonis pour le mouvement que vous souhaitez ; mais, pour des raisons impossibles à expliquer par dépêches, ces instructions, bien que tendant au même but que les vôtres, diffèrent notablement dans l'exécution. »

(5) Ce télégramme, *confidentiel et personnel*, est du 4 décembre.

tibles que d'un degré limité d'élan. Puisqu'ils sont actuellement décidés à résister, le mieux est peut-être de les abandonner à leurs inspirations personnelles plutôt que de chercher à les *chauffer* davantage... Vous dépasseriez leur ressort naturel et améneriez une réaction. Ce sont des natures calmes, un peu placides (1) qu'il faut éviter de perturber par un excès d'énergie. Évitez aussi de les *occuper* ; ils ont beaucoup à faire matériellement, des ordres à expédier, peut-être des visites sur diverses positions ; n'ayez donc avec eux que très peu de rapports, et dites-leur bien, dès l'abord, qu'ils n'ont en aucune façon à s'occuper de vous, et qu'ils fassent leur métier comme si vous n'y étiez pas..., »

M. de Freycinet qui semble craindre que des généraux « cherchent à voir » son ministre, conseille à celui-ci de « prolonger le moins possible » son séjour à Tours, où il n'a d'ailleurs qu'une impulsion morale à donner ; de rentrer le soir même, « une entrevue d'une heure et repartir », devant être pour le mieux, conclut-il.

Lorsqu'il s'excuse de sa « franchise », nous ne pouvons pas prendre le change : le vrai maître de la situation c'est lui (2).

Des révocations brutales et tapageuses, faites en face de l'ennemi (3) nous montrent encore, sous un autre aspect, l'ingérence de M. de Freycinet dans tout ce qui se rapportait aux choses « de la guerre en province », et son omnipotence.

A l'armée de la Loire (4), Lamotterouge, Pourcet, Durrieu, d'Aurelle de Paladine, Martin des Pallières furent successivement

---

(1) Au premier rang desquelles, sans doute, il plaçait le général d'Aurelle.

On n'a pas oublié ce mot prodigieux du 25 octobre : « Mais puisque nous devons renoncer à vaincre, *étant deux contre un*, alors qu'autrefois... »

Cette opinion explique encore que le 3 novembre M. de Freycinet ait envoyé auprès du général en chef, M. de Serres, porteur d'une « combinaison » stratégique, laquelle avait, en principe, l'assentiment de Gambetta. Combinaison évidemment merveilleuse puisque, s'il l'adopte, d'Aurelle est prié « d'indiquer le jour précis où Orléans » tomberait entre nos mains.

(2) La suite des événements ne nous laissera aucun doute à ce sujet.

(3) On renouvelait ainsi « les pires procédés de l'Empire, jadis pourtant si critiqués. — L'incident Forêt-Vaillant-Napoléon III, en Crimée, revient naturellement à la mémoire.

(4) Lamotterouge (15° corps), le 11 octobre ; Pourcet (10° corps), le 2 novembre ; Reyau, après Coulmiers, où par *sa faute*, il est vrai, notre victoire était restée incomplète : Durrieu (17° corps), le 22, par cette singulière dépêche de M. de Freycinet à Gambetta : « Pour des motifs que je vous expliquerai de vive voix, j'investis le général de Sonis du commandement du 17° corps et je rappelle Durrieu à Tours. Je vous prie de ratifier cette mesure ». — Dans la journée du 24, M. de Freycinet lança 5 télégrammes, reprochant au général de ne s'être pas encore rendu à Tours.

D'Aurelle de Paladine, commandant en chef de l'armée de la Loire, fut destitué le 6 décembre ; Martin des Pallières, chef de la 1° division du 20° corps, le 12 ; — (l'Amiral Fourichon le rendait à la marine, son arme) frappés en quatre semaines, pour n'avoir pas accompli avec toute la docilité attendue les mouvements stratégiques qu'on leur dictait de loin et comme si l'on avait fait abstraction des ressources de l'armée ennemie (1).

Que penser de certains raffinements de cruauté (2) qui ajoutaient encore à la dure signification des mesures prises ? La révocation du général d'Aurelle mérite un examen tout particulier. Après Loigny, Chanzy s'accordait avec le général en chef pour se plaindre de la démoralisation de ses troupes, — même de celles du 16e corps (3). Dans la soirée du 3, d'Aurelle, en ramenant de Chevilly jusqu'à Cercottes les divisions Martineau et Peytavin qui s'étaient encore vaillamment comportées, put constater *de visu* que beaucoup d'hommes, « cédant à un mouvement de panique, avaient abandonné les rangs pour fuir sur la route. En vain le général essaye-t-il d'arrêter les fuyards... et de faire cesser le désordre... »

Dans ces conditions et « pour épargner un grand désastre », d'Aurelle n'était-il pas fondé à écrire au gouvernement qu'il n'y « avait plus lieu de faire des plans de campagne » ?

Évidemment si ; mais c'est ce qui le perdit. On rejeta toutes les responsabilités sur le commandant en chef.

Et, cependant, avant de lui reprocher les journées glorieusement inutiles de Villepion et de Loigny, M. de Freycinet aurait bien dû se demander si Gambetta et lui-même avaient fourni au général d'Aurelle tous les renseignements nécessaires. N'y a-t-il pas un télégramme du 2 décembre (4) lui indiquant qu'il ne devait ren-

---

(1) En janvier, à l'armée de l'Est, le colonel Valentin, puis le général Bourbaki, subiront le même sort.

(2) Le général Gudin, à l'armée de l'Ouest, était privé de son commandement le 10 octobre, pendant qu'il inspectait ses avant-postes ; on l'envoyait à... Montpellier ! — Le général Pourcet, destitué pour « cause de maladie, » — ce qu'il nie expressément dans son livre, — fut affecté à la 15e division, à... Nantes ! — Le général d'Aurelle, désigné pour « le camp stratégique de Cherbourg », refusera d'accepter ce poste qui « l'éloignerait du contact de l'ennemi ». On osa lui demander alors de rester à Salbris pour y « donner des ordres à Crouzat et des conseils à des Pallières ». (Voir sa lettre au ministre du 7 décembre).

(3) « Dans l'état moral où se trouvent les troupes, dit Chanzy, je ne réponds plus d'elles si elles doivent marcher demain ». Le général d'Aurelle n'écrivait pas autre chose dans ses rapports. La division Maurandy avait lâché pied : « beaucoup de troupes avaient quitté le champ de bataille en désordre. »

(4) Rapport Perrot. — Jusque là d'ailleurs, d'Aurelle avait été systématiquement tenu dans l'ignorance des faits ; c'est ainsi que même le *30 novembre*, il s'enquiert encore de la situation de Trochu dans Paris et de ses projets éventuels.

On sait tout le bruit fait par Gambetta autour des sorties et de la « victoire remportée sous les murs de Paris pendant les journées des 28, 29 et 30 novembre... Qui donc douterait désormais, de l'issue finale de cette lutte gigantesque ?...

Les Prussiens peuvent mesurer aujourd'hui la différence qui existe entre un despote qui se bat pour satisfaire ses caprices et un peuple armé qui ne veut pas périr ».

On le voit, la politique est toujours en scène.

contrer à Pithiviers et sur les autres points, aucune « résistance prolongée » ? Ne lui représentait-on pas Frédéric-Charles comme incapable de lui opposer autre chose « qu'une fraction isolée de son armée », le gros de ses forces étant supposé filer sur Corbeil au devant de Ducrot ?

Et si, malgré tout cela, les 18e et 20e corps avaient pris part à l'action (1), n'est-il pas vraisemblable que leur intervention en aurait changé l'issue ? (2).

Par contre, ailleurs et là précisément où elle eût surtout pu le mieux utiliser sa bonne volonté et employer avec profit son activité, l'administration de la guerre fit preuve de la plus criminelle incurie. Les conséquences de la débandade de la Tuilerie furent désastreuses ; mais aussi quelles avaient donc été l'installation et l'instruction des troupes dans ce camp ? — Il avait été établi par MM. de Kératry et Le Bouédec, qui y avaient réuni 50.000 mobilisés bretons (3). Leur projet « était de conduire cette armée à Paris par le Mans (4). Mais Gambetta ayant pris la meilleure de leurs divisions pour la mettre dans le corps de l'amiral Jaurès (5), M. de Kératry, mécontent, donna sa démission et fut remplacé par le général de Marivault (6), capitaine de vaisseau. *Dès lors,*

---

(1) Il est impossible ici d'épiloguer. Ce n'est que le 2 décembre, à 4 h. du soir, que Gambetta télégraphiait à d'Aurelle « qu'à partir de ce jour il donnerait directement ses instructions stratégiques aux 16e, 17e, 18e et 20e corps. » Encore cette dépêche est-elle, en fait, infirmée par une autre de M. de Freycinet — le 3 décembre — qui, pour obtenir que les divers corps de d'Aurelle puissent agir, désormais, non plus successivement mais simultanément, donne les instructions que nous savons à tous les généraux commandant en chef, lesquels, à *moins d'instructions différentes* de la part de d'Aurelle, auraient à s'y conformer.

Que devient le commandement direct, accordé la veille sur toute l'armée, au général en chef ?

Que signifie le télégramme du 6 décembre où il est dit expressément que le général Crouzat, du 20e corps, « relèvera directement du ministre de la guerre » ?

(2) D'Aurelle était sacrifié : Chanzy correspondait directement avec les membres du gouvernement. Et, pour achever de le perdre dans l'esprit de Gambetta, M. de Freycinet le représente comme n'ayant tiré qu'à demi, parti des journées des 1er et 2 décembre.

Cette injustice révolte ceux qui savent quel était alors l'état de l'armée.

Deplanque, dans sa lettre du 3 décembre, sur la bataille de Loigny, dira « qu'arrêter des troupes de cette espèce n'est pas chose facile ».

(3) *Enquête,* déposition du général Lalande.

(4) Dussieux : 2e vol. p. 49-50.

(5) Amiral Jaurès : « Le 21e corps, novembre-décembre 1870 ».

(6) M. Dussieux a été plus qu'injuste à l'égard du général de Marivault, qu'il a rendu responsable du gâchis. — J'aime mieux M. b. Hautcourt (1895) qui, p. 180 et ssq. — nous montre avec quelle énergie il se plaignait *le 5 décembre* que les 2/3 des effectifs présents au camp ne fussent pas armés. Le 10, il réclamait l'évacuation de cette « cuvette inhabitable ». — Le 16, on lui prêta 1.000 fusils sans cartouches pour un bataillon de grand'garde : le détail est absolument prouvé. Le 20, il y avait seulement 18.000 hommes ; le reste, qui « a plutôt l'air de mendiants », soit 18 bataillons, a été renvoyé et conduit en Bretagne par le général lui-même qui fut remplacé au camp par le général Morin.

le camp de Conlie (1) s'en alla à la débandade. On n'avait pas
d'armes à donner aux Bretons et on les laissa pourrir dans la
boue de cette espèce de cuvette qui, par les temps de pluie, se
changeait en un lac dans lequel les hommes éprouvèrent de
terribles souffrances ».

A peine et fort tardivement, sut-on y employer les hommes à
quelques indispensables travaux et de drainage et d'assainisse-
ment, exécutés d'ailleurs sur des plans défectueux et demeurés
impraticables. « Du 6 au 28 novembre, dit un témoin oculaire, nous
n'avions rien appris ». Or, on n'arrête pas un ennemi discipliné,
on ne se maintient pas contre lui dans ses positions, on n'évite
pas, enfin, on ne retarde même guère un désastre avec des soldats
improvisés, que la menace de se voir mitraillés par leurs propres
pièces, ne réussit pas à ramener au feu. Il était inévitable que la
panique fût jetée par les premiers fuyards dans les rangs des
« milliers de mobilisés » qui, en effet, « se débandèrent à leur
tour, pillèrent les vivres, détruisirent les armes et les munitions
et tous ensemble se sauvèrent en Bretagne ».

Ici, encore, le gouvernement est responsable si, malgré des
prodiges d'énergie pour rétablir le combat et reprendre l'avantage que lui avaient donné les premières heures de la rencontre,
les héroïques efforts de Chanzy et de ses lieutenants demeurè-
rent impuissants. Et c'est ainsi que le noyau d'un corps sérieux
de soutien dont l'action directe ou du moins les diversions eussent
pu devenir si importantes, fut maintenu à l'état de quantité négli-
geable, plus nuisible même qu'utile.

*<br>* *

Dans son livre, M. de Freycinet ne pouvait pas ne pas essayer
d'expliquer, de justifier même cette ingérence incessante de
« l'avocat et de l'ingénieur » dans les choses du strict domaine
militaire. Il établit une « distinction entre les généraux », contes-
tant que le gouvernement ait envoyé des plans de bataille tout
faits, et des ordres de mouvements, combinés d'avance, à ceux
d'entre eux qui déployaient quelque activité (2) et montraient de

---

(1) La Borderie : « Le camp de Conlie et l'armée de Bretagne ».
Un volontaire de l'armée de Bretagne : « Le camp de Conlie ». -
Ludovic Halévy : « Notes et souvenirs, 1871-1872 ». (Le camp de Conlie).
Guilhaud : « Les mobilisés d'Ille-et-Vilaine ».

(2) Des fautes furent commises, cela est indéniable : « Ce n'est qu'en apprenant
par *hasard*, dit le général Joulfroy dans son rapport, que l'armée passait sur la
rive gauche de la Loire, que j'ai fait battre en retraite ».
M. de Hamel a raconté, dans une lettre reproduite naguère, comment il fut fait
prisonnier en poussant une reconnaissance, sur l'ordre du général *Deplanque*,
dans « un village que l'on ne croyait pas encore occupé par l'ennemi ».

l'initiative. Il fallait bien, ajoute-t-il en substance, « substituer une direction à l'inertie (1) de tous ceux qui, par eux-mêmes, ne tentaient rien, ensuite rattacher ainsi toutes leurs opérations à un plan d'action commune, connu de nous et préparé par nous ».

L'argument est plus spécieux que solide. On peut se demander d'abord quel est le général qui aurait, à ce compte, trouvé grâce devant Gambetta et M. de Freycinet. Je n'en vois aucun ; non, pas même Chanzy. Et puis, s'il était vrai que des officiers généraux n'aient pu faire taire devant la voix du patriotisme, leurs préférences personnelles pour telle ou telle forme de gouvernement, au point de tout compromettre par leurs atermoiements et leur inertie, on ne saurait assez les blâmer de n'avoir pas immédiatement résigné leurs fonctions ; mais, dans cette hypothèse, le gouvernement se serait montré beaucoup trop faible dans les sanctions employées (2).

Les difficultés vinrent-elles de là ? — Le 1er octobre, Gambetta écrivait à Jules Favre que, « malgré les mesures les plus radicales pour créer de jeunes chefs, il n'a encore pu rencontrer personne à la hauteur des événements ». Or, si le gouvernement put se flatter un jour d'avoir enfin « rencontré » ce jeune chef, bien digne de faire violence à la fortune, n'est-ce pas le général Chanzy (3), à qui il donnait, le 6 décembre, la succession du général d'Aurelle de Paladine ? Le premier souci du nouveau commandant en chef sera de continuer l'œuvre de réorganisation menée avec tant *d'énergie* (4) par le général d'Aurelle. Que ne l'a-t-on donc accusé « d'inertie », lui aussi, puisque, en définitive, il a toujours été vaincu par le sort (5), et réduit à toujours se dérober devant l'ennemi, à battre savamment en retraite ? Un autre général dont *l'énergie* semblait avoir séduit Gambetta qui lui confiait le commandement de la 1re armée de la Loire, « pour soutenir l'honneur de la France vis-à-vis de Paris »,

---

(1) *Inerties.* La Motterouge, Pourcet, des Pallières, d'Aurelle ?

(2) Napoléon Ier avait tracé la règle à suivre en pareille occurrence ; et d'ailleurs, en 1796, alors qu'il n'était encore que le général Bonaparte, il avait refusé d'obéir à un ordre du Directoire, lui prescrivant une opération militaire qu'il jugeait impraticable.
Cf. « Revue des Deux-Mondes » : février, 1898, p. 966.

(3) Sur Chanzy : Capitaine von Helwig : « Le 1er corps bavarrois ».
De Moltke : « Histoire de la guerre de 1870-1871 ».
Arthur Chuquet : p. 339. — Le Haulcourt (1896), p. 38 ; ouv. cités.
J.-M. Villefranche : « Le général Chanzy ».
Camille Farcy, dans son ouvrage sur la guerre de 1870, rapproche les tergiversations de d'Aurelle, son manque de confiance..., de la vigueur et de l'entrain de Chanzy. Le contraste est frappant, sans doute ; mais, en décembre, Chanzy, avec les mêmes éléments, eût-il fait plus et mieux que d'Aurelle ?

(4) Chanzy s'est honoré en le proclamant hautement.

(5) Et par l'inaction prolongée de Bourbaki.

fut bientôt pris à partie par M. de Freycinet. Le 10 décembre, le délégué à la guerre caressait déjà tout un remaniement portant sur les généraux Crouzat, Bonnet, Billot, celui-ci devant être nommé en remplacement de *Bourbaki*. Le 13, « il n'a encore que des nouvelles peu encourageantes de Bourbaki », et le garder, c'est, dit-il, se résoudre à « immobiliser clair et net la moitié de l'armée de la Loire ». Ses trois corps sont qualifiés du nom de « troupeau d'hommes » et pour caractériser la marche du 15ᵉ corps on l'appelle « débandade ».

Eh bien ! plus tard, — en janvier, — chose extraordinaire, c'est de ces mêmes troupes que M. de Freycinet ose tout espérer ! « Je suis d'avis, écrit-il (1), qu'après avoir dispersé l'armée assiégeante de Belfort, vous reveniez sur Vesoul et Combeaufontaine. Là, nous examinerons quelle sera, à ce moment, la situation de l'ennemi. S'il est toujours concentré, comme aujourd'hui, autour de Chaumont, il faudra vous porter directement sur lui par la double route de Combeaufontaine à Langres et à Bourbonne-les-Bains ; et vous remporterez la victoire de Chaumont, en suite de laquelle vous marcherez sur Châlons-sur-Marne.

Si au contraire l'ennemi, dépassant Chaumont, s'est avancé dans la direction Neufchâteau-Nancy, vous marcherez de Combeaufontaine sur Neufchâtel par Jussey et Lamarche, et vous remporterez la victoire de Neufchâteau, en suite de laquelle vous marcherez sur Pagny, d'où vous intercepterez les voies ferrées de l'ennemi (2)... »

Que les voilà donc bien pris sur le fait, ces stratégistes en chambre ! Ils ne sont pas embarrassés « pour organiser, pour décréter » la victoire (3). Par eux la partie d'échecs est toujours, comme on le voit, admirablement préparée. Dans les deux hypothèses le succès est également assuré ; le nom seul à donner au triomphe éclatant différera : Chaumont ou Neufchâteau. — La recette ? Il suffira d'exécuter « ponctuellement » les ordres reçus, les mouvements prescrits ; pour se présenter et vaincre !

M. de Freycinet n'avait négligé qu'un seul détail ; c'est que pour gagner cette bataille, — Neufchâteau ou Chaumont, — Bourbaki

---

(1) Ces instructions monumentales furent adressées le 15 janvier 1871, au général Bourbaki. — Cf. colonel Secrétan. « L'armée de l'Est ».

(2) Voilà tout ce qu'on répondit au général en chef de l'armée de l'Est qui avait exposé au délégué à la guerre les diverses difficultés qu'il rencontrait dans la marche prescrite sur Épinal.

(3) Peut-être insuffisamment pourvus de cartes, ils manœuvrent quand même. — On connaît la mésaventure de Gambetta, confondant Épinay près Saint-Denis avec Épinay près de Longjumeau. *Rapport Perrot*, p. 197.

aurait eu besoin d'une armée (1). Or, à cette date, ses troupes
« grelottaient au bivouac, dans les bois pleins de neige, par 14
degrés de froid, sous le canon du mont Vaudois (2) ».

Le 18 janvier, à Bordeaux, M. de Freycinet nourrit toujours
les mêmes illusions sur cette armée de l'Est (3), malgré les rapports alarmistes de son chef.

Les 24 et 25, c'est en vain que ses navrantes dépêches se succé-
deront. On s'en prit à son inaction, à son incapacité, pour le
destituer (4).

Le général Clinchant, son successeur, n'opéra pas le miracle
attendu. Il en fut réduit à continuer les mouvements commencés
à travers les neiges du Jura ; et le 31, dans la nuit, l'armée de
l'Est se réfugiait en Suisse, sous la poussée irrésistible de l'ennemi (5).

Sur plusieurs autres points encore, le gouvernement s'obstina,
jusqu'aux derniers jours de la campagne, à imposer des plans
que la désorganisation générale rendait impraticables.

Du général Pourcet, par exemple, à qui l'on avait au 1ᵉʳ janvier 1871, confié la direction du 25ᵉ corps (6), on attendait après
quinze jours de concentration, une marche offensive à effectuer
avec « célérité et mystère ». Le 14, il communiquait ses inquiétudes à Gambetta et se déclarait incapable de prendre part aux
opérations prescrites (7). Voici, par télégramme, la réponse de
M. de Freycinet : « prêts ou pas prêts, il vous faudra partir le

_______________

(1) Car, la « marche de l'armée française ressemblait à une débâcle, » et nos
soldats, « démoralisés par leurs défaites successives et leurs longues souffrances,
se laissaient conduire à Belfort comme un troupeau que l'on mène à la boucherie...
Un grand nombre jetaient leurs armes sur les routes ».
Colonel Secrétan, ouv. cité, p. 500 et seq.

(2) A. Patel : « Retraite de l'armée de l'Est ».
Général Canonge : « Histoire militaire contemporaine » — 2ᵉ vol.
Colonel M. Poullet : « La campagne de l'Est ».
Beauquier : « La dernière campagne de l'Est ».
H. Génevois : « Les dernières cartouches » janvier 1871. Villersexel, Héricourt
Pontarlier.

(3) L'affaire de Villersexel, 9 janvier, avait été grossie démesurément par M. de
Selves.

(4) Bourbaki, tiraillé entre le sentiment de son irrémédiable impuissance et les
ordres de mouvement qui lui arrivaient, tenta de se suicider.

(5) Ardouin Dumazet : « Une armée dans les neiges », p. 30 à 172.

(6) On fit bien, en somme, de ne pas se priver plus longtemps du concours d'un
officier de valeur. Mais pourquoi l'avoir d'abord disgracié ?
Cf. général Pourcet : « Le 25ᵉ corps de l'armée de la Loire. Campagne sur la
Loire, 1870-71, » p. 95 et 152.

(7) Il manquait, le 17, de « la moitié de son infanterie » : la cavalerie et les
services administratifs, les ambulances, les convois, de même que les états-majors
régulièrement constitués... lui faisaient défaut. — Cf. son ouv. cité, p. 218 : tableau
de l'armée épuisée ; p. 221, critique des illusions de la Délégation de Bordeaux.

17 courant, au matin (1) : les Prussiens n'attendent pas (2) ». — Il fallut se rendre à l'évidence et le mouvement fut ajourné. Le 25, Pourcet dut « continuer son mouvement sur Tours, en opérant une diversion vers Blois... » La confiance du général en ses troupes « était si restreinte qu'il préféra les porter toutes vers Blois, quitte à marcher ensuite sur Tours. Le ministre y consentit... »

M. de Freycinet couvrit aussi de sa protection, envers et contre tous, le général Garibaldi (3), qui était resté à demi indépendant (4) ; on avait pour lui toutes sortes de ménagements, et l'on cédait à presque toutes ses exigences.

Or, cet illustre général, — le premier de la République, — comme l'appelait la Délégation, avait « d'autres soucis que de combattre les Prussiens » (5)... Cependant, alors que tous nos officiers (6), jugeant l'homme à sa juste valeur « refusent de servir sous les ordres de cet aventurier » ; que le préfet de la Côte-d'Or, inquiet de l'inaction et de la mollesse dont il fait preuve, écrit au général Rolland pour en obtenir des ordres de marche ; que celui-ci s'adresse à son tour à la Délégation de Bordeaux pour en recevoir des instructions formelles qui forceraient Garibaldi (7) à se remuer un peu, que répond le Délégué à la guerre ? Il conseille au général Rolland de « ne pas s'inquiéter », lui affirmant que le préfet de la Côte-d'Or, ce malencontreux donneur d'avis, « n'y entend rien ».

On sait la suite des événements (8).

---

(1) Et le délégué à la guerre, pour bien marquer qu'il n'admettrait ni hésitation ni retard, ajoutait que si la chose ne se faisait pas, il saurait bien prendre, lui, — « les moyens nécessaires ! »

(2) Rapport Perrot : pièces justificatives.

(3) Dussieux : ouv. cité, tome II, p. 72-77 ; chap. III. — L'auteur rapporte le jugement sévère porté contre Garibaldi par un écrivain allemand, faisant autorité dans le monde militaire, M. de Wickede.

(4) On ne lui donnait pas d'ordres : on le priait de, on l'invitait à...

(5) Excès commis à Autun par les bandes garibaldiennes.
Dussieux : tome II, p. 101, note 2.

(6) Garibaldi était, dès son arrivée, entré en lutte avec le général Pellissier, dont il obtint le renvoi par ses instances auprès de M. de Freycinet. — Dussieux : tome II, ch. IV, p. 77 à 140.
Cf. aussi, colonel Poullet : « La campagne de l'Est ». — « Les batailles de Nuits », Middleton : « Garibaldi ; ses opérations à l'armée des Vosges ».
H. Draussin : ouv. cité, Garibaldi, p. 231 à 280.

(7) Rapport Perrot : Rôle des généraux Garibaldi et Bordone.

(8) La déposition Leperche nous apprend qu'à l'armée de l'Est, Gambetta exerçait encore, en janvier, le commandement direct sur les mobilisés du midi.
Les bandes garibaldiennes, à la fin de janvier, « se replient à la vue des Prussiens ». — Lors de l'armistice, au lieu de se reporter sur Dijon et de s'y défendre, « leur chef battit en retraite au plus vite », vers Lyon. — 1er février — livrent ainsi sans combat Dijon à l'ennemi. — Cf. Appendice 15, à la fin du volume.

L'incohérence des actes administratifs de la Délégation va nous apparaître mieux encore que partout ailleurs, dans cette dernière citation : « Permettez-moi, mon cher Ministre (1), écrit M. de Freycinet à Gambetta, de vous faire remarquer que c'est vous qui portez le trouble dans nos écritures. Espivent a été nommé non en dehors de vous et de Billot, mais par vous-même. Bonnet que vous nommez aujourd'hui dans le 18e corps, avait été nommé, toujours par vous-même, au commandement du 17e corps. Comment voulez-vous que nous nous reconnaissions avec tous ces changements que vous apportez en dehors de nous ? Renvoyez-nous Espivent à Bordeaux et ayez la bonté de nous donner la liste complète de vos nominations ; car nous ne savons plus où nous en sommes ».

Évidemment, M. de Freycinet a beau jeu, ici, contre les bévues de Gambetta ; mais nous avons établi plus haut sa part personnelle, prépondérante sans doute, dans les responsabilités. Et d'ailleurs, depuis, M. de Freycinet a loyalement fait son *mea culpa* : « Moi aussi, dit-il dans son livre, pendant que cette guerre durait, j'en ai parfois méconnu les grandeurs. Sous le coup de nos revers je ne voyais que des fautes. Je me disais que tel général aurait pu mieux combattre, que tel intendant avait manqué de prévoyance. J'accusais de nos maux l'incapacité et les défaillances (2).

Eh bien ! J'étais injuste (3) : je ne tenais pas un compte suffisant des difficultés ; je ne faisais pas cette part de l'erreur, inséparable des choses humaines... »

Voilà du moins qui est parler net ; mais cela n'efface pas le passé et ne suffit pas à racheter les errements ni les monstrueux abus d'autorité commis à l'égard de nos vieilles « gloires militaires » : car, à ce compte, sa lettre si caractéristique à sir John Burgoyne, innocenterait davantage encore Napoléon III lui-même.

---

(1) Télégramme du 16 décembre 1870 lancé de Bordeaux par le « Délégué guerre à Gambetta, Bourges ».

Le « fétichisme » des vieilles gloires militaires avait disparu, certes ; mais l'armée s'en trouvait-elle mieux ? — Pendant que Gambetta se perd dans ses nouvelles nominations de généraux, M. de Freycinet lui signale d'autres exécutions à faire...

(2) La politique joua son rôle dans tout cela. — Le général Ferri-Pisani, qui eut des démêlés avec le préfet d'Angers, M. Engelhart, muni par Gambetta du pouvoir de le suspendre provisoirement, fut « brutalement relevé de son commandement et remplacé par le général Chéret ».

Malgré les instances de Chanzy, le 22 janvier, Gambetta refusera de confier à de Charette le commandement de plus de 5 à 6.000 mobilisés.

Cf. Ed. Deschaumes : ouv. cité. — On se demande comment et pourquoi, en novembre, de Sonis avait été jugé digne des faveurs de M. de Freycinet.

Cf. Le Hautcourt (1895), p. 142.

(3) Dans la préface qu'il écrivit en 1895 pour le très beau livre de M. Ardouin-Dumazet, « Une armée dans les neiges », M. de Freycinet rendait un juste et discret hommage à nos soldats.

On s'est souvent indigné de ce que tant de nos généraux
avaient pu tolérer les prétentions de Gambetta et de M. de Freycinet, leur lançant des dépêches de cette nature : « on se retran-
chera avec soin dans les positions qu'on occupera et on attendra
de nouveaux ordres ». — Il me semble que le général d'Aurelle a
fait à cette objection une réponse plus que satisfaisante : « Il
fallait, écrit-il dans son livre, des généraux bien pénétrés de leur
devoir pour accepter le commandement dans de telles conditions ;
mais l'amour du pays donnait le courage de supporter les blessures de l'amour-propre et on ne demandait qu'à verser son sang
pour venger les humiliations de la France » (1).

*La guerre à outrance*. — Bien ou mal conçue et conduite, la
résistance, après Sedan, fut-elle, en elle-même, une faute, une
« folie », reproche que l'on a souvent adressé au gouvernement
de la Défense Nationale et en particulier à Gambetta qui en fut
l'âme ?

Il est assez probable que notre rançon ne se fût pas élevée à
cinq milliards (2).

Ce qui est certain c'est que Gambetta lui-même s'abusait quand
il espérait, grâce à la levée en masse du peuple de France, sau-
vegarder l'intégrité du territoire.

Le gouvernement prussien avait suscité cette guerre avant tout
pour s'emparer de l'Alsace Lorraine. Bismarck savait, en effet,
que la France ne pardonnerait jamais aux Allemands les désastres qu'elle allait subir et qu'elle en voudrait un jour ou l'autre
tirer vengeance. Et la « meilleure manière », selon lui, de s'assurer quelques chances de plus contre cette revanche prévue,
c'était de « prendre des positions militaires inexpugnables et....
d'affaiblir l'ennemi en diminuant son territoire ».

*Dès le 21 août 1870*, un décret avait rattaché les parties allemandes de la Lorraine au gouvernement général d'Alsace (3). Le
28 août, des déclarations catégoriques avaient été faites à ce

---

(1) Simples et nobles paroles d'un bon Français et d'un vrai soldat.

On a cherché à expliquer l'espèce d'acharnement tout particulier avec lequel on
persécuta d'Aurelle, par ce détail : les membres du gouvernement de la Défense
nationale auraient eu connaissance de la lettre par laquelle le 16 décembre 1869,
il avait demandé à l'Empereur de le nommer sénateur. — Cette démarche, en la
supposant exacte, n'enlevait rien au général de ses talents militaires.

(2) Dussieux : 1er vol., p. 143 et 171. — Le 6 novembre, peut-être encore la
paix ne nous eût-elle coûté que l'Alsace et 2 milliards. *Ibid.* : 2e vol., p. 212.

Les prétentions exorbitantes de Bismarck avaient déjà rendu à cette date, tout
arrangement impossible.

Cf. Paul Roué : « Histoire nationale et illustrée de la 3e république, 1870-
1898 ». 1er vol. : La Défense nationale, p. 54-58.

(3) Cf. Borbstaedt : ouv. cité.

sujet (1). D'autres suivirent, aussi « arrêtées », que le général de Wimpffen nous expose dans son ouvrage sur Sedan.

Dans deux dépêches, l'une de Reims, 13 septembre (2), l'autre de Meaux, le 16, — trois jours après, mais également avant le siège de Paris, — Bismarck expliquait à ses agents diplomatiques qu'il « faut à l'Allemagne les grandes forteresses qui sont les postes avancés de la France contre l'Allemagne », et il finit par désigner explicitement Strasbourg et Metz (3). Après Sedan, la Prusse se considérait donc comme « aussi victorieuse qu'à la fin du mois de janvier ».

A la même date, d'ailleurs, — 19 septembre, — se place entre Bismarck et Jules Favre l'entrevue de Ferrières qui échoua, le premier voulant l'Alsace et la Lorraine, le second « déclarant que la France ne céderait ni un pouce de son territoire ni une pierre de ses forteresses ».

Le 1er octobre, Bismarck, se défendant de vouloir réduire la France au rang d'une puissance de second ordre, explique jésuitiquement que... « la *cession de Strasbourg et de Metz* »... comporte, dans sa « connexion territoriale, une diminution de territoire français égale à l'agrandissement de ce territoire par l'annexion de la Savoie et de Nice (4) »... L'écart de 750.000 âmes entre les deux acquisitions n'est pas pour l'embarrasser..., vu qu'il en bénéficie, et parce qu'une diminution à faire sur le recensement de 1866 ne doit rien changer « à l'importation de la France vis-à-vis de l'étranger » (5).

A Orléans, détail non moins significatif, le général Von Der Tann lançait, le 13 octobre, une proclamation (6), pour annoncer à la population que l'Alsace-Lorraine deviendrait terre allemande.

---

(1) Revue des *Deux Mondes* : n° du 1er décembre 1878, p. 696.

(2) Dussieux et autres auteurs cités.

(3) *Enquête* : Déposition de M. de Chaudordy. — M. de Bismarck avait d'ailleurs pris soin de déclarer par la bouche du roi de Prusse, son maître, qu'il faisait la guerre à l'Empire, et non à la nation française. Or, à ce point de vue, il pouvait considérer le 3 septembre son œuvre comme terminée et en exiger tous les effets. A cette époque la division géographique et statistique de l'État-major prussien publiait à Berlin une carte dont les frontières furent acceptées dans la convention signée à Versailles le 26 février 1871 !

(4) Et si l'on appliquait un jour ou l'autre cette méthode..., des compensations, à la Prusse elle-même et à l'Empire d'Allemagne actuel, qu'en resterait-il ?
Ce n'en est pas moins la France que l'on accuse de n'avoir fait que « des guerres de conquête ».

(5) Ce mot est à retenir dans la bouche de celui qui bientôt introduira dans le traité de Francfort, des clauses draconiennes.

(6) Auguste Boucher : « Les murailles d'Orléans pendant l'occupation prussienne, 1870-1871 ».

*
* *

Les opérations militaires, en septembre, ne sont marquées par aucune action d'éclat. Elles se résument dans la continuation des sièges et blocus de nos places-fortes d'Alsace-Lorraine, et dans le bombardement féroce de quelques autres villes (1), qui gênaient la marche des Prussiens sur Paris.

Je ne possède qu'une seule lettre de Deplanque à sa mère ; elle est datée de Mascara, le 12 septembre :

Ma chère mère, nous avons reçu le 5 au matin toutes les nouvelles télégraphiques (2) dont tu m'entretiens ; il n'y a pas à les apprécier autrement que je l'ai, je crois, déjà fait dans ma dernière lettre. Elles ont été reçues, ici comme en France, avec un calme qui prouve qu'on s'inquiète assez peu, en ce moment, de la forme du gouvernement. Nous apprenons que les Prussiens s'avancent tranquillement sur Paris (3) ; ils doivent en être bien près, à l'heure où je t'écris ; mais là n'est pas la question : nous n'étions pas en mesure de les en empêcher. Il s'agit de savoir si Paris se défendra et l'usage que l'on est en mesure de faire de ce qui nous reste de troupes régulières, de la garde mobile et sédentaire : et enfin, le parti que nous allons tirer de nos dernières ressources.

J'avais commencé ma lettre hier, pensant la finir ; j'ai été interrompu et je te la continue ce matin, 13. Le télégramme d'hier, 6 h. du soir, explique la situation et le parti qu'on va en tirer. La démarche du cabinet anglais est significative. On ne veut pas le démembrement de la France ni l'entrée des Prussiens dans Paris même. On veut traiter sous ses murs : on ne veut pas l'humiliation com-

---

(1) Laon, La Fère, Soissons... etc.
A *Montmédy*, 7 batteries prussiennes lancèrent sur la place jusqu'à 12 obus à la minute.
Commandant Hollender : « Le siège de Phalsbourg en 1870. »
Cf. Appendice 14, à la fin du volume.

(2) Évidemment la « révolution » du 4 septembre.

(3) Après avoir assuré le blocus de Metz et réduit le Maréchal Bazaine à l'impuissance, l'État-major prussien avait dirigé deux armées sur Paris, sous le double commandement du prince royal de Prusse et du prince de Saxe. Paris fut investi le 17 septembre par « une armée ennemie de 150.000 fantassins, 22.000 cavaliers et 620 pièces de campagne. » — Cf. Relation du grand État-major prussien.

plète : on ne veut que nous réduire à l'état de puissance
secondaire, à peu près comme la Belgique.

Nous n'avons que ce que nous avons cherché en tracas-
sant ainsi tout le monde, au lieu de nous créer de solides
alliances. On va dire au roi de Prusse, comme on a dit
à Napoléon III après Solférino : « tu n'iras pas plus loin,
ou sinon... »

La démarche de M. Thiers pourrait bien avoir pour
but la restauration de la famille d'Orléans... Ces deux
affaires paraissent marcher de front. Reste à savoir comment on fera avaler cette pilule au parti républicain.
Aurons-nous la guerre civile (1)?

Voilà donc où aura abouti le parti de l'opposition ; à
renverser le gouvernement impérial au prix de l'humiliation de la Patrie, et de son amoindrissement géographique et politique (2). Ce fameux Comité de défense qui
ne parle que de paix, n'aura rien défendu du tout : son
titre n'a été qu'une plaisanterie, comme son opposition
à la guerre lorsqu'elle était inévitable. Le mot qu'on prête
à V. Hugo est magnifique d'égoïsme et de basse flatte-
rie : « que la France périsse plutôt que Paris qui en est
l'âme ! » La Province doit être flattée !... Elle finira peut-
être un jour par comprendre que le maître qu'elle s'est
donné, qu'elle subit stupidement et qui lui coûte si cher,
est la cause unique de tous ses malheurs et de son abais-
sement. Pauvres moutons ! jusques à quand vous laisserez-
vous tondre et égorger par des blagueurs ?

L'envahissement des Etats-Romains (3) est un casus

---

(1) P. Baudin et R. Cadières : « Les grandes journées populaires, 1789-1870 »,
P. et V. Margueritte : « Les tronçons du glaive ».
Jules de Marthold : « Memorandum du siège de Paris, 1870-1871 ».
Louis Enault : « Paris brûlé par la Commune ».
André Saglio : « Les Allemands à Versailles ». — *Revue Bleue*, 13 avril 1901.
L. Gallet ; de Saint-Victor... ouv. cités. — Cf. appendice, 17, à la fin du volume.

(2) Deplanque a fait preuve, dans ses lettres antérieures, de trop de clairvoyance
et d'impartialité dans ses critiques sur notre organisation militaire de 1870, pour
que nous ne lui pardonnions pas généreusement cette erreur et cette injustice.
L'Empire seul doit être tenu pour responsable des désastres de l'année terrible ;
il est tombé de lui-même, sous le mépris et la colère publics.

(3) En 1860, les possessions du pape avaient déjà été considérablement réduites et
limitées à ce qu'on appela le *patrimoine de Saint-Pierre*, placé sous la protection d'un corps français. — (En 1859, l'Autriche avait cédé la Lombardie à Victor
Emmanuel. Le traité de Turin, l'année suivante, imposait à l'Italie, dont l'unité

belli entre l'Italie et l'Autriche. Laissera-t-on ces deux
puissances vider entre elles ce différend ? C'est ce que
nous verrons. Et si la Russie profite de l'occasion pour
venir à Constantinople, qui l'en empêchera ?

En tous cas, la question n'est pas douteuse pour nous :
nous sommes descendus au rang de la Belgique. Les
destinées de l'Europe ne seront plus entre nos mains.
Tout cela est triste, humiliant, ridicule, absurde. Les
Français ne sont plus que des *huîtres*. (sic).

Je t'embrasse,                  *signé* : L. DEPLANQUE.

Quelques jours après avoir écrit cette lettre, le colonel Deplanque recevait l'ordre, — 22 septembre, — de former deux bataillons de guerre à 1.000 hommes chacun, mais desquels on écartait
naturellement les soldats de nationalité allemande.

Embarqués à Oran le 8 octobre ils arrivèrent à Toulon le 11 et
furent dirigés sans retard sur Blois, pour prendre part à la campagne de la Loire, sous les ordres de nouveaux chefs.

*
**

Je voudrais, avant de suivre le général Deplanque (1) dans son
nouveau commandement, dégager quelques conclusions de cette
étude :

1. La responsabilité de la guerre de 1870 retombe sur le
ministre prussien, depuis prince de Bismarck qui sut, il est vrai,
faire rejeter sur le gouvernement impérial français, les apparences de la provocation : — ce qui suffit d'ailleurs, à l'Europe
égoïste, jalouse ou rancunière de nos succès d'autrefois, pour
s'enfermer dans une neutralité dédaigneuse, voire même hostile.

2. Les revers inouïs qui fondirent sur la France et toutes leurs
conséquences, sont imputables à l'Empereur Napoléon III sans
doute, mais aussi, respectivement et pour une part fort impor-

----

était faite, le respect des états pontificaux actuels, engagement renouvelé par la
convention de 1864. Là était le casus belli.

En 1864, sur les instances du gouvernement italien, nos troupes avaient été
retirées. Garibaldi en profita pour marcher sur Rome ; mais il fut arrêté à Men-
tana par une division française qui s'établit à Civita Vecchia jusqu'à la guerre
franco-allemande. Elle rentra en France dès nos premiers revers. Rome capitula
le 20 septembre, et les domaines temporels du Pape furent réunis au royaume
d'Italie ; décembre 1870.

Cf. G. Giacometti : « L'unité italienne », 2ᵉ vol.

(1) Sa nomination du 3 octobre l'affectait à la 1ʳᵉ brigade du 16ᵉ corps de l'armée de la Loire.

tante, à l'Impératrice, à ses familiers, à tout son entourage ; aux ministres, (1) aux généraux, au corps législatif ; aux journalistes, à la foule de Paris elle-même.

3. Le gouvernement de la Défense Nationale qui prit une aussi lourde succession, commit, lui aussi, des fautes, sans doute ; mais il rendit à la nation conscience d'elle-même et la mit debout, frémissante, pour une lutte que l'on savait inégale et qui fut vaillante au point de forcer l'admiration des peuples.

La guerre à outrance nous sauva l'honneur ; le résultat n'en fut pas payé trop cher (2).

---

(1) Et surtout à MM. de Gramont et E. Ollivier.

(2) Le démembrement de la France étant décidé à l'avance, la prolongation des hostilités nous coûta les millions nécessaires aux indispensables préparatifs et ceux que l'extension de l'invasion permit aux Allemands de nous voler encore.

Que le lecteur qui ne serait pas encore entièrement convaincu des ambitions calculs de la politique prussienne à l'égard de la France, *avant 1870*, veuille bien relire ces quelques discours de Bismarck au Reichstad : 2 et 25 mai, 3 Juin 1871, 16 mai 1873, 18 février, 3 mars et 30 novembre 1874...

# LE GÉNÉRAL DEPLANQUE

## A L'ARMÉE DE LA LOIRE

LE

# GOUVERNEMENT DE LA DÉFENSE NATIONALE

## ET L'ARMÉE DE LA LOIRE

———

Le gouvernement avait porté tout particulièrement ses efforts
et ses soins sur les bords de la Loire. En quelques semaines fut
créée cette vaillante armée qui put nous donner un moment l'illusion que la victoire allait enfin revenir flotter dans les plis du
drapeau tricolore.

Hélas ! malgré l'énergie de ses chefs et l'héroïque endurance
de ses soldats, cette armée de la Loire était d'avance condamnée
à l'impuissance finale, tant par sa propre composition, trop hâtivement faite, en septembre-octobre, sous les impérieuses exigences des circonstances, que par l'organisation si savante et si
parfaite des troupes prussiennes contre lesquelles elle allait
opérer.

Ici encore une grande partie de la responsabilité doit remonter jusqu'aux hommes et aux choses de l'Empire. La plupart des
généraux en service étaient âgés, « épuisés, sans flamme » (1),
et vivaient sur leur réputation facilement acquise — et souvent
même surfaite, — au Mexique et en Afrique ; on ne faisait rien
pour rajeunir des cadres qui, eux, ne tentaient plus aucun effort
pour s'entraîner, pour s'instruire (2).

On cite des officiers de l'armée de la Loire qui, dans leur ignorance de la topographie du théâtre des opérations, furent obligés
de s'enquérir auprès des paysans, des routes à suivre pour se
rendre au point indiqué sur leur ordre du jour. Comme ceux qui

———

(1) Journal de Fidus, p. 95-96.

(2) Général Thoumas : ouv. cité, tome 1ᵉʳ, p. 202... « C'était un corps essentiellement fermé... » que celui de notre État-major.

auraient su lire la carte d'état-major n'en possédaient pas (1), il arriva que cette « ignorance » générale de toutes les ressources que présentaient nos voies et moyens de communication, provoqua les plus regrettables erreurs. C'est ainsi que des colonnes d'avant-garde et même des batteries d'artillerie purent se trouver trop souvent engagées dans des chemins impraticables (2) : par suite, les convois restaient immobilisés dans des traverses détrempées par la pluie ou le dégel ; les attelages s'embourbaient, un temps précieux était perdu. Malgré tous les règlements, la grosse cavalerie fut plus d'une fois chargée d'éclairer un corps d'armée ou d'en protéger la retraite....

Tous ces à-coups, ces fausses manœuvres furent cause qu'un régiment, une division entière ne vinrent pas occuper à l'heure dite les positions concertées dans le plan d'ensemble. L'action du centre ou d'une aile de l'armée était, par cela même, retardée sinon paralysée et compromise.

Pour combler les vides, au fur et à mesure que se déroulaient les événements, on fut obligé de multiplier les promotions, à quelques mois d'intervalle, et cela même pour d'importants commandements. Parfois heureuses et plus que justifiées (3), elles furent le plus souvent controversées ; le prestige du nouveau chef n'y gagnait assurément rien : le bien du service non plus.

Des personnes, instruites certes, autant que dévouées, mais étrangères à l'armée et nullement préparées à leur nouveau rôle, avaient obtenu des *commissions*, et avaient réussi à se faire accréditer au titre d'officiers auxiliaires (4). Or, chez ces gradés

---

(1) De Tours, le 10 octobre, M. de Freycinet écrivait : « Cette pénurie de cartes dépasse tout ce qu'on peut imaginer. Non seulement on n'en possède pas pour en envoyer aux corps d'armée en campagne, mais l'administration centrale elle-même en manquait pour suivre les opérations engagées ».

(2) Lieutenant-colonel d'A : « Armées de la Loire en 1870 ». — Arthur Choquet, ouv. cité. — Grenest : « L'armée de la Loire ».

(3) Ainsi en est-il des emprunts faits aux troupes de la marine dont les officiers (et les simples matelots), se montrèrent en toutes circonstances, et notamment à Bazeilles comme pendant le siège de Paris, au-dessus de tout éloge. — Cf. E. Lacroix : « L'infanterie de marine pendant la 2ᵉ invasion, 1870-71 ».

Deplanque nous apprendra qu'il fut lui-même en passe de commander la 1ʳᵉ division du 16ᵉ corps, « quelques semaines après sa nomination comme général de brigade. »

On cite le cas de M. le sénateur général Billot, ancien ministre de la guerre, qui, colonel en novembre 1870, sur la Loire, y devint général de division et fut ensuite maintenu dans ce grade, en 1871.

(4) Le Hautcourt (1895), p. 135. — « Quelques-uns ne savaient ni lire ni écrire ». — Pour éviter ici toute confusion et en même temps des redites inutiles, je désignerai l'ouvrage de M. Le Hautcourt « Josnes, Vendôme, le Mans » déjà cité, par sa seule date de publication — (1895), — pour le différencier de celui paru en (1893) — sous ce titre : « Campagne de la Loire en 1870-71. Coulmiers-Orléans » pour lequel je ne donnerai également plus que la date d'édition.

Rolin : ouv. cité, p. 312. — Critique des nominations faites à l'élection.

improvisés, les aptitudes militaires ne furent pas toujours égales à la bonne volonté et à la vigueur déployées, ni en rapport avec les responsabilités encourues.

Quant aux services si compliqués de l'intendance, plus que défectueux déjà lors de l'ouverture des hostilités, ils ne pouvaient briller à l'improviste sur la Loire : et nous verrons le général Deplanque obligé de s'emparer en quelque sorte de vive force, d'un convoi de vivres qui ne lui était pas destiné, ne pouvant nourrir autrement ses troupes, depuis plus de vingt-quatre heures affamées.

En ce qui concerne le haut commandement, nous avons déjà dit combien les lettres de Gambetta et de M. de Freycinet et leurs dépêches tranchantes sur « l'art de faire la guerre » (1), entravaient son action, d'autant même que plusieurs fractions importantes de l'armée de la Loire ne relevèrent, jusqu'à la mi-décembre, que des instructions directes du gouvernement (2).

Si les officiers auxiliaires laissaient tant à désirer, que dire des sous-officiers qui encadraient nos mobiles et les jeunes recrues ? Ils n'avaient pas sur leurs hommes l'indispensable autorité morale, qui résulte peu à peu de la confiance, de l'estime et de l'affection réciproques : sentiments qui, à leur tour, ne peuvent être engendrés que dans l'intimité prolongée de la vie mouvementée en campagne, par la communauté des dangers courus, des espoirs et des souffrances partagés fraternellement. Les connaissances sommaires, nécessaires même au plus modeste commandement, leur faisaient défaut, et quelques-uns seulement surent suppléer à tout ce qui leur manquait sous ce rapport, par la bonne humeur et par l'entrain si communicatifs, en temps de guerre surtout, et si puissants sur les masses. Les autres, le très grand nombre, ne s'imposèrent même pas, sous cet aspect bon enfant, à la naïve mais féconde admiration des gas de Normandie ou de Bretagne, prompts à suivre les *débrouillards*, capables de leur assurer un peu de bien-être et de réconfort, l'étape finie, dans l'installation du bivouac.

Tels étaient les cadres : « où sont et que sont les chefs (3) ? Pour le plus grand nombre, des officiers de garde mobile, d'abord nommés au hasard, avant la guerre, titulaires aristocratiques (4)

---

(1) L'expression est du général d'Aurelle qui reproduit dans son livre une lettre de Tours, 1870, dans laquelle M. de Freycinet lui recommande d'user des patrouilles, de l'espionnage... etc.

(2) Rapport Perrot, p. 222 à 260.

(3) Eugène Muller : « Souvenirs d'un jeune franc-tireur Guerre de France, Siège de Paris, 1870-1871 ».

(4) Deplanque écrivait, — je ne dis pas que ce soit une critique, — qu'il avait « auprès de lui tous les personnages de la contrée ».

qui avaient reçu leurs grades comme un honneur de fantaisie et qui ne savaient rien du métier militaire. On a procédé ensuite, il est vrai, à des élections dans les compagnies mobilisées mêmes. Qu'est-il advenu? Que le vote a confirmé de préférence dans leurs grades, les officiers *bons enfants*, c'est-à-dire ceux qui permettaient pour cause, le relâchement disciplinaire ; et les quelques anciens soldats qui veillaient à la tenue du service, se sont trouvés d'*instinct*, éliminés.

Avec de tels éléments qui n'excluent pas la valeur personnelle, mais qui risquent de neutraliser les efforts, qu'un général s'avise de quelque stratégie ; qu'il ordonne donc des manœuvres d'ensemble.... Au lieu de le servir, le nombre le gêne, le paralyse (1) : le succès lui échappe et la déroute s'aggrave d'autant.

Tout ce monde-là, divisé par petits groupes et s'éparpillant pour une guerre d'inspiration, d'initiative partielle, taillerait sans doute à l'ennemi une rude besogne (2) : tandis qu'à l'état d'armée compacte, régulière... c'est le contraire qui arrive. »

C'est qu'en effet l'effectif relativement fort nombreux de l'armée de la Loire, se composait d'une « cohue de jeunes gens, venus de tous les points, la plupart sachant à peine tenir un fusil. Et comment armés, comment vêtus ? Où est l'instruction pratique, l'ordre, la discipline » (3) ?

Que tenter, en effet, comme l'a écrit si éloquemment M. Jules Janicot (4), « avec ces hommes fatigués, amaigris, éprouvés au physique et au moral par les rigueurs du climat et par celles de la fortune ? Comme toujours les mobiles sont les plus maltraités. Les pauvres garçons ! Ce n'est pas leur faute s'ils ne peuvent remporter des victoires. On ne s'improvise pas soldat en un jour, alors surtout qu'il faut se battre avec des vêtements en loques et avec des souliers dont les semelles sont de carton. Le bataillon de Sambre-et-Meuse avait au moins des sabots. A la vue du dénûment de nos troupes on est pris de colère et d'indignation. »

Oui, car à tant de causes de faiblesse et de démoralisation, vinrent s'ajouter les rigueurs d'un hiver, exceptionnellement long

---

(1) On se rappelle que d'Aurelle — et après lui Chanzy, — résistant aux ordres de marche en avant, reçus du gouvernement, s'occupaient avant tout de « former » leurs recrues.

(2) C'est sur ce point précis que portaient toutes les « observations » que le général Deplanque se permettait de faire sur les plans de ses chefs qui « persistaient dans les ordres donnés ».

(3) E. Muller... « Le nombre était acquis, non pas la qualité ». — *Enquête* : Perrot, p. 162.

(4) « Trois mois d'ambulance aux armées de la Loire et de l'Est ».

et cruel, dont les ravages furent terribles au camp de Conlie (1) et sur le plateau d'Auvours, dans les rangs de nos soldats, couchés sur la paille pourrie, sans bois pour réchauffer leurs membres endoloris et perclus :

« Le cidre et le vin gelaient dans nos bidons ; on les coupait par tranches, comme des cervelas... Le pain et la viande ne cédaient que sous les coups de hache : les canons de fusils brûlaient les doigts des soldats comme des fers rougis au feu (2)... »

Si telle était la position des hommes valides, sous la menace continuelle d'un ennemi acharné à la poursuite, quel effort sérieux, soutenu, les chefs les plus énergiques à la fois et les plus aimés, pouvaient-ils venir demander encore à ce « misérable troupeau d'hommes » ?

Quant à nos pauvres blessés, « entassés pêle-mêle dans les églises, sous les hangars..., à peine abrités, ils grelottaient le froid et la fièvre, privés même de quinine et des médicaments les plus indispensables à leur état » (3).

Il faut lire encore tant de pages consacrées à la description de l'*uniforme* que portaient les hommes qui continuaient à marcher et à se battre ! Sans doute,

« Dans le nombre il y a bien des lâches, beaucoup de ces soldats sans discipline, sans courage et sans cœur, qui jettent la désorganisation dans les armées (4)... Mais les autres, ceux qui souffrent, ceux dont les forces ont trahi le courage ? Oh comme ils sont à plaindre ! Oh comme ils font pitié ! Déguenillés, exténués, affamés peut-être, les traits douloureusement contractés, grelottant dans de mauvaises capotes déchirées, toussant affreusement, les pieds à demi nus ou enveloppés de linges sales et flétris, ils se traînaient lentement, péniblement sur la route, se servant de leur chassepot comme d'un bâton.

.... Ils restent bientôt en arrière : les colonnes s'allongent, et ces malheureux n'ont bientôt plus qu'une ressource ; s'étendre

______________

(1) Nous avons stigmatisé plus haut l'incurie criminelle qui avait présidé à cette installation scandaleusement insuffisante, alors que de sérieux résultats avaient été obtenus à Salbris.

Cf. Camille Farcy : « Histoire de la guerre de 1870-1871. L'Empire. La *République*. Campagnes du Rhin, de Metz, de Sedan, de Paris, *de la Loire et de l'Ouest*, du Nord, des Vosges et de l'Est ».

(2) Ulysse Chabrol : « Rudes étapes ». — (Les hauteurs de la Croix).

(3) J. Janicot, E. Muller : ouv. cités.

(4) Ceux par exemple qui se débandaient pour apitoyer sur leur sort les paysans de la Beauce ou de la Sologne, ou qui se faisaient gaîment ramasser par l'ennemi ; ceux surtout qui brisaient leurs fusils sur les bornes kilométriques du chemin et usaient follement leurs cartouches sur les glaçons que charriait le fleuve.

dans les fossés où nous les voyons. Avec la neige et le froid, plus d'un sans doute sera mort demain. »

Ceux qui résistent, « les pieds excoriés, tuméfiés,... appuyés sur des bâtons ainsi que des mendiants, leur bidon vide sonnant au dos comme une cloche au cou d'une vache... », se pressent dans les hôpitaux improvisés, écoles, églises, hangars, où tous ne trouvent même pas une misérable place : « Ah ! la visite où, le matin, on venait par centaines dans chaque bataillon » !

Hélas ! oui, c'était navrant (1). — Et qu'on ne croie pas qu'il y ait dans ces lamentables tableaux, amplification de rhétorique ni sensibleries recherchées et voulues, pour roman à thèse humanitaire. Le général Martin des Pallières, un soldat, pour ne citer que ce professionnel habitué à toutes les horreurs de la guerre, a écrit que « les hommes souffraient beaucoup dans les marches (2), non-seulement de la fatigue mais aussi *du manque de nourriture*. Un convoi de biscuit marchait bien avec nous ; l'intendance ne nous laissait pas manquer de vivres (3) ; mais on ne pouvait songer à s'arrêter pour faire les distributions que la confusion des corps n'eût pas permises. Parmi les régiments placés sous nos ordres, un grand nombre n'avaient pas eu le loisir, du 1er au 7 décembre (4), de faire cuire deux fois leurs vivres Cependant ils avaient le plus grand besoin de nourriture substantielle pour les soutenir dans les marches forcées de nuit et de jour, sans abri contre la pluie, la neige, et un froid de plusieurs degrés au-dessous de zéro. Aussi qu'arriva-t-il ? Les hommes jetaient la viande qu'ils ne pouvaient faire cuire (5), et qui les surchargeait inutilement. Ils ne mangeaient plus que du biscuit et la ration de plusieurs jours était consommée en un seul. Aussi tombaient-ils dans un affaiblissement physique et moral d'autant plus pernicieux que la situation de l'armée, de jour en jour plus mauvaise, ne pouvait que s'accroître... » (6).

---

(1) Même note dans Amélée Delorme : « Journal d'un sous-officier, 1870 ». — Lettre préface du lieutenant-colonel Henry, ancien aide de camp du général Chanzy.

(2) « Campagne de 1870-1871, Orléans.

(3) Il n'en fut pas toujours ainsi en décembre et en janvier.

(4) Après Loigny la désorganisation de l'armée, dans sa marche en retraite, compliquait d'autant plus le service de l'intendance.

(5) Il arrivait aussi que les régiments plus favorisés, qui possédaient les ustensiles nécessaires à leur cuisine en plein vent et qui disposaient des distributions réglementaires, recevaient de leurs chefs l'ordre de « renverser les marmites », à l'heure de la soupe, à cause de l'approche de l'ennemi..., que l'on croyait plus éloigné.

(6) Le mal était déjà sans remède, surtout chez les *mobiles* qui offrirent bientôt le plus lamentable spectacle, — à Châteauneuf, à Alençon, à Sully, dans la marche de Sully à Gien... Cf. *U. Chabrol : ouv. cité.*

Que faire avec de tels hommes qui se plaignent qu'on les envoie au feu « comme à la boucherie », qui ne parlent plus que de « complicités et de trahisons », et qui voudraient doubler les étapes pour échapper plus vite et plus sûrement aux atteintes de l'ennemi qu'ils sentent nuit et jour à leurs trousses (1) ?

Et s'il est vrai que les troupes régulières du général Vinoy, manquant de cartouches, n'eurent sur un autre théâtre, qu'une seule préoccupation, celle « d'éviter constamment l'ennemi », nous deviendrons tous plus indulgents pour cette malheureuse cohue (2) de mobiles et de mobilisés qui eut d'ailleurs ses élans de bravoure et ses ressauts d'enthousiasme.

L'éternel honneur du général Chanzy est d'avoir su tenir la campagne, se défendant pied à pied et si crânement que vers la mi-janvier (3) il en imposait encore à l'ennemi qui avait cru si facilement l'écraser, à l'origine (4).

Le 16ᵉ corps, lui aussi (5), connut son heure de défaillance; mais il fit preuve ailleurs, à Coulmiers, à Villepion, à Loigny, de tant de vigueur et d'héroïsme, à la voix et sur les pas de ses chefs les plus intrépides, qu'il semble impossible de lui marchander aujourd'hui notre juste tribut de reconnaissance et d'admiration.

L'armée de la Loire nous a sauvé l'honneur : elle a bien mérité de la Patrie et de la République.

---

(1) Gambetta et de Freycinet, seuls, « dans leur patriotisme ardent », gardaient une confiance, à laquelle se « mêlait une part notable d'illusion ». Le Hautcourt (1895).

(2) Ce n'était plus qu'un « troupeau », écrit A. Chuquet.

(3) 11 janvier... « aux froids rigoureux de la période précédente avait succédé un temps doux et pluvieux qui rendait la marche des troupes extrêmement difficile et pénible, *mais dont l'ennemi surtout avait à souffrir*... Les villages regorgeaient de blessés auxquels les soins nécessaires faisaient défaut... Tous ces indices de profonde désorganisation des troupes françaises étaient encore ignorés le 12, au quartier général de la 2ᵉ armée... »
Ouv. du grand État-major prussien ; trad. de Serda. 3ᵉ partie, p. 645.

(4) Adolphe Adhérer ; « Le mariage du lieutenant ». « ... Ils virent passer... les dragons de la garde et les cuirassiers blancs, dans une tenue aussi correcte que s'ils se rendaient à la parade.... »

(5) Nos troupes, « trop hâtivement formées, à peine instruites, avaient manqué dans la crise terrible du combat comme dans les épreuves douloureuses des longues marches et des bivouacs dans la neige, de la cohésion, de la mobilité, de la rectitude des mouvements, de la résistance, en un mot de la force que *l'éducation militaire* peut seule donner. »
Ouv. cité du colonel Secrétan.

# PÉRIODE D'ORGANISATION

Au milieu de quelques détails d'ensemble sur l'organisation des 15e et 16e corps, nous suivrons pas à pas, du 1er octobre au 6 novembre, la formation du 37e régiment de marche que va commander le général Deplanque.

« Le 13 septembre (1), au moment où Paris allait être investi, le général Le Flô, ministre de la guerre du nouveau gouvernement, offrit au général de La Motterouge..., le commandement d'une armée projetée de la Loire... Quand il arriva à Tours pour prendre possession de ses troupes, il n'y trouva que quelques bataillons de mobiles qui n'étaient encore ni habillés ni équipés, un bataillon de turcos échappés de Sedan dans le plus mauvais état, et 300 à 350 cavaliers, arrivant épuisés de Paris, sous les ordres du général Reyau. Bientôt cependant commença sous la direction intelligente du général Lefort, l'organisation sérieuse du 15e corps (2), qui devait être la premier noyau de l'armée projetée... Les trois divisions que ce corps devait comprendre, n'étaient encore qu'en voie de formation... à Vierzon, Bourges et Nevers,... lorsque, le 5 octobre, le général de la Motterouge reçut... l'ordre de transporter immédiatement son quartier général à Orléans et de prendre la direction des opérations qu'on voulait effectuer sur la rive droite de la Loire, pour arrêter la marche des troupes allemandes... »

Le 8, à Toury, le général prenait contact avec l'ennemi, puis, le 10, à Artenay et le 11, devant Orléans ; mais il dut céder devant des forces supérieures que soutenait une puissante artillerie (3), et il évacua la ville pour « mettre son armée en sûreté de l'autre côté de la Loire ».

---

(1) Rapport Perrot : p. 38-39.
Dussieux, 2e vol. : p. 1 à 15.
Bitteau : p. 134 à 145.

(2) Déposition du général : *Enquête*, p. 35 à 50.

(3) Von Der Thann et le prince Albert « disposaient des 10.000 hommes d'infanterie, de 120 canons et de deux divisions de cavalerie ».

Le lendemain, par une dépêche de Gambetta (1), le général de la Motterouge était relevé de son commandement.

Par une autre dépêche du 15, le général d'Aurelle de Paladine était mis à la tête des 15e et 16e corps. Le 15e « qui alla, le 17 octobre, occuper le camp de Salbris, sous les ordres immédiats du général, était déjà à peu près organisé ; il lui restait toutefois à compléter son équipement, son habillement, et son instruction militaire à peine ébauchée » (2).

M. de Freycinet a écrit qu'en quelques jours le 15e corps put être ainsi « porté à 60.000 hommes ».

Quant au 16e corps, qui n'était encore qu'en voie de formation à Blois, il n'aurait pas tardé non plus, — d'après M. de Freycinet toujours, — à compter un effectif de « 35.000 hommes, avec 200 bouches à feu, prêtes à entrer en action » (3).

Le 17 octobre une dépêche de Gambetta investissait le général Pourcet du commandement du 16e corps, dont le quartier général était fixé à Tours (4).

Dans le tableau de « la composition définitive du 16e corps », que le général Pourcet nous présente dans son livre (5), de même que dans le « relevé » du 18, pour le général d'Aurelle, figure la brigade Deplanque, avec un effectif de 7.000 hommes (6).

Comment s'expliquer, dès lors, que dans leur ouvrage, d'ailleurs si documenté (7), Messieurs Grisot et Coulombon maintiennent le *colonel Deplanque* à la tête du régiment étranger jusque vers la mi-novembre ?

« A la suite du combat de Coulmiers, écrivent-ils, des nominations et des promotions d'officiers *furent* faites au régiment étranger.. Le colonel Deplanque est nommé général et remplacé par le lieutenant-colonel de Curten ».

---

(1) La mesure était prise contre le général *avant* que le gouvernement eût reçu le rapport officiel sur ses opérations. Mais Gambetta lui avait envoyé l'ordre « de se porter en avant et de vaincre » ; et comme il n'avait pas vaincu il faillit être traduit devant un conseil de guerre. — Cf *Enquête* : déposition Lefort, p. 41, et encore : ouvrage du comte de La Chapelle, 2e partie, p. 13-14.

(2) Rapport Perrot : *Enquête*, p. 52.

(3) *Enquête*. Déposition du général Lefort. — Et les ouvrages cités de MM. de Freycinet, p. 72. — Ed. Deschaumes, p. 57 et sq.
Général Pourcet, *préface* : « Campagne sur la Loire, 1870-1871 ».

(4) Faivre d'Arcier et Royé : « Historique du 37e régiment d'infanterie ».
Maurice Bois : « Guerre franco-allemande de 1870-1871 sur la Loire. — La Défense nationale. — Batailles et combats ».

(5) Voir aussi le rapport Perrot : *Enquête*, tome I, p. 37-47.

(6) 37e de marche, lieut.-col. Graziani, Maltat. Artillerie, 19e batt. du 7e rég. 18e batt. du 8e rég., 19e batt. du 10e rég. ; 8 pièces.
33e mobiles (Sarthe), lieut.-col de La Thouanne. Génie, 1re section de la 20e compagnie du 8e régiment.

(7) La « Légion étrangère, » p. 331-333.

L'erreur est manifeste. Nommé général par décret du 3 octobre, Deplanque avait ramené d'Afrique les 1ᵉʳ et 2ᵉ bataillons du régiment étranger (1), qui reçut l'ordre de marcher par étapes sur Salbris et sur Mer. Parti de Blois le 18 octobre, il se dirigeait sur Orléans et s'y trouvait bientôt en contact avec l'armée bavaroise.

Mais, auparavant, le général Deplanque avait été appelé à la tête de la 2ᵉ brigade de la 1ʳᵉ division du 16ᵉ corps. Il y figure dès le 14, au moins d'après son *curriculum vitæ* : et voici d'ailleurs une importante citation, conforme à cette interprétation : « Le 16ᵉ corps, à l'abri d'un rideau de francs-tireurs, se concentrait peu à peu et organisait sa ligne défensive... Derrière ces troupes, le 16ᵉ corps avait une brigade d'infanterie, celle du général Deplanque, à *Blois* (2). Le 19, la brigade Deplanque se dirigeait vers la forêt de Marchenoir et s'y établissait... Deplanque commence aussitôt des travaux défensifs sur son front... Quelques troupes venaient bientôt l'y renforcer (3)...»

Voici une note non moins élogieuse : « La brigade commandée par le général Deplanque (4)... était la 2ᵉ de la 1ʳᵉ division et comprenait le 37ᵉ de marche (5) et le 33ᵉ régiment de garde mobile (Sarthe). Ces soldats d'un jour qui avaient l'honneur de porter le Nᵒ 37, allaient avoir aussi leur campagne : ils devaient prouver qu'à défaut d'instruction, ils possédaient, du moins, la bravoure et l'insouciance du danger, ces qualités si françaises, qui ne cessèrent de les animer et leur firent faire des prodiges, dans cette lutte désespérée qu'on a appelée « la lutte pour l'honneur. »

La formation de ce 37ᵉ régiment de marche s'était poursuivie à Bordeaux, pendant la première quinzaine d'octobre, sous la haute direction du capitaine de Fouchier, qui, « muni de pleins

----

(1) Le 5ᵉ fut formé à Tours. — Nous n'avons plus à nous occuper du régiment étranger qui échappe au commandement de son ancien colonel.

Cf. De Fouchier : « 150 jours à l'armée de la Loire. Souvenirs du 37ᵉ de marche ».

(2) Cela vient expliquer les choses le plus naturellement du monde. Le général Deplanque quitte le commandement du régiment étranger qu'il avait amené jusqu'à Blois et y prend la direction de la « brigade d'infanterie du 16ᵉ corps », commandement approprié à son nouveau grade

(3) Sans doute peu importantes. En tout cas ce n'est guère que fin décembre que la brigade comptera 9 bataillons, dont le 62ᵉ de marche avec le lieutenant-colonel Cahart et le bataillon de mobiles de Maine-et-Loire.

(4) Faivre d'Arcier et Royé, ouv. cité.

(5) A la date du 5 octobre un décret « régularisait la formation de plusieurs régiments de marche. Le 37ᵉ devait être organisé à Bordeaux. Alors, des quatre coins de la France, arrivèrent, dans l'espace de 8 jours, 21 compagnies ».

La défense locale dans les départements, fut organisée par un autre décret du 14 octobre.

pouvoirs pour exécuter sa mission (1), organisa complètement le
régiment... Le 13 octobre le régiment fut passé en revue, et le
14, il fut décidé qu'il quitterait Bordeaux. Il y avait encore cependant de grosses lacunes à remplir (2) ... Le 37e de marche partit
néanmoins le 14 octobre, en trois colonnes, à quelques heures
d'intervalle, pour Blois. . »

Mais toutes ces troupes manquaient des choses les plus indispensables (3). Au lendemain de sa prise de possession du commandement, le général Pourcet réclamait du général en chef
d'Aurelle, des « équipages régimentaires et des ambulances » ;
et, disait-il, « ce qui est plus grave, je n'ai absolument aucune
réserve de cartouches d'infanterie, soit pour chassepots, soit
pour fusils à percussion, et on ne répond même pas à mes demandes réitérées à cet égard ».

Et c'était précisément à cette heure que le général Pourcet
recevait du ministre l'ordre télégraphique de porter son corps
en avant sur la rive droite de la Loire !

Le 23, nouvelles plaintes (4). Mais l'ordre de mise en marche
fut rapporté, le gouvernement oscillant entre des plans différents (5).

Les choses restant ainsi... provisoirement en l'état, le général
Pourcet espérait, « grâce aux dispositions défensives ordon-
nées, quelques jours de répit qui lui permettraient de diriger
tous ses soins vers l'organisation de son corps d'armée ».

Mais il n'en devait pas être ainsi. La prise de Châteaudun (6),
le 18, « malgré l'héroïque défense de la population et des francs-
tireurs du colonel Lipowski,... modifiait gravement la situation ». C'est pour ne pas se laisser déborder et pour se couvrir
désormais à l'Est et au Nord que le général en chef envoya, dès
le 19, « la brigade Deplanque qui venait d'arriver à Blois, dans
la direction de la forêt de Marchenoir » (7), qu'elle occupait, et
quelle devait défendre jusqu'à la dernière extrémité.

---

(1) Faivre d'Arcier et Royé.

(2) Le nombre était acquis, mais ces soldats « ne connaissaient pas le mécanisme
de leur fusil...»

(3) La brigade Peytavin « manquait de tout. »

(4) Ainsi donc M. de Freycinet « songeait à mettre en mouvement un corps
d'armée », avant la réunion des éléments les plus essentiels à la formation de
combat.
Cf. Chuquet : ouv. cité, p. 167-168.

(5) Le plan débattu à Tours comprenait, dit M. de Freycinet, « deux combinaisons principales, susceptibles d'être adoptées : l'une consistant à se jeter dans
l'Est pour couper les communications de l'ennemi ; l'autre à marcher sur Paris
pour tâcher de le débloquer ».

(6) Cf. Appendice 14, à la fin du volume.

(7) Général Pourcet : ouv. cité, p. 21 et ssq.

« Établi de sa personne à Oucques », Deplanque y perfectionnait les travaux de défense déjà commencés (1).

Il occupait donc « de bonnes positions, à droite de Vendôme ». Malheureusement les troupes de renfort (2) que lui amenait le général Peytavin avaient, non pas des havre-sacs, « mais de simples sacs de toile, retenus par des cordes, qui avaient blessé les hommes aux épaules »... Les pluies continuelles avaient aussi fort avarié les vivres et trempé les vêtements de ces jeunes soldats qui, « venant presque tous de quitter leurs foyers, avaient encore tout à apprendre (3)... Ils n'avaient passé en effet que quelques semaines dans les dépôts : leur instruction n'était qu'ébauchée : leurs cadres étaient incomplets et souvent novices eux-mêmes... Dans un tel état de choses la discipline n'avait pu s'établir et de bien fâcheux exemples (4) tendaient encore à la relâcher... »

Le général se multipliait pour perfectionner l'instruction militaire ; « le tir à la cible surtout ainsi que l'application du service en campagne », furent poussés avec la plus grande activité. C'est ainsi que les troupes, « toujours en haleine, apprirent à connaître leurs chefs, constamment au milieu d'elles... »

Pendant que le général Pourcet entraînait de son mieux le 16ᵉ corps, le général d'Aurelle, de son côté, donnait tous ses soins aux jeunes recrues du camp de Salbris (5) : « C'est là qu'il commença avec une fermeté de main et une vigilance qui ont honoré sa carrière, à ramener dans l'armée l'ordre et la discipline qui en avaient disparu. En moins d'une semaine (6) le changement apporté dans l'aspect de ces troupes, — 25 octobre, — fut très sensible ».

----

(1) Général Pourcet, p. 23-24 : rapport du 18 octobre.

(2) Le Hautcourt (1893), p. 79-80. — Le commandant du corps d'armée avait mis à sa disposition, « un régiment de cavalerie, le 6ᵉ lanciers et une batterie d'artillerie ; et enfin, le 22, la compagnie des francs-tireurs de Seine-et-Marne ». Les troupes « occupaient un espace considérable ».

(3) Rapport Perrot, p. 53 : Impression pénible produite sur « quiconque a vu alors, passer sur les voies publiques les troupes, ou plutôt les bandes armées qui rejoignaient leurs corps... »

(4) Malgré les quelques condamnations capitales qui furent prononcées par les cours martiales.
Le décret qui les instituait date du 2 octobre et non pas seulement du 30. Il est reproduit in-extenso aux pièces justificatives du rapport Perrot, p. 284-286.

(5) M. de Freycinet lui a rendu pleine justice : ouv. cité, p. 10 et p. 82.

(6) Le Hautcourt (1893), p. 70-71. « Le général d'Aurelle visitait un à un ses régiments et s'arrêtait devant chacun des bataillons. Souvent sa voix respectée adressait à tous, officiers et soldats, quelques paroles familières... Il leur parlait des malheurs du pays, faisait appel au patriotisme, au dévouement, au sentiment du devoir... »

Aussi bien le temps pressait. L'ennemi se rapprochait et presque à chaque heure du jour nos avant-postes devaient repousser ses agressions de plus en plus audacieuses. Les troupes de la brigade Deplanque « cantonnées depuis le nord de la forêt de Marchenoir jusqu'à la Loire, étaient constamment tenues en haleine par des reconnaissances ennemies qui avaient pour objet de chercher à surprendre nos projets et aussi de frapper des réquisitions en vivres et en fourrages » (1).

A la suite des conférences de Salbris et de Tours, le plan qui fut imposé aux généraux était une reprise de l'offensive, pour l'armée de la Loire, qui devait s'emparer d'Orléans. Mais on oscillait encore entre la marche sur Orléans par Gien ou par Blois.

Le 16ᵉ corps occupa les positions qui lui étaient indiquées ; mais le 28, le 15ᵉ corps n'était pas encore en état de participer (2) au mouvement d'ensemble en avant. Par étapes, la concentration était impossible, exigeant trop de temps ; or on n'avait pas sous la main le matériel roulant nécessaire, et les pluies des derniers jours d'octobre « vinrent ajouter aux souffrances et aux fatigues des hommes, insuffisamment vêtus, détrempant le sol de manière à retarder considérablement la marche des convois et à rendre presque impraticables les manœuvres de l'artillerie en dehors des routes ferrées (3)... »

L'ordre arrivait le lendemain d'ajourner les opérations : et l'on mit le temps à profit pour s'organiser (4). Le 16ᵉ corps, « demeuré sur ses positions, achevait son organisation, complétait ses convois et ses réserves. Deux fois par jour, les troupes faisaient l'exercice, et elles arrivaient déjà à manœuvrer avec aplomb et régularité » (5). L'heure était des plus solennelles.

Le général en chef, dans son rapport du 30 octobre, se plai-

----

(1) Ouv. du général Pourcet qui cite « l'un des plus brillants faits d'armes du corps des francs-tireurs » : l'occupation de Binas par un détachement de la compagnie du capitaine Liénart, qui « venait d'être mise à la disposition du général Deplanque », 24 octobre.

(2) Les autres divisions et toutes les brigades de cavalerie souffraient de la même désorganisation ; mais au 15ᵉ corps les effets en furent longtemps plus sensibles : témoin, cette dépêche du général en chef, de Blois, 28 octobre, qui se « voyait forcé de retarder son départ de 24 heures », parce qu'il *manquait de tout.*

(3) Général Pourcet, p. 42.

(4) Gambetta et M. de Freycinet ne cachaient pas leur dépit de cet arrêt dans la marche sur Orléans. Le 29 octobre, le délégué à la guerre regrettait « la magnifique partie » qu'ils se préparaient à jouer et que, « selon lui », nous aurions gagnée ; mais ajoutait-il, « puisque nous devons renoncer à vaincre étant deux contre un, alors qu'autrefois on triomphait un contre deux, n'en parlons plus ».

Lettre au général en chef : *Enquête*, tome I, p. 59.

(5) Elles allaient lutter contre les troupes de Von Der Thann et du prince Albert, qui concentraient leurs efforts dans la direction d'Orléans, appuyés par une puissante artillerie !

gnait amèrement, lui aussi, du dénûment dans lequel on laissait les troupes de son armée. Et il insistait sur la « situation du 16ᵉ corps, — le moins mauvais ! — dont les soldats ne sont pas prêts ; dont l'organisation, malgré les efforts du général Pourcet, est encore fort défectueuse ; dont les cadres ne comptent pas la moitié des effectifs pour chaque grade ». — Et il concluait : « le 16ᵉ corps se trouve dans une situation impossible à maintenir.

.... La division Barry n'a pas un seul général de brigade... Les régiments ont une telle pénurie de bons officiers qu'on ne peut en demander pour les détacher aux Etats-majors... » (1)

Le 31, une reconnaissance était faite par la « 2ᵉ brigade avec une section d'artillerie et un bataillon de la brigade Bourdillon qui, en arrivant à Chantôme, donne la chasse à une patrouille ennemie » (2).

Telle était au 1ᵉʳ novembre, la situation. Le 37ᵉ régiment de marche, défalcation faite de ses malades et des quelques blessés aux escarmouches d'avant-garde, ne comptait plus pour l'entrée définitive en campagne, que 3.541 hommes, au lieu des 3.894 qui figuraient sur les tableaux de formation. On multipliait partout les reconnaissances en avant de la forêt de Marchenoir pour aguerrir les troupes et leur donner la cohésion nécessaire.

Cependant le 2 novembre, par dépêche ministérielle (3), le général Pourcet était destitué, et avait pour successeur le général Chanzy (4), qui écrivait le soir même au général en chef : « Je reçois à l'instant (11 heures), votre dépêche qui m'annonce que je suis nommé au commandement du 16ᵉ corps d'armée. Je vais me rendre à Marchenoir pour prendre possession de ce commandement....

« J'ai prescrit au général Deplanque qui commande la première brigade de la première division et dont les troupes sont placées à Viévy-le-Rayé et à Ecoman, de s'éclairer en avant et à gauche pour avoir des renseignements sur les troupes qu'on signale du

---

(1) D'Aurelle de Paladine : « La première armée de la Loire. Campagne de 1870-1871 ».

(2) Historique manuscrit du 37ᵉ de marche, consulté à la bibliothèque (archives historiques) du ministère de la guerre.
Le général Deplanque avait conservé dans ses papiers les « copies » des instructions, ordres du jour..., etc. qui avaient été communiqués à l'armée de la Loire par le ministre de la guerre et ses délégués, par les généraux en chef d'Aurelle, puis Chanzy ; les « ordres de mouvements » qui le concernaient... dont la plupart ont été reproduits dans les ouvrages de Chanzy, Mᵍʳ Bois, A. Boucher. Je ne m'occuperai que des autres pièces, sans doute moins connues.

(3) « Remettez immédiatement au général Chanzy le commandement du 16ᵉ corps d'armée. »

(4) Nommé divisionnaire quelques jours auparavant, le 20 octobre.
Son successeur officiel à la tête de la 1ʳᵉ division du 16ᵉ corps, sera le contre-amiral Jauréguiberry.

côté de Cloyes, venant de Chartres et de Châteaudun. Je lui envoie à Cloyes une batterie d'artillerie. En remettant le commandement de la division (1) au général Deplanque je lui ai prescrit d'établir son quartier général à Viévy-le-Rayé.

« P. S. Notre gauche est faible et notre ligne un peu étendue. Si je reçois des renseignements constatant la marche des forces ennemies sur Ecoman, je renforcerai l'aile gauche.

« Recevez..., etc. *Signé* : Général Chanzy. »

Le général en chef, après sa visite au quartier général du 16ᵉ corps, fit paraître de Mer, le 2 novembre, un ordre du jour qui assignait aux troupes les divers emplacements qu'elles devaient occuper (2).

Le 5 novembre, dans une lettre qu'il écrivait de Saint-Léonard, à sa mère, le général Deplanque nous donne quelques détails sur son installation particulière dans cette région si menacée, et à la veille de Coulmiers.

Ma chère mère, ta lettre du 29, annoncée par celle que j'ai reçue il y a deux ou trois jours, ne m'est parvenue que ce matin. M. Ducroquet m'avait en effet parlé de sa parenté plus ou moins indirecte avec la famille du château. Lorsque son colonel l'a désigné pour remplir auprès de moi les fonctions d'officier d'ordonnance, j'ignorais cette particularité. Je ne le connaissais même pas. Il a été choisi parce qu'il était apte à ces fonctions, et j'en suis content. Il se porte très bien.

Je suis logé avec tout mon État-major chez M. l'intendant du duc de Luynes qui lui-même est capitaine dans le 33ᵉ régiment provisoire, composé des mobiles de la Sarthe, placé sous mes ordres. Son frère, De Chevreuse, est lieutenant dans le même régiment qui fourmille de divers autres personnages de la contrée. Nous occupons la forêt de Marchenoir, une des belles propriétés des de Luynes. J'ai pour deuxième officier d'ordonnance, M. de l'Ombre (3), personnage aussi du pays.

----

(1) Situation « provisoire » qui se prolongera jusqu'à la fin de la campagne.

(2) La division Deplanque... « en arrière de la forêt, avec une brigade de la division Bessayre pour garder la forêt ».

Pour toute cette partie technique, se reporter aux ouvrages spéciaux des généraux d'Aurelle, Pourcet et Chanzy.

(3) J'avais espéré quelques renseignements de ce côté ; mais cet ancien officier d'ordonnance de Deplanque est mort, comme me l'apprend une lettre de son frère.

Le *Moniteur* du jour parle des événements de Paris, de la mission de M. Thiers, d'armistice, de propositions de paix (1)..., etc. Serait-ce la fin ?

J'ai touché en passant général, pas mal d'argent qui m'embarrasse en ce moment, parce que je ne puis acheter ce qui m'est nécessaire. Je t'envoie donc trois billets de mille francs, n°° 169, 732 et 836, en deux lettres, parce qu'on ne peut garantir que jusqu'à deux mille francs en une seule. Conserve-les moi jusqu'à mon retour ou jusqu'à ce que je te les réclame. Si tu as besoin d'argent je t'en enverrai, mais ne touche pas à cela.

Je commande la 1re division à la place de Chanzy qui commande le 16e corps. Il était question de me donner le grade ; mais je ne crois pas que cela m'arrive : ce serait un peu trop fort, au bout d'un mois de grade. Cependant Chanzy m'a dit qu'il en avait été déjà question au ministère.

Je t'embrasse.                    *Signé* : L. DEPLANQUE.

Les deux divisions d'infanterie du 16e corps occupaient de bonnes positions en avant de la forêt de Marchenoir, bien « protégées (2) et gardées par leurs avants-postes », soigneusement reliés les uns aux autres. La concentration stratégique s'achevait et les mouvements d'ensemble se dessinaient sur toute la ligne. Chanzy qui, dès le 7, « avait rejeté en désordre les têtes de colonne bavaroises d'Ouzouer-le-Marché, fit reculer de même de Saint-Laurent des Bois sur Coulmiers, un parti ennemi, le 8 novembre (3). Le général d'Aurelle arrivait parallèlement, le 9, devant la position de Baccon, un peu au nord de Beaugency.

Ainsi donc, le 7 novembre les troupes du 37e de marche avaient fait belle contenance devant l'ennemi, et l'engagement de Vallières était d'un bon augure pour la prise du commandement du général Chanzy (4).

Le 8, au soir la « 2e brigade, général Deplanque qui, dans la journée, s'était rassemblée à la Colombe pour marcher sur

---

(1) Dans sa lettre du 4 novembre à Gambetta, M. de Freycinet relève tous ces bruits « qui jettent le trouble dans l'âme des généraux ». Et il ajoute : « moi-même, si je cherche à remonter leur moral et à les pousser en avant, j'ignore si demain je ne serai pas désavoué. »

(2) Rapport d'Aurelle qu'il est impossible ici de ne pas suivre pas à pas.

(3) Paul Bondois : « Histoire de la guerre de 1870-1871. »

(4) A Vallières, une compagnie tout entière de Bavarois fut faite prisonnière.

Ouzouer, en traversant la Gahaudière puis Binas (1), recevait les ordres suivants : « demain, 9 novembre, réveil à cinq heures (2) : pas de sonneries ; on mangera la soupe à 7 heures 1/2 : on partira à 8 heures... La 2ᵉ brigade de la 1ʳᵉ division, (général Deplanque), éclairée sur sa gauche par les francs-tireurs du commandant Liénard, ... marchera sur Charsonville, Epieds, Gémigny, qu'elle devra enlever successivement (3)... Les corps qui n'ont pas touché les vivres de consommation pour les journées des 9 et 10, les recevront demain avant le départ ... »

Le 37ᵉ de marche était au nombre de ces derniers. — Une partie de la nuit du 8 au 9 s'était passée en allées et venues, et ce ne fut que le matin, entre quatre et cinq heures, que « le régiment reçut deux vaches sur pied. La soupe fut commencée ; mais à 7 h. 1/2 le général Deplanque fit renverser les marmites et on partit à huit heures, le ventre vide (4)... »

A huit heures les corps « s'ébranlent dans un ordre parfait », et les régiments « se dirigent en silence vers les positions indiquées la veille... L'armée française est rangée en bataille sur deux lignes, dans un ordre admirable. Tout en elle annonce la confiance.... Les troupes semblent disposées pour une revue (5)... »

---

(1) Maurice Bois, ouv. cité.

(2) Lieut.-colonel d'A., ouv. cité.
« Le 9, le temps était froid et sombre. Quand le brouillard fut dissipé, l'armée était sous les armes. Il s'agissait d'enlever les positions retranchées des Prussiens. Le 16ᵉ corps devait faire une conversion à droite... »

(3) Extrait des instructions données du « quartier général de Mézières, le 8 novembre, 10 heures du soir », au 16ᵉ corps, pour la journée du 9.

(4) L'ordre de Chanzy était formel : « Les hommes devront avoir mangé la soupe à 7 h. 1/2, de façon *qu'on s'ébranle sur toute la ligne, à huit heures précises* ».

(5) Extrait du rapport du général en chef, qui avait lui-même quitté Poisly et était arrivé « à 9 heures et demie devant Baccon ».

# BATAILLE DE COULMIERS

« L'armée allemande, retranchée dans des villages (1), des châteaux et des fermes, les a crénelés, barricadés à l'intérieur.... Elle est prête (2) à recevoir la bataille que nous venons lui offrir ; elle nous attend de pied ferme ».

L'action s'engagea sur toute la ligne par une violente canonnade qui eut surtout Baccon, sur notre droite, comme objectif. L'étendue du champ de bataille « était de 12 kilomètres (3), de Baccon à Gémigny. A droite, les généraux Barry, Peytavin, Borel enlevèrent successivement et avec un entrain admirable chez d'aussi jeunes troupes, Baccon, le Grand-Luzet enfin Coulmiers ».

Dans le plan adopté pour les opérations de la journée, « la tâche la plus rude » (4) revenait au 16ᵉ corps, sur notre gauche. La brigade Deplanque « traverse Épieds et se porte sur Cheminiers (5). Accueillie par une grêle d'obus, elle déploie ses tirailleurs et continue son mouvement... »

De toutes parts, le 16ᵉ corps fait des prodiges d'énergie. La brigade Deplanque, aux prises avec l'ennemi qui apparaît de tous côtés (6) avec des forces considérables... et dont les batteries, en grand nombre, couvrent de projectiles le terrain des attaques », marche toujours.

« Les francs-tireurs du commandant Liénard, le 37ᵉ de marche et les mobiles de la Sarthe (33ᵉ mobiles), se déploient au premier

---

(1) Rapport du général d'Aurelle.

(2) Si l'on pouvait admettre comme rigoureuses les évaluations du grand État-major Prussien, l'ennemi n'aurait eu que « 20 000 hommes engagés à Coulmiers, avec 110 pièces de canon, contre 70 000 Français pourvus de 150 pièces ». — Leurs pertes n'auraient pas dépassé 800 hommes et nous en aurions compté 1.500 hors de combat.

(3) Paul Boudois, ouv. cité. — A Baccon se signalèrent les tirailleurs du 33ᵉ mobile, qui emportèrent d'assaut le village après une lutte d'une heure contre les chasseurs bavarois.

(4) Le Hautcourt (1893), p. 136-138.

(5) Maurice Bois, ouv. cité.

(6) Maurice Bois, ouv. cité.

rang sous une pluie d'obus qui tombe là tout entière (1)... Cependant, sous ce feu terrible, nos batteries prennent position (2) ;
nos tirailleurs se dispersent dans la plaine. On veut avancer ; un
instant les rangs s'éclaircissent parmi les mobiles de la Sarthe (3) ; un instant leur jeune bravoure s'étonne des coups
implacables et multipliés dont les frappe l'artillerie ennemie.

« Eh bien ! les Manceaux, est-ce que nous allons reculer ? crie
parmi eux d'une voix gaillarde un conscrit, moins ému du danger que de l'honneur de sa province. Le mot passe, courageux
et gai, dans tout le bataillon. Les Manceaux ne reculeront
pas... (4) »

La brigade Deplanque supportait, en somme, l'effort principal
des troupes bavaroises ; et voici une autre note, peu suspecte à
coup sûr (5), que je n'ai garde d'oublier dans ce concert d'éloges : « La 2ᵉ brigade (Deplanque), du contre amiral Jauréguiberry (33ᵉ mobiles et 37ᵉ de marche), s'était avancée par Charsonville et Epieds sur les villages de Cheminiers et de Champs et
avait eu à essuyer les feux croisés des batteries ennemies, établies à Saint-Sigismond, Gémigny, Rosières et Coulmiers. Un
moment, le 33ᵉ, criblé de mitraille, commençait à se débander :
« Eh ! les Manceaux, est-ce que nous aurions peur ? », crie un
mobile de la Sarthe. A ces mots le bataillon se reforme, le régiment est enlevé et son colonel marche sur Cheminiers qu'il fait
occuper...

« Le 37ᵉ de marche (à la gauche du 33ᵉ), occupe Champs ; mais
à deux heures de l'après-midi il est refoulé de cette position par
les troupes de la deuxième brigade (Von Arff), appuyées par quatre batteries et une partie de la quatrième brigade de cavalerie. . »

Ce fut le moment critique de la journée (6). L'incendie avait

_____________

(1) Auguste Boucher : « Bataille de Coulmiers ».

(2) Gaston Armelin, dans un supplément illustré du *Petit Journal*, a écrit : « Deplanque met en action la 19ᵉ batterie du 10ᵉ d'artillerie, capitaine *Réverdy* ».

(3) L'intensité du péril excuse un moment d'indécision de la part de ces jeunes
mobiles. Le général d'Aurelle ne paraît pas tout à fait juste quand il dit dans son
rapport : « le 16ᵉ corps, de son côté, avait attaqué, mais avec moins d'élan que le
15ᵉ — (Peytavin à Baccon), — les positions ennemies, vaillamment défendues par
De Thann ».

(4) Le colonel de la Touanne sut d'ailleurs « les exciter noblement » à tenir bon
devant les obus.

A. Boucher cite, dans son livre, l'héroïque réponse de Paul de Chevreuse, qui
avait été blessé dans la journée.

(5) Ouv. du grand Etat-major prussien. — Vers midi 1/2, à Cheminiers et à Champs,
les Allemands avaient été « accueillis par une vive fusillade » de la brigade
Deplanque.

(6) « C'était en ce moment, — vers trois heures, — dit le rapport du général en
chef, un spectacle imposant que celui de cette jeune armée de la Loire : elle combattait sur tous les points à la fois, avec une ardeur admirable ».

éclaté sur plusieurs points du malheureux village de Champs. Les batteries prussiennes, admirablement mises en position, faisaient pleuvoir sur la 2ᵉ brigade un feu des plus meurtriers ; et il fallut toute « l'énergie du contre-amiral Jauréguiberry qui paya bravement de sa personne (1) » pour arrêter la retraite.

Le combat se rétablit et l'on « tint bon à Champs jusqu'à 4 h. 1/2 (2). A cinq heures toutes les troupes de la première division (3) se portèrent en avant et s'emparèrent des villages de Champs et d'Ormeteau...

« L'ennemi, en pleine retraite, fut poursuivi tant qu'il fit clair, par le feu de notre artillerie... »

Le 16ᵉ corps, fortement engagé sur tous ses points, avait contribué à « nous assurer le succès de la journée (4). Il fallait le compléter. Le général Chanzy dirige ses efforts sur Gemigny et Rosières. La brigade Deplanque s'empare de ces deux villages, malgré la résistance désespérée des Bavarois, mais en éprouvant les pertes les plus sensibles... La nuit était arrivée : l'armée de la Loire avait vaincu (5). »

Le général Deplanque, avec ses troupes victorieuses mais décimées, vint camper entre la ferme Villaunoy et Cheminiers. Il avait fallu, en effet, évacuer Champs et Cheminiers qui brûlaient, de même que les fermes des environs : l'artillerie prussienne y avait causé d'effrayants ravages.

« Après une nuit épouvantable (6), on leva les tentes, dans l'incertitude du combat de la veille et de la direction qui serait assignée aux bataillons. En attendant l'on se chauffait aux feux de bivouac. Le général de brigade Deplanque et ses officiers étaient mêlés aux troupes et se chauffaient familièrement à nos feux. Enfin l'on se mit en marche. »

Coulmiers était bien, en définitive, une victoire pour l'armée

---

(1) Rapport du général Chanzy au général en chef.

(2) Rapport du général d'Aurelle au ministre.

(3) La brigade Bourdillon, vigoureusement enlevée, était intervenue au moment propice, forçant les Allemands à se replier.

(4) Rapport du général en chef au ministre.

(5) A. Chuquet, dit, p. 189 : « L'armée française avait vigoureusement combattu, et les mobiles, surtout ceux de la Dordogne et de la Sarthe, s'étaient signalés par leur entrain. »
Et Camille Farcy : « La première division de Chanzy s'était emparée de Champs et d'Ormeteau... Les troupes françaises avaient été admirables d'entrain ; elles couchèrent sur le champ de bataille ».
Voir encore : Bitteau, p. 154-165, ouv. cité.
Paul Bondois : « les troupes françaises ne s'en acharnèrent pas moins à la poursuite des fuyards et firent 800 prisonniers ».

(6) Henri Bohineust : « Commentaires d'un conscrit, numéro matricule 5093. Chronique du 33ᵉ mobiles (Sarthe).

de la Loire ; mais on n'en sut pas pleinement profiter, et d'ailleurs de grosses fautes furent commises dans cette journée du 9 et dans la soirée (1).

Le général Reyau « qui commandait la cavalerie, à gauche », eût pu rendre la victoire décisive ; mais il « manqua de coup d'œil (2) ; il laissa passer l'instant précis pour prévenir l'ennemi sur la route de Chartres et le rejeter sur l'infanterie victorieuse à Coulmiers. »

On peut invoquer pour lui quelques circonstances atténuantes (3), mais il faut lui reprocher, avec la dernière énergie, de ne s'être « pas conformé aux ordres donnés » (4).

Les instructions générales de d'Aurelle (5), disaient que le « général commandant le 16° corps *donnerait* au général Reyau, commandant de la cavalerie, les instructions nécessaires pour son mouvement », dans la journée du 9. Or, le général Chanzy les lui avait transmises, aussi détaillées que précises. Il devait, « pour couper la retraite à l'ennemi, se porter de Prénouvellon sur Patay et Sougy. Mais il se jeta à droite, sans raison, sur le village de Saint-Sigismond ». Débordé, Reyau, au milieu de la bataille, faisait prévenir Chanzy « qu'il se voyait forcé de reculer ». En vain, la brigade Bourdillon fût-elle alors envoyée à son secours : un peu plus tard, le général Reyau, reculant toujours, regagnait ses positions du matin, qu'il n'aurait pas dû quitter. Tombant à la fin de la journée, avec des troupes fraîches, sur l'ennemi déjà en désordre, il l'eût anéanti.

On avait sans doute aussi escompté avec trop d'optimisme, pour cette première rencontre sérieuse avec l'ennemi, le secours que l'armée de l'Ouest (6) pouvait apporter aux forces de l'armée de la Loire. Le général d'Aurelle avait bien télégraphié à son collègue, s'il était à Châteaudun le 9, d'essayer un mouvement de son côté, le 10, en « poussant » tant qu'il le pourrait. Voici la

---

(1) Il faut lire dans l'*Enquête*. — Tome 1", p. 68 à 87. — le rapport Perrot et ses « controverses sur la bataille de Coulmiers ».

(2) Paul Bondois, ouv. cité.

(3) Rapport Perrot, p. 65-66... « Malheureusement, à notre extrême gauche, la cavalerie commandée par le général Reyau, comprenant mal ses instructions, avait commis une faute... *Oubliant* qu'il avait surtout pour mission de déborder l'ennemi, le général Reyau avait voulu, dans son ardeur, prendre à la lutte une part qui ne lui revenait pas ; et en attaquant seul des positions très fortes qu'il aurait dû se contenter de tourner au moment opportun, il avait compromis inutilement son artillerie qui avait été abîmée dans un combat inégal... »

(4) Camille Farcy, ouv. cité.

(5) Elles sont du 8. Maurice Bois les a reproduites en entier dans son livre : « Sur la Loire, batailles et combats », p. 87 à 89.

(6) Général Fiéreck.

réponse : « le général d'Aurelle a sans doute oublié qu'il ne m'a jamais fait part de ses projets et j'ignore complètement où est son armée. J'ai besoin de ces renseignements pour ne pas aller me jeter sur l'ennemi avec une colonne composée de mobiles formés après les autres et non encore organisés, et pour ainsi dire sans artillerie. Car je n'ai pas même encore une bouche par mille hommes. Les hommes n'ont que 60 cartouches pour tout approvisionnement. Je n'ai aucun service administratif organisé, pas d'intendants, pas de vivres, pas d'ambulances. D'autre part le pays est épuisé et ne fournit pas de ressources (1)... Il m'est indispensable de savoir quelle direction prendre pour exécuter le mouvement que m'a prescrit le général d'Aurelle... »

Le 9 au soir le commandant en chef semble avoir manqué d'initiative (2) et justifié par là même, le reproche d'*indécision* qui lui a été adressé. Il ne faut pas oublier cependant qu'on avait espéré que le général des Pallières(3) aurait pu — du 6 au 9 — atteindre Artenay. « L'état des routes, l'inexpérience de ses soldats ne lui permirent que d'arriver le 10 à Chevilly (4), à l'issue de la forêt d'Orléans. Il vit défiler au loin les dernières colonnes bavaroises, se hâtant vers Toury et ne réussit à enlever que quelques canons et quelques traînards. »

M. C. Farcy me semble résumer admirablement la situation lorsqu'il écrit : « Si la bataille de Coulmiers avait été engagée le 10 au lieu de l'être le 9, ou si de Thann s'était cru assez en forces pour recommencer le combat le 10, presque tout son corps d'armée aurait été fait prisonnier. »

En effet, dans les deux hypothèses, le général bavarois se fût trouvé aux prises avec le 16ᵉ corps renforcé du 15ᵉ, ce qui eût suppléé à l'inaction de la cavalerie du général Reyau, en admettant même que dans la journée du 10 il eût encore « manqué de coup d'œil », ou que le général en chef n'eût pas pu lui renouveler ses instructions et le décider à s'y conformer.

Même incomplet « le grand succès » de Coulmiers eut un effet moral considérable sur nos jeunes troupes (5).

On prête au général de Thann (6) ces paroles : « Si les Fran-

____

(1) Bitteau, ouv. cité. — Contraste entre les deux armées, p. 160-162.

(2) Même en tenant compte de l'état de ses troupes.

(3) Commandant la première division du 15ᵉ corps.

(4) Camille Farcy lui reproche de s'y être arrêté.

(5) On sait le coup de main magnifique qui fut exécuté par le commandant de Lambilly.

Nous fîmes 2.500 prisonniers à Coulmiers; plusieurs pièces de canon, et un convoi de munitions et de bagages tombèrent entre nos mains.

(6) Aug. Boucher, ouv. cité.

çais s'étaient battus à Sedan comme ici, nous ne serions pas à
Orléans ». Et de Moltke (1), a écrit que toute l'habileté de ses
généraux pouvait seule triompher de la valeur des Français, en
rase campagne. Par contre, dans la défense des localités « les
soldats n'avaient besoin que de déployer du courage et de la
contenance, et ni l'un ni l'autre ne firent défaut aux troupes
françaises, organisées depuis si peu de temps. »

Le commandant du 16ᵉ corps signalait (2) le 37ᵉ de marche et
le 33ᵉ mobiles (Sarthe), — c'est-à-dire la brigade Deplanque, —
comme « ayant été grandement éprouvés » dans cette journée.
Il citait à l'ordre du jour de l'armée, le « 37ᵉ de marche, ce brave
régiment », pour sa belle conduite dans l'engagement d'Epieds,
pendant la marche sur Cheminiers (3), sous une « grêle d'obus » ;
et le 33ᵉ mobiles qui avait soutenu courageusement, sur la gauche, l'effort de l'ennemi (4), obtenait le même honneur.

On a souvent regretté que le général d'Aurelle de Paladine
« n'ait pas été uniquement chargé de refaire l'armée au camp
de Salbris » (5)... , parce qu'il « n'était pas l'homme d'une entreprise risquée ».

Oui, sans doute, « pour tirer du succès de Coulmiers toutes
ses conséquences, il eût fallu un général capable de mettre pour
quelques jours la prudence au second plan et de profiter de l'enthousiasme des troupes... et du découragement des soldats allemands... Si, le 10 novembre, au lendemain de Coulmiers, le
général d'Aurelle avait lancé le général Martin des Pallières,
renforcé d'une ou deux divisions, sur les traces de Von Der
Thann, et donné des ordres pour que les troupes en formation à
Gien fussent lancées le même jour dans la direction Montargis,
Château-Landon, Nemours,... il aurait pu, le 16, rompre l'investissement, — (de Paris) — en prenant à revers, sur toute la
rive droite, les positions de l'ennemi. »

C'est peut-être lui faciliter singulièrement la besogne. Ce qui

-----

(1) Histoire de la guerre de 1870-1871.

(2) Chanzy, rapport au général en chef.

(3) A l'entrée du village se trouve un monument élevé à la mémoire des soldats
de la 1ʳᵉ division du 16ᵉ corps, tombés le 9 nov. — Cf. Maurice Bois : ouv. cité,
p. 112-113.
   Sur la bataille de Coulmiers, lire : Le Haubourt (1893). — Deux brochures :
« Bataille de Coulmiers (novembre 1870) chez Herluison à Orléans et « Les champs
de bataille de 1870. Coulmiers », par P. Hugounet à Orléans. — Aug. Boucher :
« Bataille de Coulmiers ». — « Prussiens et Français à Coulmiers ». — Extrait du
« Journal du château de Luz » du 7 au 12 novembre 1870, par un témoin oculaire.

(4) Lieut.-col. de la Tenanne : « Un régiment de la Loire. Histoire du 33ᵉ mobiles (département de la Sarthe). »

(5) Camille Farcy, ouv. cité.

est certain c'est que d'Aurelle se défiant, non sans raison, de l'entraînement et de la cohésion de ses troupes (1), se préoccupa dès lors de leur assurer les meilleures positions stratégiques possibles. N'avait-il pas à craindre les renforts que l'ennemi pouvait recevoir d'un jour à l'autre, alors que tous savaient (2) que des « détachements de la 2ᵉ armée allemande volaient à tire d'aile sur toutes les routes, de l'Est à l'Ouest » ?

Le 11 novembre « les troupes étaient établies en avant de la route de Châteaudun. La brigade Deplanque s'étendait par le Mesnil, Roumilly, Coinces et Bricy, de Saint-Péravy jusqu'à Boulay » (3).

Les jours suivants furent employés à compléter les approvisionnements en vivres et en vêtements. Le temps était épouvantable ; la pluie et la neige ne cessaient pas ; les bivouacs étaient transformés en véritables bourbiers, et nos soldats, manquant de bois, étaient obligés de se coucher sur cette terre détrempée ! Le nombre des malades augmentait chaque jour. — Pour comble de malheur, la nouvelle de la capitulation de Metz allait encore affaiblir le moral des troupes (4).

Le 18 novembre, la brigade Deplanque était établie sur une ligne parallèle à la route de Châteaudun à Orléans... « Le temps devenait de jour en jour plus mauvais ; et, le nombre des malades augmentant, on dut abandonner le bivouac et les troupes furent cantonnées à Saint-Sigismond ».

Les instructions du général en chef mettent un bataillon du 37ᵉ de marche à Coulmelle, deux à Saint-Sigismond, avec une compagnie à la Vallée, une autre à Villarson... Deux bataillons du 33ᵉ à Saint-Sigismond, l'autre à Champs... L'artillerie de la 1ʳᵉ division place une batterie à Coinces, quatre mitrailleuses à Saint-Péravy et la 3ᵉ batterie à Saint-Sigismond (5).

A ces ordres si précis, le général Chanzy ajoutait encore des

---

(1) Gambetta, le 12, à la conférence de Villeneuve d'Ingré, reconnut « qu'avant de marcher sur Paris, il convenait de s'arrêter devant Orléans et d'y établir un camp retranché ». Et ce même jour, le général Borel déclarait expressément que, « en poursuivant l'armée vaincue on aurait augmenté considérablement le désordre dans lequel elle se retirait ; mais il résulte non moins certainement des faits qui ont suivi que, comme les généraux l'avaient prévu dans la conférence du 12, on aurait eu immédiatement à livrer une seconde bataille, beaucoup plus chanceuse que la première ». *Enquête.*

(2) Ne fut-il pas d'ailleurs trompé par des renseignements qu'il avait tout lieu de croire exacts et sérieux ?

(3) Faivre d'Arcier et Royé, ouv. cité.

(4) Tous les écrivains s'accordent pour reconnaître l'état précaire de l'armée de la Loire, à cause surtout des rigueurs de la saison.

(5) Perrot : « Examen, au point de vue militaire, des actes du gouvernement de la Défense nationale ».

instructions spéciales, pour le cas d'une attaque de l'ennemi, avec des « détails » peut-être superflus, sinon nuisibles, si j'en crois cette remarque du général en chef : « Cet officier général possède à un très haut degré les qualités d'un véritable homme de guerre ; mais il est disposé à trop fractionner ses troupes au bivouac et à s'occuper outre mesure des détails. Qu'arrive-t-il ? Les généraux qui relèvent de lui n'ayant plus d'initiative, attendent sans cesse du commandant en chef des ordres qu'il est souvent difficile de leur donner ».

Ailleurs, le général d'Aurelle, — et sur ce point spécial aucune divergence d'appréciation ne saurait se produire, — se plaindra que le général Chanzy, son lieutenant, « corresponde directement et confidentiellement » avec les membres du gouvernement.

Cette manœuvre faisait courir les plus grands risques à la discipline militaire. Mais Chanzy n'ignorait pas les préférences de Gambetta et de M. de Freycinet pour l'offensive quand même ; enorgueilli d'ailleurs de nos succès d'avant-postes, il eût voulu faire accepter par le général en chef des plans de marche hardie qu'il lui soumettait par lettre, mais qui ne furent pas adoptés.

Partisan trop résolu si l'on veut, d'une sage temporisation, le général d'Aurelle s'était fait autoriser à s'installer fortement dans les positions qu'il s'était choisies autour d'Orléans et où il pouvait poursuivre l'organisation de son armée.

C'est à cette date que M. de Freycinet, dans « une patriotique impatience (1), voulait à la fois protéger Tours contre un coup de main et tenter la délivrance de Paris (2). D'après les renseignements qu'il avait reçus il croyait que la capitale ne pourrait plus tenir longtemps faute de vivres (3). Il avait en outre dans l'armée de la Loire une confiance qui n'était nullement justifiée, bien que les renseignements fournis par les généraux d'Aurelle et Pourcet n'eussent été que trop complets pour laisser subsister dans son esprit le moindre doute. »

Gambetta et M. de Freycinet ayant décidé de pousser le gros (4)

(1) Ed. Deschaumes : ouv. cité, p. 84.

(2) Deplanque se rencontre dans sa correspondance avec le général Ambert, ouv. cité. Il eût fallu commencer par transporter le siège du gouvernement plus loin encore que Tours, attirer ainsi l'ennemi tout au cœur du pays, et lui faire dès lors une guerre d'escarmouches, une guerre de *partisans*.

(3) Il faut le répéter à la décharge de M. de Freycinet pour qui est si dure la déposition de l'amiral Fourichon. (Enquête, p. 638). Le délégué à la guerre, dès la mi-novembre tout au moins, « va diriger les opérations conçues en dehors du général en chef ».

(4) Les 15ᵉ, 17ᵉ, 18ᵉ et 20ᵉ corps, ce dernier en pitoyable état.
Général de la Motterouge : « Un mois de commandement au 15ᵉ corps de l'armée de la Loire : sept.-oct. 1870 ».
Général Ambert : « Gaulois et Germains » (III° vol. : la Loire et l'Est ».
Général Crouzat : « Le 20ᵉ corps à l'armée de la Loire ».

de l'armée de la Loire vers Pithiviers dans l'espoir de donner la main à l'armée de Paris qui devait, de son côté, briser le cercle d'investissement, le général en chef dut se conformer aux ordres reçus par dépêche ministérielle du 23 novembre. Il envoya à son tour des instructions qui ne concernent qu'indirectement le 16ᵉ corps dont le rôle se bornait à « combler le vide que laissera la 1ʳᵉ division du 15ᵉ corps (1), entre Gidy et Boulay, en y plaçant toutes les troupes de sa troisième division. »

Le général d'Aurelle, qui avait déjà tout essayé pour empêcher cette marche sur Pithiviers, faisait enfin remarquer dans sa dépêche du 27, que les mouvements prescrits de Tours à ses lieutenants, sans son intermédiaire, allaient découvrir Orléans. M. de Freycinet, le 28, daignait *approuver complètement les sages instructions* données par le général en chef à ses troupes, mais il lui reprochait de « trop se préoccuper de la très grande concentration de l'ennemi » !

Le 30, eut lieu le conseil de guerre de Saint-Jean de la Ruelle, où le plan d'opérations de M. de Freycinet triompha des objections que présentèrent les généraux Borel, Chanzy et d'Aurelle. On prête (2) dans la circonstance, ce mot fameux à M. de Freycinet, défendant son *plan* : « il est exécutoire et non à discuter » (3).

Ainsi fut décidée la mise en marche de l'armée de la Loire à la rencontre de la garnison de Paris que Ducrot devait amener vers Fontainebleau.

Le général d'Aurelle avisa sans retard aux manœuvres préparatoires, au changement de front devenu nécessaire ; et les instructions qu'il fit parvenir aux différents commandants de corps d'armée sous ses ordres, portent la date du 30 novembre, 11 h. du soir.

Un mot seulement avant de revenir aux opérations du 16ᵉ corps (4).

Gambetta et M. de Freycinet ont à plusieurs reprises invoqué comme explication de leurs ordres réitérés de marche en avant, l'augmentation des forces dont disposait le général en chef. Il est certain qu'après Coulmiers, *trois corps d'armée nouveaux* figu-

---

(1) Général des Pallières, qui marchait vers Chilleurs aux Bois.

(2) Général Martin des Pallières, ouv. cité.

(3) « Alors il n'y avait pas besoin de nous réunir », se serait écrié Chanzy froissé, et il eût suffit « de nous l'envoyer par la poste ».

(4) Les mouvements de concentration et d'évolution sont d'ailleurs décrits, avec le texte des instructions reçues, dans les ouvrages des généraux Martin des Pallières, Pourcet, Crouzat, d'Aurelle et Chanzy. J'y renvoie le lecteur.

raient dès le 19 novembre, dans les effectifs officiels, sur le papier, et même que, quoique très imparfaitement organisés, ils étaient déjà entrés en ligne : c'étaient les 18e et 20e corps, sous les ordres des généraux Billot et Crouzat, vers Nevers et Gien, et le 17e, à gauche, que commandait le général Durrieu.

Quant au 16e corps qui ne comptait encore que deux divisions, il en recevait une troisième que le général Maurandy amenait prendre sa place de combat sur la route de Châteaudun.

Au dire de M. de Freycinet l'ensemble de ces forces se montait à 200.000 hommes, et dans une évaluation un peu postérieure il allait même jusqu'à 250.000 ! Mais M. de Serres (1), bien placé par ses fonctions pour savoir la vérité et qui n'avait pas les mêmes raisons politiques pour la voiler et même l'altérer, a réduit ces chiffres à 160.000 hommes, affirmant que, « pour les armées de la Loire, *les chiffres donnés par M. de Freycinet devaient être réduits de 30 0/0* ».

Il n'y a rien à ajouter à la sévérité de ce jugement sinon que, par contre, M. de Freycinet amoindrissait toujours systématiquement les forces de l'ennemi sur lequel il voulait lancer l'armée de la Loire.

*
* *

Ici se place une anecdote que je tiens d'un témoin oculaire (3) :

« Le général Deplanque avait un faible extraordinaire pour les chasseurs d'Afrique, ces rudes cavaliers qui ont donné tant de preuves de leur valeur sur les divers champs de bataille, et il ne manquait jamais de lancer quelque plaisanterie aux dragons et aux lanciers, à ces derniers surtout.

C'était à l'affaire de Cheminiers (4), si je ne fais pas quelque confusion de noms. Le général, entouré de son état-major, suivait de l'œil la marche du combat. L'air vibrait des détonations de l'artillerie ; le bourdonnement aigu des balles se mariait au ronflement des obus ; les jeunes troupiers, des mobiles, en réserve un peu en arrière, saluaient au passage, au grand amusement du général.

---

(1) *Enquête* : rapport Perrot, p. 94-97.

(2) Les forces engagées dans la direction de Pithiviers, eurent à soutenir les sanglants combats de Ladon, Maizières, Juranville, Beaune-la-Rolande. — *Enquête*, p. 157.

(3) M. Georges Mussat, aujourd'hui professeur d'allemand au collège de Bar-sur-Aube.
Engagé volontaire pendant la guerre, M. Mussat a fait toute la campagne de la Loire aux côtés de l'amiral Jauréguiberry, qui l'avait attaché à sa personne.
M. Mussat, — confidence qu'il ne m'a pas faite, ce dont je veux le punir aujourd'hui, — a été grièvement blessé pendant cette retraite du Mans dont il nous entretiendra plus loin.

(4) Cheminiers, première phase des opérations pour la bataille du 9 novembre, à l'aile gauche de l'armée, pendant la marche de la brigade Deplanque sur *Épieds* : l'un des plus brillants épisodes de cette glorieuse journée.

Soudain, sur une légère ondulation du terrain, en pleine zone dangereuse, vint à passer un lancier. Sa silhouette très nette se détachait sur la blancheur des fumées du canon. Bien planté sur sa selle, à l'allure du grand trot, la lance droite, il allait, porteur d'un ordre, sans doute, sans s'inquiéter de la musique endiablée des projectiles allemands : « Où va-t-il donc ainsi, celui-là, avec sa perche à houblon » ? s'exclama le général. Puis, suivant un instant la marche régulière du cavalier, il ajouta, en ébauchant le salut militaire : « c'est un brave tout de même, ce garçon-là » !

# COMBAT DE VILLEPION

Le 30 novembre, les généraux étaient réunis au conseil de guerre à Saint-Jean-de-la-Ruelle où le délégué à la guerre, M. de Freycinet, vint les rejoindre dans la soirée. Communication leur fut donnée d'un plan, *arrêté à Tours*, qui consistait à marcher sur Pithiviers pour y battre l'armée allemande, pour aller ensuite, après ce premier succès, donner la main à l'armée de Paris que le général Ducrot, vainqueur lui aussi, *devait* amener à hauteur de Fontainebleau.

A l'issue de ce conseil de guerre, « on mit debout, en hâte », l'armée de la Loire que l'on lançait enfin, « trop tard, au devant de Paris (1). Le 16ᵉ corps, aile gauche, qui avait le plus de chemin à parcourir, *vint se heurter*, en entamant le premier mouvement, aux troupes du grand duc de Mecklembourg, aile droite de l'armée de Frédéric-Charles, déjà concentrée... »

Le général Chanzy, après avoir étudié la situation fort délicate que lui faisait l'arrivée en forces de l'ennemi (2) et craignant de se voir débordé, envoya des instructions minutieuses à ses généraux de division et de brigade.

De Saint-Péravy, il prescrivait au 16ᵉ corps de se porter en avant : « l'amiral Jauréguiberry réunira la 1ʳᵉ division d'infanterie à Lignerolles et, laissant Patay (3) à sa gauche, ira s'établir à Terminiers. »

Il écrivait en même temps au général en chef, lui expliquant les dispositions prises pour ne pas « laisser sur son flanc gauche les forces considérables ennemies. »

Le général d'Aurelle approuvait ces « sages mesures », et le mouvement du 16ᵉ corps commençait vers dix heures. Nos troupes se heurtèrent bientôt aux fortes reconnaissances du prince

---

(1) Chanzy, p. 61-62 (9ᵉ édit.)
P. et V. Margaerite, p. 197.

(2) Par suite de la retraite du colonel Lipowski, qui n'avait pas pu se maintenir à la Chapelle Onzerain.

(3) Où se trouvait le quartier général du 16ᵉ corps.

Frédéric Charles », et l'amiral Jauréguiberry se portait « rapidement avec sa division sur le village de Gommiers où l'ennemi s'était solidement établi. Dans sa marche il a beaucoup à souffrir du feu des batteries prussiennes placées à Terminiers et à Gommiers » (1). Néanmoins l'affaire fut brillamment conduite par l'amiral : « ce bouillant officier attaqua vigoureusement les Bavarois, leur enleva Gommiers pendant qu'ils étaient contraints d'évacuer Guillonville,... et pendant que le général Deplanque s'emparait de Nonneville » (2).

La lutte, ici encore, fut des plus vives (3) ; car au moment où le général Deplanque « débouchait devant Nonneville, l'ennemi recevait d'importants renforts » (4), qui tinrent en échec pendant un certain temps le 37ᵉ régiment de marche, selon la relation suivante du grand État-major prussien : ...« La 9ᵉ brigade allemande de cavalerie avait dû se replier sur Cormainville, en raison du mouvement de la brigade Deplanque sur Guillonville et de la manœuvre tournante prononcée par la division Michel...... La brigade Deplanque débouchait en ce moment en avant de Faverolles. Elle s'y trouve en présence de la 2ᵉ brigade d'infanterie bavaroise que le général Von Der Tann y avait amenée.... L'aile droite de la brigade Deplanque accentue son mouvement sur Nonneville ; mais notre tir précipité à mitraille arrête l'élan de l'infanterie assaillante ».

Pas d'une façon définitive cependant ; car chacun sait admirablement tirer parti des moindres ressources :

« On va demander du renfort au général Deplanque (5) ; mais il n'y a plus un seul homme disponible dans la brigade. Le général fait du moins placer à la gauche du 2ᵉ bataillon, deux mitrailleuses dont les coups rapides épouvantent bientôt l'ennemi... Les Bavarois battent en retraite et le 37ᵉ entre dans le village. . C'est une journée heureuse pour les armes françaises... »

Le soir même du 1ᵉʳ décembre, Chanzy envoyait au général en chef un compte-rendu dont voici quelques lignes : « Le combat, engagé à midi, s'est prolongé jusqu'à six heures du soir.

---

(1) Général d'Aurelle. — Sur nos positions et sur l'extension démesurée de nos lignes, voir le rapport Perrot, pp. 178 à 199.
Le Hautcourt (1895), p. 203-204.

(2) C. Farcy. — L'auteur ajoute que l'affaire de Villepion où furent capturés plusieurs officiers ennemis..., « faisait le plus grand honneur à la 1ʳᵉ division du 16ᵉ corps... »

(3) Grenest : « A hauteur de Chauvreux,... le général Deplanque, à la suite d'un combat opiniâtre, chassait les Allemands de Nonneville ».

(4) Le Hautcourt.

(5) Historique du 37ᵉ, de MM. Faivre d'Arcier et Royé.

Malgré la résistance énergique d'une force d'au moins vingt mille hommes, cavalerie et infanterie, et de quarante à cinquante canons, (1) la première division a enlevé successivement les premières positions ennemies et ensuite celles de Nonneville, Villepion et Faverolles sur lesquelles elle bivouaque cette nuit... Partout nos troupes ont abordé l'ennemi avec un élan irrésistible. Les Prussiens ont été délogés des villages à la baïonnette... Notre artillerie a été d'une audace et d'une précision admirables... »

L'honneur de la journée, ajoutait Chanzy, « revenait tout entier à l'amiral (2) et à sa belle division » (3).

Ces vaillantes troupes furent d'ailleurs mises à l'ordre du jour de l'armée dans des conditions particulièrement solennelles et destinées à produire la meilleure impression sur le moral des combattants.

En effet, le 2 décembre, le *Moniteur* insérait le décret suivant : « Les membres du gouvernement de la Défense Nationale, en vertu des pouvoirs à eux délégués ; considérant que dans la journée du 1ᵉʳ décembre, la 1ʳᵉ division du 16ᵉ corps s'est signalée par son intrépidité et son sang-froid, décrétons :

Art. 1ᵉʳ. — La 1ʳᵉ division du 16ᵉ corps d'armée et son chef, le contre-amiral Jauréguiberry sont mis à l'ordre du jour de l'armée (4).

Art. 2. — Le général Chanzy, commandant le 16ᵉ corps d'armée, est nommé grand officier de la légion d'honneur ».

Je m'empresse de transcrire cette page que vient de consacrer à Deplanque et au rôle joué par sa brigade, à Villepion, un écrivain militaire, « qui fut là » (5) :

« Entre Noneville et Chauvreux, environ à demi distance, le terrain, sur un parcours de plusieurs centaines

----

(1) Évaluation qui me semble exagérée. L'ouvrage du grand État-major prussien nous donne en effet cette liste des « forces allemandes à Villepion » : *État-major général du 1ᵉʳ corps d'armée bavarois* : 1ʳᵉ division d'infanterie, moins 4 compagnies ; 13ᵉ régiment d'infanterie. Le 2ᵉ escadron du 4ᵉ régiment de Chevaux-Léger-Roi, une brigade de cuirassiers, moins 1 escadron. Quatre batteries d'artillerie.

(2) Jauréguiberry (contre-amiral).

(3) Dont la brigade Deplanque (37ᵉ de marche et 33ᵉ mobiles, Sarthe), qui avaient été déjà cités à l'ordre du jour pour la bataille de Coulmiers.

(4) Et le général Deplanque ? — N'est-ce pas pourtant son 37ᵉ de marche qui, « après une lutte opiniâtre », s'était emparé de Nonneville ? N'est-ce pas son 33ᵉ mobiles qui avait vigoureusement concouru » à la prise d'assaut à la baïonnette du village de Faverolles » ? N'est-ce pas enfin Deplanque lui-même qui avait fait amener « au moment critique, deux mitrailleuses dont les coups rapides épouvantaient l'ennemi et décidaient de la prise de Nonneville » ?

(5) Campagne de 1870-1871 : « Souvenirs d'un officier de lanciers », par le commandant Urdy.

de mètres, était couvert de cadavres de fantassins bavarois. A côté de l'endroit où nous nous sommes arrêtés et où le général a fait mettre un moment pied à terre, ces cadavres étaient littéralement couchés les uns à côté des autres, quelquefois même les uns sur les autres, à tel point qu'on avait dû obliquer pour ne pas marcher dessus... Ces hommes avaient, presque tous, été frappés par des balles au moment où, visiblement, ils se trouvaient formés sur deux rangs. L'emplacement des compagnies était encore marqué d'une façon très nette. Les corps de ces malheureux paraissaient absolument intacts mais presque tous avaient la tête congestionnée. Les blessures produites par les obus, assez rares du reste, étaient horribles. Parmi leurs victimes il y en avait dont la tête ne présentait plus que les débris informes, d'autres dont les entrailles étaient complètement à nu. L'un deux, couché sur le dos, tenait toujours son fusil, le bras tendu et raide comme une barre de fer. Beaucoup, tombés la face contre terre, avaient malgré le gel, les doigts crispés enfoncés dans le sol. Parmi tous ces cadavres on comptait aussi quelques officiers, tombés à leur place normale.

En vérité, *la brigade Deplanque, de la division Jauréguiberry, avait fait là de la belle besogne* ».

De Patay, le soir du 1ᵉʳ décembre, le général Chanzy prend ses mesures pour profiter du succès de nos armes et exalte une dernière fois la bravoure du 16ᵉ corps (1), « qui a su aujourd'hui comme à Vallière et à Coulmiers s'acquitter de sa tâche avec vigueur et entrain. Les résultats sont tels qu'on pouvait l'espérer : nous couchons au-delà des positions d'abord assignées. L'ennemi, partout repoussé, paraît opérer sa retraite dans la direction de Janville et de Toury. Il s'agit de le poursuivre vigoureusement.... »

Suivaient des instructions appropriées à ce but (2), mais que le commandant du 16ᵉ corps dut modifier ensuite, au reçu de la dépêche ministérielle qui, de Tours (3), lui annonçait « une grande

---

(1) Le 37ᵉ de marche qui, dans la journée du 1ᵉʳ décembre, « s'était particulièrement distingué à l'attaque de Nonneville », avait 400 hommes hors de combat, dont 6 officiers.

(2) Chanzy, p. 72-75 (9ᵉ édit.).

(3) Premier décembre 1870, 5 h. 55 du soir.

victoire à Paris avec sortie du général Ducrot qui occupe la Marne ». Et M. de Freycinet ajoutait que le général en chef lui donnerait « des instructions en rapport avec ce grand événement ». En effet, le général d'Aurelle de Paladine avait, de son côté, reçu une autre dépêche « très longue et débordant d'enthousiasme » (1).

En dépit de cet optimisme officiel, la situation de l'armée de la Loire était bien de nature à justifier les appréhensions du général en chef. Dans les instructions données pour le 2 décembre, la... « 1re division du 16e corps occupait Chilleurs aux Bois, séparée des divisions Martineau et Peytavin par des forces allemandes considérables, campées à Ruan (2)...

Le 16e corps était dans un état déplorable ainsi que le 17e corps. Quant aux 18e et 20e corps d'armée, placés directement sous les ordres du ministre de la guerre (3), ils avaient été retenus loin du théâtre de ces derniers événements militaires et il était trop tard pour les appeler à prêter un appui efficace aux autres corps engagés... »

L'absence d'unité de plan et de direction, plus encore que la mollesse du général d'Aurelle (4), allait précipiter l'armée de la Loire aux plus douloureuses catastrophes.

------

(1) On sait, hélas ! combien tout cela était malheureusement surfait, voire même erroné ou mensonger.

(2) Bitteau, p. 209-210.

(3) Ce ne sera que le lendemain 2 décembre, au soir, que Gambetta se décidera à remettre au général d'Aurelle le commandement de deux de ses corps d'armée : « Il demeure entendu qu'à partir de ce jour, et par suite des opérations en cours, vous donnerez vos instructions stratégiques directement aux 15e, 16e, 17e, 18e et 20e corps. *J'avais dirigé jusqu'à hier les 18 et 20e et par moment le 17e* ; je vous laisse ce soin désormais ».

(4) MM. Paul et Victor Margueritte, dans « Les tronçons du glaive », p. 212, ont sans doute oublié la situation bizarre faite au général en chef dont on « dirige » de loin les troupes, quand ils formulent contre lui ce jugement, d'une rigueur assurément excessive : « ... Il ne suffit pas, quand on assume l'honneur de commander en chef, d'être un strict observateur de la discipline, un vaillant soldat. Il faut, à l'ardeur de l'initiative, joindre la force de caractère. Elles lui avaient manqué toutes deux ».

Non, certes ; et je rappelais tout à l'heure cet aveu de d'Aurelle lui-même que, seuls, « l'amour du pays » et le « sentiment du devoir » pouvaient faire accepter le commandement dans de telles conditions.

Bourbaki ne s'exprime pas autrement. Le général que la foi a abandonné, écrit-il dans une de ses dernières lettres, doit « quand la Patrie est aux abois, accepter avec abnégation la triste mission qui lui est confiée. Dans ces cas extrêmes, le patriotisme vous porte à vouloir prendre la plus grande part des douleurs et des malheurs immérités de son cher pays ».

# BATAILLE DE LOIGNY

*Loigny, 2 décembre.* — Par cette nuit rigoureuse du 1ᵉʳ au 2 décembre, nos troupes étaient si rapprochées du bivouac des premières lignes de l'infanterie prussienne, que l'on en pouvait compter les feux.

Le quartier général de la 1ʳᵉ division du 16ᵉ corps était au château de Villepion (1). La première brigade cantonnait à Nonneville, la deuxième à Faverolles, le général Barry à Terminiers... La 1ʳᵉ division d'infanterie, réunie à hauteur du château de Villepion, devait former la réserve...

En somme, « c'était encore le 16ᵉ corps qui devait supporter, le 2 décembre, l'effort de l'ennemi, puisque les autres corps, de la gauche à la droite, ne pouvaient entrer en ligne qu'à l'arrivée à leur hauteur, des divisions de gauche » (2).

L'action commença à sept heures, avec la ligne Janville-Toury pour objectif général. La 2ᵉ division lutta, avec des alternatives diverses, autour du château de Goury, dont la position stratégique était des plus importantes. L'amiral Jauréguiberry, venu au secours de la division Barry, ne réussit pas, malgré la « remarquable énergie » dont ses troupes firent preuve, à tenir longtemps en face de la 17ᵉ division ennemie (Treskow), et eut recours au 33ᵉ mobiles (Sarthe) (3), pour arrêter le mouvement tournant qui déjà se dessinait sur sa gauche.

L'amiral « dont la présence d'esprit grandissait avec le danger, sans s'inquiéter de cette manœuvre, marche au devant de l'armée prussienne, la déconcerte par ce mouvement hardi, fait avancer la brigade Deplanque et ouvre sur l'ennemi un feu d'artillerie formidable, utilisant fort à propos une batterie de mitrailleuses qu'il avait sous la main. Le régiment des mobiles de la

---

(1) Résumé des instructions lancées par le général Chanzy.

(2) C. Farcy, ouv. cité.

(3) Dans son rapport, Chanzy écrira que « ce régiment recula en ordre, les rangs formés comme à la manœuvre ».

Sarthe, avec l'aplomb de vieilles troupes, fait à bonne portée un feu roulant de mousqueterie et paralyse les charges de la cavalerie allemande qui, venant d'Orgères, débouchait sur le champ de bataille (1)... »

La lutte fut vive à Loigny et à Pourpry et les deux régiments de la brigade Deplanque s'illustrèrent, là encore, parmi les plus braves.

« Le village de Loigny, héroïquement défendu par le 37e de marche (2) ne tomba entre les mains de l'ennemi qu'aux premières heures de la nuit. Repoussé aussi de Villepion, le 33e mobiles avait défendu ses positions dans le parc avec une ténacité qui lui fait le plus grand honneur ».

Une fois de plus, à Loigny (3), comme partout ailleurs, « l'ennemi n'était victorieux (4), sur toute la ligne, que grâce surtout à la supériorité de son artillerie ». — En voici d'ailleurs un aveu péremptoire : ...« Le combat se trouvant ainsi rétabli sur l'aile gauche (5)..., toute l'artillerie (6) prussienne, déployée en première ligne entre le château de Goury et Villeprevost, s'ébranle sur Loigny, ainsi que les deux batteries de la 4e division de cavalerie. Plus de 80 bouches à feu vomissent une pluie d'obus sur les masses de la brigade Deplanque qui s'efforcent de reprendre pied à Villepion... »

Il y eut malheureusement sur d'autres points, des défaillances désastreuses. C'est ainsi que la « division Morandy, fléchissant trop vite sous le nombre des adversaires, rétrograda de Lumeau

---

(1) D'Aurelle, rapport au ministre.

(2) Maurice Bois, ouv. cité.

(3) « Le fort de l'action se concentrait déjà autour de Loigny occupé par ce légendaire 37e qui, formé à 3,000 hommes, ne devait pas en compter 800 au lendemain des affaires du Mans ».
Henri Bohineust, ouv. cité.

(4) Maurice Bois.

(5) « On eut alors, écrit M. Maurice Bois, à déplorer une erreur que commit le général Michel avec ses escadrons de cavalerie » : — ce qui avait permis aux Prussiens de reprendre l'offensive et même l'avantage contre le 16e corps.

(6) Relation du grand Etat-major prussien.
Les forces allemandes engagées à Loigny, comprenaient :
Le 1er corps d'armée bavarois (moins 3 compagnies, 1 batterie de mitrailleuses et la 1re division du génie de camp).
La 17e division d'infanterie (moins 6 compagnies, 3 bataillons, 5 escadrons et 1 batterie à cheval).
La 22e division d'infanterie (moins 1 compagnie et 1 bataillon).
La 2e division de cavalerie au complet.
La 1re division de cavalerie au complet.
La 3e division de cavalerie, moins 1 escadron de Uhlans.
Dans son livre, M. de Freycinet a reproduit in-extenso un récit très détaillé de cette bataille, dû à la plume d'un fonctionnaire considérable allemand et qui, dès le 15 décembre 1870, avait déjà été publié dans la « Gazette de Silésie ».

sur Therminiers. » Et quant à « l'aile gauche de l'armée (1) qui, de l'aveu des Allemands, aurait complétement détruit le 1ᵉʳ corps bavarois si la 3ᵉ division du 16ᵉ corps avait persisté une heure de plus dans son attaque de Lumeau, elle avait également subi de grandes pertes » (2).

Chanzy dont « toutes les troupes étaient engagées », appela à son aide le général de Sonis qui accourut avec sa « réserve d'artillerie, une brigade (3), les mobiles des Côtes-du-Nord et ses Zouaves pontificaux » (4). L'entrée en ligne de ce 17ᵉ corps permit à l'armée française de s'emparer un moment d'une partie du village de Loigny; mais nos troupes, bientôt débordées, reculérent pas à pas.

L'intervention du général de Sonis y fut merveilleuse d'héroïsme (5); cependant grièvement blessé, il laissa le commandement de son bataillon d'élite au colonel de Charette, qui tombait à son tour (6).

La situation du 16ᵉ corps était, sans contredit, des plus compromises.

Le général Chanzy ne recevant pas les renforts qu'il attendait des troupes de réserve, se résout ; — escomptant toujours une diversion du 17ᵉ corps, — à « défendre avec opiniâtreté les positions

---

(1) C. Farcy. — La journée était compromise. Les efforts surhumains tentés ailleurs par nos troupes, en furent paralysés. — D'après Maurice Bois, « nos 15ᵉ et 16ᵉ corps perdirent plus de 5.000 hommes ».

(2) « Quant à la 3ᵉ division (Morandy), loin de se rallier, elle s'était mise en pleine déroute, avait laissé enlever sans défense, plusieurs pièces de canon... » Général d'Aurelle : rapport au ministre.

(3) De Sonis, après avoir « disposé ses batteries à Villepion, envoya le 51ᵉ de marche sur Loigny : *mais ce régiment s'enfuit* ».
A. Chuquet : ouv. cité, p. 167-172.

(4) « Ils marchaient dans la mitraille comme dans un quadrille de cérémonie » *Le Figaro*.
De Cercottes, Von Der Thann avait écrit que, « sans les *trois régiments d'Afrique*... il aurait cerné complétement l'armée de la Loire ». Ces 3 régiments... étaient les 3 compagnies de Zouaves Pontificaux.
« 198 zouaves sur 300 restaient sur le champ de bataille. Le bataillon perdait en outre 10 officiers sur 14 ». — Joseph Turcan : « Les héros de la défaite » (livre d'or des vaincus).

(5) « Nous les vîmes passer en ordre superbe, malgré la tourmente, au milieu des projectiles sans nombre qui se déchaînaient déjà pour leur barrer le passage... » Henri Bohineust : ouv. cité.
Capitaine Jacquemont : « La campagne des zouaves pontificaux en France ».
Josefa : « Le général de Sonis ».
A. Delorme : « Deflandre et Sonis, 1870 ».
Derély : « Le général de Sonis ».
Baunard : « Le général de Sonis, d'après ses papiers et sa correspondance ; une nuit sur le champ de bataille, 2-3 décembre ».

(6) « Les noces d'argent du régiment des zouaves pontificaux, 1860-1885 », volume édité par les soins du général baron de Charette, qui contient, entre autres documents, une belle poésie d'Emile Grimaud.

# LA DEUXIÈME ARMÉE DE LA LOIRE
## 1870 - 1871

## Carte des Opérations du 16ᵉᵐᵉ Corps
### 1ᵉʳᵉ Division

Général DEPLANQUE · 2ᵉ Brigade { 37ᵉ de Marche / 33ᵉ Mobiles }

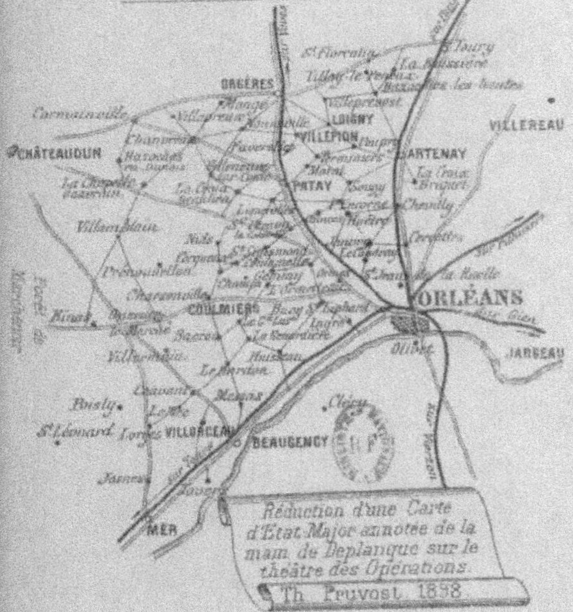

qu'il occupe » (1). La 1re division (Jauréguiberry) ne plie qu'en
bon ordre, et pour contenir les troupes de la brigade Deplanque,
l'ennemi est obligé de mettre en jeu toutes les ressources dont
il dispose.

La résistance énergique de la brigade Bourdillon (2), permettait à l'amiral de conserver sa position à Loigny (3). Il était six
heures du soir, et l'action dans ces parages durait sans répit depuis neuf heures du matin !

On bivouaqua sur le terrain de la lutte restée indécise. Mais
l'armée de la Loire allait avoir devant elle toutes les forces réunies des corps allemands et bavarois, commandées par le duc
de Mecklembourg, le général de Thann et le prince Frédéric
Charles. D'Aurelle ordonna donc la retraite sur Orléans (4), et ce
« mouvement s'exécuta sur tous les points dans la journée du
3 décembre, sur toutes les routes, pendant que les corps allemands allaient marcher sur Orléans ».

La bravoure dont fit preuve à Loigny le 16e corps, est hors de
toute conteste. Ce fut bien, selon l'expression de Chanzy, « une
lutte de douze heures contre des forces supérieures en nombre,
retranchées pour la plupart, en des positions préparées d'avance,
avec 150 pièces d'artillerie. »

Efforts stériles, vaillance inutile (5) ; car, ajoute Chanzy dans
son rapport, « la nuit venait ; nous avons été obligés de nous
retirer devant un effort très vigoureux de l'ennemi, et nous
venons d'arriver, la 1re division du 16e corps et une partie du

---

(1) D'Aurelle, ouv. cité. — Le Hautcourt, C. Farcy...

(2) 39e de marche, 75e de mobiles et 3e batterie de chasseurs à pied.

(3) C. Farcy : « Les 16e et 17e corps ne furent pas sérieusement inquiétés. Ils
s'établirent, le soir même, le 16e à Saint-Péravy ».
Lieutenant-colonel d'A., ouv. cité : « ... Ils en imposèrent à l'ennemi par leur
bonne contenance et firent leur mouvement rétrograde sans être trop vivement
pressés ».

(4) C. Farcy lui reproche énergiquement cette détermination.

(5) Le 37e de marche « chasse l'ennemi de Morat et se distingue par une héroï-
que défense du cimetière de Loigny ».
(Les 2e et 3e bataillons avec le commandant Chevallier).
« Nommer ce régiment c'est citer la bravoure humaine à sa plus haute puis-
sance ». (Mot de l'Évêque de Poitiers).
« Les nobles et généreux défenseurs, (3e bataillon de chasseurs et 37e de marche), « y sont battus comme des lions : ils ont tenu dans le bourg depuis midi
jusqu'à 7 heures du soir, couvrant les rues d'innombrables cadavres prussiens ».
(Extrait d'une lettre du curé de Loigny).
Voir encore : A. Chuquet, p. 173. — Ed. Deschaumes, p. 110, etc.
Le 33e mobiles « soutient le choc avec l'aplomb et la ténacité des meilleures
troupes ». — « Il recule en ordre, les rangs serrés, comme à la manœuvre et
s'arrêtant fréquemment pour essayer de nouveau l'offensive ». Il se conduisit au
feu d'une « façon qui excite l'admiration de tous ».
Cf. : de De La Thouanne ; le Hautcourt (1893) ; Greuest, Mme Bois, A. Boucher.

17ᵉ, à Terminiers ; la 2ᵉ division du 16ᵉ corps et la division Deflandre (1) autour de Gommiers ; le général Roquebrune du 17ᵉ corps, à Frécul.

Je suis sans nouvelles du général Maurandy qu'on me dit en retraite au delà de Sougy.

Je ne sais pas encore ce qu'est devenu le général de Sonis. Le général Deplanque a été blessé. Nous avons de grandes pertes ; beaucoup de troupes ont quitté le champ de bataille en désordre (2) ; presque toutes les munitions sont brûlées. Je redoute une attaque pour cette nuit ou pour demain matin... Je ferai tout pour reprendre l'offensive, mais un secours m'est indispensable... Je crois que nous avons devant nous toutes les forces ennemies, accourues pour nous écraser. La partie se jouera par ici » (3).

Quant au général Deplanque qui, le soir même de la bataille, avait été transporté à Orléans, il écrivait le lendemain 3, la lettre suivante (4) à sa « chère mère » :

« Je viens t'apprendre au plus vite, afin que tu ne t'alarmes pas, qu'après m'être battu avant-hier et hier, à gauche et en avant de Patay, j'ai fini par attraper une forte contusion qui n'aura d'autre effet que de me rendre indisponible pendant 3 ou 4 jours, je l'espère, pour ne pas me traîner en voiture ou en cacolet à la suite des bagages, parce que je ne peux pas monter à cheval. Je me suis fait conduire ici hier au soir.

Voici comment cela s'est passé. Mon amiral (Jauré-

---

(1) Chanzy a écrit « la division de Flandres ».

(2) En somme, « l'armée de la Loire était battue en détail, et pour tout homme consciencieux, la faute doit en être attribuée à ces messieurs du gouvernement de Tours ».
Cf. Lieutenant-colonel d'A..., ouv. cité.
M. H. Bohneust, de son côté, a écrit cette page cinglante : « Quand on songe que cette sanglante équipée fut conçue, arrêtée, combinée par la séquelle de Tours, ex-cathedra, exécutée par ordre, contre l'avis unanime des gens de guerre, sans en excepter le général Chanzy qui n'était pas des *irréconciliables*, pourtant !... L'un d'eux... disait quelques jours après, à la nouvelle du désastre final : « L'armée est coupée, tant mieux ; cela nous en fera deux » ! Il n'y a pas dans Aristophane un mot plus franchement comique : il n'en est pas non plus qui caractérise mieux l'œuvre de cette bande d'ivrognes qui jouaient au soldat comme ils auraient joué au bouchon ».

(3) En fait, elle était jouée ; car si la journée du 2 décembre ne « changeait pas sensiblement nos positions », qui restaient à peu près celles de la matinée, « nous avions subi un grave échec, si grave qu'il nous interdisait de pousser le mouvement entrepris vers Fontainebleau ».
Le Hautcourt (1893).

(4) Les précieux détails qu'elle contient pour les journées des 1 et 2 décembre, sur « l'amorce » à laquelle on s'est laissé prendre le 1ᵉʳ, avec les conséquences de cette faute pour le 2, n'échapperont à personne.

guiberry) m'avait chargé hier, vers 1 h. 1/2, de soutenir un mouvement de retraite très prononcé : (nous étions en réserve). Arrêter des troupes de cette espèce-là n'était pas chose facile, et déjà l'ennemi redoublait ses coups de canon en faisant avancer ses pièces malgré mes 4 mitrailleuses. En me portant en arrière, un obus coupe le canon du mousqueton d'un homme de mon escorte, entre dans mon cheval et y éclate. Le bout du canon m'a été lancé dans le dos, le bout en avant. On en voit la marque circulaire sur ma peau, à droite, et un peu au-dessous de l'omoplate ; et le reste m'a fait une contusion très forte (1). L'obus a pénétré littéralement *par le cul du cheval* ; le ventre a été ouvert et je n'ai rien senti. Je suis tombé avec lui, très étonné de ce qui nous arrivait à tous les deux.

La veille (1er décembre), il avait eu un coin d'oreille enlevé par une balle. Un de mes hommes d'escorte avait été tué : M. de l'Ombre (2) avait eu la cuisse traversée par une balle ; (il est originaire de Blois et n'a rien de commun avec celui dont tu me parles).

Avant-hier (3) nous avons attaqué et refoulé les postes avancés prussiens avec ma division, et même on peut dire avec ma seule brigade. Bien que très engagé de mon côté, je m'apercevais bien que la résistance était molle et qu'on n'employait pas beaucoup de canon. C'était une amorce à laquelle on s'est cependant laissé prendre ; car hier (4) nous avons attaqué avec un seul corps, le mien (le 16e par conséquent), tandis que, avec 24 heures de plus, on en avait trois sous la main (15e et

---

(1) Cf. Dossier du général Deplanque, aux archives administratives du ministère de la guerre : Le 2 décembre, à Loigny. Deplanque fut atteint « d'une plaie contuse au-dessus et près de l'omoplate droite, vers la colonne vertébrale, par un canon de mousqueton qui a pénétré jusqu'à la côte ; projeté par un obus qui a tué le cheval ».

Au-dessous, écrit Deplanque : au-dessus de l'omoplate droite, lisons-nous ici : variante sans importance. Il n'en est pas de même de cette autre : on en voit la marque circulaire sur ma peau, dit-il, pour tranquilliser sa mère, du bout « de canon d'un mousqueton » qui lui avait pénétré jusqu'à la côte, vers la colonne vertébrale !

(2) Mort, malheureusement depuis plusieurs années déjà.

(3) Le 1er décembre (Villepion).

(4) Le 2 décembre (Loigny-Pourpry).

17°) (1). Ces deux corps sont *heureusement*, arrivés vers 2 h. 1/2 ; il était temps ! D'après ce que j'ai entendu dire ce matin, on serait parvenu à repousser les Prussiens où ils étaient avant-hier. Il neige, mais il fait beau temps. Il est possible qu'on recommence aujourd'hui ; on doit être cependant très fatigué. Les pertes sont énormes (2).

Le général Ducrot qui est, *dit-on*, sorti avec une forte colonne, parviendra-t-il à nous rejoindre, ou nous à l'aller trouver ? C'est ce qu'une bataille ou deux décidera avant peu, décidant aussi du sort de Paris, et peut-être de la France entière.

Ducroquet m'a accompagné jusqu'à Patay : il reste seul mais bien portant.

Le duc de Luynes a été tué hier. Son frère, de Chevreuse, avait été blessé au pied à Coulmiers. La duchesse était venue de Dampierre à Saint-Sigismond pour voir ses deux enfants : elle est venue me voir. Il ne lui reste plus que son gendre, de Sabran, aussi sous mes ordres.

Je t'embrasse.                    *Signé :* L. DEPLANQUE.

Après Loigny, la « débâcle » commence : l'armée de la Loire n'est vraiment plus qu'un *troupeau*.

Tout semble conspirer, d'ailleurs, contre ces soldats improvisés. Aux souffrances morales, nées des défaites successives et de l'inquiétude pour l'avenir, s'ajoutent les tortures physiques les plus intolérables, et les plus extrêmes privations de toute nature :

« Le froid est si glacial que nous grelottons littéralement, nous qui sommes cependant couverts chaudement (3), et tous ces malheureux blessés, incomplètement guéris, avec des vêtements légers ou en lambeaux (14 et 15° de froid) (4) vont voyager toute

---

(1) Chanzy donnait sur leur organisation les détails les plus inquiétants. — Le général Guépratte faisait un tableau plus sombre encore du 17°, *sans souliers et sans munitions*. Les 2° et 3° divisions du 15° étaient « éreintées par une marche des plus fatigantes ». Quant à la première division du 15°, de même que les 18° et 20° corps, en entier, ils se trouvaient trop éloignés pour intervenir utilement, même le 3.

Cf. : Le Hautcourt (1893)

(2) Elles furent de 6 à 7,000 hommes : 8 pièces, une mitrailleuse. — Cf. François de Nion : « L'an Rouge ».

(3) J. Janicot, ouv. cité.

(4) Lire dans les « Tronçons du glaive » de MM. Margueritte, le poignant récit du voyage analogue d'un convoi, par chemin de fer : 50 lieues en 6 jours ! p. 393-395.

la nuit, n'ayant pour se protéger sur les charrettes découvertes
qui les emportent, qu'une mauvaise toile, à demi déchirée....

Pendant cette journée du 3 décembre, tout le monde est sur le
pont, tout le monde s'occupe, et cependant notre besogne, à la
fois bien pénible et bien utile, se termine à peine à huit heures
du soir. A dix heures nous arrivent des avant-postes une dou-
zaine d'hommes blessés (1). C'est pitié de voir ces malheureux
transis de froid : du feu ! du feu ! voilà ce qu'ils nous demandent
tous avec un accent déchirant que je ne saurais rendre, mais
dont je n'ai pas perdu le souvenir. Le froid leur a fait oublier
leurs blessures  Nous les réchauffons de notre mieux, puis nous
les pansons .. Le calme le plus profond ne tarde pas à régner
dans l'église. Pauvres gens ! Comme ils sont heureux de dormir
sous un toit, sans crainte des obus !... »

D'Aurelle qui ne voyait plus « sur la route que fuyards pris de
panique et sourds à la voix de leurs officiers » (2), s'était replié
sur ses anciennes positions, pressé par l'ennemi, les 3 et 4 décembre (3).

Le 5, le duc de Mecklembourg entrait à Orléans que nos troupes évacuaient à l'autre extrémité. Il s'y « passa plusieurs faits
de pillage qui ne furent même pas réprimés, la prolongation de la
guerre augmentant chaque jour l'exaspération des troupes allemandes » (4). Des atrocités sans nom y furent commises qui
achevèrent de marquer au front d'un stigmate ineffaçable les
officiers prussiens qui ne firent rien pour les empêcher, ni pour
en châtier ensuite les misérables auteurs.

Sur un autre théâtre, le reste de l'armée de la Loire s'était
heurté, nous l'avons mentionné plus haut, dans le voisinage de
Beaune-la-Rolande, au « 10ᵉ corps de l'armée prussienne (5), appuyé par la 5ᵉ division d'infanterie et la division de cavalerie, et
il fut forcé de se replier sur Orléans », que nous venons de voir
évacuer.

Une commission d'enquête ayant jugé sévèrement la conduite
du général en chef, d'Aurelle fut relevé de ses fonctions par cette
dépêche :

_______

(1) A. Chuquet : « Durant la nuit les Français affamés et grelottants venaient
aux avant-postes prussiens annoncer que leur armée refusait de se battre ». —
Des bataillons entiers, des compagnies s'engouffraient dans Orléans.

(2) A. Chuquet. — Chanzy, comme d'Aurelle, avait déclaré au gouvernement que
ses troupes « ne tiendraient pas ». La réponse fut : « il faut tenir quand même ».

(3) Affaires d'Artenay, de Chilleurs-aux-Bois.

(4) A. Boucher, Ed. Deschaumes...

(5) Le Saint, ouv. cité.

« Tours, 6 décembre 1870.

« Guerre à général d'Aurelle, à Salbris. Le commandement en chef de l'armée de la Loire est supprimé. Le 16ᵉ et le 17ᵉ corps, formant la deuxième armée de la Loire, passent sous les ordres du général Chanzy. Les 15ᵉ 18ᵉ et 20ᵉ corps (1) formeront, sous les ordres du général Bourbaki, la première armée de la Loire.

Remettez immédiatement le commandement au général des Pallières. Vous êtes nommé au commandement des lignes stratégiques de Cherbourg et vous vous rendrez sur le champ à votre nouvelle destination. »

Signé : le Ministre de la guerre.

---

(1) De fait, ces deux groupements existaient déjà par la faute des membres du gouvernement qui avaient tenté avec le deuxième, la diversion sur Pithiviers. L'unité de commandement n'avait jamais été possible, puisque Gambetta donnait des ordres directs à deux ou trois corps.

# CHANZY COMMANDANT EN CHEF

———

Le général Chanzy (1) qui « avait compris de suite la gravité
de la situation », était bien, par sa vigueur et par son activité,
l'homme qui convenait à ces valeureuses troupes des 16e et 17e
corps (2). « Il eut jusqu'au bout l'espoir de vaincre (3) ; il semblait
ignorer les revers de la veille et ne croyait pas au désastre du
lendemain. Il maniait son armée de conscrits (4) comme si elle
n'eût été composée que de vétérans, la menait sans cesse au
combat et tenait bon dans son idée de la conduire à Paris.
... « Sauver Paris, disait-il un jour, est le suprême bonheur ». Les
résultats ont trompé ses espérances, mais la grande âme de ce
« héros dont la noble et fière figure (5) personnifie aujourd'hui,
aux yeux du peuple français la résistance à l'invasion », survit,
pour nous inculquer une immortelle leçon de patriotisme et de
vertu guerrière (6).— « La retraite d'Orléans à Laval a été com-

———

(1) Hâtons-nous de redire qu'il s'est honoré en rendant pleinement justice aux
efforts qu'avait tentés le général d'Aurelle.
J. M. Villefranche : « Histoire du général Chanzy ».
Lire encore : A. Boucher, p. 376.
Ed. Deschaumes (le chapitre l'exemple), p. 339.

(2) « Cette deuxième armée de la Loire a failli un moment atteindre son but : la
délivrance de Paris. C'est elle qui soutint dans les combats livrés autour d'Orléans, le plus grand effort de la lutte. C'est elle qui y joua le rôle principal... Ces
recrues avaient supporté les privations et le froid. Elles ne s'étaient point laissé
envahir par le découragement qui accompagne l'insuccès, et malgré tant d'épreuves, elles étaient encore en état de tenir la campagne et de disputer le terrain
pied à pied à l'ennemi ». Ed. Deschaumes, p. 134.

(3) Arthur Chuquet.

(4) Mais d'Aurelle avait déjà commencé à faire « de ce rassemblement d'hommes, de véritables soldats ». — Le Saint, ouv. cité.

(5) A. Delorme, ouv. cité.

(6) Mgr Bois. — « En 1886, on a élevé à Chanzy, dans son pays natal, une magnifique statue. L'artiste l'a représenté debout en grand uniforme, la main droite fiè-
rement tendue vers la frontière ennemie, semblant bien prononcer les mots que
l'on a gravés sur le piédestal : que les généraux français qui veulent le bâton de
maréchal, aillent le chercher au-delà du Rhin ».
Il a été frappé une belle médaille commémorative de cette cérémonie, avec cet
exergue : A. Chanzy : à la 2e armée de la Loire, 1870-71. Au recto, le portrait du
général (A. Croisy, sculpteur : A. Borrell graveur). Autour de la dédicace, au
milieu et comme motif décoratif, une épée ; à droite, une palme ; à gauche une
branche de chêne.
En souvenir d'une bonne et vieille fraternité d'armes, Deplanque en avait reçu
un exemplaire à Auxi-le-Château.

parée aux plus belles opérations dont les annales militaires aient jamais fait mention. L'indomptable Chanzy mit 60 jours à faire 40 lieues. On songe, en lisant cette histoire, aux célèbres campagnes de Turenne ».

En prenant possession de son commandement, le général Chanzy conservait l'espoir d'opérer assez tranquillement sa retraite sur Vendôme, tout en tenant tête à l'ennemi ; mais quelques escarmouches qui occupèrent la matinée du 6 décembre, dessinèrent mieux le plan de l'ennemi. Alors, « pour se rapprocher insensiblement de la forêt de Marchenoir et s'y abriter (1), il quitte Beaugency et s'établit entre Meung-sur-Loire et Josnes..., position qui commande deux routes, l'une sur Vendôme, l'autre sur Blois ».

L'ennemi devenait plus entreprenant dans la journée du 7, et le duc de Mecklembourg essayait en vain d'emporter nos positions ; nos troupes exténuées (2), parvenaient encore à l'arrêter dans sa marche.

Le contact eut lieu sur plusieurs points (3), et même de véritables combats s'engagèrent vers Meung et vers Vallières (4). La lutte fut des plus opiniâtres, « à droite, non loin de Langlochère et de Messas (5), au centre, à Villechaumont et à Cravant. Sur ces derniers points l'ennemi fut contraint à la retraite. La bataille dura fort tard et le général Chanzy put télégraphier de son quartier général de Josnes, que les corps couchaient sur leurs positions. Seule, la droite avait été contrainte de s'établir plus près de Beaugency ».

Chanzy s'empressa de prendre pendant la nuit, les dispositions les plus minutieuses contre une attaque qu'il avait pressentie imminente. La lutte, en effet, recommença le 8 au point du jour, et s'annonçait comme devant être particulièrement acharnée autour du Mée et de *Villorceau*, qui donne son nom à cette journée (6).

---

(1) P. Bondois, ouv. cité. — Le Hautcourt (1893), dit que les « dispositions stratégiques prises le 6 décembre, prêtaient à de sérieuses critiques ».

(2) Il faudrait reproduire ici *in extenso*, les pages émues dans lesquelles J. Janicot a retracé le spectacle lamentable que présentaient nos troupes, fuyant en désordre à travers les villes de Sully et de Châteauneuf.
J. M. Villefranche, ouv. cité.
Voir aussi Bitteau : ouv. cité, p. 212-218.

(3) A Messas, Langlochère, Cravant, Villechaumont...

(4) Le Hautcourt (1895). — « L'ennemi y perdit 500 hommes hors de combat, sans autre compensation que l'occupation du village de Meung ».

(5) Camille Farcy.

(6) J. M. Villefranche, p. 80.

« Dès qu'il eût entendu le canon du général de Flandre devant Cravant (1), l'amiral Jauréguiberry donne l'ordre de marcher au général de Roquebrune, dont les troupes s'étaient avancées avec un élan superbe ». Des forces nouvelles assaillirent alors cette 1re division du 17e corps qui venait de se comporter avec tant d'éclat. En vain Roquebrune voulut-il se maintenir ; ses colonnes furent ramenées en arrière. Mais la division Deplanque (2), du 16e corps, entrant en ligne à son tour, sur l'ordre de l'amiral Jauréguiberry, rétablit l'égalité de la lutte, et nos régiments purent conserver ainsi le terrain qu'ils avaient conquis... »

Mais l'ennemi dont toute l'artillerie placée à Cravant, avait été réduite momentanément au silence, chercha à tourner et à accabler notre aile droite, en faisant converger le gros de ses forces vers Beaugency. Les Allemands opérèrent ce mouvement avec une vigueur remarquable (3). Après un combat d'artillerie qui fut à notre avantage, les Prussiens refoulaient nos tirailleurs, et « remportaient quelques succès partiels, quand ils se heurtèrent aux troupes des généraux Camô et Deplanque (4). Ils étaient sur le point d'être refoulés à leur tour, quand de nouveaux renforts leur arrivèrent se déployant entre Beaumont et Messas (5). Le général Deplanque tenta de leur barrer le chemin. Un violent combat de tirailleurs s'engagea dans l'obscurité et nos hommes soutinrent la lutte avec une bravoure opiniâtre. Finalement le général Camô et le général Deplanque durent se retirer sur leurs positions respectives ».

Nous avons vu que Chanzy les avait fait secourir par le général Roquebrune qui vint « tomber sur de nouvelles colonnes ennemies qui se hâtaient au secours des régiments aux prises avec notre droite. Il fut assez heureux pour les arrêter après leur avoir livré un sanglant combat corps à corps, où les hommes s'égorgeaient à la baïonnette, s'assommaient à coups de crosse, où les officiers ramassaient des fusils et se battaient comme les soldats... »

_______________

(1) Ed. Deschaumes, p 149. — Le général de Flandre, qui commandait la 3e division du 17e corps, tomba mortellement atteint.

(2) Depuis la nomination du général Chanzy au commandement en chef, Jauréguiberry lui a succédé à la tête du 16e corps ; et, par suite, le général Deplanque est chef intérimaire de la 1re division. Il en conserva les pouvoirs jusqu'à la fin de la campagne.

(3) C. Farcy, ouv. cité.

(4) Lire le rapport du général en chef au gouvernement. — Voir aussi : Le Hautcourt et P. Bondois, qui a écrit que toutes nos troupes du 16e corps « se maintinrent sans faiblir », et que le gros des forces bavaroises, décimé, fut rejeté sur Beaugency.

(5) C. Farcy.

La lutte fut terrible jusqu'à 3 heures. Deplanque, après avoir « repoussé promptement les Allemands », circonstance qui « permit au général de Roquebrune de rallier ses troupes » (1), se vit longtemps arrêté par un feu violent d'artillerie. Il parvenait enfin à pousser « son mouvement tournant, enlevait le village de Mée à la baïonnette et refoulait les Allemands... Dans la division Deplanque le 33e mobiles et le 39e de marche s'étaient aussi héroïquement battus ».

Ce combat de Villorceau, qui dura toute la journée, se décompose comme la veille, en une série d'engagements distincts qui nous furent généralement favorables. L'un des épisodes les plus mouvementés fut, sans contredit, la prise du Mée, baïonnette au canon, par les soldats de Deplanque. (2)

« Le Mée est un hameau de quinze à vingt feux (3) placé au bord du chemin de Beaugency à Cravant. Les bâtiments, groupés en demi cercle et reliés par des murailles, forment une enceinte presque continue ; un espace libre y donne accès sur la route ; du côté de Villorceau c'est un petit fort.

Depuis deux heures peut-être, le 2e bataillon, je crois, était échoué là, usant ses hommes et ses munitions contre les murs crenelés, à 8 ou 900 mètres.

Le bataillon s'avance rapidement à travers les vignes, se place à la droite des tirailleurs ou s'intercale à la hâte dans les vides Quelques minutes après un mouvement en avant se dessine.

C'était rude, mais il n'y eut pas de fainéants et cela fut mené rondement. Par deux fois encore on reprit le mouvement en avant ; le cercle se rétrécissait... puis, subitement, — y eut-il seulement un ordre ? — la ligne tout entière se porta au pas de course sur la face du Mée qui regarde Beaugency. Les projectiles pleuvent : on n'entend que le bourdonnement des balles et le clapotis des charniers qui se brisent. Rien n'arrête l'élan : nous sommes au pied des bâtiments ; un couloir de 2 ou 3 mètres, formant brèche, livre le passage, et le flot des assaillants se précipite dans l'enceinte. Il y eut là un moment de délire, une mêlée sans nom dans laquelle alliés et ennemis se heurtaient affolés. Le coup de main avait été si prompt que la plupart des défenseurs de la redoute restèrent en nos mains. Bon nombre d'entre eux, embusqués dans les greniers et surpris par notre arrivée, restaient tapis dans leurs réduits. Quelques volées de balles envoyées dans les meurtrières qu'ils avaient eux-mêmes pratiquées, les décidèrent à se montrer. Les

_______________

(1) Rapport Chanzy.

(2) On lit dans le Hautcourt (1835) : « ... Vers trois heures, l'amiral Jauréguiberry donnait à Deplanque l'ordre de se jeter sur le Mée... Les deux bataillons du 33e mobiles surtout, montraient beaucoup d'élan ».

Et dans A. Delorme : « Au-delà encore, la brigade Deplanque, du 16e corps, enlevait le village du Mée à la baïonnette. Ces derniers épisodes de la journée furent sans conteste une journée victorieuse ».

Il est non moins intéressant de consulter les rapports de l'ennemi sur les différentes phases de la bataille de Beaugency-Cravant, titre qu'il donne aux opérations des 8, 9 et 10 décembre.

(3) Henri Bohineust, témoin et vaillant acteur de ce petit drame endiablé.

lucarnes s'ouvrirent par enchantement : les pauvres diablés se ruaient par grappes hors des greniers, et je me rappellerai toujours l'attitude d'incomparable défaillance avec laquelle ils se rendaient, nous conjurant, nous embrassant les mains et se livrant aux démonstrations les plus piteuses. Et pourtant, plus d'un sans doute, parmi ces gaillards-là, était brave !

A d'autres les mitaines et foin de la modestie ! Ce fut un joli fait d'armes, cette prise du Mée, et tout-à-fait dans la tradition française... »

Voici maintenant une critique, plus que mitigée, il est vrai, à l'adresse du général Deplanque, dont la division n'avait pas dépassé le Mée, qu'elle évacuait même à la nuit (1) : « Ce mouvement rétrograde s'explique, *en partie*, par celui que la colonne mobile de Tours avait exécuté vers Beaugency ».

Or, avant ce mouvement de retraite du général Camô, qui évacuait hâtivement Beaugency, « à la suite d'un ordre mal compris » (2), le succès, sur tous les points, faisait présager une victoire complète et décisive. En effet, « au centre et à droite, les lignes de Chanzy étaient intactes (3) ; l'ennemi avait subi des pertes considérables ; un certain nombre de prisonniers étaient restés entre nos mains ».

Ce fut donc le malencontreux retrait des forces que commandait le général Camô qui força nos troupes « à se replier sur toute la ligne (4) ; et la première préoccupation de Chanzy avait été, le 8 au soir, de rectifier les positions afin de faire face à l'adversaire pour la journée du 9.

L'ennemi s'était établi à Beaugency, en partie, le 8 ; mais le 9 l'occupation en fut rendue définitive dans la soirée, après une épouvantable canonnade qui foudroya cette ville de 5 heures du matin à 8 heures du soir » (5).

Un dernier mot sur cette journée du 8 décembre. Elle fut marquée par un double événement. Le général Martin des Pallières,

---

(1) Le Hautcourt (1895).

(2) Il faudrait pourtant bien s'entendre. Les instructions de Chanzy, du 7, enjoignaient à la division Camô, de « réoccuper demain, au jour, les positions de Messas à la Loire ». — Suivant ces instructions du général en chef, l'amiral Jauréguiberry chargé de l'aile droite, « avait prescrit au général Camô d'occuper fortement le ravin de Vernon, ainsi que Messas et de s'y défendre à tout prix. Mais, *sur un ordre télégraphique du ministre de la guerre, confirmé verbalement, vers huit heures du matin, par un capitaine du génie, envoyé de Tours...* », le général Camô crut devoir dégarnir ces positions pour s'établir en *arrière* de Beaugency. Cf. Chanzy, p. 125.

(3) C. Farcy.

(4) P. Bondois.

(5) Lorin de Chaffin : « Histoire de la ville et du canton de Beaugency pendant la guerre de 1870. »
Voir encore : Ed. Deschaumes, Le Hautcourt...

découragé, offrait sa démission que le gouvernement n'accepta pas. Le commandant du 15e corps, devant l'appel fait à son patriotisme et à son dévouement, restait provisoirement en fonctions.

Le 9, dès le matin, notre aile droite était venue « s'établir en combattant, sur une excellente position, de Toupinay à la Loire, sur la rive droite du ruisseau de Tavers, pendant que le reste de l'armée se battait de Cernay à la Vilette (1). Sur la droite, à Tavers (2), l'ennemi prononçait une attaque furieuse contre notre nouvelle ligne de bataille ; elle fut maintenue, malgré l'héroïsme de deux régiments allemands, les 75e et 76e, qui subirent des pertes énormes ». Pendant que la 2e division du 17e corps, entamée d'abord, parvenait ensuite à reconquérir ses premières positions, le général Deplanque qui, dès le matin, avait reçu du général Chanzy (3) l'ordre « de reporter ses troupes en arrière pour combler un vide laissé entre nos diverses positions, se retirait le premier, par échelons et avec beaucoup d'ordre, malgré la fatigue... » de ses régiments.

C'est alors que les Allemands se massèrent sur notre droite pour l'accabler définitivement ; mais ils rencontrèrent sur ce point, malgré leur nombre considérable, « une énergique résistance » (4). Le rapport de Chanzy mentionne que « le combat dura jusqu'à la nuit. Les régiments prussiens les plus engagés, durent se retirer en désordre, complètement battus, laissant le champ de bataille couvert de leurs morts et de leurs blessés (5)... Le succès, à l'aile droite, était donc complet et l'amiral, (Jauréguiberry, 16e corps), couchait sur les positions qu'il s'était choisies ».

En somme la journée restait indécise, et bien que nous « couchions sur nos positions », Chanzy, débordé de toutes parts, se voyait contraint d'accentuer sa retraite vers la ligne du Loir.

Dans la nuit du 9 au 10, survenait Gambetta pour se rendre

---

(1) C. Farcy, ouv. cité.

(2) Le Hautcourt (1895). L'artillerie du général Deplanque avait été obligée d'abord de se « retirer devant celle des Bavarois » ; mais chacun fit vaillamment son devoir à l'exemple du 33e mobiles et bientôt le combat se rétablit si bien que le succès du 16e corps, à l'aile droite, fut complet.

(3) Cf. Ses instructions et son rapport au ministre.

(4) Le Hautcourt (1895), p. 38-41 : « A notre extrême-droite la division Deplanque et la colonne Camo avaient été non moins vivement engagées.... »

(5) La lutte engagée à Tavers, à Villejonan et à Origny, « fut tellement acharnée que les obus, les balles, les boulets, les débris d'armes couvraient au loin la terre, comme s'ils avaient été semés ; et, 15 jours après, les habitants de la commune de Cravant et des communes voisines recueillaient ces tristes épaves pour les vendre au poids ». — A Beaugency seul, plus de 30 000 k. de plomb furent vendus à 0,28 le kilogramme.

compte par lui-même, les jours suivants, du véritable état de
l'armée de la Loire. Cette inspection l'amenait à conclure aussitôt
que la Délégation était exposée à Tours à un coup de main de
l'ennemi : elle se transportait à Bordeaux (1).

Depuis onze jours, depuis Loigny surtout, l'armée de la Loire,
attaquée par des forces considérables, obligée de « combattre
sans repos ni trève (2), gardait ses positions sans reculer d'une
semelle et sans se laisser entamer. Elle se maintenait sur une
énergique défensive, et le général Chanzy a pu parler avec un
légitime orgueil de ses opérations ».

Mais Gambetta ne put promettre au général en chef d'obtenir
de Bourbaki une utile diversion (3), et il sanctionna le projet de
retraite soit derrière le Loir, soit derrière la Sarthe. La mort dans
l'âme, Chanzy se voyait encore contraint de reculer malgré tant
d'efforts et de dévouements : « J'ai trouvé ici tout parfaitement
maintenu, écrivait alors le ministre à ses collègues (4), grâce à la
fermeté de main et à l'énergie indomptable du général Chanzy.
Non seulement il garde ses positions, depuis trois jours, mais il
refoule les masses du prince Frédéric Charles et leur cause des
pertes cruelles  Il se bat depuis le 28 novembre... »

Et dans quelles conditions déplorables Chanzy soutenait-il cette
lutte inégale !

« Sans parler des cadres, de l'instruction et de l'organisation
de l'armée » où tout était encore à faire (5), « certains bataillons
de mobiles, le 4ᵉ du Maine-et-Loire, par exemple, armés de fusils
Remington, étaient encore sans baïonnettes le 7 décembre ».

On a dit, d'autre part, que « l'énergie et la confiance de Chanzy
dépassaient de beaucoup celles de ses subordonnés » (6). Nos
troupes ne montraient certainement plus rien « de l'enthousiasme
qui les avait un instant galvanisées au commencement de novembre (7). Trop de souffrances, trop de désillusions dont certaines auraient pu être évitées, les avaient éprouvées... Depuis les
premiers jours de décembre nous ne nous battions plus que pour
l'honneur ».

-------

(1) Cf. « Les Tronçons du Glaive », p. 282 et ssq.

(2) Cf. Le Hautcourt (1895) et P. Bondois.

(3) J. M. Villefranche.

(4) M. de Freycinet a reproduit cette lettre dans son livre.

(5) Le Hautcourt (1895), p. 19 t en note.

(6) Le colonel Lecomte, cité par le Hautcourt (1895).

(7) Mais tout était là, pour les hommes comme pour les chefs subalternes. Un
succès, même partiel, une série d'avantages, même secondaires, les eussent tenus
en haleine. Or, après le 2 décembre, rien ne pouvait plus donner le change.

Le nombre des partisans de la « lutte à outrance » ira, jusqu'à la fin de janvier, se restreignant chaque jour davantage ; et parmi eux les généraux et les officiers qui, mêlés de plus près que Chanzy encore *aux détails* de la vie en campagne, voyaient peut-être mieux l'impossibilité de la tâche, étaient légion. Le général Deplanque, dont on ne contestera pas, je l'espère, « l'énergie », n'avait aucune confiance dans l'issue d'une lutte, faussée, selon lui, parce que dans l'esprit du général en chef comme dans la volonté du gouvernement, Paris restait l'objectif unique assigné à l'armée de la Loire.

Au reste, voici la lettre qu'il écrivait à sa mère, de Villorceau, le 8 décembre, *au soir* :

Ma chère mère, j'ai pu, vaille que vaille, reprendre mon service, ce qui te prouve que tu n'as aucune crainte à conserver sur les suites de ma blessure. Il n'en est pas pas de même sur le sort qui nous attend ! On semble vraiment ignorer ici que les Allemands tirent sans peine tous les renforts possibles d'Orléans pour nous accabler à l'aide de ces troupes toutes fraîches. Devant ces bataillons qui marchent sur nous à toute vitesse, selon le rapport de nos éclaireurs, n'est-il pas évident que nos troupes (même mon régiment), seront culbutées comme des capucins de carton et que les autres (1), les mobiles et le reste, se précipiteront dans des chemins de traverse pour déguerpir plus à l'aise ? Mais voilà : on veut toujours faire grand ! Il nous faut de vraies batailles, (2) alors que colonels et généraux en sont déjà réduits chaque jour à se jeter sur le front des troupes, pour arrêter, — quand ils y parviennent ! — les ignobles débandades qu'il nous faut craindre maintenant au premier coup de fusil.

Toujours cette idée fixe : entreprendre de grands mouvements concentriques pour débloquer Paris ! Et Ducrot et Trochu ne bougent pas ; Bourbaki n'ose rien et doit,

---

(1) Deplanque est injuste pour l'armée qui fit encore bonne contenance le lendemain ; il l'est aussi à l'égard de Jauréguiberry qui se rendait bien compte de la situation et qui déclarait à Chanzy dans son rapport que « ses troupes paraissent à bout et incapables de tenter un effort sérieux le lendemain ».

(2) C. Farcy : « Ce n'était pas par de grandes opérations... ; mais on pouvait user l'ennemi en détail... *se proposant pour but unique de lui coûter mille hommes par jour.* »

dit-on, pousser une pointe dans l'Est pour inquiéter les communications de l'ennemi : on ne sait rien de Faidherbe dans le Nord. C'est le plan, toujours le fameux plan ! Cependant, le beau résultat que Loigny ? Reculer toujours depuis, malgré tous nos efforts ; et ce n'est pas fini. Après Vendôme, le Mans, sans doute ; et puis après, le diable sait où. Au lieu de les avoir usés en détail, quitte à faire le vide vingt lieues devant eux !.. Ah ! je ne me gêne pas pour en parler !

Ils en ont bien assez de la guerre, nous dit-on ! Et les nôtres donc (1) ? Et les paysans (2) qui nous refuseraient tout pour faire face aux réclamations des Prussiens ? De quelles illusions peut-on encore se payer ?

Le grand manitou lui-même qui vient, dit-on, nous inspecter, y changera-t-il enfin quelque chose ? Il serait bien temps : car avec des *loques* comme celles que nous avons en mains, nous ne tiendrons plus vingt-quatre heures dans n'importe quelles positions (3) !

Me voilà tout de même sur pied, plus heureux encore que tant d'autres, et je l'ai vraiment échappé belle sous mon pauvre bidet !

Ah ! si Ribell (4) maintenant me tire dans les jambes ! ça s'annonce bien pour une reprise !

Je t'embrasse,                    *signé* : LOUIS DEPLANQUE.

Dans les instructions qu'il lançait le soir du 9 décembre, le général en chef prescrivait de reprendre Origny, dès le lendemain (5), et surtout, en prévision que l'ennemi ne continuerait pas sa marche en avant, une série de mouvements stratégiques dont Deplanque contestait l'opportunité devant ses camarades, à

---

(1) Abbé Renou : « Histoire de la garde mobile d'Indre-et-Loire ».
Capitaine Robert : « Histoire d'un régiment, 35ᵉ de marche ».
Dumas : « Les mobiles de Maine-et-Loire ».

(2) Le Hautcourt (1895), p. 69. — Ils ne fournissent plus les denrées contre bons réguliers ; la botte de paille se vend 1,50, un morceau de pain 1 et 2 francs.
MM. Grisot et Coulombon citent des faits analogues.

(3) Le Hautcourt (1895) : « Quand les meilleurs éléments d'une armée, les régiments de gendarmerie du général Bourdillon, n'ont d'autre rôle que celui de maintenir les autres au feu, il faut désespérer du succès », p. 293.

(4) Cette allusion à un incident délicat, s'expliquera d'elle-même par l'un des documents ci-joints.

(5) Et cependant, du 6 au 10, à deux reprises, Chanzy avait spécifié, dans ses instructions, que la cavalerie surveillerait « les derrières des corps en marche » pour s'opposer aux débandades.

peu près, sans doute, dans les mêmes termes que dans la lettre à sa mère (1) qu'on vient de lire.

Le général en chef écrivait une lettre autographe, sans doute inédite, à « M. le général Deplanque, au château des Houx », et qui résume en les précisant sur certains points importants, ses instructions générales (2) pour le 10 décembre ; la voici :

2ᵉ armée de la Loire

ETAT-MAJOR GÉNÉRAL                    Le Mans, 10 décembre 1870.
        N° 1819.

Mon cher général,

Le colonel Ribell m'envoie le rapport ci-joint dont j'ai pris connaissance, avec prière de vous le transmettre.

La détermination du colonel Ribell de se rendre aux Arches, laisserait ouverte la route du Mans. Je lui donne l'ordre formel de se porter cette nuit même, en arrière de Changey, sur les positions qui dominent ce point, entre la batterie du Tertre et celle des Granges. Il est absolument indispensable que cet ordre soit exécuté et je rends le colonel Ribell responsable de cette exécution.

Vous devrez, demain au jour, vérifier la chose par vous-même et m'en rendre compte.

Le général Jouffroy a reçu l'ordre de se porter demain au jour, sur ces positions. Il faut donc qu'il les occupe sans avoir à les reprendre et qu'elles lui soient gardées d'avance.

Je suis content des efforts du colonel Pereira aujourd'hui. J'ai appris avec intérêt les détails de cette résistance. Je compte sur un effort au moins égal, pour demain.

*On m'a fait part de toutes vos observations et appréciations ; je persiste dans les instructions d'aujourd'hui qui doivent être strictement exécutées* (3).

________

(1) Pendant les trois ou quatre jours de repos indispensable qu'il avait pris à la suite de sa blessure de Loigny, Deplanque lui-même nous apprend qu'il critiquait l'orientation générale donnée aux opérations. Il est vraisemblable que l'un de ses auditeurs en avait informé le général en chef.

(2) Ces instructions du 10 sont reproduites dans la 3ᵉ édit. du livre de Chanzy, p. 144-147.

(3) Je me permets de souligner ces deux ou trois lignes que l'on rapprochera aussitôt des pages qui précèdent. — Certes ni l'habileté ni l'énergie du général en

Monsieur l'intendant Mallet a envoyé aujourd'hui un convoi dont les troupes du général Lalande et du colonel Lebrun ont dû profiter pour leur distribution, les adjudants-majors et officiers de semaine ayant été réunis à cet effet par M. l'intendant Mallet et en ayant reçu les instructions pour l'exécution de cette distribution. Assurez-vous en.

Le général en chef, signé : CHANZY.

Le général Chanzy multipliait ses instructions, songeant aux moindres détails, prévoyant les diverses éventualités (1), et les adressant même à plusieurs reprises dans une seule journée (2) à ses auxiliaires de tout grade des 16e et 17e corps (3). Il s'agissait d'abord de préparer et d'assurer la retraite sur Vendôme, puis d'organiser la défense de cette place et, enfin, de continuer le mouvement en arrière sur le Mans.

Jamais il ne répudia tout espoir de reprendre l'avantage sur l'armée homogène et formidablement aguerrie du prince Frédéric Charles. Non seulement il pensait pouvoir lui opposer une barrière infranchissable, mais il n'avait pas renoncé au projet de ramener ses troupes sur Paris. Or, toute question d'énergie, de bravoure et d'habileté, mise à part, je le répète, était-ce là vraiment chose raisonnable ?

Qu'on en juge : « Je me rappellerai toujours cette marche de nuit, — 9-10 décembre, — (4). En avant, sur notre droite, la lueur des villages incendiés, tout autour de nous les feux des camps français. A tout instant, des convois de blessés défilant devant nous sur des cacolets ; parfois sur un de ces cacolets en forme de lit, une masse informe d'où partaient de sourds gémisse-

---

chef ne sont ici en cause, et d'ailleurs le maréchal de Moltke lui-même, dans son histoire de la guerre de 1870, a rendu justice à ces deux qualités maîtresses du commandant de la 2e armée de la Loire. — Cf. Ses « Mémoires », édition Joglé.

Mais ne se faisait-il pas illusion sur la valeur de ses troupes ? Cette question-là seule, se pose, et Deplanque n'en a jamais posé d'autre. Que pouvait-on raisonnablement tenter avec des régiments que les gendarmes et les escadrons de hussards ramenaient en ligne de bataille ?

(1) « Dans le cas où l'ennemi viendrait à se présenter... », etc. — Instructions du 12 décembre, lancées du château des Noyers, p. 178-182.

(2) Les 14 et 15 décembre, par exemple.

(3) Je m'explique fort bien que Chanzy n'ait pas pu ni voulu reproduire in-extenso, même dans les premières éditions de son livre, toutes les instructions émanées de lui pendant la campagne ; mais il n'eut pas dû, me semble-t-il, passer sous silence plus d'un endroit susceptible de mettre en relief ses divers collaborateurs. — En ce qui concerne Deplanque, je réparerai donc plusieurs de ces omissions.

(4) E. Martin : « Souvenirs de deux volontaires de l'armée de la Loire ».

ments : des voitures de paysans mises en réquisition pour le transport des blessés, et dans lesquelles nous vîmes plusieurs de ces malheureux étendus sur la paille, se tordre sous les étreintes de la douleur. Sur ce sol glissant et durci par la gelée (1), (le froid n'avait jamais été plus rigoureux), il arrivait de temps en temps qu'une mule roulait par terre avec son précieux fardeau. C'étaient alors des imprécations de muletiers se mêlant aux gémissements de deux soldats blessés, victimes de cette chute et sur qui le malheur semblait s'acharner... »

Dans la journée du 10, ce furent surtout la 3ᵉ division du 17ᵉ corps, le 21ᵉ corps, à l'extrême-gauche (engagement de Villejouan) et la 2ᵉ division du 17ᵉ corps (affaire du château de Coudray) (2), qui supportèrent le poids de la lutte.

La 1ʳᵉ division du 16ᵉ corps occupait, le 11 au soir, des positions allant d'Avaray à Seris : le mouvement de retraite sur Vendôme était commencé. On remarquera même que, depuis deux jours, cette opération avait été si sagement préparée et conduite que les Allemands se laissèrent prendre aux apparences ; et que, croyant qu'une véritable attaque était dessinée sur toute notre ligne, ils négligèrent, pour y faire face, de presser vivement l'armée qu'ils eussent sans peine accablée.

L'opération principale, en effet, avait été des plus compliquées ; elle consistait en un très grand changement de front en arrière, en pivotant sur l'aile gauche. La grosse difficulté était « d'écouler les parcs d'artillerie, les convois de vivres, les ambulances (3), sur des points déterminés d'avance, de manière à éviter l'encombrement et en masquant le plus possible ces diverses mesures à l'ennemi... »

Les instructions du 11 pour la journée du 12, sont lancées par le général en chef du quartier général de Talcy : « Demain l'armée continuera son mouvement de retraite sur Vendôme (4)... La 1ʳᵉ division du 16ᵉ corps, partant à 7 heures de Villegonceau, Villiers, la Blanchaumière, viendra s'établir entre les routes de Pontijoux à Oucques et de Pontijoux à Marchenoir, à hauteur de Bois-Brûlé... »

Le 12, un premier engagement eut lieu à Maves, un autre.

---

(1) Le Hautcourt (1895), p. 77 : pluies, dégel ; froid ; faim.

(2) Cf. Chanzy, 3ᵉ édit. (148-150). — Puis viennent les instructions qu'il donnait pour les mouvements de la journée et de la soirée du 10, et les « mesures prises pour assurer la retraite sur le Loir », dès le 11.

(3) J. M. Villefranche, p. 89.

(4) Je n'en extrais que ce qui concerne le 16ᵉ corps, en général, et la division Deplanque, plus spécialement encore.

plus vif, à Nuisement (3ᵉ division du 17ᵉ corps) ; en somme le mouvement se poursuivait régulièrement.

Du château des Noyers, Chanzy expédiait dans la soirée, ses instructions pour la journée du 13 : « L'armée continuera demain son mouvement de retraite, tout en prenant pour la marche les mêmes dispositions qu'aujourd'hui.

Les troupes aux ordres du vice-amiral Jauréguiberry, commandant l'aile droite, marcheront sur les deux directions de Conan, Rhodon, Selommes, et de Villerbefol, Villegrinaut, Villemardy et Plérigny, pour se redresser ensuite sur Vendôme et venir occuper, en avant de cette ville et à la hauteur de Sainte-Anne, des positions défensives, couvrant Vendôme au sud, protégeant les routes de Blois et de Château-Renault, en appuyant leur droite au ravin de Chanteloup, la gauche à la rivière de la Houzée, en avant du bois de Pezéry, tout en gardant le cours de la Houzée depuis Malignas jusqu'à son confluent avec le Loir (1)... »

A plusieurs reprises le général en chef avait fait observer à ses collaborateurs (2), qu'il se bornait à « indiquer à chaque corps d'armée la direction générale qu'il doit suivre et les positions qu'il doit atteindre, et que l'étude de la marche doit être ensuite faite dans chaque corps d'armée et dans chaque division ». Voici deux documents qui prouvent qu'au 16ᵉ corps ces « études de marche » étaient élaborées avec le plus grand soin :

***Instructions supplémentaires du 16ᵉ corps*** (3). — Pour l'exécution des instructions précédentes, les troupes aux ordres de l'amiral occuperont comme il suit les positions défensives autour de Vendôme.

La division Camô appuiera sa droite au ravin de Chanteloup et sa gauche à la rivière de la Houzée, en avant du bois de Pezéry.

La division Deplanque sera chargée de la garde du cours de la Houzée, et se placera, par conséquent, en arrière du cours de cette rivière en s'étendant depuis Malignas jusqu'à son confluent avec le Loir.

Les parcs d'artillerie, du génie, et le grand convoi de vivres du 16ᵉ corps, se placeront sur la rive droite du Loir, en utilisant les deux ponts de la ville de Vendôme.

L'artillerie de réserve du 16ᵉ corps s'arrêtera à Brochepoisson,

---

(1) Certains passages de ces instructions ne figurent plus dans la 9ᵉ édition du livre de Chanzy, que le général a, évidemment, voulu ainsi quelque peu alléger ; p. 178-182.

(2) La remarque sera encore renouvelée dans les instructions du 17.

(3) Elles émanent du vice-amiral Jauréguiberry, faisant suite aux instructions générales du 12, qu'elles complètent et précisent pour le 16ᵉ corps. Elles sont datées, dans les papiers de Deplanque, de Poutijoux 12 décembre, soir.

pour être prête à se porter sur les positions défensives qui pourront lui être assignées.

Les ambulances et les convois divisionnaires se placeront aux positions qui leur seront indiquées par les commandants des divisions pour la facilité des services ; mais, de toutes manières, ils devront être sur des routes ou des chemins conduisant directement à Vendôme, pour s'y réapprovisionner ou évacuer les malades.

Le général Camô fera exécuter demain, dès la pointe du jour, des reconnaissances en avant des lignes ; des éclaireurs et des pelotons de cavalerie devront être poussés aussi loin que possible pour reconnaître la présence et la marche de l'ennemi : la direction de Blois est tout spécialement à surveiller.

La cavalerie du général Camô aura pour formation la plus habituelle, dans la marche, la formation en bataille, soit déployée, soit en colonne par peloton dans chaque escadron. Cette cavalerie devra, pendant le mouvement sur Vendôme, contribuer à couvrir les deux divisions Deplanque et Camô en se tenant, autant que les circonstances le permettront, à deux kilomètres en arrière. Sa mission sera double : elle aura pour but de pousser les traînards devant elle, et d'entraver la marche de l'ennemi. L'escadron de hussards attaché à la 1re division du 16e corps et un escadron de chasseurs d'Afrique de l'escorte de l'amiral, seront spécialement chargés, en cas de combat, de ramener les fuyards au feu.

Les divisions d'infanterie marcheront dans l'ordre habituel, c'est-à-dire sur deux lignes, chaque ligne composée de bataillons formés en colonnes par division à demi distance ; elles seront couvertes par deux fortes lignes de tirailleurs placées l'une à cinq cents mètres et l'autre à mille mètres des colonnes elles-mêmes.

Si l'ennemi se présente, on lui fera face par un simple demi tour à droite. Chaque commandant de division disposera son artillerie, si elle ne peut suivre à travers champs, sur les routes parallèles à la marche des colonnes et à hauteur de ces dernières, de manière à ce qu'elle soit toujours protégée et puisse être promptement déployée et en batterie.

Tous les convois partiront à 4 heures du matin et se placeront sur les routes de manière à ne pas entraver les mouvements des parcs qui partiront à 5 heures, et de l'artillerie de réserve qui partira à 6 heures.

Comme le chemin à parcourir est assez long, le vice-amiral commandant l'aile droite invite MM. les généraux de division et chefs de service, à prendre les mesures nécessaires afin que tous les départs aient lieu aux heures indiquées. Le grand convoi de vivres passera par Conan, Rhodoz et Sellommes, d'où il rejoindra la grand'route de Blois à Vendôme. Les parcs et les batteries de réserve passeront par Regnault et rejoindront soit à Noyers soit à Villetrain, la grand'route d'Oucques à Vendôme.

Il est nécessaire que les positions à prendre soient occupées longtemps avant la nuit.

Il est très important que les troupes aient mangé la soupe avant l'heure du départ.

MM. les généraux de division sont priés de donner des ordres en conséquence.

Le quartier général du 16e corps sera indiqué ultérieurement.

P. O. Le chef d'État-major général, par intérim, du 16e corps.

Signé : DE LAMBILLY.

A son tour, le général Deplanque (1) envoyait aux officiers qui relevaient de lui l'*ordre de mouvement* suivant :

« Le 33ᵉ de mobiles et le 38ᵉ de marche se mettront immédiatement en route pour occuper, comme s'ils ne formaient qu'un seul bataillon, la crête qui se trouve entre le village de Bois-la-Barbe et les moulins d'Huchigny, sur la Houzé (2). Huchigny sera occupé par un escadron de cavalerie, chargé d'éclairer la rive gauche.

La mission de ce bataillon sera de garder et défendre le passage des ponts et des gués d'Huchigny, de s'éclairer à droite et à gauche par des petits postes de surveillance, le long de la rivière, qui les relieront du côté de Vendôme, avec le bataillon du 37ᵉ qui occupera une position semblable entre la Chappe et la Houzé ; et, du côté de Malignas, avec le 62ᵉ qui va occuper aujourd'hui même, la position de Malignas et celle située entre le pont traversé hier, et la ferme de Villemalin. Le reste de la division s'étendra de ce point vers Sainte-Anne où elle appuiera sa droite. Le 37ᵉ aura soin de surveiller particulièrement le pont qui est près du confluent de la Houzé. Le quartier général de la division reste à Bois-la-Barbe ; les distributions auront lieu cette nuit et la soupe sera faite de manière à être mangée à 6 heures du matin. Les troupes seront, autant que possible cantonnées, sans toutefois qu'il en résulte la moindre négligence dans le service. On emploiera tous les moyens possibles pour faire les travaux de fortification ou tranchées-abris nécessaires à consolider la défense des lignes.

Les corps qui n'ont pas fourni les renseignements déjà plusieurs fois demandés (situations et propositions), sont priés d'en faire connaître les motifs par écrit. On rendra compte également aujourd'hui de la quantité exacte de vivres que les hommes ont sur eux.

Défense d'entrer isolément à Vendôme (3), sans permission, sous peine d'être traduit devant la cour martiale.

Le payeur est au quartier général (4).

Le général commandant par intérim la division.

*Signé :* DEPLANQUE.

Le mouvement de retraite sur Vendôme fut achevé le 13, sans trop d'encombres.

La deuxième armée de la Loire présentait, au 13 décembre, le plus lamentable spectacle. Les soldats de Chanzy « n'avaient plus que des haillons et ne vivaient que de biscuit. Beaucoup avaient perdu leurs souliers dans la boue » (5). Un grand nom-

---

(1) Billet autographe de Deplanque, sans date ni lieu d'origine. — Est-ce trop se hasarder que de le donner, d'après le contexte, comme étant lui aussi, du 12 décembre ?

(2) Orthographe du mot dans les papiers de Deplanque.

(3) La retraite opérée dans un pays accidenté, que la pluie ou le dégel rendaient plus difficile encore, se changeait en débandade pour ces hommes affamés et à demi nus, en quête d'abris dans les hameaux et dans les fermes isolées.

(4) Note marginale de Deplanque : (33ᵉ, 37ᵉ, 38ᵉ.)

(5) A. Chuquet, ouv. cité. — Dans son rapport, Chanzy avoue que « beaucoup d'hommes, en vue d'éviter les fatigues et les dangers de la campagne, recherchaient la captivité ».

bre de mobiles s'étaient échappés pour « courir le pays et exploiter la pitié des habitants par le récit de leurs aventures ! Combien, pour se dire désarmés et ne plus se battre, jetaient leurs fusils au fond des étangs ou en brisaient l'aiguille qu'ils refoulaient violemment avec la baguette ! Que de traînards s'attardaient dans les métairies et sur les routes afin d'être saisis par les Uhlans ! Le 12 décembre, la division Wittich faisait à elle seule 2 200 prisonniers (1). Presque tous s'estimaient heureux de ne pas continuer la campagne et s'étaient livrés par bandes au premier ennemi qu'ils avaient rencontré. Une fois, à midi, des Allemands entrèrent dans une maison : des Français attablés les accueillirent en camarades et les invitèrent à s'asseoir et à manger avec eux : « nous ne voulons pas nous sauver, ajoutaient-ils ; nous vous attendions pour nous rendre » (2).

La concentration de nos troupes à Vendôme était terminée le 14. La position était bonne, dit Chanzy (3) : malheureusement le contact avec l'ennemi qu'il eût été si nécessaire de pouvoir retarder de trois ou quatre jours, reprit aussitôt (4), le 14, à Morée et surtout à Fréteval où « l'action fut des plus sérieuses ».

Uni à d'autres troupes, le 37ᵉ de marche se transporta sur le bois de la Guignetière et contraignit enfin l'ennemi à reculer.

Cet effort était d'autant plus méritoire que la situation de nos troupes s'aggravait encore. Voici, en effet, ce qu'écrivait à Deplanque, le 14, de la ferme de Villemalin, l'un de ses compagnons d'armes (5) : « Mon général, je viens de faire une promenade au camp. La pluie, tombée depuis hier au soir, rend le sol impraticable. Il nous sera impossible de marcher à travers champs. Nous pourrons difficilement démarrer les canons ». — *Signé* : Général Bourbillon.

---

(1) Von Wittich : ouvrage sur la campagne de 1870. — Voilà où en était l'armée de la Loire, sur laquelle reposaient encore tant de chimériques espoirs, et dont la cavalerie est occupée à « ramener les fuyards au feu ».

(2) Les historiques des corps, du 5 au 16 décembre, abondent en détails navrants de ce genre.

Le Hautcourt (1895), p. 59 à 138, nous dépeint dans toute leur horreur « la fatigue et la dépression morale de l'armée qui marchait et combattait depuis trois semaines, sans trêve ni repos, dans la neige, sous la pluie, sans alimentation suffisante et régulière » ; avec un équipement et un habillement souvent incomplets et des bivouacs rudimentaires.

Des Montis cite le 49ᵉ mobiles (Orne), qui avait 1.000 hommes avec des chiffons aux pieds dans des sabots !

(3) J. M. Villefranche, p. 95-100.

(4) Les Prussiens disposaient d'environ 120.000 hommes. — Mallet, dans « la bataille du Mans », évalue nos forces à 100.000 hommes.

(5) Momentanément son subordonné.
*Ce billet est écrit au crayon, sur un feuillet de papier écolier*

Cependant, à la fin de la journée, la « brigade Deplanque avait franchi le Loir » (1). Elle s'établit sur des positions si habilement choisies que le lendemain matin l'amiral Jauréguiberry jugeait important de l'y faire renforcer par les mobilisés de Maine-et-Loire.

L'action s'annonçait comme devant être autrement chaude, le lendemain ; aussi multiplia-t-on de toutes parts les instructions et les ordres (2) pour cette journée du 15 décembre ; les voici :

Du Temple, 14 décembre 1870 (3).

Mon cher général, le général Bourdillon sera chargé à partir de demain, de la défense des positions qui doivent couvrir Vendôme, considérée comme tête de pont. Il disposera, pour remplir cette mission, des 62°, 37°, 39° de marche et du 16° bataillon de marche des chasseurs à pied, mis à ses ordres par le général Camô : des 3 batteries de quatre et des mitrailleuses de la 1re division : d'une batterie d'obusiers de montagne de la section du génie ; et de la 1re division des francs-tireurs du commandant de Foudras que j'ai envoyés aujourd'hui occuper Malignas et auxquels vous prescrirez, ce soir, de pousser en avant, à hauteur du château et dans les bois de Coudray, de façon à protéger, s'il est forcé de s'effectuer, le mouvement de retraite de nos postes avancés de cavalerie.

Demain, à 11 heures, vous passerez le Loir avec le reste de votre division pour aller occuper, entre la forêt de Vendôme et la rivière, des positions qui vous seront indiquées. La division Camô effectuera le même mouvement après vous, c'est-à-dire vers midi ; il faut donc que tous vos convois soient expédiés en temps opportun pour qu'il n'y ait pas d'encombrement en ville et sur les ponts.

Le vice-amiral commandant le 16° corps.

Signé : JAURÉGUIBERRY. (4)

Le gouvernement se préoccupait enfin des souffrances qu'enduraient les troupes de l'armée de la Loire et cherchait à les adoucir en assurant aux troupes en marche, pendant cette campagne d'hiver et vu les rigueurs de la saison, « des cantonnements de nature à donner aux soldats l'abri et le repos nécessaires pour refaire leurs forces ». Et il décidait qu'on logerait chez l'habitant « autant de monde que pourraient en contenir les lieux qui se trouveraient sur le passage des troupes » (5).

Hélas ! les exigences des marches stratégiques à effectuer rendirent à peu près superflues ces humaines et sages dispositions.

---

(1) Rapport du général Chanzy au ministre de la guerre.

(2) Chanzy : 9° édit., p. 198-201.

(3) En tête : 2° armée de la Loire, 16° corps d'armée.
A M. le général Deplanque, commandant la 1re division du 16° corps.

(4) Autographe du commandant du 16° corps.

(5) L'arrêté était signé du quartier général de Saint-Martin, par L. Gambetta, notifié au 16° corps par le sous-chef d'État-major général Chauveaux et transmis, p. p. c. par de Lambilly, chef d'État-major général par intérim du 16° corps,

Voici, en effet, ce que, *le 14 décembre*, l'amiral écrivait « du Temple, près Vendôme, à M. le général Deplanque, commandant la 1re division d'infanterie du 16e corps, à Bois-la-Barbe » :

*Mon cher général, vous changerez, aujourd'hui même, vos positions, en disposant vos troupes comme il suit : votre gauche entre le bois de Villemalin et le bois de Pezéries, un bataillon fortement établi en avant, à Malignas, quelques postes solides pour surveiller le cours de la Houzée, depuis le bois de Pezéries, sur votre gauche, jusqu'au confluent de cette rivière avec le Loir : enfin, le reste de la division s'étendant à droite, dans la direction de Sainte-Anne, un peu en arrière de l'église de ce village, afin de vous appuyer sur les petits bois, garnis de haies épaisses qui existent de ce côté.*

*La division Camô occupera le reste de la position à votre droite, jusqu'au ravin de Chanteloup ; vous vous trouverez ainsi mieux relié avec le général Camô puisque les deux divisions seront disséminées sur un espace beaucoup moins étendu. On va aujourd'hui même commencer sur toute cette ligne, des épaulements de batteries et des tranchées-abris. Ainsi les routes de Blois et de Château-Renault seront défendues et les abords de Vendôme couverts. Je ne vous indique pas où doit s'arrêter votre droite, parce que, sur le terrain même, vous verrez mieux comment il faut vous placer pour bien défendre les positions, en conservant quelques troupes en réserve.*

*Il se trouve effectivement à Vendôme et dans les villages environnants beaucoup de soldats qui ont abandonné leurs corps ; mais des mesures sont prises pour les obliger à rejoindre ; et si vous rendez les chefs de corps et les officiers personnellement responsables de ces débandades, on arrivera, je n'en doute pas, à les arrêter sinon en totalité, du moins en grande partie.*

*Je remarque en effet que les officiers laissent sortir des rangs les hommes, devant eux, sans jamais songer à les arrêter. Les fautes les plus graves se commettent sous leurs yeux sans qu'ils disent un seul mot pour les réprimer. On dirait, en réalité, qu'ils ont peur de déplaire à leurs hommes ! Il faut leur faire comprendre que les officiers qui tolèrent de pareilles infractions à la discipline, en sont en quelque sorte complices et tombent, par conséquent, sous le coup de la loi (1).*

*Vous m'écrivez avoir constaté hier que plusieurs hommes du 62e ont, en entendant quelques coups de fusil, jeté leurs armes et leurs sacs. Faites-en immédiatement saisir un certain nombre et traduisez-les en cour martiale. Lorsque des exemples auront été faits, le mal diminuera sensiblement. Toutes ces mesures sont, je le sais, dures à prendre (2), pénibles à exécuter ; mais la France nous demande en ce moment des sacrifices que nous n'avons pas le droit de refuser : et nous ne devons négliger aucun moyen pour discipliner nos troupes et les ramener au combat.*

*Si vous croyez que votre convoi est à Vendôme, il faut l'envoyer chercher.*

*Le mouvement des troupes que nécessite votre changement de positions, s'effectuera après la soupe du matin. Les instructions du général en chef que je joins à ma lettre, vous autorisent à can-*

---

(1) Ici se trouvent, en marge, ces deux indications : 6 V. et C. M.

(2) Cf. « Les tronçons du glaive » de MM. P. et V. Margueritte.

tonner vos *hommes, autant que les localités le permettent, mais
en ayant soin de bien veiller à la défense des batteries et des
positions.*

La cavalerie légère du général Camô occupe, en avant de vos
lignes, les positions de Périgny-Villeramain et Crucheray. Je mets
à votre disposition un escadron de chasseurs d'Afrique pour contribuer avec votre escadron de hussards, aux reconnaissances à
faire en avant de vos positions.

Les mouvements dont il s'agit s'effectueront après-midi.

Le vice-amiral commandant le 16e corps.

Signé : Jauréguiberry (1).

L'amiral lutte d'énergie avec le général en chef pour maintenir
un peu de discipline dans les rangs : « Un grand nombre d'hommes de tous les corps, écrit-il encore à Deplanque, le 14, des
compagnies, des bataillons même, circulent dans les rues de
Vendôme et sur les routes. Le général en chef donne l'ordre formel de les diriger ce matin sur les corps d'armée auxquels ils
appartiennent ».

Et Chanzy, dans un ordre du jour lancé de son quartier général de Vendôme, le 14 décembre (2), infligeait « un blâme au
colonel commandant la gendarmerie de marche à pied, pour le
désordre qu'il a constaté dans une troupe qui devrait donner
l'exemple de l'énergie et de la discipline ». Il ajoutait : « Les commandants de corps d'armée constateront l'état de l'approvisionnement en vivres de chaque division, et adresseront au commandant en chef la situation exacte de ces approvisionnements
qui doivent être constamment de six jours de vivres, y compris
deux jours de réserve du sac. La stricte observation de cet ordre
engage au plus haut point la responsabilité des intendants de
chacun des corps d'armée ».

Voici enfin les dernières instructions de Chanzy, communiquées le 14 décembre au soir, de Vendôme :

« Le vice-amiral Jauréguiberry, commandant de l'aile droite,
fera établir dès demain matin une brigade qu'il renforcera des
troupes jugées nécessaires, sur les positions indiquées cet après-
midi par le général en chef. Il activera les constructions (3)...

---

(1) Autographe du commandant du 16e corps qui, le même jour, faisait adresser
au général Deplanque, par son chef d'État-major de Lambilly, une demande d'état
lui donnant à connaître « les corps ou fractions de corps, composant la division,
avec leur effectif approximatif actuel ; les rapports sur les combats livrés depuis
le 1er décembre; les états nominatifs des tués, blessés et disparus ; ses propositions pour les grades supérieurs ; ses nominations aux vacances inférieures... »

(2) Signé du chef d'État-major général Vuillemot.

(3) Lire dans Chanzy ces instructions, in-extenso, moins le passage que je sou-
ligne ici et que je rétablis à la place qu'il occupe dans les papiers de Deplanque :
Cf. 3e édit. (1871), p. 187. — 4e édit. (1888), p. 200.

Les généraux commandant les corps d'armée désigneront chaque jour un général pour faire la visite de tous les cantonnements Son rapport, visé par le commandant du corps d'armée, sera adressé au général en chef. *Le service de ronde sera fait alternativement et jusqu'à nouvel ordre, par MM. les généraux Camô et Deplanque pour la rive droite, et par M. le général Bourdillon pour la rive gauche.*

L'amiral Jauréguiberry fera reconnaître demain... »

Le 15 décembre, communication était donnée aux officiers et aux troupes de l'armée de la Loire, d'une dépêche ministérielle qui informait tous ceux qui ne rejoindraient pas leurs corps dont toutes les dernières vicissitudes militaires avaient pu les séparer, seraient « considérés par la loi comme ayant déserté devant l'ennemi et, à ce titre, passibles du conseil de guerre ». Les hommes, qui sous la responsablité personnelle des autorités civiles et militaires, n'auraient pas obéi à cet ordre dans les 24 heures, seraient « traités suivant les rigueurs des lois » (1).

Le général en chef lançait ensuite aux « soldats de la deuxième armée », une proclamation toute vibrante d'enthousiasme pour le passé et de confiance dans l'avenir :

« Ce que vous venez de faire, malgré des privations forcées, des fatigues incessantes, le froid, la neige, la boue de nos bivouacs, vous le continuerez, puisqu'il s'agit de sauver la France, de venger notre pays envahi par des hordes de dévastateurs... »

L'armée devait, ce jour là même, montrer à son chef qu'il pouvait compter encore sur son courage son dévouement et son endurance : l'affaire du pont de Fréteval, menée vigoureusement, à l'aile gauche, par le 21ᵉ corps et la 3ᵉ division du 17ᵉ, nous valait même quelques prisonniers. Mais l'attaque principale de l'adversaire se dessinait au centre, contre les troupes de Camô et de Bourdillon. « Devant les troupes de l'amiral, l'ennemi, reçu par le feu bien nourri de nos tirailleurs, et criblé par nos mitrailleuses, ne put continuer sa marche en avant. Il essaya alors, en s'étendant sur sa gauche, d'occuper la route de Tours et de déborder notre droite : cet effort avait été prévu ; le 37ᵉ de marche avec le 7ᵉ bataillon de chasseurs, se portant sur le bois de la Guignelière, le contraignirent à reculer, malgré le feu de six batteries qu'il était parvenu à mettre en ligne... A la nuit... les Allemands se mirent en retraite (2)... »

___

(1) Notification faite à M. le général Deplanque, par le chef d'État-major général, signée Vuillemot, contre signée p. c. c., par de Lambilly.

(2) Chanzy : 2ᵉ édit. Bataille de Vendôme, 205-206.

Mais nous avions dû reculer à gauche ; de sorte que, par suite de la perte de nos positions de ce côté, la défense de Vendôme devenait « difficile et périlleuse ». Cependant il résulte clairement du rapport qu'il adressait le 15 au soir au ministre de la guerre, à Bordeaux, et de son ordre au général Barry (1), « de tenir quand même », que le général en chef « prenait ses dispositions pour recevoir l'ennemi et résister, s'il se présentait le lendemain, et enfin pour la retraite, dans le cas où on en serait réduit à cette extrémité » (2).

Les instructions pour la journée du 16 chargeaient le vice-amiral Jauréguiberry « de la défense de Vendôme sur la rive gauche » ; il devait prendre ses dispositions pour se maintenir dans les positions que l'ennemi avait attaquées le 15. « La brigade Deplanque, renforcée du bataillon des mobilisés de Maine-et-Loire du commandant Bonnaure, que le général Deplanque prendra sous son commandement, tiendra la crête de la rive gauche en avant du pont de Naveil, s'opposera au mouvement tournant que l'ennemi pourrait essayer sur sa droite, et n'opérera sa retraite par le pont de Naveil, préparé pour être détruit après son passage, que si l'ordre lui en est donné par l'amiral Jauréguiberry ».

Dans l'hypothèse générale d'une retraite... « le 16ᵉ corps, longeant la rive droite, se dirigerait sur Troo, par Villaria, Montoire et Saint-Quentin... La retraite se ferait lentement, de façon à bien couvrir tout le matériel roulant des corps d'armée... »

Le général en chef dut abandonner tout espoir de résistance, tant les renseignements qu'il recevait à chaque instant sur « le moral des hommes », étaient peu rassurants. Le vice-amiral Jauréguiberry lui-même, sur la ténacité duquel il était habitué à compter, venait, à cinq heures du matin, lui déclarer qu'il ne croyait plus à une résistance sérieuse ...»

Le temps pressait ; l'ordre de retraite sur la Sarthe fut donné : « Chanzy passa le Loir (3) après avoir détruit les ponts et se dirigea sur le Mans. Son armée n'était plus qu'un grand troupeau Une foule d'hommes quittaient les rangs et enfilaient les sentiers qui sillonnent la région pour doubler l'étape et arriver au Mans où ils croyaient trouver le repos et la fin de leurs souffrances.

---

(1) Bien en l'air, à Saint-Amand et qui pouvait craindre de voir coupée, d'un moment à l'autre, sa ligne de retraite.

(2) Le Haitcourt (1895), p. 93-95, blâme « l'inutile chassé-croisé » de la journée du 15, qui « n'avait eu d'autre résultat que d'accroître le désordre et la fatigue de nos troupes ».

(3) Arthur Chuquet : ouv. cité

L'escorte d'un convoi mettait ses fusils dans les fourgons » (1).

Afin de compléter, à l'usage des troupes immédiatement sous ses ordres, les instructions du général en chef pour la marche en retraite du 16, l'amiral Jauréguiberry lançait l'*ordre* suivant, de Vendôme, le 15 au soir :

« Les troupes de la 1re division du 16e corps (2) et celles de la division Camô, passeront la nuit, cantonnées dans les villages ou dans les fermes auprès desquelles on a combattu aujourd'hui. Ainsi la division Camô s'étendra depuis le Loir jusqu'au faubourg du Temple en suivant le village de Lafolle, le village de Fourneau, celui de la Chappe et la Bretonnière ; les troupes mises aux ordres du général Bourdillon s'étendant du Temple à la Guilletière ; et, enfin, les troupes du général Deplanque s'étendront du village de Lachaise au hameau de Naveil (3), auprès du Loir. L'on placera des grand'gardes à bonne distance ; en avant de ces grand gardes des petits postes, et, en avant de ces derniers, une ligne de factionnaires se voyant facilement les uns les autres. Il est indispensable d'exercer une surveillance des plus rigoureuses et d'empêcher l'ennemi de se faufiler du côté des Arcines et de Laborde.

Demain, au point du jour, toutes les troupes prendront les armes ; les batteries seront mises en position et l'on se tiendra prêt à repousser toute attaque de l'ennemi.

Les munitions seront complétées pendant la nuit et sans le moindre retard : celles des batteries à la gare du chemin de fer où l'on ira les chercher ; celles de l'infanterie au faubourg du Temple d'où le général Bourdillon prendra les mesures nécessaires pour la remise aux troupes. Ne pas oublier que la division Camô n'a pas de réserve d'infanterie : par conséquent il faut pourvoir à ses besoins. Il est à désirer que les troupes prennent leur café de fort bonne heure. L'escadron de chasseurs d'Afrique mis à la disposition de monsieur le général Bourdillon fera, au point du jour, une reconnaissance qu'il poussera aussi loin que les circonstances le permettront, mais en prenant bien garde et de grandes précautions aux abords des bois. Le quartier général du 16e corps est à Vendôme, rue Saint-Bienheuré, n° 50 ; il y a, à la porte, un factionnaire pris dans la gendarmerie à pied. Faire informer l'amiral, de bonne heure, de tout ce qui se passe. MM. les généraux de division donneront des ordres afin que les convois n'obstruent pas les routes par lesquelles on débouche des ponts sur la rive droite du Loir.

Le vice-amiral commandant le 16e corps.

*Signé* : JAURÉGUIBERRY.

La situation était certes, des plus délicates et bien de nature

---

(1) Le Hautcourt (1895), p. 93 : « le côté le plus grave de la situation était la fatigue et la dépression morale » de l'armée.

(2) A monsieur le général Deplanque commandant la 1re division d'infanterie du 16e corps. — Autographe de l'amiral.

(3) « Dans le combat du 15, la 2e brigade du général Deplanque avait déjà atteint les hauteurs au nord de Naveil, quand elle reçut, vers 3 heures, l'ordre de repasser le Loir pour se porter au secours de Bourdillon. A la nuit tombante seulement elle atteignit les abords de la Chaise où elle cantonna sans avoir tiré un coup de fusil ». Le Hautcourt (1895), p. 95.

à tenir en éveil la vigilante attention des généraux Le 14, à
Morée et à Fréteval, nous l'avons vu, notre 21ᵉ corps fut surpris,
tellement l'armée du prince Frédéric Charles évoluait avec habileté, cachant ses desseins et poussant des pointes pour nous donner
le change et nous accabler ensuite à l'improviste sur un point dégarni. Or, pendant qu'il cherchait à retenir et même à attirer sur
lui nos efforts, le duc de Mecklembourg faisait manœuvrer ses
troupes à marches forcées, pour nous tourner sur la gauche. Mais
le général Chanzy avait éventé le piège. Aux instructions minutieuses, émanées de sa main et aussi de celle du commandant du
16ᵉ corps, il faut ajouter ce nouvel « ordre de mouvement », transmis par l'amiral Jauréguiberry, au général Deplanque, pour la
1ʳᵉ division du 16ᵉ corps (1).

« Le 16ᵉ corps se mettra en marche à midi et demi très précis,
pour aller coucher aux environs de Masangé. L'artillerie suivra la
route de Saint-Calais qui passe par la Gareltère, Villiers, le Coudray et Masangé. La division du général Bourdillon (ex-division
Camô), marchera à droite de la route en colonnes serrées, par bataillon.

La 1ʳᵉ division du 16ᵉ corps (Deplanque), suivra, dans le même
ordre, la gauche de la route. Les deux divisions marcheront de
manière à avoir toujours l'artillerie entre elles. En arrivant, la division Bourdillon s'établira de la Fosse-Courtin à Masangé, et la
division Deplanque de Masangé à Lunay.

Les convois et les ambulances iront s'établir à Fortan : cependant les convois ne prendront cette position qu'après les distributions de vivres qui seront faites en arrivant. En attendant, ils se
tiendront sur la route, à un kilomètre en avant de Masangé.

Les réserves et les parcs d'artillerie et du génie s'établiront à
Les Vallées. La division de cavalerie du général Michel, après
avoir laissé passer l'infanterie et l'artillerie, traversera la route à
la hauteur de Clouseau et, suivant le chemin qui passe dans cette
localité, se transportera à la Blothinière où elle passera la nuit. La
cavalerie de la division Bourdillon appuiera la retraite du corps
d'armée en se tenant à deux kilomètres en arrière et ira coucher
dans le hameau qui est à gauche de Les Vallées, (La Champitau-
dière). Elle enverra, la nuit, des vedettes en avant et autour de
Les Vallées, de manière à couvrir les parcs et les réserves. Les
éclaireurs algériens iront s'établir à la Basse-Vallée. Les convois,
les ambulances et les réserves, et les parcs d'artillerie et du génie,
partiront *immédiatement*.

Messieurs les généraux feront immédiatement connaître l'itiné-
raire à suivre et les points d'arrivée, à tous les chefs de corps,
afin que ceux-ci en préviennent les officiers et que les retarda-
taires, s'il y en a, sachent où rejoindre l'armée. Les 2 escadrons
de chasseurs d'Afrique et l'escadron de hussards de la 1ʳᵉ division,
suivront à petite distance pour ramasser les traînards.      »

Le vice-amiral commandant le 16ᵉ corps.
                    Signé : JAURÉGUIBERRY.

_______

(1) Reproduction d'un « brouillon » écrit au crayon de la main du vice-amiral,
et dont furent, sans doute, tirées des copies, pour les généraux Bourdillon, Michel, etc.

Les instructions de Chanzy se succèdent, aussi détaillées, aussi pressantes (1), parant à toutes les éventualités. Pour le 17 décembre, « le 16ᵉ corps s'étendra de Saint-Gervais, à gauche, à Bessé à droite, son centre à la Chapelle Huon (2). » C'est là un mouvement préparatoire et afin qu'il puisse occuper, le 18 (3), des positions « en arrière de Grand-Lucé, se reliant par sa gauche avec le 17ᵉ corps, sa droite à Pruillé ».

Le 19, le 16ᵉ corps aura « établi son centre et son quartier général à Parigné-l'Évêque, sur les crêtes qui dominent le chemin d'Ardenay à Ecommoy, par Parigné, au sud du Mans (4), de façon à couvrir et de défendre les trois routes d'Angers par Arnage, de Tours par Ecommoy, et du Grand-Lucé par Parigné, sa droite appuyée à la Sarthe et longeant le chemin aux bœufs, sa gauche à l'Huisne, en face d'Yvré ». Le quartier général du 16ᵉ corps est, dès lors, à Pontlieue.

Chanzy, après avoir tracé, dans son livre, un rapide parallèle de ses ressources et des forces dont disposaient ses adversaires, ajoute : « Dans cette situation qu'avait à faire la deuxième armée ? Hâter sa réorganisation tout en se retranchant fortement sur les positions qu'elle occupait en avant du Mans ; surveiller les mouvements de l'ennemi en le tenant à distance ; le menacer assez pour l'obliger à conserver devant elle les forces qu'il fallait l'empêcher de diriger soit contre la première armée, soit dans l'Est, soit sur Paris ».

J'imagine que Deplanque eût approuvé sans réserves ce programme qui pouvait d'ailleurs suffire à occuper « l'énergie et l'habileté » du général en chef. Mais dans la pensée de celui-ci, cette attitude expectante, imposée par les circonstances, ne devait être essentiellement que transitoire. Il n'avait pas renoncé, dès que son armée serait refaite, à reprendre franchement l'offensive, pour venir, en remontant le cours de l'Huisne et en masquant Chartres, appuyer sa gauche à la Seine, en obliquant à hauteur de Mantes, et ainsi « favoriser la tentative d'une flottille de ravitaillement, menacer Versailles et combiner un effort avec les défenseurs de Paris, pour rompre, de ce côté, l'inves-

----

(1) Je ne possède, pour cette période, aucun ordre de mouvement de Jauréguiberry ni de Deplanque.

(2) Il rend compte au ministre du combat de *Droué* (division Goujard), et termine en réclamant « des cartes de la Sarthe et du pays au-delà ».

(3) Il n'y eut pas d'incident « digne d'intérêt », dit Chanzy.

(4) Telles étaient les positions assignées au 16ᵉ corps dans le plan élaboré par le général en chef pour « prendre position » devant Le Mans, face à l'ennemi. Les 20 et 21, nos troupes restèrent sur ces positions.

lissement ». On devine donc s'il entendit, le 22, l'appel pressant
que lui adressait le général Trochu, en faveur de Paris, prêt à
tous les sacrifices, mais « incapable de se débloquer lui-même ».
Dès le 23, il explique à Gambetta que Paris ne peut être débloqué
que « par un concours immédiat et énergique des armées de
secours », et que tel est « le but à atteindre à tout prix ».

De Lyon, le 27 (1), le ministre se décidait enfin à donner au
général Chanzy des « renseignements » sur la situation générale, un peu plus détaillés que ceux contenus dans les dépêches
antérieures, plus laconiques les unes que les autres : « Vous avez
décimé les Mecklembourgeois, terminait Gambetta : les Bavarois
n'existent plus : le reste de l'armée est déjà envahi par l'inquiétude et la lassitude. Persistons, et nous renverrons ces hordes
hors du sol, les mains vides ».

Le 30 décembre, Chanzy commence auprès du ministre ses
« instances », pour en obtenir « une action combinée sur Paris »
des forces de Bourbaki, de celles de Faidherbe et des siennes
propres. Le ministre, soucieux peut-être de s'être montré trop
optimiste et de se voir, en quelque sorte, pris au mot, ne répond
pas; mais Chanzy, par mission spéciale, envoie à Bordeaux, le
2 janvier 1871, le commandant de Boisdeffre, porteur d'un véritable plan d'opérations d'ensemble et, « muni des instructions
verbales du général en chef pour répondre à toutes les objections
qui pourraient être faites ».

Non pas cependant que le général en chef de l'armée de la
Loire estime, (malgré l'affaiblissement annoncé des Mecklembourgeois et l'anéantissement des Bavarois), ne devoir guère
compter avec l'ennemi qui, éventuellement, s'opposerait à sa
marche sur Paris. Tout au contraire et malgré les 120.000 hommes dont il disposerait pour cette entreprise, il se propose, vu
l'état des troupes qui composent cette armée et *en présence des
forces qui nous sont opposées*, de « marcher lentement, les corps
toujours prêts à combattre, et assez rapprochés les uns des autres
pour se prêter un mutuel appui, sans accepter les combats partiels que l'ennemi, en manœuvrant, pourrait tenter sur un point
de la ligne ».

_______

(1) Entre temps, le général Chanzy avait organisé des colonnes mobiles, commandées par les généraux Rousseau et Jouffroy, pour tenir l'ennemi en haleine,
étendre au loin la zone des reconnaissances, surveiller l'Hubane et le Loir et même
menacer Vendôme.

L'attitude révoltante des Prussiens à Saint-Calais, le 25, avait motivé une lettre
très digne et très ferme du général en chef.

Les généraux Jouffroy et Rousseau livrèrent quelques combats à l'ennemi que,
sur un autre point, entre la Loire et le Loir, était venu menacer le général de
Curten.

Le 6 janvier (1), Gambetta mande à Chanzy qu'il approuve les tendances de sa lettre et même, dans son ensemble, le plan d'opérations concentriques qu'il a élaboré, sauf en ce qui concerne Bourbaki. Le gouvernement persiste à pousser celui-ci vers l'extrème-Est, de manière à amener en *quelques jours*, la levée du siège de Belfort, à occuper les Vosges et à couper les lignes ferrées venant de l'Allemagne. Cette besogne accomplie comme au cours d'une promenade... militaire, Bourbaki n'aura qu'à se retourner ; et il lui sera facile alors de rabattre dans la direction de Paris ses 150.000 hommes victorieux !

Le « plan définitif » que M. de Freycinet communiquait, le 7, au général Chanzy, contenait des renseignements plus optimistes encore. La Prusse, écrit M. de Freycinet, « qui fait son suprème effort, doit succomber devant notre résistance. Ses armées ont dû jusqu'ici leurs succès à nos fautes, mais une expérience cruellement acquise nous apprendra à en éviter le retour (2)... En résumé, général, ne vous laissez pas affecter par les dépêches du général Trochu et ouvrez votre âme à l'espoir que doit faire naître un plan d'ensemble bien conçu et bien coordonné pour un effort suprème et décisif ».

En vain annonce-t-on à Chanzy des levées en masse dans l'Est et le Centre qui porteront son armée à 200.000 hommes, par la formation des 19e et 25e corps ; le général en chef se rend parfaitement bien compte que l'armée de Bourbaki, restant plus que jamais engagée dans l'Est, il s'agit non plus de l'ajournement d'une marche combinée des forces de la province au secours de Paris, mais de l'enterrement définitif de ce projet.

Toute son attention se concentre dès lors, sur un ennemi qui d'ailleurs ne lui laisse plus un instant de répit. Le prince Frédéric Charles, dont le quartier général était à Vendôme, s'avançait depuis le 7, dans la direction du Mans. Les escarmouches sans grande importance que nous avons mentionnées (3), précédaient

---

(1) Du 1er au 7 janvier les troupes des généraux Curten et Jouffroy livrèrent, presque sans interruption, des combats d'avant-garde à l'ennemi. Mais le 6 le général Jouffroy fut accablé par un effort décisif de son adversaire et obligé de reculer, compromettant ainsi la situation de Curten, et même ailleurs, celle du général Barry. Le 8, l'amiral Jauréguiberry, envoyé par Chanzy vers Château-du-Loir, fut impuissant à rétablir la situation à Chabaignes.

(2) C'est pourquoi, sans doute, à l'encontre des vues exposées par un homme de métier tel que Chanzy, dont tous vantaient, à si juste titre d'ailleurs, l'habileté et l'énergie, le gouvernement s'empressait d'imposer à Bourbaki une besogne irréalisable.

(3) On en aurait une liste complète en fondant des renseignements de diverses provenances.
Du 6 au 9 janvier, l'ouvrage du grand État-major prussien donne les combats de

le combat d'Ardenay, qui s'engagea, le 9, sur toute la ligne. Notre gauche dut bientôt se replier ; le 16ᵉ corps, après une résistance prolongée (1) à l'aile droite, plia à son tour et se retira sur le village d'Ardenay, pour « s'y défendre encore, écrit Chanzy dans son rapport, derrière les haies et les chemins creux qui y aboutissent ».

Dans la nuit du 9 au 10 janvier, « la neige tombe. Nos grand'-gardes, à deux heures du matin, prennent position à 10 mètres de celles de l'ennemi (2). Défense de tirer un coup de fusil. Dans la matinée, nos hommes (33ᵉ mobiles : Sarthe), se mirent à se battre à coup de boules de neige avec les Prussiens : on en fit même deux ou trois prisonniers. A dix heures nous retournions sur nos premières positions... »

Du grand quartier général du Mans, Chanzy avait lancé le 9 au soir, ses instructions, en même temps qu'il prescrivait « partout par le télégraphe, qu'on eût à reprendre une vigoureuse offensive ». Il ajoutait que le général Bourbaki avait « remporté une grande victoire à Villersexel, entre Vesoul et Montbéliard (3) ».

Les 10, 11 et 12 janvier, eut lieu la série d'engagements qui garda le nom de bataille du Mans.

On a remarqué avec raison que les instructions que donnait à ses troupes le général Chanzy, « étaient déjà inexécutables (4) ». Et si l'on observe en effet, que le général en chef était encore obligé de prendre de nouvelles mesures contre les fuyards dont le nombre, depuis quelques jours, augmentait sans cesse ; si l'on relit les télégrammes des généraux Jaurès, Jouffroy et Rousseau sur l'épuisement de leurs troupes, on se rendra compte que l'on touchait aux limites extrêmes de la résistance.

---

la Fourche, de Saint-Amaud, d'Epuisay et de Sagé ; de Vaucé, de Counerré et de Thorigné ; de Brives et de Chahaignes : c'est à peu près la liste dressée par Chanzy, à laquelle M. le Hautcourt ajoute : le 6, Azay, Mazangé et les Roches, Thiron-Gardais. — Le 7, combats du Gibet et du Poirier ; le 8, de Bellême et de Ruillé ; le 9, de la Belle-Inutile.

Pour plus de détails, voir Dussieux, 2ᵉ vol., *in fine*.

(1) Le lieutenant-colonel d'A. : ouv. cité.

(2) « Historique du 33ᵉ mobiles » 1870, par son lieutenant-colonel M. de la Thouanne.

L'anecdote se retrouve dans les ouvrages de MM. Dʳ Mallet, Henri Bohineust, abbé Renou.

(3) Henri Génevois : « Les dernières cartouches ».

L'effet moral de cette bataille était considérable ; mais, au point de vue stratégique, M. de Serres en avait fort exagéré le résultat :... « Villersexel, clef de la position, a été enlevé aux cris de « vive la France ! vive la République !... Le général en chef couche au centre du champ de bataille... », etc.

(4) Le Hautcourt (1895), p. 232 à 250.

Quoiqu'il en soit, la vigueur et l'entrain du 16° corps (1) dans cette sanglante journée du 10 janvier, se maintinrent encore au niveau accoutumé.

Le 10, l'armée allemande appuyait sa droite à Connerré, sur les deux rives de l'Huisne ; elle avait son centre à Pont-de-Genne, à Ardenay, Bouloir, Parigné-l'Evêque ; sa gauche, en réserve, au Grand-Lucé.

Le général Chanzy après avoir, dans les termes mêmes que j'ai transcrits (2) dans mon « mot au lecteur », fait appel à la vigueur de Deplanque, lui prescrivait « de reprendre Parigné au jour et de s'y maintenir ». L'ordre était exécuté à quatre heures et demie du matin, quand l'ennemi s'avança bientôt en force ; et après une lutte d'artillerie, il était temps, vers 10 heures, que le général Jouffroy arrivât au secours du lieutenant-colonel Péreira. Mais devant la supériorité de l'adversaire qui augmentait sans cesse en nombre, le général Jouffroy se replia sur le Mans, découvrant Parigné que l'ennemi, à midi, dominait déjà par son artillerie et où il entra une heure plus tard à la suite de nos troupes démontées, et malgré l'héroïsme du 39° de marche, qui sauva du moins notre artillerie. La retraite se fit sur Ruaudin ; l'ennemi fut d'ailleurs arrêté dans sa marche sur le Mans, par les deux brigades qui se trouvaient en bataille à hauteur de Changé.

Les troupes du colonel Ribell et celles du général de Roquebrune soutinrent énergiquement le choc, de leur côté, ce qui décida l'ennemi, « vers deux heures, à faire un effort sur notre droite, écrit Chanzy, où il fut reçu par deux bataillons du 37° de marche qui le continrent. La lutte continua, sans avantage marqué de part ou d'autre, jusqu'à cinq heures et demie ; mais à ce moment les Allemands, renforcés, obligèrent le colonel Ribell à se replier sur Changé, et le débordèrent bientôt sur le chemin qui va de ce village à la route de Parigné. Sur notre gauche, le 33° mobiles, rappelé du château des Arches, avait été placé... pour défendre l'accès des bois... par lesquels l'ennemi aurait pu gagner le chemin aux bœufs ».

Le mouvement de retraite fut couvert par le lieutenant-colonel Mallet, du 37° de marche, qui défendit « pied à pied les barricades du village ».

---

(1) Capitaine Robert : « Histoire d'un régiment ». — Épisode, la cavalerie allemande en éclaireurs.

« En aucun temps l'armée prussienne n'eut plus de traînards ». Cf. Camille Farcy.

(2) Dans son livre, p. 349, Chanzy reproduit une sorte de résumé de cette lettre, adressée à Jauréguiberry.

En définitive, la journée n'était pas mauvaise pour nous ; et Chanzy stimulait à nouveau le zèle et le dévouement de ses lieutenants par les instructions lancées du Mans, le 10. Voici les positions qu'il assignait au 16ᵉ corps : « En avant de Pontlieue, les hauteurs qui vont d'Arnage jusqu'au dessus de la gare d'Yvré-l'Evêque et que borde le chemin aux bœufs », seront défendues « entre la Sarthe et la route de Tours, par les troupes de Bretagne, aux ordres du général Lalande. De la route de Tours à la route de Parigné, par la division Deplanque du 16ᵉ corps, laissant toutefois la brigade Ribell sur les hauteurs, au-dessus de Changé, qu'elle a défendues aujourd'hui si vigoureusement, jusqu'à ce qu'elle ait pu être remplacée sans inconvénient, par les troupes du 17ᵉ corps … »

La défense générale de ce premier secteur était placée sous les ordres de l'amiral Jauréguiberry.

Le général Chanzy ne s'était pas trompé sur l'effort décisif que tenterait l'ennemi ni sur l'imminence du péril.

Le 11, « 100.000 Allemands devaient attaquer 150.000 Français, concentrés autour du Mans, sur des positions préparées à l'avance (1) : la défense était divisée en trois secteurs…. Le 11, la neige cessa de tomber ; le soleil que tant d'hommes ne devaient plus revoir, se leva radieux : le temps était relativement beau. Le plan des Allemands était de couper l'armée en deux, de l'isoler du Mans, et de faire beaucoup de prisonniers. Leurs efforts, jusqu'à trois heures de l'après-midi, furent dirigés sur l'Huisne. Un instant, ils s'emparèrent de l'importante position du plateau d'Auvours ; mais le général Goujard les en chassa. Alors ils poussèrent une attaque du côté de Parigné-l'Evêque et furent encore vigoureusement repoussés (2).

Le général Chanzy, vers six heures du soir, était rentré content à son quartier général (3). Sur toute la ligne on avait résisté et conservé les positions (4). L'ennemi avait dû éprouver de grandes pertes et s'il ne battait pas en retraite pendant la nuit, on se promettait de lui en faire éprouver d'autres le lendemain, quand, vers huit heures, une attaque se porta sur l'importante position de la Tuilerie qui défendait la route de Tours. Les mobilisés de la Bretagne, épouvantés par cette attaque imprévue, se débandent, fuient, mettent le désordre dans presque tout le premier secteur et dans une partie du deuxième. En vain veut-on reprendre la posi-

---

(1) Lieutenant-colonel d'A…, ouv. cité.

(2) Sur la droite de nos lignes, écrit Chanzy, « dans le secteur sous les ordres de l'amiral Jauréguiberry, les choses étaient menées par lui avec sa vigueur et son entrain habituels, et le succès était des plus satisfaisants ».

(3) Il venait d'expédier ses nouvelles instructions quand il apprit l'abandon de la Tuilerie.

(4) Quelques-unes de nos unités de combat y avaient quelque mérite supplémentaire. Le Hautcourt (1895) cite, p. 238, un télégramme du général Jouffroy se plaignant à Chanzy de ce que « ses troupes n'ont rien, n'ont pas mangé depuis 48 heures, ni les chevaux bu depuis plusieurs jours. » — Le 11 encore, un moment les munitions manquèrent.

tion : tous les efforts des officiers sont inutiles, les hommes ne voulant plus se battre. On espère qu'au jour on pourra mettre un peu d'ordre et les mener à l'attaque ; il n'en est rien.... » (1)

C'est la défaite, c'est la retraite. La panique qui s'empara des troupes du général Lalande ne put être conjurée par rien ni arrêtée (2). « J'apprends que l'importante position de la Tuilerie (route de Mulsanne), télégraphie Jauréguiberry au général en chef, a été abandonnée après un échange de quelques coups de canon. Les troupes de Bretagne ont évacué la droite qu'elles occupaient et le général Isnard de Sainte-Lorette, voyant cela, a évacué la gauche. *Il paraît que cela s'est fait si promptement que le général Deplanque ne s'est aperçu de rien !* J'envoie le général Le Bouëdec, que j'ai ici sous la main avec quelques troupes, reprendre immédiatement la position, car cette aventure extraordinaire compromet le succès de la journée... »

Le général Chanzy, dans l'espoir que les autres commandants seraient plus heureux que le général Lalande, prescrivit un retour offensif, qui se fit un peu au hasard et sans plan d'ensemble.

« Vers 10 heures du soir (3), le régiment reçut l'ordre de mettre sac au dos. Des estaffettes passaient et repassaient ventre à terre sur le chemin ; une vague agitation régnait partout. Le 33ᵉ et plusieurs autres régiments furent massés en colonne de route sur le chemin aux Bœufs. Deux heures (4) s'écoulèrent et l'ordre de marche n'arrivait pas (5). Il s'agissait, on l'a su depuis, de reprendre la position du Tertre-Rouge, sur la route de Tours, abandonnée à la nuit, par les mobilisés Bretons. L'opération ayant été jugée impossible, les bivouacs furent repris. Mais la nuit fut sans trêve. Cinq fois on prit les armes ; les balles arrivaient de divers côtés jusqu'au bivouac. L'alerte passée, chacun se recouchait, enveloppé dans sa couverture, la tête auprès du foyer, les pieds dans la neige.

---

(1) Il faut lire, sur cette phase attristante de la journée, dont les effets furent incalculables :
Colonel Mangin : « La bataille du Mans ».
Abbé Morancé : « Histoire d'un régiment ».
E. Coste : « L'armée de la Loire, nos étapes ».
Un volontaire : « L'armée de Bretagne ».

(2) Le général Goujard n'hésite pas « à braquer ses canons sur les fuyards et menace de tirer à mitraille ».
Voir aussi : Le Hautcourt (1895), p. 180.
Ed. Deschaumes, p. 261. — Camp de Conlie, sa faiblesse.
Dussieux..., etc,

(3) H. Bohineust, ouv. cité, sur le 33ᵉ mobiles (Sarthe).

(4) « Une partie de la brigade Deplanque, notamment le 75ᵉ mobiles (brigade Péreira), demeura le long du chemin aux bœufs jusqu'au matin du 12 ». Lieutenant-colonel Dumas : ouv. cité.

(5) « Pour occuper les hommes et pour les arracher au sommeil, on eut soin de les déplacer d'heure en heure pendant toute la durée de la nuit ; obligés de mettre à chaque instant sac au dos et de faire quelques centaines de mètres, tantôt en avant, tantôt en arrière, ils furent ainsi tenus en éveil jusqu'au jour ». Dʳ Mallet, ouv. cité.

Au matin, la débâcle apparut dans toute son horreur tragique. Les obus tombaient serrés dans les campements ; les ordres manquaient ou se contrariaient... Vers onze heures, on put craindre une débandade ; les troupes se repliaient sans hâte, mais nerveusement et en désordre, sous une pluie de projectiles qui partaient de tous les points.

Je me souviens qu'au moment où nous traversâmes la route de Parigné, le commandant de brigade, le général Déplanque qui, pied à terre, observait le mouvement, s'avança vers un groupe, et la voix pleine de sanglots, conjura les hommes de rappeler tout leur sang-froid.

Il y parvint (1).

Le régiment gagna le Bourg-Bas, espèce de faubourg de Pont-lieue, en amont du pont de l'Huisne. »

De tous côtés, les généraux se déclarent impuissants à continuer la lutte, n'osant plus répondre de leurs troupes épuisées et affamées. Le général en chef avait bien donné « l'ordre formel de reprendre l'offensive » le 12, au point du jour, « et de réoccuper à tout prix les positions abandonnées la nuit » (2) ; mais pour maintenir ses troupes en ligne il était obligé de les menacer de leur enlever tout espoir de retraite, en faisant couper les ponts derrière elles (3).

« Nos malheureux soldats étaient à bout de force et de persévérance (4). On en vit se coucher sur la neige, incapables d'avancer. Les mieux partagés n'avaient eu à se mettre sous la dent, depuis 48 heures, que quelques miettes de biscuit...

La retraite commençait sur tous les points, avant même que Chanzy en eût donné le signal... »

« ... Les chemins détrempés, défoncés par les convois et l'artillerie (5), coupés de tranchées et hérissés, de place en place, d'abattis d'arbres, rendaient la marche des troupes excessivement lente et fatigante. A l'embranchement de deux routes, encaissées entre des collines aux pentes raides quoique sans grande élévation, le général Deplanque regardait passer une brigade d'infanterie à laquelle il assignait sa position jusqu'au lendemain. Il était trois heures après midi : les fantassins, harassés par le temps et la marche, s'efforçaient de relever le pas et de faire bonne contenance sous l'œil du général. Pour arriver à l'emplacement que devait occuper le campement de la brigade, il fallait gravir une pente assez raide à gauche de la route. Un mouvement d'hésitation se produisit parmi les hommes des premiers rangs qui commençaient à escala-

______________

(1) H. Bohineust : « Commentaires d'un conscrit », p. 169 à 173.

(2) « Toute l'artillerie est partie pour le Mans et Laval, télégraphiait le général Barry, au quartier général : grand nombre de mobilisés décampent. Attends des ordres. *On ne tiendra pas une demi-heure* ».

(3) Et en effet, le 12 au matin, le général de Colomb essaya, sans succès, de ramener ses troupes au plateau perdu.

(4) « La retraite infernale », p. 212-213.

(5) Anecdote que je tiens encore de M. Mussat, professeur à Bar-sur-Aube.

der la colline. Le général s'en apercevant, éperonna son cheval, et arrivant au galop, poussa droit à l'obstacle, gourmandant ses hommes : « vous marchez comme des limaces ; je vais vous montrer comment cela se fait ». Un fantassin près duquel il se trouvait dit assez haut pour être entendu du général Deplanque : « Bien sûr, il n'en viendrait pas à bout sans sa bique, s'il avait un azor de vingt kilos sur le dos et quarante kilomètres dans les pattes ! » Deplanque, un instant surpris, se mit à rire et fit changer la direction ; la brigade gagna ainsi le sommet de la colline par un chemin plus long peut-être, mais beaucoup moins raide.

A quelques jours de là, rencontrant à l'étape un convoi de vivres, il donne déjà ses ordres pour qu'on fasse aux hommes une distribution qui n'avait pas eu lieu depuis vingt-quatre heures et dont la nécessité se faisait vivement sentir ; car les vivres du sac étaient épuisés et le pays incapable de fournir quoique ce fût. Un officier d'intendance s'approche aussitôt et explique au général que « son convoi, à lui, s'est égaré ; que le convoi qu'il a sous les yeux, renferme les vivres de réserve du corps d'armée et qu'il est impossible d'en distraire quoique ce soit. » — « Assez de discours : ouvrez vos voitures et faites faire la distribution aux hommes », commande Deplanque impatienté.

Nouvelles observations de l'officier d'intendance, qui met en avant les ordres formels de l'intendant général.

« Votre intendant général je l'ai au…. bas du dos, crie le général Deplanque en sacrant, furieux : faut-il que mes hommes crèvent de faim ? »

Et la distribution des vivres eut lieu séance tenante (1).

*<br>* *

16ᵉ CORPS                          ORDRES
1ʳᵉ DIVISION            *Extraits du 9 au 12 janvier* (2)
—

« Le général Jauréguiberry est chargé du commandement supérieur de la ligne de défense entre l'Huisne et la Sarthe (instructions générales du 10).

**11 janvier.** Le général quitte les Houx vers 8 heures. Il rencontre l'amiral sur la route de Tours, à hauteur de la Tuilerie et

---

(1) Ces anecdotes font honneur au général Deplanque, « ce type accompli du vieux soldat d'Afrique, écrit encore M. Mussat, officier aux traits énergiques, le visage *culotté* par le soleil algérien, dur à lui-même et aux autres, aimé du soldat pour sa fougueuse bravoure et pour sa bonté ».

M. H. Bohineust a bien voulu m'aider à achever ce portrait : « J'ai conservé le souvenir très net du général Deplanque que nous étions appelés à voir fort souvent. C'est une figure. C'était un vrai soldat, simple, fruste, tout d'une pièce, rude et bon compagnon, d'humeur très plaisante, un *français et un gaulois…* des meilleures Gaules. A tous ces points de vue, il avait une réelle popularité. Sa figure est intéressante par elle-même, et la commémoration du 25ᵉ anniversaire — (cette lettre est de 1896), — donne aux hommes et aux choses de la guerre, — les vrais, — un regain mérite d'attraction ».

(2) Papiers du général Deplanque, qu'il est intéressant de rapprocher du livre de Chanzy : 9ᵉ édit. : p. 352 à 364.

LE GÉNÉRAL DEPLANQUE S'EMPARE D'UN CONVOI DE VIVRES.

lui remet le commandement du secteur : il se rend ensuite au château de la source où il établit son quartier général. Vers 11 heures, la fusillade se faisant entendre, le général se porte sur la ligne de la défense. L'amiral est placé au carrefour du chemin aux bœufs et de la route de Parigné. Le général reste auprès de lui. L'action est engagée sur la gauche avec les troupes du 17e corps : la division reste sous les armes.

Vers le soir (six heures), des obus étant aperçus sur la route de Tours, du côté de la Tuilerie, le général envoie le capitaine Duteil voir ce qui se passe. Vers sept heures, la fusillade ayant cessé sur la gauche et le vice-amiral étant parti, le général rentre à son quartier général à la Source.

Les troupes ont l'ordre de rester sous les armes. A peine arrivé à la Source, le capitaine Duteil qui revient de la Tuilerie, rend compte qu'une compagnie du 39e a été enlevée dans les maisons, en avant du chemin aux bœufs, mais qu'au moment où il quittait le général Isnard qui avoit pris, dans la journée, le commandement de la brigade, tout était terminé. Un instant après, un sous-lieutenant de l'escorte qui avait été envoyé par le chef d'Etat-major général, porter un ordre au commandant de la 2e brigade, revient en disant qu'avant d'arriver à la route de Tours, en suivant le chemin aux bœufs, il a été accueilli par une décharge de mousqueterie et obligé de faire demi-tour. Le chef d'Etat-major envoie alors un sous-officier et trois cavaliers pour aller s'assurer si la Tuilerie est réellement occupée, ainsi que le suppose le sous-lieutenant qui a été envoyé primitivement. Ce sous-officier a l'ordre de se rendre à la Tuilerie en suivant l'avenue du château de la Source à la route de Tours. Il revient quelque temps après confirmer le fait. Il a rencontré le 39e, établi sur la route de Tours, à hauteur de l'avenue du château de la Source.

En même temps que le sous-officier, arrivait un caporal, envoyé par le général Isnard, pour prévenir que les troupes de Bretagne, ayant abandonné leurs positions, le 39e, étant complètement tourné sur la droite, a été obligé de se replier sur la route de Tours, à environ une centaine de mètres en arrière.

Le général quitte le château de la Source et revient se placer au centre de ses troupes, sur le chemin de Ruaudin.

Le général est informé par M. Mouth, qu'une colonne venant par la route de Tours, est chargée de reprendre la Tuilerie : le colonel Ribell doit attaquer le même point par le chemin aux bœufs.

Les troupes de la 2e brigade, (mobilisés et 75e mobiles), placées à droite du chemin de Ruaudin, sont disposées pour appuyer le mouvement.

L'attaque de la Tuilerie par la route de Tours ayant avorté, le colonel Ribell reçoit l'ordre d'arrêter son mouvement et de reprendre ses positions. Il est minuit environ.

**12 janvier.** Vers 1 heure, la fusillade s'engage à droite et à gauche du chemin de Ruaudin ; elle se prolonge pendant une heure ou deux, puis finit par cesser. Le général, vers le matin, se porte de sa personne au carrefour du chemin aux Bœufs avec la route de Parigné où est placé le colonel Ribell.

Vers 8 heures, les batteries prussiennes établies à la Tuilerie, lancent des obus sur les derrières de nos troupes : ces obus qui suivent une direction parallèle au chemin aux Bœufs, viennent tomber près de la route de Parigné.

Le mouvement de retraite commence vers 9 heures, (instructions du commandant de corps d'armée du 12), par la route de Parigné,

Le colonel Ribell est chargé, avec une partie de sa brigade, de protéger le mouvement.

La division, après avoir traversé Pontlieue et le Mans, passe sur la rive droite de la Sarthe, par le pont suspendu, et s'engage sur la route de Laval qui lui est désignée comme ligne de retraite. Elle arrive à Chauffour, à la nuit. Elle reçoit l'ordre de se placer sur ce point : les troupes campent sur la route (1).

(Extraits du journal de la division).

P. c. c. Le chef d'État-major (2),
*Signé* : illisible,

Les tentatives pour reprendre la Tuilerie, si malencontreusement abandonnée, furent vaines. Les compagnies, reformées un moment l'une après l'autre par l'énergie du général Le Bouëdec, refusèrent de marcher ; les hommes, épuisés de fatigue, dans l'obscurité de la nuit qui redoublait leurs terreurs, s'étendaient dans la neige, sourds à toute objurgation.

« De son côté, le général Deplanque était attaqué vers 4 heures du matin (3) : ses troupes pliaient (4) ; nos fuyards augmentaient dans le faubourg de Pontlieue où l'encombrement pouvait devenir un danger sérieux. L'amiral dut commencer à faire passer de l'autre côté de la Sarthe les convois et les réserves d'artillerie. . »

A 8 heures du matin, l'amiral télégraphiait de nouveau au général en chef : « ... Je suis désolé d'être obligé de dire qu'une prompte retraite me semble *impérieusement* commandée ».

Chanzy qui, malgré tout, voulait encore s'obstiner dans un espoir impossible, cédait enfin et se rangeait à l'avis de ses lieutenants qui, aussi désolés que lui même, se voyaient obligés de renoncer à la lutte (5). Cependant, il s'efforça de relever le moral de son armée pour arriver à préparer une défense sérieuse sur de nouvelles lignes : « Je n'avais qu'une idée (6), écrit-il le 13 : donner à mon armée l'occasion de laver cette tache (la Tuilerie), et arriver encore à temps pour sauver Paris (7). Aussi, sans hési-

---

(1) Pour la suite des instructions, voir Chanzy, p. 355 et sq.

(2) « Le 11 janvier, le lieutenant-colonel de Lambilly, chef d'état-major de l'amiral, était tombé mortellement blessé ». Le Hautcourt (1895), p. 258.

(3) Chanzy, p. 349-350.

(4) Le Hautcourt (1895).

(5) Dr Challan de Belval : « Carnet de campagne d'un aide-major : 16 juillet 1870, 12 mars 1871 ».

(6) Lettre au ministre de la guerre : *rapport d'ensemble complémentaire.*

(7) Nous verrons que l'armée eut trop à faire déjà pour se maintenir dans ses lignes dont elle fut délogée par l'ennemi ; — « Ne pouvant me séparer de l'idée que Paris est aux abois ; me cramponnant à l'idée » de le secourir..., écrit Chanzy.

ter, je me décidai à battre en retraite sur Alençon » (1). — Le général en chef sera jusqu'au dernier jour, hypnotisé par cette espérance dans laquelle l'entretiennent à l'envi M. de Freycinet et Gambetta (2) : reprendre l'offensive et s'avancer au secours de Paris.

Plus encore cependant que celles du 16e corps (3), déjà si éprouvées, les troupes du 17e étaient à bout de forces (4), le 13 janvier. Le temps était d'une « rigueur exceptionnelle : la neige ne cessait pas ; le froid était intense : le pays offrait peu d'abris ; les convois ne marchaient qu'avec les plus grandes difficultés : les distributions de vivres ne pouvaient se faire exactement et les hommes, vêtus d'une façon insuffisante, mal chaussés pour la plupart, constamment mouillés sans pouvoir se sécher, se laissaient aller au découragement (5)... »

Dans la nuit du 12 au 13, « les 16e, 17e et 21e corps » recevaient l'ordre de prendre Laval pour objectif (6) : le 16e corps, en suivant la route du Mans à Laval. Le général en chef recommande expressément l'étude des positions naturelles de ce pays « qui se prête admirablement à la défense et offre de précieuses ressources pour les cantonnements ».

C'est qu'il n'y avait pas une heure à perdre et qu'il fallait tenir tête à un ennemi menaçant « qui apparaissait sur toutes les routes, en avant de nos lignes (7). La retraite sans combattre c'était la débandade, l'abandon d'une partie de notre matériel et peut-être, si les Allemands étaient audacieux, la perte de l'armée... »

Du grand quartier général de Sillé-le-Guillaume, le 13 janvier, Chanzy, tenant compte des fatigues de ses troupes, ne prescrivait pour le 14, qu'une marche « très courte ».

Or, l'ennemi qui surveillait tous nos mouvements et qui nous suivait, prêt à l'attaque, forçait, le 14, le général Le Bouëdec à se

______________

(1) Le gouvernement, le 13, à six heures du matin, complétant des instructions antérieures, ordonnait à Chanzy d'orienter son mouvement de retraite vers la Mayenne, pour « sauver » son armée.

(2) Les longs espoirs et les grandes pensées stratégiques restent d'ailleurs possibles, parce que « les vivres ne manquent nullement dans la place » — de Paris — et que Trochu lui-même a reculé « jusqu'à la fin du mois, la fatale échéance. Cela nous laisse le temps... *de regagner le terrain perdu* ».

(3) Dans son rapport, Chanzy constate qu'au milieu des défaillances générales, « la retraite du 16e corps s'est opérée jusque-là avec plus d'ordre — que dans les autres, — bien qu'aux prises avec plus de difficultés ».

(4) E. Martin : « Souvenirs de deux volontaires ». (Le 13 janvier ; la retraite du 17e corps).

(5) Le Hautcourt (1895). p. 302-306 : Mallet, Ed. Deschaumes, ouv. cités.

(6) Le 12 janvier, du grand quartier général de Domfront.

(7) Le Hautcourt (1895), ouv. cité, p. 305 et ssq.

replier sur Chassillé, malgré une courageuse résistance. Chassillé, point stratégique important nous fut même enlevé malgré les énergiques efforts du général Barry ; mais si « quelques régiments ont opposé une vigoureuse résistance, d'autres, et c'est le plus grand nombre, se sont débandés (1)... »

Le 15, l'ennemi fit une nouvelle démonstration, dans l'espoir d'entraver l'ensemble du plan de retraite vers la Mayenne et vers Laval. Il tâta successivement la 3e division du 21e corps, puis la 1re, mais sans succès (2). Malheureusement, le 17e corps ayant faibli, le 21e dut rétrograder à son tour.

Le général Chanzy dans son livre (3), consacre quelques pages à la description du combat livré le 15, à Saint-Jean-sur-Erve, par l'amiral Jauréguiberry et le 16e corps, « lutte acharnée, dit-il, qui lui fait grand honneur », et sur laquelle voici quelques détails complémentaires :

« L'amiral n'avait sous la main que deux de ses divisions : la division Deplanque et la division Barry (4). Elles étaient effroyablement réduites et présentaient à peine un effectif de 6.000 combattants. Il est vrai que ces hommes suppléaient au nombre par la valeur. Ils avaient donné la mesure de ce qu'ils pouvaient faire par les combats qu'ils avaient livrés ; et leur chef savait qu'il obtiendrait tout de ces hommes qui avaient acquis en quelques semaines de combats, la solidité de vieux soldats. Le général Deplanque, avec la 1re division, formait l'aile gauche, au-dessus et en arrière de Saint-Jean-sur-Erve » (5).

Le 15 janvier, dans la matinée, on s'avança jusqu'au village (6). Après une demi-heure de stationnement, les troupes reçurent l'ordre de cantonner dans les premières maisons. D'après les indications fournies par les reconnaissances, on croyait à une avance de trois lieues sur l'ennemi........ Saint-Jean-sur-Erve est placé au bord d'une charmante rivière, l'Erve, et adossé à des crêtes abruptes qui dominent au loin la vallée.

Le régiment gravit à la hâte les hauteurs et prit position à mi-côte. La compagnie était placée juste au-dessus du village. Un fossé et son revêtement formaient un excellent abri. De là le regard plongeait dans les maisons : en face il enfilait la route du Mans sur une longueur de plusieurs kilomètres. On apercevait dans la vallée, très en avant du village, la ligne des tirailleurs qui piquait la neige de ses points noirs. Midi sonnait (7). Nous achevions de

---

(1) Jauréguiberry écrit à Chanzy « que la cohue des fuyards est inimaginable : ils renversent les cavaliers qui s'opposent à leur passage, ils sont sourds à la voix des officiers.. » — Les exécutions ne font plus d'effet.

(2) A Sillé-le-Guillaume.

(3) Le 9e édit., 1888, p. 382-387.

(4) Ed. Deschaumes : ouv. cité, p. 200-01.

(5) Louis Prévost : « Le combat de Saint-Jean-sur-Erve ». Mayenne, p. 27-40.

(6) Henri Bohineust : ouv. cité. — Le 15, l'ennemi perdit 1.500 hommes.

(7) Le Hautcourt, 1895. — Commencé sur ce point vers 11 heures, le combat ne se termina qu'à 5 heures, et si... « l'amiral avait eu plus de troupes sous la main, il aurait pu conserver ses positions ».

nous installer quand la colonne allemande apparut sur la route. Les tirailleurs ouvrirent le feu : aussitôt la masse ennemie se fendit en deux et reflua dans les champs. En même temps, les mitrailleuses envoyèrent leurs bordées. Le combat s'engagea vivement sur tous les points et se prolongea jusqu'à la nuit close, ardent, sans merci de part et d'autre.

Les 1er et 2e bataillons y prirent une part active ; mais grâce aux accidents de terrain, les pertes furent faibles. Le 3e bataillon fut très peu engagé, bien qu'à la brune les balles commençassent à refluer fortement sur nous.... La nuit était venue et la mousqueterie s'éteignait peu à peu. De notre côté, le calme était presque complet : on n'entendait qu'un vague brouhaha dans le village. Tout à coup des mots allemands vinrent jusqu'à nos oreilles. L'ennemi occupait le village à 50 mètres au-dessous de notre ligne....

Entre temps nous recevions l'ordre de rallier le gros des troupes qui occupait le plateau.....

Le corps était en retraite sur toute la ligne (1). Les chemins très étroits, étaient horriblement encombrés (2)....

Au jour, le 16, la retraite continua et dans l'après-midi on arrivait en vue de Laval. Le régiment prit position près de la ferme du Plessis, à droite de la route, et bivouaqua sous une pluie fine et glacée pendant toute la nuit. La marche avait été très dure : les Allemands suivaient de près, capturant les traînards et parfois se bornant à les désarmer.

Le 17 janvier, au matin, leurs têtes de colonne apparurent sur la route, en vue du campement... L'artillerie leur envoya quelques bordées et ils se retirèrent....

Le 19, le régiment rentra à Laval et occupa la gare du chemin de fer et ses abords.

Le 20, il fut dirigé sur Chambaud, entre Laval et la Chapelle-Anthenaise. Il demeura là jusqu'au 29. Les Allemands étaient à quelques kilomètres. Les grand'gardes étaient des plus pénibles : les compagnies réduites à 50 ou 60 hommes, devaient se grouper pour y faire face et les tours de service revenaient sans cesse.

L'ennemi, d'ailleurs, tout entier à son installation sur les divers points de la région conquise à la suite des combats récents, avait arrêté ses incursions et n'apparut pas, au moins de ce côté. Le seul fait saillant de cette période est le jugement et l'exécution d'un homme du régiment. Son frère et lui, tous deux attachés à la même compagnie, convaincus de tentative de désertion, furent condamnés à mort par la Cour Martiale. Le plus jeune bénéficia d'une commutation de peine.

Le 29 janvier, nous fûmes dirigés sur le village au nom euphonique d'Andouillé. C'est là que le soir, en arrivant au gîte, on apprit la capitulation de Paris et l'armistice ».

C'est ainsi comme l'écrit dans un sentiment de légitime fierté, le général en chef Chanzy, « que la deuxième armée (3) se trou-

---

(1) La journée du 15 avait été marquée par d'autres engagements partiels : à Beaumont-sur-Sarthe, à Alençon...

Cf. Chanzy et ouvrage du grand État-major prussien.

(2) « Le 15, le 93e mobiles (Sarthe) ont 20 officiers tués, 17 blessés, 1.100 hommes tués ou blessés, sur un effectif de 2.700 hommes », Le Hautcourt (1895), p. 362.

(3) Le général de Curten avait rallié, le 16, à Laval, le gros de l'armée avec sa colonne.

vait encore une fois conservée au pays, après une retraite des plus difficiles par suite des rigueurs de la saison, et durant laquelle elle avait soutenu des combats acharnés et incessants. Elle avait ainsi attiré à sa suite et maintenu devant elle la plus importante des armées prussiennes, et si *elle n'avait pu jusque là* réaliser son projet de marcher sur Paris, elle pouvait espérer du moins que cette grande diversion à laquelle elle avait obligé les forces allemandes, ne serait pas sans avantage pour les efforts que pouvaient tenter les armées de la capitale... »

Chanzy se plaint des rigueurs de la saison, qui compliquaient la situation. Elles furent épouvantables au cours de cette « rude campagne d'hiver (1), qui faisait presque de chaque blessé un mort, de chaque traînard un prisonnier, de chaque nuit au bivouac l'équivalent d'un combat... Les soldats de l'armée de la Loire, imparfaitement équipés, manquant de la cohésion si nécessaire dans les circonstances critiques, fatigués par un mois de perpétuels combats, bivouaquant au mois de janvier par un froid excessif, battirent en retraite, ayant parfois de la neige jusqu'aux genoux. Comment, dans de telles conditions, cette lamentable retraite, qui désorganisa pour un instant, quelques-uns des corps, n'entraîna-t-elle pas la destruction complète de l'armée ? On doit ce résultat au sang-froid de Chanzy, à l'énergie de ses lieutenants, et à la démoralisation partielle des Allemands.... »

Ceux-ci, en effet, n'étaient pas moins las de cette guerre que l'armée de Chanzy. Ils n'avaient presque plus d'officiers et l'on voyait des sergents-majors à la tête des compagnies (2). Ils manquaient de tout... « L'uniforme des soldats tombait en loques (3). Beaucoup avaient mis les pantalons bleus des moblots dont ils arrachaient la bande rouge, ou des pantalons de toile qu'ils prenaient aux paysans. D'autres marchaient en sabots ou n'avaient pour chaussures que des jambières de linge.. (4). »

Le général en chef de l'armée de la Loire, qui n'ignorait rien de tout cela, prescrivait sans cesse à ses généraux (5) de ne céder

---

(1) Camille Farcy. — D' Ch. de Belval : « Mémoires d'un aide-major ».

(2) Le Hautcourt (1895), p. 290.

(3) Arthur Chuquet : ouv. cité.

(4) « Les combats incessants, dit un auteur prussien, les fatigues de toute espèce « avaient diminué les effectifs de l'infanterie : les chevaux étaient épuisés. Les effets d'habillement et d'équipement avaient besoin de réparations immédiates ».

(5) Voir les instructions qu'il lançait à ses troupes, du grand quartier général, à Evron, le 15 janvier, et dans lesquelles il confiait au 16e corps la défense de Laval.
Le Hautcourt (1895), p. 231 : « Les divisions Deplanque et Curten, 1re et 3e du 16e corps, furent établies sur la rive gauche ».

le terrain à l'ennemi que pied à pied et à la dernière extrémité. Il essaie encore de « refaire son armée » pour lutter toujours contre le duc de Mecklembourg qu'il sent sur ses talons ; remaniant ses dispositions stratégiques, du 16 au 19, suivant que l'effort décisif de son adversaire paraît vouloir se concentrer sur Alençon ; essayant de pénétrer les desseins du prince Frédéric Charles qui se maintient au Mans, prêt à se porter sur nos points faibles.

Le 19, Gambetta arrivait à Laval, et tous deux allaient pouvoir concerter leurs efforts pour « la défense du pays et la reprise des opérations dès qu'elle deviendrait possible » (1).

Le plan que Chanzy eût voulu faire adopter reposait sur la double utilité qu'il y avait d'occuper la ligne de défense de Bretagne et la ligne de Carentan, derrière lesquelles il menacerait Paris et le cours de la Seine, tout en couvrant la Normandie (2). Et il groupait sans peine les effectifs nécessaires à cette étendue de pays : lui-même occuperait les lignes de Carentan, tandis que celles de Bretagne seraient confiées aux mobilisés Bretons, dont on pouvait beaucoup espérer sous le commandement de chefs aimés et connus d'eux.

Il s'agissait, on le voit, de créer une armée régionale qui défendrait le village natal, le berceau des enfants, la tombe respectée des aïeux.

A cette date, le général en chef se reprenait à « envisager l'avenir avec confiance », et attendait de son plan les meilleurs résultats. Mais à l'armée de Bretagne le gouvernement ne voulut pas investir d'un commandement important M. de Charette (3) et la direction générale des forces de Bretagne fut alors donnée au général de Colomb, commandant du 17e corps (4).

Quelques jours après, le général Deplanque était désigné pour un commandement dans les lignes de Carentan (5) où l'on espérait encore pouvoir arrêter l'ennemi et qui « devaient être appelées à jouer un rôle important » dans la continuation de la lutte.

—————

(1) Son livre : p. 412-413 (9ᵉ Édit.).

(2) Les deux armées de la Loire et de Bretagne « se prêteraient un mutuel appui, paralyseraient des forces ennemies considérables » et… pouvaient ainsi… ne pas « renoncer à la délivrance de Paris ».

(3) Ce fut une faute : on ne crut pas devoir lui confier plus de 6.000 hommes. — Charette organisa sa division à Rennes.

(4) « L'armée de Bretagne » par un volontaire. — Voir aussi la correspondance échangée entre M. de Freycinet et Chanzy.

(5) Le Hautcourt (1895) : p. 304 à 334.

Mais dans la nuit du 28 au 29 janvier (1) l'armée de la Loire apprenait la conclusion d'un armistice.

Le général Deplanque ne prit pas possession du poste pour lequel il avait été tout d'abord désigné dans les lignes de Carentan et qui échut au général Cérez.

Il recevait, le 11 février, ce pli ministériel (2), daté de Bordeaux : « Le ministre de la guerre informe M. le général de brigade Deplanque, commandant en dernier lieu la 4ᵉ division d'infanterie du 16ᵉ corps d'armée, que, par décision de ce jour, il est mis à la disposition de M. le général de division De Pointe de Gévigny, commandant supérieur de toutes les forces réunies dans la presqu'île du Cotentin. Il se rendra sur le champ à son nouveau poste. »

Voici une lettre du général en chef sous les ordres duquel on le plaçait, qui semble montrer qu'il en avait été hautement apprécié, malgré le peu de durée de leurs relations officielles.

Armée du Cotentin.                          Valogne, le 13 mars 1871.
———

Mon cher général, j'ai reçu les diverses lettres que vous m'avez fait l'honneur de m'adresser pendant votre voyage, notamment la dernière m'informant que vous avez été mis en demeure de retourner à votre poste et me demandant l'autorisation de passer 15 jours dans votre famille.

Je m'empresse de vous faire connaître que, par application de l'arrêté du pouvoir exécutif du 7 mars, les états-majors des armées sont dissous. Vous n'avez donc plus de fonctions à Valogne, que je suis sur le point de quitter moi-même. Vous devez, en conséquence, comme les autres généraux employés sous mes ordres, faire connaître la résidence que vous avez choisie, *directement* au ministre, qui vous fera parvenir une lettre de service ou de disponibilité.

Je ne veux pas me séparer de vous, mon cher général, sans vous adresser mes remerciements pour le zèle et le dévouement que vous avez apportés au service pendant tout le temps que vous êtes resté sous mes ordres.

Agréez, mon cher général, l'assurance de mes sentiments affectueux et dévoués.

Le général de division, commandant en chef.

*Signé :* De Pointe de Gévigny.

On songea bientôt au général Deplanque pour de nouvelles fonctions. On avait besoin de nouvelles troupes ; car, « à la guerre étrangère avait succédé la guerre civile (3). Autour de Cambrai,

———

(1) La dépêche, lancée de Versailles, arrivait au quartier général à 11 h. 3/4.

(2) Ministère de la guerre : 1ʳᵉ direction. Bureau des États-majors et des Écoles militaires. — En-tête.

(3) Émile Faguet : « Louis Lande : Souvenirs d'un soldat ». — Extrait du *sergent Hoff* : p. 191.

le général Clinchant formait en toute hâte, avec les captifs d'Allemagne, un corps d'armée qui devait marcher sur Paris. Les nouveaux venus furent inscrits dans les *régiments provisoires* ; trois jours après on partait pour Paris... »

Or, le général Deplanque recevait dans sa famille cette première dépêche :

« Urgence. De Versailles, le 15 avril 1871, à 7 h. 45 du soir : (n° 7927 : mots 45) ; Guerre à général Deplanque à Auxi-le-Château, Pas-de-Calais. — Vous êtes nommé au commandement d'une brigade d'infanterie en formation à Besançon. Rendez-vous sur le champ à votre poste. Votre lettre de service vous sera remise à destination. Vos chevaux voyageront par les voies ferrées ».

Mais à trois jours d'intervalle on assignait au général Deplanque, — encore à Auxi, ou déjà en route pour Besançon, je ne sais, — une nouvelle direction par cette seconde dépêche :

« Auxi. De Versailles, 18 avril 1871, à 7 h. 22 du soir, n° 8892. Ministre guerre au général Deplanque à Auxi-le-Château (Pas-de-Calais). Faire suivre à Besançon, s'il y a lieu.

« D'après les ordres du chef du pouvoir exécutif, la division s'organise plus à Besançon. Rendez-vous sans retard à Cambrai pour continuer les opérations de formation de régiments, commencées par le général Clinchant ».

Le général Deplanque ne prit donc pas une part active à la répression de la Commune.

Tel fut son rôle en 1870-1871 (1).

(1) Lire encore :
E. Coste : « L'armée de la Loire. Nos étapes. »
G. Fautras : « Autour d'un champ de bataille. Coulmiers ».

# ALGÉRIE

## 1871-1875

# DEUXIÈME SÉJOUR EN ALGÉRIE

Dès le 23 juin 1871, le général Deplanque reprenait du service en Algérie. On n'a pas oublié que des soulèvements redoutables s'étaient produits dans nos provinces africaines, contre-coup des événements de la guerre franco-allemande. (1)

Le 24 octobre 1871, Deplanque était mis à la tête de la sub-division de Sétif.

« Il participa, porte son dossier (2), à la pacification de la province. »

Le 16 octobre 1873, il prenait le commandement de la sub-division d'Orléansville, en résidence à Milianah.

Un petit nombre de lettres de Deplanque à sa mère (3) et divers papiers de famille me permettront de suppléer dans une certaine mesure, à l'insuffisance des renseignements officiels.

Camp d'Aïl Mellal (4) (grande Kabylie), 31 juillet 1871. Ma chère mère, cinq ou six petites colonnes dans le genre de la mienne, sont encore en circulation. Je ne sais pas où l'on en est ; mais il est probable que les affaires vont bien. Il est très curieux en tout cas, que les commandants de colonnes soient ainsi laissés dans l'igno-

---

(1) Insurrection des Beni-Menacer ; (Tombeau de la chrétienne)... etc.

(2) Il est impossible d'obtenir des archives du ministère de la guerre les documents postérieurs à 1870 — Opérations dans le massif du Zakar.

(3) J'en supprime impitoyablement toute récrimination contre son frère Henri, plus insupportable que jamais.

(4) L'écriture de la plupart de ces noms de localités est devenue, avec le temps, à peu près indéchiffrable. Je m'excuse de ceux qu'il m'arriverait d'estropier.

rance de ce que font les autres, et de la situation générale du pays.

Je n'ai jamais été ambitieux ; c'est pourquoi je ne me
suis jamais servi des journaux pour me mettre en avant.
Comme tu le sais, on s'expose à des mécomptes, surtout quand on veut devenir un homme politique : ce
qui ne me conviendra jamais. C'est trop ridicule par le
temps qui court. Chacun a son opinion et cette opinion
n'est que l'expression de son intérêt...

Quoiqu'en dise M. Duquesnoy dont j'ai reçu les vers,
tout le monde n'est pas enthousiasmé de ma position ;
il y en a bien quelques uns qui en sont jaloux. Je crois
t'avoir écrit que mes malles sont à Toulon où je les
laisse jusqu'à ce que je m'arrête enfin quelque part.

Je t'embrasse. *Signé :* L. DEPLANQUE.

Taouvirt, le 19 août 1871. Ma chère mère, je viens t'annoncer que j'ai battu le 16, Messieurs les Kabiles à plates
coutures. Le 13 j'avais fait bombarder le village près
duquel je suis maintenant campé et qui est situé sur
une hauteur très escarpée de tous côtés. Mon but était
de leur faire comprendre que je trouvais fort mauvais
qu'ils viennent tirer, la nuit, des coups de fusil sur mes
grand'gardes et que, s'ils ne se rendaient pas, je saurais
les y obliger. Ils ont pris mon procédé pour une impuissance et disaient déjà hautement que je n'osais pas les
attaquer. Les autres villages allaient être entraînés dans
ce sens : je n'avais donc pas de temps à perdre, et le 16,
après avoir laissé une partie de mon monde à Iloula ou
Malou, j'ai été les attaquer en tournant leurs positions.
L'affaire a duré de 7 h. 1/2 du matin à 1 h. 1/2 de l'après-
midi. Ils avaient fait des retranchements en pierres
sèches, des barricades... etc. Mes soldats n'étaient pas
rassurés en voyant tout cela et hésitaient un peu au commencement ; mais grâce à mes 3 pièces de montagne
et aux dispositions que j'avais prises, ils n'ont pas pu
tenir dans le village : de sorte qu'il a été pris sans perdre un seul homme. Le reste a été un peu plus long, et
même ils m'ont tiraillé jusqu'au soir, mais sans oser

approcher. C'étaient, sans doute, les plus entêtés ; j'ai eu 2 soldats tués, 2 officiers blessés et 17 soldats européens ; 2 arabes amis tués, 3 blessés. Je crois leur avoir fait éprouver de grandes pertes, car ils ont tenu, et j'ai usé beaucoup de munitions, malgré mes observations réitérées. Ces soldats là ne sont pas ce qu'ils devraient être et tout leur mérite est d'avoir été prisonniers de Metz ou de Sedan. Si j'en fais l'éloge dans mon rapport c'est pour les besoins de la cause : les officiers sont aussi *conservateurs* que les soldats. Enfin, à un moment, il a encore fallu que je me porte tout seul en avant, pour les y faire aller : c'est dégoûtant ; il n'y avait pas grand danger à courir. C'était deux ou trois arabes cachés derrière un mur, qui tiraient de temps en  temps sur nous. Le champ de bataille est un peu  comme la scène d'un théâtre : il est vu de bien loin et de  tous les côtés. Je voyais avec une longue vue bien des  spectateurs et j'en étais enchanté à cause de l'effet produit. C'est ce qui me faisait toujours crier qu'on n'avançait pas assez vite. Cependant cet effet a été immense : le lendemain, au point du jour, j'avais déjà des amateurs avec leurs branches de frêne à la main. La soumission est complète ; si les hommes de Taouvirt ne sont pas encore venus c'est qu'ils ont une atroce frayeur de moi. Ils m'ont seulement dépêché les gamins de 14 à 15 ans et quelques vieux ; ils sont dispersés de tous côtés.

Je lisais dernièrement dans le journal *le Temps* que la grande Kabylie était complètement pacifiée. Cette nouvelle était, comme tu le vois, légèrement anticipée ; c'est la mode du temps et c'est avec cela qu'on se fait mettre dedans.

Enfin c'est une affaire très brillante que j'ai très-bien conçue, dirigée, et lestement exécutée à moi tout seul. On ne me persécutera plus à Auxi pour faire parler de moi dans les journaux ; car je pense que mon rapport y paraîtra sinon en entier, du moins en partie.

Ma présence est encore nécessaire pour faire payer l'impôt et maintenir l'impression de terreur salutaire que je leur ai inspirée. Je ne sais pas combien cela durera ni ce que je ferai ensuite.

Il y a de bonnes figues et des raisins passables. La chaleur, assez forte dans le jour, diminue sensiblement. Mes hommes se portent bien ; ma jument aussi : elle avait l'air contente d'entendre le canon.

Je t'embrasse,                    *signé* : L. DEPLANQUE.

Un premier incident « diplomatique » si j'ose dire, vient clore cette année 1871, qui dut fort affecter le général Deplanque, installé à Sétif depuis quelques semaines. Le voici :

Ministère de la Guerre (1). Paris, le 30 décembre 1871. A Monsieur le général commandant la province de Constantine. Général, vous m'avez transmis le 4 de ce mois une lettre dans laquelle M. le général Deplanque, commandant la subdivision à Sétif, me fait connaître qu'il a infligé 15 jours d'arrêts de rigueur à M. d'A....., sous-lieutenant au 1er hussards, à l'occasion de la permission d'absence que je vous ai autorisé à lui accorder.

M. le général Deplanque se fonde sur ce que cet officier se serait affranchi, dans cette circonstance, de la voie hiérarchique et aurait eu le tort de quitter la colonne du colonel Ponsard, en cours d'expédition.

Je ne veux pas affaiblir l'autorité d'un officier général en levant une punition qu'il a infligée ; mais des motifs de haute convenance auraient dû faire comprendre à M. le général Deplanque que des intérêts sérieux avaient seuls pu me déterminer à accorder directement une permission par dépêche télégraphique ; et que, s'il pouvait m'adresser des observations, il devait s'abstenir de prendre une mesure qui est un blâme de l'acte de son supérieur.

Je vous charge de transmettre ces observations à M. le général Deplanque qui, j'aime à le croire, ne s'exposera plus à un pareil reproche.

Recevez, général, l'assurance de ma considération la plus distinguée.

Le ministre de la guerre : signé : E. DE CISSEY.

P. c. c. Le chef d'escadron f. fons de chef d'Etat major,
*Signé* : A. DE COURLEY.

Oui, certes, la mesure prise par le général Deplanque contre le sous-lieutenant permissionnaire, était chose grave puisqu'elle constituait un « blâme de l'acte de son supérieur ». Mais si, en temps ordinaire, il est interdit aux cadres comme aux simples hommes de s'affranchir de la voie hiérarchique pour solliciter une permission, que penser d'un officier qui s'en dispense et quitte ainsi sa colonne « en cours d'expédition ? »

---

(1) En sous-titre : Direction générale du personnel, 2e service 3e Bureau — Au sujet de la punition infligée par M. le général Deplanque à M. D'A....., sous-lieutenant au 1er hussards.

Le sous-lieutenant d'A..., en l'espèce, n'est pas le principal coupable. Etait-il donc bien difficile au ministre de la guerre et au général commandant la province de Constantine, en même temps qu'ils transmettaient à l'officier intéressé l'avis d'une réponse directe et favorable, — fût-elle dictée par « des motifs de haute convenance, » — *d'en informer aussi le général Deplanque ?*

Cette manière de procéder, je le demande à tous les hommes du métier, n'eût-elle pas été de la plus élémentaire correction ? N'est-ce pas par cet « avis » qu'il eût convenu de commencer, au lieu d'attendre les « observations » éventuelles et ultérieures du général Deplanque ?

Les années 1872 et 1873 de son séjour à Sétif furent marquées non moins péniblement par un procès retentissant qu'il eut à soutenir contre un sieur Fallières, qu'il avait frappé d'un coup de pied et d'un coup de poing.

Le *Journal de Sétif*, en date du 8 mars 1873, mentionne une condamnation du général Deplanque à 200 francs de dommages-intérêts et aux frais du procès. Il en appela ; mais le 27 mai suivant il dut définitivement payer une amende globale de 474 fr. 30.

Oh ! ici non plus, je ne prétends pas innocenter outre mesure le général Deplanque ; mais si je relate l'affaire par respect de la vérité historique, j'estime que nous pouvons laisser le rédacteur du *Journal de Sétif* à ses regrets de ne voir appliquer que le minimum, la « peur du sabre » ayant été cause que « des témoins à charge contre le général firent défaut ».

Je lis en effet, dans les « considérants » ces lignes qui en disent long : « Il est évident que la vivacité du général s'explique facilement par ces faits : 1° que Fallières était ivre ; 2° qu'il avait *menacé* le général en réclamant une concession à laquelle il n'avait pas droit... »

Deplanque, cédant à son emportement naturel, a frappé son interlocuteur ivre et qui le menaçait. Il a eu tort ; le tribunal l'a condamné ; c'est parfait. Mais s'il avait accordé arbitrairement cette concession à un homme saoul et audacieux, quel recours l'administration n'eût-elle pas aussitôt exercé contre lui ?

Cet incident, quoi qu'en ait dit le général Chanzy dans la lettre qui suit, fut pour beaucoup dans le projet de mutation que le gouverneur général soumettait à l'approbation ministérielle et dont il entretenait le général Deplanque — et tout naturellement aussi les autres généraux intéressés, — par cette lettre du 23 septembre 1873 :

« Mon cher général (1). Les événements ont créé dans certaines subdivisions de l'Algérie, des positions difficiles aux généraux qui les commandent. Tout en rendant pleine justice aux qualités de tous, sans avoir aucun motif qui puisse laisser croire à défaveur, je me suis trouvé dans l'obligation, par la considération seule du service, de demander au ministre de la guerre les mutations suivantes :

MM.

Deplanque, passerait de la subdivision de Sétif à celle de Milianah ;

Carteret, passerait de la subdivision de Milianah à celle de Tlemcen ;

Dastugues, passerait de la subdivision de Tlemcen à celle de Batna ;

Bressolles, passerait de la subdivision de Fort-National à celle de Sétif ;

Saussier, mis à ma disposition après le licenciement de la brigade qu'il commande, irait prendre le commandement de Fort-National.

Je ne sais si le ministre accueillera mes propositions ; mais je dois prévenir d'avance ces officiers généraux et vous-même (2). Je vous prie de vouloir bien faire parvenir la lettre ci-jointe à M. Deplanque.

Recevez .., etc.                         *signé :* Général CHANZY.

P. c. c. Le colonel, chef d'État-major, *signé :* FILIPPI.

L'ordre de service, daté de Constantine, le 14 octobre 1873 (3), nommait le général Deplanque au commandement de la subdivision d'Orléansville, à Milianah ; il en prenait possession le 16 ; et, le 20, tout en conservant ces fonctions, il était nommé chef de la 48ᵉ brigade d'infanterie.

*
* *

D'une vingtaine de lettres adressées au général Deplanque (4) ou par celui-ci à sa mère et à des amis, je donnerai les quelques extraits qui suivent et qui ne manquent pas d'intérêt relativement aux choses de l'Algérie : justice, bureaux arabes, administration, mœurs algériennes, etc.

*Sétif, 17 novembre 1873...* « Malgré tout ce que vous en dites, je ne puis imaginer qu'il y ait sur la terre d'Algérie un endroit où l'eau et les arbres soient en assez grande quantité pour qu'il en résulte une gêne réelle pour les habitants...

---

(1) En tête : « Gouvernement général civil de l'Algérie. Commandant en chef des armées de terre et de mer. — État-major général. Section des affaires militaires — Nᵒ 50. — *Copie conforme.*

(2) Le général de division, commandant le district de Constantine.

(3) Division de Constantine : État-major, nᵒ 753.

(4) Quelques-uns de ces correspondants de Deplanque vivent encore : aussi me bornerai-je, par discrétion, à de simples initiales dans le corps des lettres, et supprimerai-je les signatures.

Nous avons été bien heureux d'apprendre votre bon accueil à
Alger et j'ai enregistré dans ma tête, avec un bon point pour le
gouverneur, ce qu'il vous a dit au sujet de la *Presse*; ce jour-là, il
aura frappé un coup de maître, devenu depuis fort longtemps déjà
trop retardé par une abusive intimidation de l'autorité...

J'ai peine à me figurer aussi que Messieurs S... et L... ont à
regretter les modestes ressources que Sétif leur offrait comme distractions ; il faut que Milianah soit une exception dans le genre
pour que Sétif reçoive un pareil honneur... »

*Sétif, 22 novembre 1873.* « Mon général, .... vous avez quitté la
division de Constantine un peu trop tôt. Le général L... prétend
que les situations politiques ne lui apprennent absolument rien, et
il demande sous le timbre « cabinet », un *rapport politique vrai*,
sans euphémismes officiels, sans réticence ni détour : il demande
aussi pour son usage personnel et en dehors des pièces officielles,
des notes confidentielles et intimes sur les chefs indigènes. Quelle
belle occasion vous auriez eue d'aiguiser votre plume de Tolède !
A ce propos, le conseil subdivisionnaire a pris plusieurs délibéra-
tions commençant par ces mots : « le conseil, approuvant à l'unanimité la lettre... la protestation de M. le général Deplanque, en date
du..., refuse d'inscrire le crédit... (gardes-champêtres, écoles des
villages, routes d'accès, casernes...) ». — Et, en ce qui concerne les
casernes, la division a déjà approuvé le conseil.

*Vous voyez, mon général, que nous essayons de continuer votre
œuvre le plus que nous pouvons...*

Bon nombre de personnes m'ont demandé de vos nouvelles et
vous ont vu partir avec regret : (ce ne sont pas, bien entendu,
des actionnaires du *Courrier de Sétif* !) La famille P... avec qui je
suis toujours en relations, m'a tout spécialement chargé de vous
remercier de votre bon souvenir et de vous présenter ses respec-
tueuses amitiés...

Vous faites vous au climat de Milianah ? Vous êtes, mon général,
la première personne à qui j'entends dire du mal de cette localité :
sa réputation serait-elle donc usurpée ? (1)... »

25 novembre. « Vous êtes tout à fait gracieux, général, et je
reconnais bien là l'amabilité de votre bon souvenir (2). Le joli
coffret que m'a remis L.... fait ici merveille. Je n'avais jamais vu
le bois de palmier employé et je le trouve d'un charmant effet.

Je vous remercie aussi tout particulièrement de l'aimable
pensée qui vous a rappelé mon nom et des mille obligeances que
vous avez eues pour mon mari pendant qu'il était votre hôte. C'est

---

(1) On sait que le général Deplanque pouvait s'y considérer comme en disgrâce ;
et dès lors, il était naturellement prévenu contre sa nouvelle résidence.

(2) Lettre de Madame de Maussion, à laquelle j'avais fait allusion.

Il en est d'autres plus émouvantes encore de *mamans* éplorées : « Pardonnez-
moi, n'est-ce pas, mon général ? mais sachant votre bonté pour moi et pour nous,
je suis venue alarmée, vous tourmenter pour savoir.... Enfin, malgré l'ennui que
je vous cause, restez je vous prie, notre meilleur ami... »
Celle-ci est du 19 mars 1879. — « Monsieur le général, je vous remercie mille
fois de la bonté que vous avez mise à m'obliger. Les tristes nouvelles que j'ai dû
donner et qu'on n'attendait pas aussi mauvaises, ont très vivement affligé les cœurs
qui ont pu en recevoir la confidence. Je suis chargée de vous offrir toute leur gratitude pour la peine que vous avez bien voulu prendre vous-même afin d'avoir
des renseignements positifs. Soyez béni, Monsieur, pour m'avoir aidée dans
notre tâche... »

bien grâce à vous qu'il a pu traverser sans fatigues trop grandes, dans cette chaude saison, votre pittoresque et si beau commandement. Nous espérons bien qu'à votre prochain voyage en France... »

*Sétif, 28 novembre 1873...* « L'affaire des Souana en est toujours au même point : elle est remise de quinzaine en quinzaine. La dernière fois, à l'appel de la cause, le président s'est permis de dire : « Je croyais cette affaire enterrée » ; ce qui a fort scandalisé maître K...

Le parquet arrête par bandes entières aux O. Nobet et dans les territoires visés. Il se décide à faire quelque chose ; et comme il ne peut compter sur le tribunal, il garde les récalcitrants en prison préventive pendant quinze jours ou un mois et les relâche ensuite faute de preuves. C'est profondément triste... » (1).

*Sétif 9 décembre 1873...* « La colonisation, au bureau R.... patauge de plus en plus. Ils ont envoyé ici, à propos d'Aïn Roua, de telles énormités, que le colonel, n'y comprenant plus rien, a dû y aller voir et m'a emmené avec lui.

Le génie avait commencé la construction d'un lavoir et d'un abreuvoir dans le bassin même de retenue du moulin du Caïd, et il a même essayé un instant de nous faire croire que ces constructions ne nuisaient en rien au moulin, mais nous ne l'avons pas cru ; les travaux ont donc été arrêtés et déplacés à la grande joie de Saïd ben Abid qui ne vivait plus. Akhou, Aïn Abessa vont avoir des curés : on voulait même faire bâtir des presbytères avec l'argent de la commune subdivisionnaire. Le colonel..... malgré son zèle religieux, a trouvé cela trop fort : (Je lui avais, du reste, montré le règlement sur les dépenses des centimes additionnels).

Nous avons envoyé dernièrement à Constantine, un supplément communard du *Courrier de Sétif*, organe de *môssieu* le maire et de son conseil : ce dont on nous a remerciés, tout en ne poursuivant pas, « pour ne pas augmenter le scandale par un acquittement en cour d'assises ». Voilà où nous en sommes !... »

*Sétif, 8 janvier 1874* (2). « Mon cher général, je vais vous en conter une bien bonne : voici le fait. Un entrepreneur italien, très solvable et très honorable, de Sétif, avait eu dernièrement une petite querelle avec un employé du maire, au sujet de travaux de la commune. Plainte a été portée contre cet entrepreneur que j'ai dû défendre en police correctionnelle. Le tribunal l'a condamné à 5 francs d'amende. Dans ma plaidoirie, j'ai été obligé de révéler une foule de choses peu propres pour le maire.

Le lendemain cet entrepreneur a besoin d'un certificat de solvabilité et de moralité, pour concourir à l'adjudication de travaux du génie. Le maire a seul qualité pour délivrer cette pièce : il la refuse à mon entrepreneur, sans vouloir lui donner aucun motif. Je lui fais donc une sommation par huissier d'avoir à délivrer ce certificat : refus obstiné. Je l'ai alors assigné en vingt cinq mille francs de dommages-intérêts, et c'est hier que nous avons plaidé l'affaire devant le tribunal. Je puis vous assurer, — ce qui ne sera

---

(1) Et cet autre mot, du 28 décembre : « ... Notre procès se remet toujours, sous un prétexte ou sous un autre, en réalité sans rime ni raison... *On voudrait bien le voir disparaître du rôle...* »

(2) Deplanque recevait une lettre de celui de ses anciens officiers d'ordonnance qu'il aima le plus, lequel le félicitait de sa nomination à Milianah et le priait de croire toujours à « son respectueux et filial attachement »

pas pour vous déplaire, — que je me suis découplé avec bonheur contre ce petit sauteur... J'ai pu dévoiler toutes ses intrigues et son avocat m'a placé sur un terrain où j'étais on ne peut plus libre, le terrain même des élections : « Monsieur X., est l'élu du peuple, a-t-il dit, et ce que vous qualifiez d'abus d'autorité, n'est qu'un acte de bonne administration »[1]

Je lui ai répondu qu'aujourd'hui les élus du peuple n'étaient guère la crème des hommes, et que si le gouvernement ne voulait plus pour maires ces élus du peuple, c'est que, malheureusement, en France comme en Algérie, il en existait beaucoup de la catégorie de Monsieur X... ; qu'aujourd'hui l'honnête homme n'approchait plus de l'urne électorale, et que la plupart des élus du peuple n'étaient autre chose que la bave des communards au petit pied.... Là d'ailleurs ne s'arrêtera pas cette affaire. Si avec cela je ne le démolis pas, je l'aurai considérablement ébranlé et, dans tous les cas, entièrement démonétisé aux yeux des habitants de Sétif... »

Je ne résiste pas au désir de publier encore la curieuse lettre que voici (1) :

*Sétif, 9 janvier 1874*. Mon général. La maladie est venue nous visiter ; aussi suis-je bien en retard avec vous... Puisse 1874 vous apporter toutes sortes de bonnes choses et, entre autres, une belle cravate rouge qui vous est bien due depuis longtemps. J'espère bien voir cela quelque jour à l'Officiel, et surtout je le désire de tout mon cœur. Écoutez maintenant.

Le colonel d'A.... continue l'intérim. Il vient d'organiser une fête de charité pour la nuit de Noël afin de donner un arbre à ces pauvres petits Alsaciens — dont les papas venaient de faire insérer contre vous, contre lui et contre M. C.... un article canaille dans *l'Union de Sétif*. Le colonel, ayant enfin retrouvé le fil de l'affaire, a répondu tant au général qu'aux signataires, une lettre fort raide, où il disait qu'au lieu de vous jeter la pierre « les Alsaciens d'Aïn Obessa devraient vous bénir et vous baiser les pieds ». (sic) — « L'Union » non plus que le « Courrier » n'ont reproduit cette lettre, envoyée cependant en cinq expéditions à Aïn-Obessa. Et le colonel, rendant le bien pour le mal, n'en a pas moins fait sa petite fête.

Le colonel... a fait un autre rapport sur la colonisation, où, *malgré l'approbation pleine et entière donnée à vos propositions pour l'agrandissement d'Aïn-Obessa*, on pressent qu'on adoptera autre chose... »

En 1873-74, un nouvel incident grave surgit entre le général Deplanque et, cette fois, le comité des Alsaciens-Lorrains de Sétif. Deplanque veut liquider définitivement ce conflit qui avait, en partie, motivé les « propositions » du général Chanzy et l'avait fait passer de Sétif à Milianah.

A tort ou raison, mais certainement avec son habituel emportement, Deplanque s'élevait contre les « prétentions exhorbitantes » de ce comité qui, là comme ailleurs, se montrait parfois excessif dans les sollicitations d'emplois lucratifs ou agréa-

_______________

(1) Il sera bon d'ailleurs d'en rapprocher le contenu de celui de la lettre de M. de Galliffet du 25 octobre suivant.

bles, d'avantages spéciaux, de faveurs de toutes sortes dont, en souvenir des désastres de la dernière guerre, si particulièrement dure pour eux, ils réclamaient presque le monopole.

Deplanque trouvait qu'il « est un terme décent aux exigences, même les plus justifiées en apparence (1)... » Il s'indignait de cette « mise en coupe réglée » et de cette « exploitation éhontée dont *seuls*, il ont le secret... » qui leur fait oublier « qu'il est du moins une manière digne et convenable de présenter ses doléances, tous les candidats inscrits n'étant pas d'ailleurs, à beaucoup près, également dignes d'intérêt et d'appui ... »

Pour en finir, le général Deplanque porta le différend devant ses chefs : et voici ce qu'on lui répondait du camp de Sidi Khébil, le 25 octobre (2). Mon cher général,

Malgré mon vif désir de partager votre manière de voir, dans le conflit qui s'est élevé entre vous et le comité Alsacien-Lorrain de Sétif, je n'ai pu trouver dans toute la correspondance échangée à ce sujet, aucun motif sérieux de l'irritation que vous avez manifestée. Nous travaillons tous à un but commun : améliorer le sort malheureux des immigrants ; et, pour atteindre ce résultat, le commandement et les sociétés protectrices doivent non seulement se prêter un concours réciproque, mais encore se faire des concessions mutuelles. Tel est l'esprit des instructions adressées jusqu'à ce jour et telles sont les intentions du gouverneur général.

Je ne puis donc que vous confirmer mon télégramme d'hier et vous recommander la modération et la conciliation : la modération, dans vos appréciations sur des comités composés de gens qui peuvent, comme nous, se tromper sur le choix des moyens à employer, mais qui sont animés des meilleures intentions ; la conciliation, dans tous les rapports que vous aurez à échanger avec eux.

Suivant le désir que vous avez manifesté, je transmets tout le dossier au gouverneur général.

Recevez, mon cher général, l'assurance de mes sentiments affectueux.

Le général commandant provisoirement la division :

*Signé :* GALLIFFET.

L'administration de la guerre voulut-elle, à ce sujet, prendre une mesure radicale contre le général Deplanque, ou bien des considérations d'un autre ordre motivèrent-elles son rappel en France ? Dans la première hypothèse on n'aurait pas perdu de temps ; mais elle est assez vraisemblable, il me semble.

---

(1) La lettre où il exposait ainsi ses griefs contre eux, est du 13 juin 1874, et adressée à son « vieil ami », De L.... de qui, un peu plus tard, le 6 novembre, il recevait une demande d'échange de deux tribus, dans l'espoir de les voir « cesser de se chamailler ».

(2) En-tête : Division de Constantine. Subdivision de Batna. Personnelle, n° 20.

Alger, le *26 octobre* 1874 (1). Mon cher Deplanque, je t'ai fait une dépêche télégraphique ce matin, en sortant de mon premier rapport avec le gouverneur. Quelques instants après j'ai reçu ta lettre. Voilà ce qui s'est passé. Le ministre, quand le général Chanzy lui a parlé de toi, lui a déclaré qu'il fallait que ses brigades fussent commandées, qu'il n'avait personne pour te remplacer dans ta brigade active et il lui a offert le général H... qui, de son côté, avait *refusé de commander une brigade active.* Le gouverneur a insisté ; mais il n'y a pas eu moyen de faire revenir le ministre (2). En effet, il paraît que la chose était déjà faite et le gouverneur a été aussi surpris que moi en trouvant ce matin dans le courrier ta lettre de rentrée et la nomination d'H... Il faut donc en prendre ton parti et te résigner à aller à Marseille. Mais ce qui te contrariera encore c'est que la lettre ministérielle ajoute qu'H... a reçu l'ordre de s'embarquer le 7 novembre. Il va donc t'arriver avant que tu aies eu le temps de te retourner.

Enfin, j'espère pour toi que tu seras philosophe et que tu avaleras sans broncher cette potion amère. Ce qui te consolera, si tu apprécies comme moi, c'est *que la mesure n'est pas dirigée contre toi.* Elle est la conséquence de l'organisation des corps d'armée de France qu'ils veulent terminer.

Bien à toi ; *signé :* V...

Quoiqu'il en soit des *vrais* motifs de son rappel, le général Deplanque recevait, le 23 octobre 1874, l'ordre de rentrer en France avec la 48ᵉ brigade d'infanterie qu'il commandait en dernier lieu.

Nous avons vu ce qu'il pensait de la mesure dont il était l'objet. Le 6 novembre suivant il recevait cette lettre de « son vieil ami » De L..., dont il a déjà été question :

Mon cher Deplanque, je m'attendais, d'après ce que vous m'aviez dit à Alger, à apprendre votre départ. Je comprends que vous teniez compte de ce nouveau coup de Jarnac à celui que la nature a privé de sens moral encore plus que de sens commun, tout en lui donnant un œil vairon pour indiquer sa fourberie.

Je n'ai pas lieu non plus de me louer de lui (3)... A bientôt donc, mon cher ami ; je vous regrette et je voudrais *nous* venger. Une bonne poignée de main en attendant... »

Voici, pour terminer cette année 1874, une lettre d'un officier supérieur, du 24 décembre :

Mon général, je vous prie d'agréer les vœux que je fais pour vous, avec l'assurance qu'ils viennent de quelqu'un à qui vous êtes cher.

---

(1) En-tête : Gouvernement général de l'Algérie. Commandement en chef des forces de terre et de mer. État-major général. Section des affaires militaires.

(2) Dans un billet du 29, à son « vieil ami, De L.... » Deplanque écrit que la « vengeance du ministre a eu au moins le mérite de ne pas trop se faire attendre ; il n'y a pas d'équivoque... bien que V... essaie de me dorer la pilule... »

(3) Je supprime ici quelques explications fort caractéristiques qui lèveraient l'anonymat pour cette lettre — et pour la suivante, — qu'il vaut mieux leur laisser, vu la sévérité de certain jugement, et la franchise des critiques, formulées entre amis, sûrs l'un de l'autre.

Nous allons enfin avoir la viande fournie par l'administration, à partir du 1er janvier. *C'est encore une de vos idées qui triomphe.* Plaise à Dieu que bien d'autres encore que vous m'avez communiquées, soient adoptées !

Grâce à vous, j'ai appris en peu de temps et sans y rien laisser de ma personne, ce qu'est notre malheureuse colonie et le genre qu'il faut y adopter pour réussir...

Je termine, mon général, en vous souhaitant pour 1875 meilleure chance que pour ces dernières années, et en vous priant d'agréer l'expression des sentiments respectueux et dévoués de votre très obéissant... »

Que conclure ? — J'ai placé sous les yeux du lecteur toutes les pièces du dossier. Je ne crains pas qu'on me reproche d'avoir déguisé les torts du général Deplanque, l'emportement de son caractère ni la violence de certaines de ses attitudes. Cela dit et reconnu une fois de plus, n'est-il pas établi par ce qui précède qu'en Algérie, le général Deplanque,

1. Fut blâmé par le ministre de la guerre à propos d'un incident où ce n'est pas lui qui avait commis la première incorrection ?

2. Qu'une certaine « Presse » l'incita à de nouvelles violences par ses commentaires acrimonieux sur son procès avec le sieur Fallières ?

3. Qu'au lieu de soigner, comme tant d'autres, sa popularité par des moyens quelconques, Deplanque ne s'est jamais laissé guider, dans sa conduite, que par le souci supérieur des intérêts de la colonie et de ceux de la métropole ?

4. Étant donnée cette farouche intransigeance que l'administration aurait bien dû encourager, n'était-il pas inévitable que Deplanque se fît rapidement beaucoup d'ennemis *personnels* parmi les indigènes dont il entravait les visées ambitieuses ou les projets criminels ; parmi tous ceux dont, « en homme et en soldat qui ne veut pas pratiquer le genre qu'il faut adopter pour réussir dans notre malheureuse colonie », il devait gêner nécessairement les machinations égoïstes, les aspirations et les calculs inavouables ?

5. Ce qui paraît indéniable c'est que les réformes qu'il avait tenté d'introduire dans le ressort de son commandement militaire avaient leur bon côté, puisqu'elles ont été appliquées l'une après l'autre par ses successeurs : (construction de presbytères et d'écoles... adjudication de la boucherie... etc.).

Les cabales montées contre lui avaient-elles dès lors, d'autre but

que de masquer de ténébreuses intrigues et d'assouvir les pires
rancunes ?

Je laisse au lecteur le soin de se prononcer.

*
* *

Le 14 mai 1875, le général Deplanque (1) prenait, à Périgueux,
le commandement de la 47ᵉ brigade d'infanterie (24ᵉ division du
12ᵉ corps).

Le 31 décembre de la même année, il était mis en disponibilité
par la lettre suivante (2) :

Général, j'ai l'honneur de vous informer que vous êtes relevé de
votre commandement et placé dans la position de disponibilité.
Je vous prie de me faire connaître le lieu où vous êtes dans l'intention de fixer votre résidence, afin que je donne des ordres pour
que vous puissiez recevoir le traitement auquel vous avez droit.
Recevez, général, l'assurance de ma considération très distinguée.
Le ministre de la guerre,                signé : J. DE CISSEY.

Le général Deplanque revient alors se fixer à Auxi-le-Château,
sa petite ville natale, et sollicite sans retard la liquidation de sa
pension de retraite, qui ne lui sera accordée par décision ministérielle que le 14 novembre 1878.

Deplanque compte 40 ans de services effectifs dont 17 ans de
campagnes ; exactement 37 ans, 2 mois et 6 jours (3).

Je terminerai, relativement aux déboires qui empoisonnèrent
les dernières années de cette carrière glorieusement parcourue,
par cette lettre du 26 février 1896 : elle émane du compagnon
d'armes que nous avons vu donner à Deplanque plus d'une
preuve d'affectueux dévouement :

-----

(1) En quittant l'Afrique dans les conditions anormales que nous savons, le général Deplanque s'embarquait pour Marseille, désigné d'abord, paraîtrait-il, pour
le commandement de cette place. La traversée, très mauvaise, aurait duré 76 heures au lieu des 24 heures habituelles.

De Marseille, Deplanque fut expédié, — le petit jeu de vengeance et l'influence
de l'œil vairon continuaient sans doute, — à Brive-la-Gaillarde, où il n'aurait pas
trouvé de garnison, les casernes étant à peine commencées. C'est de là qu'il aurait
gagné, en deux étapes, la ville de Périgueux où l'appelait le général de division
D'Argent.

(Communication de M. Serres, d'Auxi-le-Château, qui fut, en 1874-1875, l'ordonnance du général Deplanque).

(2) Versailles. — Ministère de la guerre, direction générale du personnel et du
matériel. 1ᵉʳ service. 1ᵉʳ Bureau ; États-majors ; personnels administratifs ; écoles
militaires. A M. le général Deplanque commandant la 47ᵉ brigade d'infanterie à
Périgueux.

(3) Cf. Dossier du général aux archives administratives et historiques du ministère de la guerre.
Au moment de l'expédition du Tonkin, Deplanque demanda à reprendre du
service ; il ne fut pas fait droit à sa requête.

« Mon digne ami, un mot pour vous dire combien je suis affecté de l'exécution, aussi *cruelle qu'injuste*, que vous subissez en ce moment. Soyez calme : *renfermez en vous-même la stupide injure* qui vous est faite. Un brave homme tel que vous ne peut subir longtemps de pareilles atteintes. Croyez-moi ; le coup vient d'*en bas*, et c'est le pied de l'âne qui se fait sentir. Un ennemi, s'il est honorable, s'il appartient surtout à un certain monde, ne peut commettre une aussi lâche action. J'espère peu de notre pauvre France ; mais il y a encore des gens de cœur : ceux-là sauveront un jour le navire en détresse. On vous retrouvera vite alors à votre poste, mon cher ami, pour aider à cette œuvre de réhabilitation.

*Il faut voir le ministre à votre passage à Paris* (1). Vous saurez, là, ou à peu près, pourquoi vous êtes remercié. Cette démarche doit être faite modestement : mais il faut que vous vous montriez ce que vous êtes, au besoin, c'est-à-dire, aussi énergique que calme... »

Plusieurs des anciens camarades de Deplanque doivent être « documentés » sur cette période, 1874-1875, de sa carrière : peut-être voudront-ils et pourront ils me venir en aide pour mettre les choses au point ; tel, par exemple ce confident de Deplanque qui lui écrivait le 16 janvier 1876 : « Mon cher général, j'ai reçu votre honorée lettre du 8 courant... J'ai été vivement contrarié en apprenant votre mise en disponibilité. Il a fallu des choses bien graves pour mettre en disponibilité un soldat tel que vous, d'après le dire de tous les officiers qui vous ont connu. Je vous prie de croire qu'il me tarde de recevoir de vous une lettre m'annonçant que vous êtes rentré en service ».

Pour achever de peindre l'admirable soldat que fut Deplanque et pour commencer une esquisse de l'homme (2), je citerai encore quelques extraits de sa correspondance ; aussi bien, relie-

_______

(1) On m'a donné sur cette entrevue, qui ne fut rien moins que calme, — si peu, que n'eût été la hiérarchie il en devait sortir un duel, — des détails fort curieux mais d'une authenticité problématique ; aussi, jusqu'à nouvel ordre, les garderai-je pour moi.

(2) J'ai d'autres lettres, de 1871 à 1875, aussi probantes : l'un de ses anciens officiers d'ordonnance le remerciait de lui avoir fait obtenir la croix ; un autre lui accusait réception — 13 juillet 1871 — de sa lettre d'Alger, accompagnée de 100 francs, « somme et attention » qui lui ont fait beaucoup de joyeuse surprise.

rai-je ainsi l'année 1875 à l'année 1878, date à laquelle on liquida
sa pension de retraite et où il passait dans le cadre de la territoriale.

Ce 14 octobre 1875... « Comme je sais, mon général que vous
n'êtes satisfait que lorsqu'on vous demande un service, permettez-
moi de profiter de l'occasion pour vous demander s'il ne serait
pas possible de faire améliorer le sort d'un pauvre garçon... »

2 janvier 1876. Mon général, l'excellent souvenir que j'avais gardé
du temps où j'avais l'honneur de servir sous vos ordres, m'empêche de vous envoyer une carte de visite banale qui, à mon avis,
aurait mal exprimé les sentiments de respectueux dévouement
qui m'animent... »

4 janvier 1876. Mon général, je vous suppose toujours à Périgueux et ce n'a pas été sans regret que vous avez dû quitter l'Algérie et Milianah, surtout. Par exemple je désire bien qu'on vous
donne un jour une étoile qui me ramène sous vos ordres ou vous
envoie dans mes environs. Je serais heureux de vous exprimer les
sentiments affectueux que j'ai éprouvés pour votre personne depuis
que j'ai vécu dans votre intimité (1). Je vous suis trop reconnaissant des bontés que vous m'avez toujours témoignées pour que
vous doutiez de ma sincérité... »

*Orléansville 29 décembre 1876.* Mon général, vous avez dû voir
que nous avions eu cette année des grandes manœuvres, conduites par les généraux Wolff, Letourneur et Péan. Le gouverneur
est venu assister à leur dernière phase et passer la revue d'honneur. Nous avons beaucoup pivoté entre Blidah et Marengo,
d'abord par une chaleur intense, puis avec des pluies torrentielles
qui ont duré jusqu'à notre retour dans nos garnisons. Le résultat
le plus immédiat a été un grand nombre de maladies, dont le colonel de Lacombe, du 8e hussards s'est trouvé une des victimes. J'ai
rejoint mon corps au mois de juin, époque à laquelle le général Ha-
noteau, votre successeur, a été mis au cadre de réserve. De passage à Milianah, après la levée du camp, je n'y ai plus trouvé
beaucoup de personnes de votre connaissance. Voici pourtant qui
ne manquera pas de vivement vous intéresser.

Le papa L....., retiré à Alger (Agha), a été nommé commandant
des zouaves territoriaux de la subdivision. Le bonheur de pouvoir
de nouveau porter un képi est si grand pour lui qu'il ne se promène
plus qu'en tenue. Il fait la chasse aux médecins, pharmaciens, vé-
térinaires, officiers d'administration et autres, qui ne le saluent
pas à la distance réglementaire ; vous voyez cela d'ici ! Il arrive
même parfois, s'ils ont le dos tourné, qu'il se glisse entre eux et
la personne qui les accompagne, pour leur tirer sa casquette d'un
air furibard et leur donner ainsi une leçon de politesse. Il est devenu
littéralement féroce, et vous pensez si on le fait marcher (2).... »

---

(1) Cette lettre est d'un important fonctionnaire indigène. — On en rapprochera ce
post-scriptum d'une lettre adressée à Deplanque par une dame, le 1ᵉʳ janvier 1874 :
« ... Le commandant d'A.... va mieux. Il vient d'écrire au colonel le regret de ne
plus être sous vos ordres et il m'a même ajouté que si une occasion se présentait
pour lui de passer dans votre nouveau commandement, il serait très heureux d'en
profiter. *Il paraît donc que votre sévérité prétendue ne vous empêche pas de vous
attacher vos officiers... »*

(2) Pour terminer le dépouillement des documents sur l'Algérie, voici une lettre
adressée à Deplanque, d'Iril-Tablast, le 10 janvier 1880 :
Mon cher général..., j'ai envoyé faire taulmir l'ancien commandant de Bordj.

*
**

Le général Deplanque recevait d'Arras, le 24 octobre 1878 (1),
la lettre officielle qui suit :

« Mon cher général, en vue de procéder à l'inspection générale
des officiers généraux du 1er corps d'armée..., vous trouverez
ci-joint un exemplaire des feuilles individuelles. Vous mettrez au
crayon la réponse à faire au n° 16, et me retournerez la pièce
dans le plus bref délai possible. Vous m'indiquerez dans une lettre spéciale (confidentielle), si vous désirez que je fasse une proposition quelconque en votre faveur, et vous accompagnerez la
manifestation de ce désir de toutes les considérations que vous
jugerez convenables.

Recevez, mon cher général, l'assurance de mes sentiments les
plus affectueux... »

Le général Deplanque ne perd pas un instant. C'est là pour lui
une occasion, peut-être inespérée, de pouvoir, avec autant de
dignité que de fermeté et dans un document officiel, se plaindre
des procédés dont on a usé à son égard.

Voici sa lettre, datée d'Auxi, le 25 octobre 1878, pour l'inspection générale :

Mon général, depuis tantôt trois ans, toutes les demandes adressées à Monsieur le Ministre de la guerre
en vue de me réhabiliter, soit en me justifiant devant
un conseil d'enquête, soit en me confiant un nouvel emploi, sont restées sans réponse. J'ai même été blâmé (2)

---

qui est devenu le directeur républicain, choisi tout exprès parce qu'il avait grand
besoin de cette place et qu'étant posé en chand avancé, mangeant très bien de la
religion et du prêtre, il ne pouvait se trouver un candidat plus approprié à la circonstance... Il est très connu comme républicain, ce qui peut être, par moments,
d'une certaine utilité comme paratonnerre de la presse locale si criarde, dont il
faisait partie, et qui, à coup sûr, ne crierait plus à l'avenir contre sa compagnie.
Nos grosses affaires hypothécaires comme grands levés de terre, — Melks,
Kabyles, Béni-Abbès, mais surtout Béni-Aïdel, — nous valent un concours de
demandes équivalant à plus d'un million de valeurs immobilières sur lesquelles
nous ne nous ferons prêter que 100.000 francs, afin de tenir toujours nos prêteurs,
(banques et particuliers qui nous commanditent), dans les conditions les plus certaines de placement. Les versements leur procurent, tous frais compris, de l'argent à 16 0/0, au lieu de 40 à 60 0/0 qu'ils payaient auparavant, et à nous, un
revenu convenable pour notre peine... »

(1) En-tête : 1er corps d'armée, 2e division d'infanterie, État-major. Cette lettre
signée P. O. du chef d'état-major *A. de Curlen*, émane du général.
Son intention d'être agréable à Deplanque est manifeste et ne fait que recouvrir,
sans aucun doute, le secret désir de lui voir rendre justice.

(2) Je m'explique mieux que jamais que Deplanque parle quelque part dans son
testament, de « froissements et de déceptions ».

pour avoir insisté auprès de lui par l'intermédiaire de Monsieur Jules Simon (1), alors président du conseil, qui s'intéressait à ma position et qui m'honore de son estime.

Il n'y a donc plus rien à tenter.

Placer mon espoir dans le temps, attendre des lois moins absolues, me conduirait peut-être au but ; mais, malgré la marge que me donne la limite d'âge, je pourrais encore ou ne pas arriver ou arriver trop tard. D'ailleurs mon ancienneté serait toujours pour moi une nouvelle source de déceptions, principalement à l'endroit du grade supérieur, et j'arriverais enfin, sans aucun avantage, au terme de ma carrière.

Toutes réflexions faites, il me semble préférable à tous les points de vue, de dire un dernier adieu à ceux qui m'ont repoussé et frappé sans daigner m'entendre (2).

Je vous serai donc très reconnaissant, mon général, de vouloir bien me faire parvenir tous les renseignements nécessaires à l'établissement de ma demande de retraite.

J'aurai l'honneur de vous adresser le dossier dans le plus bref délai, et vous prie de vouloir bien agréer, mon général, l'hommage de mon profond respect.

Signé : L. DEPLANQUE.

D'Auxi, sans date, mais à coup sûr en cette même fin d'année 1878, Deplanque écrivait encore « à la 2ᵉ division d'infanterie » :

Mon général, j'ai l'honneur de vous adresser la déclaration qui complète mon dossier et j'ai le regret de ne pouvoir accéder au désir que vous me manifestez dans votre dernière lettre. J'ai assez prouvé mon dévouement au cours de ma carrière, pour n'avoir pas à insister làdessus (2). Ce dévouement existe toujours ; mais la manière inqualifiable, je le répète encore, dont j'ai été traité, m'oblige à le garder au fond du cœur et à me tenir le

---

(1) M. Jules Simon m'a fait répondre, en 1897, qu'il « ne se souvenait plus de l'incident ».

(2) En fin de carrière, Deplanque, à Périgueux, a-t-il donné prise contre lui par quelque incident tapageur ? Je l'ignore, mais je juge excessive cette méthode qui frappe un officier sans lui permettre même de s'expliquer.

plus loin possible de ceux qui m'ont si cruellement séparé de l'avenir.

D'ailleurs, en bonne logique, un homme ne peut être apte au service de la réserve quand il est jugé indigne du service actif.

Je vous prie d'agréer, mon général, l'hommage de mon respect et de ma vive gratitude.

*Signé* : L. Deplanque.

Le 14 novembre 1878, Deplanque recevait de Versailles cet « accusé de réception d'une demande d'admission à la retraite » (1) :
Général, j'ai l'honneur de vous accuser réception de votre demande d'admission à faire valoir vos droits à la retraite. Il va, selon votre désir, être procédé à la liquidation de votre pension.

Je crois devoir vous rappeler qu'aux termes de l'article 2 de la loi sur les pensions de retraite des officiers, vous resterez pendant 5 ans à la disposition du ministre de la guerre qui pourra vous assigner un emploi de votre grade dans l'armée de réserve ou dans l'armée territoriale ; vous demeurerez en outre soumis, pendant ces 5 années, aux lois et règlements militaires sur la réserve et l'armée territoriale.

Vous aurez, en conséquence, à me tenir exactement au courant des changements de résidence que vous viendriez à effectuer pendant le laps de temps déterminé ci-dessus.

Recevez, général, l'assurance de ma considération très distinguée. Le ministre de la guerre.

Pour le ministre de la guerre et par son ordre, le général chef de cabinet, *signé* : illisible.

Deplanque répondait d'Auxi (sans date sur le brouillon) :
Monsieur le Ministre, pour me conformer aux prescriptions de la loi du 22 juin 1878, j'ai l'honneur de vous informer que je désire être employé dans l'armée territoriale pendant les cinq années de service qui me resteront à faire, au moment de mon admission à la pension de retraite.

Je suis, avec un profond respect, Monsieur le Ministre, votre très humble et très obéissant serviteur, *Signé* : L. Deplanque.

---

(1) Ministère de la guerre. Cabinet du ministre : 2ᵉ Bureau, correspondance générale : 2ᵉ section.

# LE GÉNÉRAL DEPLANQUE EN RETRAITE

## A AUXI-LE-CHATEAU

## 1876-1889

De ce trop rapide historique des opérations du 16ᵉ corps à la deuxième armée de la Loire, se dégage, énergique et intrépide, la belle figure du général Deplanque.

Mieux que par une habile composition, n'ai-je pas été ainsi conduit droit au but que je me proposais d'atteindre ? La seule éloquence des faits, enregistrés dans des rapports officiels, n'établit-elle pas sans conteste, malgré la forme nécessairement alourdie sous les citations multipliées, quelles furent la bravoure à toute épreuve et la rare intrépidité du général Deplanque ?

On eût aimé voir ce commandant par intérim de la 1ʳᵉ division du 16ᵉ corps commander en chef devant l'ennemi (1), et donner ainsi la véritable mesure de ses aptitudes militaires sur un théâtre plus digne encore de lui. Du moins fut-il, dans son rôle trop secondaire, admirable du premier jour au dernier, d'endurance, d'entrain et de ténacité.

*L'homme*, dans la personne du général Louis Deplanque, rendu en 1876, à la vie privée, son caractère et ses mœurs, ont été beaucoup plus discutés que le mérite du soldat.

Or, il importe tout d'abord, si l'on veut rester juste dans l'examen de cette question des plus complexes, de ne pas oublier que Louis Deplanque, déjà par nature et par tempérament (2), assez violent et emporté, fut aigri, dans des circonstances anormales, et comme homme et comme officier (3) ; et que, par ses fonctions mêmes, plus particulièrement difficiles, il fut longtemps habitué à toute la rondeur d'une discipline militaire spéciale (4).

Dans les dernières années surtout de son commandement, il

---

(1) Je ne fais que traduire ici un regret qu'expriment dans leurs lettres, de nombreux correspondants de Deplanque.

(2) On disait couramment dans la famille, à l'adresse d'un gamin turbulent et volontaire : « c'est une vraie *cervelle*, — sens artésien très expressif, — de Deplanque ».

(3) Comme frère et même comme fils, nous l'avons vu. — En tant qu'officier, rappelons-nous les lenteurs dont tous se plaignaient au Mexique, pour l'avancement, malgré les fatigues et les dangers de l'expédition.

(4) Il commanda pendant dix ans, des troupes d'Afrique, dont la *Légion étrangère*, au grand émoi de sa mère, on s'en souvient.

éprouva des contrariétés et des déboires qui ne lui laissèrent au cœur qu'amertume et découragement (1).

Je ne plaide pas pour Deplanque, qu'on le remarque bien, les circonstances atténuantes : je me borne à résumer ici, en les groupant pour le lecteur, des incidents qui nous sont connus, afin qu'il puisse s'expliquer comme moi, ce passage du testament qu'il a laissé. Dès 1886, trois ans avant sa mort, il y conseillait à son fils (2),… « de fuir la carrière militaire, où il ne rencontrerait « que froissements et déceptions, et de faire l'apprentissage « d'un état manuel qui, en tout état de cause, le mettra toujours « à l'abri du besoin ».

Lorsqu'il vint, au début de l'année 1876, se fixer à Auxi-le-Château, le « général », comme on l'y appelait familièrement, ne rencontra guère parmi ses concitoyens que des dispositions peu sympathiques pour sa personne et les procédés les moins encourageants dans les journalières relations. A vrai dire, les hostilités duraient, à l'état latent du moins, depuis plusieurs années déjà. Quelques brusqueries (3) de Deplanque suffisent-elles pour justifier cette attitude à peine froidement polie ? Non, et nous verrons tout à l'heure que l'antagonisme avait de tout autres causes (4).

Contrairement à ce qui se produit d'habitude dans une petite ville de province comme Auxi-le-Château, on ne lui savait aucun gré de s'être élevé si haut dans la hiérarchie militaire et d'y briller parmi les plus distingués et les plus braves. C'est ainsi que sa nomination même de général (4 octobre 1870), fêtée, il est vrai par quelques-uns (5), ne fut pas volontiers acceptée par tous, et lui fit même, s'il faut l'en croire (6), des « jaloux » à Auxi.

Les rapports entre la population et Deplanque se tendirent de plus en plus. Un seul incident, des plus typiques, il est vrai,

----

(1) Les incidents d'Algérie que j'ai mentionnés et ceux de Périgueux, de nature peut-être plus délicate encore.

(2) Guislain Delporte, fils naturel du général et de mademoiselle Joséphine Delporte, — ses héritiers.

(3) Voire des plaisanteries assez inoffensives sur « l'hôtel-de-ville » et sur les « trottoirs » dont se glorifiaient ses concitoyens.

(4) Aucune hésitation n'est permise à ce sujet : il suffit de s'en rapporter, sans commentaire aucun, à sa correspondance dont j'ai reproduit plusieurs extraits péremptoires.

(5) Par Monsieur Duvernois, en particulier, son ancien maître, qui lui adressa alors des vers, gentiment tournés et d'une belle inspiration.

(6) Il s'en plaignait doucement dans une lettre à sa mère, datée de la grande Kabylie, le 31 juillet suivant.

semble bien montrer que le général n'eut pas toujours le vilain
rôle.

Il faisait partie, avec d'autres anciens officiers, — dont le
colonel Rogier (1), — de la Commission de remonte pour l'armée.
Un jour que ces messieurs procédaient à l'examen des chevaux
amenés devant eux, Deplanque s'entendit appeler *général de
carton* (2) par un cultivateur des environs d'Auxi, furieux de
voir son chien quelque peu houspillé par le chien de celui dont
nous savons la brillante conduite en Crimée, au Mexique, en
Algérie et à l'armée de la Loire.

Général de carton! — Cette inepte et odieuse incartade donne
bien la mesure de la lâcheté, de la bêtise et de la méchanceté
humaines, comme aussi le ton général des polémiques engagées
contre Deplanque. Exaspéré par ces mille coups d'épingle, qu'on
savait bien lui enfoncer à l'endroit le plus sensible, dès qu'on
faisait mine de mettre en doute ou de ridiculiser sa science
militaire et son rôle de soldat, Deplanque ripostait par quelque
violence de langage, parfois même de fait ; ce qui n'était guère
de nature à améliorer les relations.

C'est ainsi que, peu à peu et dès 1877, Deplanque, sous ces
quotidiennes piqûres d'amour-propre, sembla vraiment prendre
plaisir à exagérer encore ce mélange de rudesse naturelle et de
sauvagerie, — plus ou moins voulues, parfois même totalement
affectées — et dont il s'est trop souvent amusé à faire sottement
parade (3). Défiant désormais et plus bourru encore que jamais ;
employant à tout propos le mot cru ou grossier, retrouvant à
son réveil ses rancunes et ses souffrances morales plus vivaces,
il en arriva bientôt à détester consciencieusement ses concitoyens
et la petite ville qui l'avait vu naître.

Peut-on n'envisager l'attitude de la population, lorsque le général vint se fixer parmi elle, que comme une revanche justifiée
d'incidents pénibles et de conflits antérieurs (4) ?

---

(1) Ex-gouverneur des Invalides, ami de Deplanque, qui m'a confirmé l'anecdote.

(2) C'est alors qu'il lui échappa cet aveu, dénué d'artifice : « Je vois que je
mourrai avec le regret de ne pas pouvoir faire marcher droit tous ces sacrés
pékins d'Auxi, comme autrefois mon ordonnance ».

(3) Je suis un vieux soldat d'Afrique répétait-il, « bon cœur mais mauvaise
tête », on le verra bien : car, « je ne suis pas commode ; j'ai la tête près du
schako », ajoutait-il, empruntant ces deux vers à une poésie (?) des plus curieuses
qu'il avait copiée de sa main au verso de ses états de service.

(4) Il est assez cinglant dans quelques lettres, comme par exemple, lorsqu'il
écrit de ses concitoyens « qu'ils seront toujours bêtes, puisqu'ils ne mettent à leur
tête que des étrangers, n'écoutent que des étrangers qui se moquent d'eux ».
(Juillet 1871 : Afrique).

Je ne le pense pas, parce que Deplanque ne fut pas toujours l'homme violent et intraitable, tel qu'on le dépeint trop volontiers encore à Auxi-le-Château. Pendant l'expédition du Mexique, — il était alors commandant, — il s'était chargé de distribuer à plusieurs jeunes gens du pays, les menues sommes que leurs familles leur adressaient : parfois même il avançait les fonds ; et malgré une comptabilité bien en règle, il n'évita pas toujours des désagréments de toute sorte, récompense assez inattendue du zèle avec lequel il s'occupait du bien-être matériel de ses « pays » et de leur instruction professionnelle, en vue de les pousser aux grades de sous-officiers. En voici la preuve tirée de ses lettres à sa mère : Cordova, 25 mars 1864... « Les comptes de B... et de B...., l'ayant été envoyés jusqu'au mois de janvier inclusivement, je vais te donner ceux de février ; et je ferai ainsi à l'avenir, de mois en mois, pour éviter la confusion : ce qui ne m'empêchera pas d'en faire la récapitulation, tous les six mois, par exemple... Je les ai vus dernièrement tous les deux et je leur ai dit que je n'étais pas satisfait de leur manière d'agir personnelle, ni de celle de leurs parents, *avec qui ils étaient toujours en contradiction sur le chapitre des avances*. Ils ont reçu chacun 2 piastres (10 fr. 74), pour le mois de février... J'ai donné 15 fr. 60 à B., au mois de juillet dernier. Et je n'entends pas d'observations : je ne suis ni le très humble serviteur des parents, ni celui de mes subordonnés... »

On a dit encore que Deplanque ne pardonnait pas à ses concitoyens l'affront (?) qu'ils lui avaient fait en ne le nommant jamais conseiller municipal, ni, depuis 1876, maire d'Auxi-le-Château. Or, dans une lettre qu'il écrivait à sa mère, du fond du Mexique, en 1863, il dit n'avoir « jamais su comprendre qu'on pût vouloir être maire après avoir été quelque chose » ; et je ne vois pas que nous ayons motif de suspecter sa sincérité.

La vérité est que Deplanque avait contre les habitants d'Auxi et de presque tout le canton, des griefs autrement sérieux. Sans vouloir ici insister davantage sur ce sujet trop délicat, je citerai quelques lignes de lui, ayant trait précisément à *la nature des sollicitations* dont on ne craignait pas de l'importuner chaque jour. Il écrivait d'Afrique à sa mère, en août 1870 : « E... L... ou plutôt sa tante S... n'a pas voulu suivre mon conseil ; les voilà dans le pétrin : qu'ils me laissent en repos. D'ailleurs, est-ce que je peux *empêcher l'exécution d'une loi* ? Est-ce qu'il est possible d'obtenir la moindre faveur en cette occurrence ? Ils perdent donc la tête » !

Ce manque absolu de patriotisme, ces désirs mal déguisés d'échapper à la loi commune, même en temps de guerre : ces demandes sans cesse renaissantes de « faveurs » et d'exemptions de tout genre — dont quelques-uns même essayèrent de l'assaillir dans sa retraite, — exaspéraient le général, resté très autoritaire, l'irritaient au plus haut degré, et le rendaient pendant des semaines entières, absolument inabordable. C'est au milieu de ces heures plus pénibles qu'il songeait à venir surprendre ses cousines de Vieil-Hesdin et de Saint-Georges (1), pour se retremper en quelque sorte dans un milieu sympathique ; et du reste la métamorphose était complète en lui, dès qu'il avait seulement perdu de vue le clocher d'Auxi-le-Château.

Il éprouvait encore un véritable sentiment de délivrance quand il pouvait *s'enfuir*, c'est son mot, à Abbeville, à Paris, chez des amis éprouvés et s'installer chez eux pour quelques jours. Mais quand venait, hélas ! le moment du retour, le bruyant et brillant convive de la veille, faisait soudain place à une sorte de condamné, énervé et maussade. Il partait triste mais résigné, rejoignant sa « geôle », où malgré tout, des souvenirs d'enfance, de vraies et solides affections, — sa vieille mère (2), puis son jeune fils, le rappelaient, où quelques intérêts aussi le fixaient — et vers laquelle comme une mystérieuse et invincible attirance le ramenait toujours (3). Comment expliquer autrement qu'il ait fait choix pour les années de sa retraite, d'un milieu dont il connaissait si bien le vide et les petites misères ? N'estimait-il pas que sa tante Dercourt, (voir sa lettre à sa mère, de Vincennes, 14 septembre 1859), « était une femme bien respectable, d'un caractère rare, bien rare pour avoir passé sa vie à Auxi » ?

Il ne se faisait pas davantage illusion sur les égards qu'il y rencontrerait ni sur les distractions qui viendraient plus tard rompre la « triste monotonie de son existence de vieil officier retraité, enfoui dans un chef-lieu de canton de quinzième classe ». Du Mexique (4), en 1864, il écrivait à sa mère... « qu'il y avait bien longtemps qu'on ne peut plus former de *société* à Auxi ; il y en a trop peu et ce peu n'a pas eu le bon esprit de rester uni ;

---

(1) Sidonie et Sophie Deplanque, ma tante et ma mère, mortes elles aussi depuis, — ma mère la même année que le général.

(2) Morte dans un âge très avancé, le 18 avril 1880.

(3) Peut-être nous donne-t-il lui-même le mot de l'énigme dans une lettre d'Aguas-Calientes, du 29 octobre 1864 quand, parlant d'une personne qui, selon sa prédiction, était revenue bien vite à Auxi, après une courte absence, il déclare « qu'il arrive un âge où l'on ne peut changer d'habitude ni de pays ».

(4) La lettre est du 26 avril.

et puis, les idées ont bien changé. Autrefois, on avait un café (Victor). Aujourd'hui, il n'y a plus que des cabarets dans lesquels on est souvent insulté (1). Le seul moyen de sauver tout cela ce serait d'organiser un cercle, avec cabinet de lecture, journaux, etc. Mais on est trop ladre et trop ivrogne pour en arriver là. Enfin, Auxi n'est qu'un village, malgré son luxe d'hôtel-de-ville et ses pittoresques trottoirs. C'est inhabitable ».

C'est pourtant dans cette « petite ville de quinzième classe », dans ce *village inhabitable* que le général Deplanque est venu se fixer en 1876 et qu'il vécut jusqu'à sa mort, en 1889, très simplement d'ailleurs et comme dans une sorte d'isolement dédaigneux et d'effacement volontaire. Il n'avait guère, il est vrai, comme ressources, que sa pension de retraite, avec laquelle il sut encore soulager discrètement plus d'une infortune autour de lui (2).

Il s'était fait construire sur les bords de l'Authie, selon ses goûts et d'après ses idées particulières de distribution et d'aménagement intérieurs, un modeste mais original petit châlet : ce fut la grande occupation de deux années, les mieux remplies peut-être, et les moins tristes.

On a remarqué fort justement que presque tous les vieux officiers s'improvisaient à l'envi architectes ou maçons, pour tromper sans doute leur besoin d'activité physique et pour occuper les loisirs forcés de leur retraite (3). « Comme beaucoup de militaires que leur vie, promenée à tous les bouts du monde, devrait empêcher de s'attacher à tout endroit, il (4) avait des goûts sédentaires ; il aimait bâtir, avait le génie de la construction, et il se plut à embellir sa maison... »

De même, le général Deplanque à Auxi. Heureux et fier de son œuvre, il la montrait volontiers aux quelques rares, mais vrais amis, et aux parents qui venaient de temps en temps lui faire visite. Il se complaisait avec l'abondance et l'enjouement d'un entrepreneur triomphant, d'un architecte content de soi, à leur

----

(1) Ces mésaventures arrivées au jeune officier, n'ont pas été épargnées au général retraité : aucune avanie ne lui fut inconnue. J'aime mieux glisser : c'est écœurant.

(2) Il préleva sur sa solde, pendant toute sa carrière, de quoi entourer de soins empressés ses parents, comme aussi, à maintes reprises, et dans les premières années, surtout, pour tirer d'embarras ses frères, Gustave et Henri, beaucoup moins sérieux et économes que lui-même.

(3) Le général de division Triplet, dont j'ai indiqué le rôle pendant le siège de Paris, fit la même chose dans sa propriété de Marconnelle (près Hesdin : Pas-de-Calais).

(4) Cf. : Le général Margueritte, par le général Philebert. — Cet autre vaillant officier d'Algérie et du Mexique, tombé glorieusement sur le champ de bataille de Sedan, n'avait pas échappé à cette attraction puissante, à laquelle il cédait volontiers avant même le retour à la vie privée.

Le Général Louis Deplanque

en retraite, à Auxi-le-Château

faire les honneurs de « sa petite Chartreuse », le jardin après la maison, sans jamais oublier la jument préférée et ses poulains dans la *pâture*. Dans les corridors, derrière les portes, partout, il avait placé des porte-manteaux à profusion. Il fallait l'entendre signaler tous ces détails à l'attention de ses convives et leur expliquer « combien c'était utile et commode », naïvement en quête des plus banals applaudissements (1).

Le général Deplanque était alors vraiment lui-même, c'est-à-dire charmant, simple et bon. Il lui arriva parfois, dans ces trop rares moments de détente et d'abandon, de convenir avec bonne grâce de ses manies, de ses travers ; je me souviens même qu'il promit solennellement un jour devant témoins, de se corriger de ses violences de caractère, de ses écarts de langage, acceptant, docile et assagi, — pour une heure ou deux, — les gronderies amicales d'un autre cousin, Auguste Deplanque (2), mort également ment dans ces dernières années.

Dans des réunions intimes, en petit cercle et dès qu'il se savait entouré d'estime et de sympathie, le général Deplanque s'est souvent révélé causeur brillant et délicat. Esprit très cultivé, toujours également prêt à l'attaque comme à la riposte ; capable d'aborder tour à tour les sujets les plus divers avec une égale facilité et une véritable compétence ; trouvant sans effort le mot (3) qui fait image et le trait qui peint un homme, il tenait alors ses convives sous le charme d'une parole toujours agréable et correcte, parfois même des plus élégantes. Et lorsque, par un malin plaisir ou dans le feu de la discussion, quelqu'un s'ingéniait à le contredire, il s'animait aussitôt, émerveillant son entourage par son entrain endiablé et par sa verve intarissable.

------

(1) Il l'avait sans doute minutieusement décrite à des correspondants, dont l'un lui écrivait de la province de Constantine en 1880 : « Comme vous devez vous trouver heureux en famille, dans votre pays, et *dans votre gentille villa des bords de l'Authie !...* »

Pour juger du *ton* qu'il aimait adopter dans sa correspondance, cet extrait :

« Je vous remercie de votre amusante lettre ; nous l'avons lue et relue, ma femme et moi, avec beaucoup de plaisir. Ce nouveau pays ne vous changera pas, général, plus que les autres, et ce sera tant mieux pour ceux qui vous entendront et vous liront... »

(2) Homme sage et pondéré, esprit large et droit, cœur d'or, lui aussi, sous une certaine rudesse d'allures et de manières — Il exerça souvent la plus salutaire influence sur le général.

M. Auguste Deplanque était le beau-père du maire actuel d'Auxi, M. Dercourt.

(3) On pourrait lui reprocher d'avoir été trop loin dans plus d'une circonstance et d'avoir « enlevé le morceau » sous sa dent plus que dure.

Un « mot » entre cent. Au Mess, le colonel complimentait un jour le commandant X... sur sa bonne mine, au retour d'un congé de convalescence : « Ce n'est que de la graisse d'oie », bougonna le capitaine Deplanque. — Des amis communs s'interposèrent pour arranger l'affaire qui, grâce à eux, ne provoqua pas d'autre scandale.

Quant aux épisodes de la guerre de 1870-71, et en particulier à la conduite des opérations sur la Loire, il était rigoureusement interdit, même d'y faire allusion devant lui (1). Jamais le général Deplanque, n'a, je crois, levé cette consigne pour personne de 1876 à 1889 : je me suis pour ma part, heurté toujours au plus inflexible refus.

Tel fut, pour ses camarades du régiment, pour ses amis, ses familiers et ses parents, le général Deplanque à Auxi-le-Château.

Il semblait vraiment qu'il y eût deux hommes en lui, formant le contraste le plus accusé et le plus violent : le premier, vif jusqu'à la brutalité, qu'un rien enflamme et emporte jusqu'aux pires excès ; souvent trivial ou même grossier dans ses propos, dernier vestige d'habitudes soldatesques invétérées ; véritable « soupe au lait », si j'osais me servir de cette locution artésienne, si adéquate, selon moi, à la réalité ; car un simple mot suffisait quelquefois à faire tomber toutes ces fracassantes colères et à rendre Deplanque à lui-même. Il était bien en somme, si l'on préfère cette autre définition, aussi pittoresque, « le bourru bienfaisant » qu'on ne sait trop *par quel bout prendre*, comme plusieurs, à ce qu'il paraîtrait, l'avaient surnommé à Auxi-le-Château.

Le second, généreux et serviable, d'une amitié sûre et dévouée, d'un commerce très agréable, dont gardent un souvenir ému (2) ceux qui l'ont bien connu jadis sous cet aspect séduisant et qui, de cœur, se joignent à moi aujourd'hui pour faire aimer de tous ou respecter du moins partout sa mémoire.

Ainsi donc, peu ou mal compris du plus grand nombre qui ne voulurent jamais voir en lui qu'un « original et un fantasque » ; jalousé par ceux-ci, calomnié par ceux-là, exploité par d'autres encore, — les plus enragés ensuite contre lui, ce qui est la règle, — le général Deplanque forme une figure à part qu'il faut savoir déchiffrer. Et si l'on s'avisait qu'il ne mérite pas cette sorte de réhabilitation posthume que j'ai pieusement tentée, que, du moins il ne la mérite pas sans restrictions ni réserves, — j'en ai fait de nombreuses, il me semble, — il est bien certain qu'il ne méritait pas du tout « l'excès d'indignité », contraire. Il est certain, plus et mieux encore, qu'il sut toujours forcer l'estime de ses adversaires eux-mêmes et de ses ennemis personnels.

---

(1) J'ai vu à maintes reprises Deplanque travailler à un historique de la deuxième armée de la Loire, dont il cachait jalousement les feuillets qui sont aujourd'hui disparus.

(2) J'ai reproduit, sur ce sujet, quelques passages fort expressifs de sa correspondance.

Et sans parler ici des membres de sa famille ni de leurs sentiments inaltérables de respectueuse affection pour sa mémoire, je sais quelles précieuses et vives sympathies, quelles amitiés fraternelles et vraiment touchantes, Deplanque s'était ménagées un peu partout, en campagne comme parmi les rares loisirs de sa vie de garnison, selon tous les hasards de sa carrière si mouvementée !

Qu'il me soit permis de nommer, entre tant d'autres (1), en leur offrant l'hommage de ma reconnaissante admiration pour un tel dévouement et cette fidélité à toute épreuve :

MM. Dubois, chef de bataillon en retraite, qui servit avec Deplanque au 7° régiment de ligne, pendant les campagnes de Crimée et du Mexique, et qui m'a entretenu avec l'abondance qui vient du cœur, de ces bonnes années de collaboration déjà lointaine ;

Rogier, colonel en retraite, ancien gouverneur de l'Hôtel des Invalides qui, d'une voix émue, prit le premier la parole sur la tombe de son camarade et compatriote ;

Lhomédé, autre compatriote de Deplanque, ami de la première heure, conseiller fidèle et dévoué que le général, sur son lit de mort, institua exécuteur testamentaire de ses dernières volontés et tuteur de son jeune fils ;

Pétain (2), conseiller général du Pas-de-Calais, qui a beaucoup connu et aimé, lui aussi, le général Deplanque et sa famille.

Je les remercie de tout cœur de m'avoir aidé à fixer cette belle et grande physionomie d'officier général français, incarnant, comme soldat, toutes les qualités guerrières de la race ; et, comme homme, réunissant somme toute, malgré quelques travers, ce qui donne au commerce de l'amitié son véritable prix et tout son charme.

La petite ville d'Auxi-le-Château dans le cimetière de laquelle reposent les restes du général Deplanque sous un très simple monument funéraire de famille, peut donc à juste titre être fière ; elle doit même se montrer heureuse d'avoir donné le jour à ce vaillant soldat, qui fut en même temps un honnête homme et un homme de cœur.

Théodore PRUVOST.

Saint-Georges (Pas-de-Calais), août 1902.

---

(1) Rappellerai-je la correspondance de MM. Vuillemot, colonel Garnier, P. de l'Ombre, R. d'Agoult ; des familles Panisse et de Maussion ?., etc.

(2) Maire d'Erquières.

# LES OBSÈQUES

## DU GÉNÉRAL DEPLANQUE A AUXI-LE-CHATEAU

———

Elles eurent lieu le mardi 12 mars 1889. Le journal l'*Abbevillois* en contient le compte-rendu détaillé dans son numéro du 16 suivant… « Le cortège était précédé par la musique municipale que le maire avait mise *gracieusement* à la disposition de Monsieur Lhomédé, exécuteur testamentaire (1).. L'association amicale du collège d'Abbeville dont Deplanque était président (2), avait envoyé une délégation…

Deux discours furent prononcés : l'un par M. le colonel Rogier, d'une concision toute militaire ; l'autre par M. Pajot, (aux lieu et place de M. Prarond, empêché), — dont je ne retiens que cette phrase (3). Au collège Louis Deplanque « était un excellent camarade, très sûr, très aimé, d'humeur égale et joyeuse comme celle de ceux qui doivent devenir de vrais hommes ». — Suit la biographie militaire du général.

———

(1) M. Lhomédé parvint à convaincre le Conseil municipal qu'il s'honorerait, oubliant certaine querelle d'affaire du *Régard*, en assistant en corps aux obsèques du général : — « Sur le cercueil on avait placé le drapeau de la compagnie des sapeurs-pompiers que le père du général avait, en très grande partie, formée autrefois et équipée à ses frais », — non sans dommage, nous le savons, pour le budget de la famille.

(2) Pour la seconde fois ; ses premières fonctions avaient duré de 1882 à 1885. Cette association fondée en 1870, avait été reconnue d'utilité publique en 1879.

(3) J'ai le regret de ne pouvoir citer in-extenso les beaux discours de MM. Pajot et Prarond.

# CÉRÉMONIE AU COLLÈGE D'ABBEVILLE

« Le jeudi 25 juillet 1889, à 2 heures de l'après-midi, dit encore l'*Abbevillois*, une touchante et pieuse cérémonie réunissait dans le parloir de notre collège communal »... une nombreuse assistance, pour « l'inauguration d'une plaque commémorative posée à la mémoire du général Deplanque, le regretté président de l'association, décédé dernièrement à Auxi-le-Château »... « Dans un discours qui a vivement impressionné l'auditoire, M. E. Prarond (1) a retracé la carrière de son ancien camarade... « J'ai été le condisciple de Deplanque (2) : j'ai présentes encore toutes ses qualités de bon collégien et d'ami, la gaieté, la franche humeur, le caractère facile. Louis Deplanque était, (ce mot familier est permis, appliqué au futur militaire qui devint un solide soldat), Louis Deplanque était bon enfant.

« Bon enfant, il fut très brave ; et, la sûreté de son esprit en témoignait, il eut la fermeté d'un vrai chef...

« Je l'ai retrouvé dans les loisirs de sa retraite avec la bonne humeur et le caractère facile du collège (3). Tel aussi vous l'avez connu, mes chers camarades de l'association : il s'était fait des amis de vous tous, même des plus jeunes... »

______

(1) M. E. Prarond, écrivain justement apprécié, poète délicat, l'une des gloires d'Abbeville.

(2) Cf. Bulletin de l'association amicale des anciens élèves du collège.

(3) Si Louis Deplanque ne fut jamais insupportable que dans son pays même, à Auxi, à qui décidément s'en prendre ? A quoi, à quels procédés bas ou mesquins en attribuer la cause ?

Sur une plaque de marbre noir sont gravées, en lettres d'or, ces inscriptions (1) :

A LA MÉMOIRE
DE LOUIS, JOSEPH, GUISLAIN
DEPLANQUE,
GÉNÉRAL DE BRIGADE,
OFFICIER DE LA LÉGION D'HONNEUR,
NÉ A AUXI-LE-CHATEAU,
LE 23 FÉVRIER 1820,
MORT LE 9 MARS 1889.

—

CAMPAGNES DE CRIMÉE, D'ITALIE, DU MEXIQUE,
D'ALGÉRIE, DE FRANCE.

—

A SON PRÉSIDENT, LA SOCIÉTÉ AMICALE
DES ANCIENS ÉLÈVES DU COLLÈGE D'ABBEVILLE
1889.

------

(1) Sur un autre mur de la salle se lit une inscription en l'honneur de l'amiral Courbet, d'Abbeville, et, comme Deplanque, ancien élève du collège.

APPENDICES BIBLIOGRAPHIQUES

# APPENDICES BIBLIOGRAPHIQUES

## EXPÉDITION D'ORIENT [1]

### Appendice 1.

*E. Forcade* : « Histoire des causes de la guerre d'Orient. »

*X. Tane* : « Histoire diplomatique de la guerre d'Orient en 1854 : son origine et ses causes. »

*Rothan* : « Souvenirs diplomatiques. L'Europe à l'avènement du second Empire, 1852. »

*Un ancien diplomate russe* : « Étude diplomatique sur la guerre de Crimée. »

*Debidour* : « Histoire diplomatique de l'Europe ». — 2 vol.

*E. Courmeaux* : « Crimée : impressions et souvenirs de voyage. Excursion en Crimée en 1855, pendant la guerre ».

*Mémoire du Duc de Morny* : « Une ambassade en Russie, 1856 »

*Ch. Duval* : « Souvenirs politiques et financiers. » — Ch. I : Crimée.

*Comte de Reiset* : « Mes souvenirs » — Tome II : la guerre de Crimée et la cour de Napoléon III.

*Alf. Rambaud* : « Histoire de la Russie depuis les origines jusqu'à nos jours. »

    *id.*   « La France et la Russie pendant le 2ᵉ Empire » [2].

---

[1] J'ai soigneusement indiqué, au cours de l'ouvrage, les sources auxquelles j'ai puisé mes nombreuses citations. Voici maintenant la liste des volumes qui m'ont servi pour une documentation générale.

[2] *Revue Bleue* du 11 novembre 1891.

*Germain Bapst* : « Le maréchal Canrobert. Souvenirs d'un siècle. »
— Tome II : la guerre de Crimée.

*Imprimerie Mame* (Tours) : « Le maréchal Pélissier. »

*Xavier Marmier* : « Lettres sur la Russie ».

*Margueron* : « Préliminaires de la campagne de Russie. Organisation de l'armée » (1).

*Lavisse et Rambaud* : « Histoire générale... » — Tome XI :
« Révolutions et guerres nationales » (2).

*B. Poujoulade* : « La vérité sur la Syrie — La question des lieux saints » — 2 vol.

*A. du Casse* : « Précis historique des opérations militaires en Orient, de mars 1854 à septembre 1855. »

*Auguste Layard* (3) : « La première campagne de Crimée, ou les mémorables batailles de l'Alma, de Balaklava et d'Inkermann. »

*De Bazancourt* : « L'expédition de Crimée jusqu'à la prise de Sébastopol. »

   *id.*   « Cinq mois au camp devant Sébastopol Souvenirs du siège. » — 2 vol.

   *id.*   « La marine française dans la Baltique et la mer Noire. »

*Général Niel* : « Siège de Sébastopol. »

*Camille Rousset* : « Histoire de la guerre de Crimée. » — 2 vol.

*Général Fay* : « Souvenirs de la guerre de Crimée, 1854-1856 »

*Capitaine Thomas* : « La guerre d'Orient, 1854-1855. »

*Léon Guérin* : « Histoire de la dernière guerre de Russie, » d'après la correspondance du lieutenant-colonel du génie A. C. Guérin.

*Colonel Auger et officiers d'artillerie* : « Guerre d'Orient. Siège de Sébastopol. Histoire du service de l'artillerie. »

*Colonel Pierron* : « Les méthodes de guerre actuelle et vers la fin du 19ᵉ siècle. »

*A. Delorme* : « Lettres d'un zouave. De Constantine à Sébastopol. »

*Général Clerc* : Souvenirs d'un officier du 2ᵉ zouaves. »

*Duc d'Aumale* : « Les zouaves (4) et les chasseurs à pied. »

*Ch. Mismer* : « Souvenirs d'un dragon de l'armée de Crimée. »

*XXX* « Précis critique et militaire de la guerre d'Orient, rédigé sur des documents inédits, avec 4 plans pour servir aux

---

(1) *Revue historique* (F. Alcan) ; n°ˢ 66 et 71.
(2) Chap. VI : La question d'Orient. La guerre de Crimée : p. 195 à 226.
(3) Traduction *Jervis*.
(4) Crimée : *Inkermann*.

batailles de l'Alma, d'Inkermann, de Tracktir et de
        Sébastopol. »

*Général Montaudon* : « Souvenirs militaires. Afrique, *Crimée,
        Italie* » (1).

*Pick* : « Les fastes de la guerre d'Orient. »

*X* : « Journal humoristique du siège de Sébastopol. »
        *Mon temps glorieux* (2).

*Bédarrides* : « Journal humoristique du siège de Sébastopol, »

*Général Castex* : « Ce que j'ai vu » (3).

*G. de Monicault* : « La question d'Orient. Le traité de Paris et
        ses suites » (4).

*Ed. Driault* : « La question d'Orient depuis les origines jusqu'à
        nos jours » (5).

*Raymond* : « La guerre et la conférence de Paris » (6).

*Gourdon* : « Histoire du Congrès de Paris. »

*G. Bengesco* : « Essai d'une notice bibliographique sur la question
        d'Orient » (7).

*Fr. Bournand* : « La Russie militaire. Anecdotes historiques. »

*Perret* : « Récits de Crimée. »

*M. Delines* : « Russie. Nos alliés chez eux. »

*Alf. Jousselin* : « Nos amis, nos alliés. »

*A. Le Glay* : « Les origines historiques de l'alliance franco-
        russe. » (8).

*E. Daudet* : « Histoire diplomatique de l'alliance franco-russe.
        Souvenirs et révélations. »

*T. I. Maria* : (trad. H. Barthe) : « La Russie militaire et la guerre
        européenne. »

*Ferdinand de Hénaut* : « Douze ans d'alliance franco-russe »
        1818-1830.

*Général Lebrun* : « Souvenirs de la guerre de Crimée et d'Italie. »

*Comte de Saint-Aulaire* : « France et Russie. Roman histori-
        que, 1791-1801. »

---

(1) *Revue historique* (Félix Alcan) : n° 67. — Consulter dans le n° 60, « l'Histoire de la Russie depuis la mort de Pierre 1ᵉʳ » par G. Créhange.

(2) Ch : « Les Soirées en famille. » 1897-1898. Revue hebdomadaire illustrée.

(3) *Les 6 premiers* chapitres : p. 1 à 231.

(4) *Revue historique* : (Alcan) n° 70.

(5) Ibid. N°ˢ 68 et 70.

(6) *Revue des deux Mondes*, 1856.

(7) *Revue Historique* : n°ˢ 76, 77 et 78.

(8) *Revue Historique* : n° 66.

# CAMPAGNE D'ITALIE [1]

## Appendice 2.

*Ed. About :* « La question romaine. »

*De Bazancourt :* « La campagne d'Italie, 1859. »

*Duc d'Almazan :* « La guerre d'Italie. Campagne de 1859. »

*A. de Césèna :* « L'Italie confédérée. Campagne de 1859-1860 »

*Adam :* « La guerre d'Italie, 1859. »

*Colonel Lecomte :* « Relation historique et critique de la campagne d'Italie en 1859 »

*X :*    « Mémoires d'un cavalier du 2e Empire. »

*Comte d'Hérisson :* « Journal de la campagne d'Italie. »

*Ul. Landeau :* « L'intendance militaire en Italie. Campagne de 1859 » (2).

*Baron du Casse :* « Souvenirs d'un officier du 5e corps, armée d'Italie, en 1859 » (3)

*J. de Crozals :* « L'unité italienne » (4).

*C. Cantu :* « Les batailles de l'unité italienne » (5).

---

# EXPÉDITION DU MEXIQUE

## Appendice 3.

*Ch. Martin :* Précis des événements de la campagne du Mexique, 1862. »

*Ed. Quinet :* « L'expédition du Mexique. »

*L. Détroyat :* « L'intervention française au Mexique. »

*Général Niox :* « L'expédition du Mexique »

---

(1) Consulter encore : Lavisse et Rambaud : (Histoire générale). Tome XI. — Général Castex : « Ce que j'ai vu ». — Tome I : ch. 7 ; p. 271-292.

(2) Réponse à une brochure apologétique publiée sur cette même campagne par M. l'intendant en chef Pâris de la Bollardière ; 1863.

(3) *Revue Historique* : (Félix Alcan) nos 67 et 69.

(4) *Ibid :* no 67. — Y lire aussi dans le no 72, un article de I. Tuétey : « Un général de l'armée d'Italie. Sérurier. »

(5) Collection H. Gautier. — Alf. Duquet : « La bataille de Solférino. »

*Paul Gaulot :* « La vérité sur l'expédition du Mexique. »

  *id.*    « Le siège de Quérétaro et la mort de Maximilien. »

*D'Héricault :* « Maximilien et le Mexique. »

*Comte E. De Kératry :* « Elévation et chute de l'empereur Maximilien. »

*Colonel de Schrynmackers :* « Le Mexique. Histoire de l'établissement et de la chute de Maximilien » (1).

*Abbé Lanusse :* « Les héros de Camaron » (2).

*Ch. Mismer :* « Souvenirs de la Martinique et du Mexique. »

*A. Berthet :* « Quatre ans au Mexique. Souvenirs de campagne et impressions de voyage. »

*Général Baron de Van Der Smissen :* (3) « Souvenirs du Mexique, 1864-1867. »

*Loiseau :* « Notes militaires sur le Mexique, 1864-1867. »

*Commandant Grandin :* (4) « Mémoires d'un chef de partisans au Mexique : de Véra-Cruz à Mazatlan. »

*Général Castex :* « Ce que j'ai vu » (5).

---

(1) *Revue Historique* : (Félix Alcan) nᵒ 66.

(2) Lire encore dans la *Revue des Deux mondes* du 15 juillet 1878, « L'Hacienda de Camaron » ; et, dans la *Revue des cours et conférences de la Sorbonne* 1895, une étude sur le Mexique, de M. Seignobos.

(3) Ancien commandant de la Légion belge, qui prit part à l'expédition.

(4) Voir aussi son « Histoire d'un marin : le vice-amiral Jurien de la Gravière. »

(5) 1ᵉʳ vol : chap. 9, 10, 11 et 12 : p. 277 à 481.

# GUERRE FRANCO-ALLEMANDE DE 1870-1871

## LES CAUSES DE NOS DÉSASTRES

### Appendice 4.

*Général Trochu* : « L'armée française en 1867 ».

*L. Patry* : « Étude d'ensemble sur la guerre franco-allemande de 1870-1871 ».

*Von August Wolff* : « Préparatifs de la Prusse et de la France et début de la guerre ».

*F. Giraudeau* : « La vérité sur la campagne de 1870. Examen raisonné des causes de la guerre et de nos revers ».

*X* : « La France et la Prusse devant l'histoire. Essai sur les causes de la guerre »

*L. Vandevelle* : « Commentaires sur la guerre de 1870-1871 ».

*X* : « Documents sur les événements de 1870 ».

*Le Gouffre* : « Questions des années de 1870 et 1871 »

*Général Fay* : « Marche des armées allemandes du 30 juillet au 1er septembre ».

*L. Schwartz* : « Aperçu critique des opérations militaires en 1870-1871, précédé d'une étude du théâtre de la guerre ».

*L. Drapeyron* : « La géographie et la topographie au service du feld maréchal de Moltke ».

*Général du Barail* : « Mes souvenirs » (1).

*Un officier général de l'armée de Metz* : « La France et son armée en 1870 ».

*X* : « Les causes de nos désastres ».

*Un officier d'État-major* : « La vérité sur les causes de nos désastres ».

*Lieutenant-colonel Rousset* : « Introduction à l'histoire populaire de la guerre de 1870 ».

_______________

(1) Tome III, 1864-1879.

*Colonel Secrétan* : « L'armée française du 20 octobre 1870 au 1ᵉʳ février 1871 ».

*Comte A. de Gasparin* : « La France. Nos fautes, nos périls, notre avenir ». — 2 vol.

*E. Dusaert* : « Une opinion sur les causes de nos désastres et les moyens de réparer nos maux »

*Leduad* : « Nos désastres. Moyens d'y remédier ».

*Baron A. du Casse* : La guerre au jour le jour, 1870-1871, suivie de considérations sur les causes de nos désastres »

*A. Duchâtel* : « Nos désastres. Causes et responsabilités ».

*Un prisonnier de guerre* : « Nos désastres en 1870. Justice à qui de droit ».

*Capitaine Robert* : « Les causes de nos désastres ».

*De Woyde* : « Causes des succès et des revers de la guerre de 1870 »

---

# L'INVASION ALLEMANDE [2]

## Appendice 5.

*Ed. About* : « Alsace, 1871-1872 ».

*J. Charbonnier* : « Souvenirs de l'invasion. L'Alsace en 1872 ».

*Alfred Daunay* : « Les Prussiens en France. Notes de voyage ».

*G. Duruy* : « Pour la France ».

*E. Horn* : « La grande nation, 1870-1871 ».

*Ch. Habeneck* : « Les régiments martyrs. Sedan-Paris ».

*L. Noir et Sacré* : « Histoire de l'invasion ».

*A. Achard* : « Récits d'un soldat. L'alerte ».

*H. d'Ideville* : « Les petits côtés de l'histoire, 1870-1884 ».

*Général Boulanger* : « L'invasion allemande ».

*Alfred Mézières* : « Récits de l'invasion ».

*Général Ambert* : « Récits de guerre. L'invasion ». — 4 vol.

*L. Halévy* : « Récits de guerre. L'invasion 1870-1871 ».

*Mme Cornelis de Witt* : « Six mois de guerre, 1870-1871 ».

*J. Lermina* : « La France martyre. Documents pour servir à l'histoire de l'invasion ».

---

(2) On puisera une foule de renseignements sur ce même sujet et pour la première période de la guerre, dans tous les romans historiques de MM. Erckmann-Chatrian ; dans les 6 vol. anecdotiques de Dick de Lonlay ; dans les ouvrages de Grenest : « L'armée de l'Est ; la Bourgogne, Dijon, Nuits. » etc.

*Hepp* : « Wissembourg au début de l'invasion de 1870. Récit d'un
          sous préfet ».

*J. Claretie* : « La France envahie ».

*Alb. Delpit* : « L'invasion » (1).

*Moulin* : « Récits de guerre, 1870-1871 ».

*Ch. Brifault* : « Causeries et souvenirs ».

*C. A. Dauban* : « La guerre comme la font les Prussiens ».

*P. Montarlot* : « Journal de l'invasion ».

*A. Challamel* : « Vive la Patrie ! »

*Ch. Bigot* : « Gloires et souvenirs militaires ».

*Commandant Grandin* : « Gloires et revers de la Patrie ».

*Turcan* : « Les héros de la défaite ».

*F. Bournand* : « Le clergé pendant la guerre de 1870-1871 ».

*Abbé de Meissas* : « Journal d'un aumônier militaire pendant la
          guerre franco allemande ».

*Un chirurgien aide-major de la société internationale* : « Un
          mois dans les lignes prussiennes ».

*D*{r} *Sarrazin* : « Récits sur la dernière guerre franco-allemande,
          du 17 juillet 1870 au 10 février 1871 ».

*Rustow* : « La guerre aux frontières du Rhin ».

*Guy Delaforest* : « La Lorraine. Souvenirs de la guerre de
          1870 ».

*X* : « *Bazeilles* : Guerre de 1870. Invasion dans les Ardennes ».

*Max Guilin* : « Souvenirs de la dernière invasion, (sous Metz et
          dans le Nord). Episodes de la guerre de sept mois ».

*X* : « Procès verbal d'enquête sur les infamies et les excès com-
          mis par les Prussiens dans les communes de Neuville
          et de This (Ardennes), pendant la guerre de 1870 ».

*P. Lauroy* : Metz sous le joug prussien ».

*M. Vachon* : « L'art pendant la guerre de 1870-1871. Strasbourg.
          Les musées, la bibliothèque et la cathédrale ».

*X.* : « Massacre des mobiles à Passavant, 25 août 1870 ».

*Abbé Briel* : « Episodes de la guerre de 1870 Le pillage, l'incen-
          die et la restauration de Fontonoy ».

*L. Saussier* : « L'invasion de 1870. Episodes de l'occupation
          prussienne de Troyes et dans le département de l'Aube ».

*J. Zeller* : « Les trois instituteurs de l'Aisne fusillés pendant la
          guerre ».

*E. Prarond* : « Après les Prussiens » (2).

---

(1) Consulter encore les ouvrages déjà cités de MM. le lieut.-col. Patry, Eug.
Müller, capitaine Pingel, L. de Narcy...

(2) Appendice au *Journal d'Abbeville*, 1871 1875.

*Laurent Martin* : « Histoire complète de la guerre contre les Prussiens en 1870-1871. La guerre dans les départements : Strasbourg, Metz, Sedan. Le siège de Paris. Crimes, vols, pillages, viols, assassinats, incendies commis pendant la guerre. *Documents officiels* ».

*Cappé* : « Les mobiles de Vitry. Souvenirs de 1870 ».

*Auguste Boucher* : « Récits de l'invasion. Journal d'un bourgeois d'Orléans pendant l'occupation prussienne » (1).

*H. de Lacombe* : « Souvenirs de l'invasion. Le champ de bataille de Loigny ».

*Abbé Ch. Morancé* : « Notes et souvenirs ».

*Abbé Cochard* : « L'invasion prussienne de 1870 ».

*R. P. Stanislas* : « Impressions d'un aumônier de mobiles ».

*Abbé Garreau* : « Les 40 otages de la Prusse à Beaune-la-Rolande. Épisode sanglant de la bataille du 28 novembre ».

*Alph. Dillau* : « Une page de l'histoire de la guerre ».

*A. Gefrotin* : « L'arrondissement de Louviers pendant la guerre de 1870-1871 ».

*E. Bourquelot* : « Un épisode de l'invasion de 1870 à Provins » (2).

---

# CAPTIVITÉ (3)

---

## Appendice 6.

*Alf. Bertrand* : « Les prisons de la Prusse en 1870 ».

*Th. Fontane* : « Souvenirs d'un prisonnier de guerre allemand en 1870 ».

*Prince Bibesco* : « Prisonnier. Coblence, 1870-1871 ».

*G. Masson* : « Souvenirs de captivité ».

*V. Thierry* : « Après la défaite. Souvenirs et impressions d'un prisonnier de guerre en Allemagne ».

*Burdeau* : « Une évasion. Souvenirs de 1871 ».

*Th. Bruchon* : « Souvenirs d'un Châlonnais : 9 mois de captivité en Poméranie : octobre 1870, juillet 1871 ».

---

(1) Cf. les ouvrages cités de MM. M<sup>me</sup> Bois, Le Hautcourt ; — Grenest : 1. Toury, Orléans, Coulmiers, Beaune-la-Rollande, Villepion, Loigny. 2. Baugency, Vendôme, Le Mans... etc.

(2) Extrait de la *Feuille de Provins*, 1872.

(3) Le capitaine Pinget, au chap. 1, de ses « Feuilles de carnet », raconte sa captivité et son évasion.

*Désiré Louis* : « Histoire d'un prisonnier de guerre en Allema-
        gne, 1870-1871 ».

*Habert de Ginestet* : « Souvenirs d'un prisonnier de guerre en
        Allemagne ».

*Chanoine E. Guers* : « Récits et souvenirs de 1870. Les soldats
        français dans les prisons d'Allemagne ».

*Quesnay de Beaurepaire* : « Souvenirs d'un prisonnier de guerre.
        De Wissembourg à Ingolstadt ».

*Louis de Fontenay* : « Derniers jours de campagne et de capti-
        vité d'un volontaire de Cathelineau ».

*H. Galli* : « Aventures et voyages. — L'évasion du général Saus-
        sier de la citadelle de Graudens, en 1870 ». — Cf. § III.

---

# FIN D'EMPIRE ET RANÇON DE 1870

## Appendice 7.

*Fabre de Navacelle* : « Le bilan de l'Empire ».

*Aug. Vitu* : « Le lendemain de l'Empire ».

*Desprels* : « Les leçons de la guerre ».

*Michelet* : « La France devant l'Europe en 1871 ».

*J. Valfrey* : « Histoire du traité de Francfort et de la libération
        du territoire ».

*Henry Doniol* : « M. Thiers, le comte de Saint-Vallier, le général
        de Manteuffel. La libération du territoire. Documents
        inédits ».

*Comte d'Angebert* : « Recueil des traités, conventions, actes,
        notes, capitulations et pièces diplomatiques concernant
        la guerre franco-allemande ».

*De Chaudordy* : « La France à la suite de la guerre de 1870-1871 ;
        à l'intérieur et à l'extérieur ».

*Samuel Denis* : « Histoire contemporaine » (1).

*P. Nolte* : « L'Europe militaire et diplomatique au 19ᵉ siècle,
        1815-1884 ».

*Th. Duret* : « Histoire de France. 1870-1873. » — 2 vol.

---

(1) Le 3ᵉ volume. — Consulter encore Lavisse et Rambaud : *Hist. générale.*

# LA QUESTION D'ALSACE-LORRAINE

## Appendice 8.

*E. Joly* : « Du principe des nationalités ».

*P. Laurent* : « Étude sur l'histoire de l'humanité ».

*J. Novicow* : « La politique internationale ».

*Seinguerlet* : « L'Alsace française. Strasbourg pendant la Révolution ».

*A. Lepage* : « Nos frontières perdues ».

*Poinsot de Chansac* : « La France et l'Europe ».

*Fustel de Coulanges* : « L'Alsace est-elle allemande ou française » ? Réponse à M. Mommsen.

*G. Moch* : « Alsace-Lorraine ».

*E. Schuré* : « L'Alsace et les prétentions prussiennes ».

*J. Heimweh* : « Droit de conquête et plébiscite. » — « Triple alliance et Alsace-Lorraine ». — « Allemagne, France, Alsace-Lorraine ». — « L'Alsace-Lorraine et la paix. La dépêche d'Ems ». — « La parole soit à l'Alsace-Lorraine » (1).

*E. Lavisse* : « La question d'Alsace dans une âme d'Alsacien ».

*Un Lorrain* (L. J.). « Entre Français. Lettre au pays ».

*Ignotissimus* : « Une voix d'Alsace ».

*Grand-Carteret* : « La France jugée par l'Allemagne » (2).

*X...* « Le livre de guerre (1874) » (3).

*X...* « L'Alsace-Lorraine et l'empire germanique » (4).

*Th. Cahu et L. Forest* : « L'oubli ? Alsace-Lorraine 1877-1899 ».

*H. Barthelemi* : « L'ennemi chez lui. »

*X...* « La fin prochaine des races latines. La prépondérance, la domination de l'Allemagne. »

---

(1) Deux autres brochures du même auteur, ont déjà été citées.

(2) Chap. 12 : « Les Allemands et le second Empire ».

(3) Troisième partie : l'Europe armée : la question de l'Alsace-Lorraine.

(4) « Une revanche ? pour quoi faire et à quoi bon ? » Cf. p. 196.

# LA RÉORGANISATION DE L'ARMÉE [1]

## Appendice 9

*J. Truchi* : « L'armée française en 1871 ».

*Colonel Carrelet* : « Aperçu de notre état militaire en 1871 ».

*Général V. Charton* : « Projet motivé de réorganisation de l'état militaire de la France » (1871).

*Un officier supérieur* : « Réorganisation de l'armée en 1871, et les conditions de la revanche ».

*X* : « L'armée nouvelle » (1871).

*Coquillard* : « Etude sur la réorganisation de l'armée ».

*Général Faidherbe* : « Bases d'un projet de réorganisation de l'armée nationale ».

*X* : « La guerre, l'armée » (2).

*Général Tripier* : « Notes sur l'organisation du système défensif de Paris » (1873).

*Général Vinoy* : « L'armée française en 1873 ».

*Général de Wimpffen* : « La nation armée ».

*Général Lewal* : « La réforme de l'armée ».

*Lieutenant-colonel Oméga* : « La défense du territoire français ».

*Kaulbars* : « Rapports sur l'armée allemande ».

*A. Dalby* : « Les armées étrangères en campagne ».

*X* : « Pourquoi la France n'est pas prête » (1883).

*Capitaine Jacquerey* : « La France armée, 1884 ».

*Un volontaire de* 1870 : « La France en 1884 ».

*X* : « La France par rapport à l'Allemagne (1884). Etude de géographie militaire ».

*Un officier prussien* (1884) : « La France est-elle prête ? » (3).

*X* : « Avant la bataille » (1886). (4).

*Barthélemy* : « Avant la bataille. Etude sur l'armée française, 1887 ».

---

(1) Ici surtout j'ai dû borner mes lectures et les restreindre à un bien petit nombre d'ouvrages, tant les publications abondent.

Je rappelle qu'il a été déjà question ailleurs « d'une page d'histoire contemporaine devant l'Assemblée nationale », du général Trochu.

(2) Bordeaux ; Féret, fils.

(3) « Etude sur la réorganisation de l'armée française depuis 1871, et sur les dernières grandes manœuvres ».

(4) Préface de P. Déroulède.

*Th. Cahu* : « L'Europe en armes » (1889).

*A. Deydier* : « L'armée. 1890 ».

*Lieutenant colonel Kertschau* : « L'entrée en campagne », (1890). « Les forces respectives de la France et de l'Allemagne » (1).

*Alfred Bertezène* : « Histoire de la base politique, 1870-1890 ».

*Capitaine Henri Choppin* : (2) « L'armée française, 1870-1890 ».

*Colonel Robert* : « Réformes nécessaires » (1894).

*Commandant E. Manceau* : » Armées étrangères. Essais de psychologie militaire » (3).

*Ch. Corbin* : « Étude sur l'application à la France de l'organisation militaire de l'Allemagne ».

*Rau* : « État militaire des puissances étrangères » (4).

*Colonel G. Humbert* : « La prochaine guerre, victoire ou défaite ».

*Général Thoumas* : « Les transformations de l'armée française » (5).

*Général Derrecagaix* : « La guerre moderne. Stratégie et tactique », 2 vol.

*Em. Second* : « Histoire de la décadence d'un peuple, 1872-1900 ».

*G. Moch* : « L'armée d'une démocratie ».

*Urbain Gohier* : « L'armée nouvelle » (6).

*Commandant Lauth* : « État militaire des puissances étrangères en 1900 ».

*X* : « L'armée sans chef ».

# LE COUP D'ETAT

## Appendice 10

*P. Lefranc* : « Le 2 décembre 1851. Ses causes et ses suites ».

*J. G. Prat* : « Les exploits du deux décembre ».

---

(1) Traduction Joglé. — Du même auteur : « La France et l'Allemagne ».

(2) Ch. Delacour.

(3) Sur ces questions d'ordre très général, consulter encore : Verdier : « L'esprit militaire » — Villiaumé : « L'esprit de la guerre ». — P. Gabillard : « Le prolétariat dans l'armée en France » : *Revue des Revues*, 1898 ; 15 décembre. — Dans le *Figaro* du 19 septembre 1892 : « La débâcle : Lettre du capitaine bavarois Tanéra ». — X. : « 27 ans de République ». — Comte A. de Saint-Aulaire (1894) : « Français et Russes ».

(4) En rapprocher, en ce qui concerne la Russie, l'ouvrage espagnol cité de J. S. Marin : « La Russie militaire et la guerre européenne ».

(5) « Essai d'histoire sur l'état militaire de la France ». — 2 vol.

(6) Chap. I<sup>er</sup> : « Le haut commandement ».

*P. Mayer* : « Histoire du 2 décembre avec documents inédits et
     pièces justificatives ».

*Capitaine A. de Mauduit* : « La révolution militaire du 2 décembre
     1851 ».

*P. Bélouino* : « Historique du coup d'Etat (décembre 1851), d'après
     les documents authentiques, les pièces officielles et les
     renseignements intimes ».

*H. Thirria* : « Napoléon III, Carbonaro » (1).

*H. Magen* : « Histoire de la terreur bonapartiste. Préliminaires
     et présages du coup d'Etat ».

*O. Monprofit* : « Les coups d'Etat. Histoire et théorie : 18 bru-
     maire ; 1830 ; 2 décembre ».

*Les auteurs du dictionnaire de la Révolution française* : (2) « Le
     coup d'Etat du 2 décembre 1851. Histoire des événe-
     ments ». . . etc.

*Corentin Guyot* : « Etudes d'histoire parlementaire. Les hommes
     de 1852 ».

*Ch. de Forster* : « Du royaume à l'empire, 1848-1852. Etude poli-
     tique et philosophique (3).

*Blot* : « Napoléon III » (4).

*E. Lamy* : « Etudes sur le second Empire » (5).

*André Lebon* : « Cent ans d'histoire intérieure ; 1789-1895 ».

*Dʳ L. Véron* : « Mémoires d'un bourgeois de Paris ».

*P. de La Gorce* : « Histoire du Second Empire ».

*Henri Berton* : « L'évolution constitutionnelle du Second Em-
     pire ».

---

# SADOWA

## Appendice 11

*Seignobos* : « Histoire politique de l'Europe contemporaine »

*E. Lavisse* : « Vue générale de l'histoire politique de l'Europe ».

   *id.* :          « Etude sur l'histoire de Prusse ».

*J. Vilbort* : « L'œuvre de M. de Bismark, 1863-1866. Sadowa et la
     campagne de sept jours ».

---

(1) Extrait du « Correspondant ».

(2) MM. Décembre-Alonnier.

(3) Victor Hugo : « Histoire d'un crime. Récit d'un témoin »... Jules Simon :
« Souviens-toi du deux décembre ».

(4) *Revue Historique* : (Félix Alcan ;) n° 67.

(5) *Revue Historique* : (Félix Alcan ;) n° 61.

*Général H. Bonnal* : « Sadowa ».

*Ch. Fay* : « Etude sur la guerre d'Allemagne de 1866 ».

*G. de Renémont* : « Campagne de 1866. »

*La Marmora* : « Un peu de lumière sur les événements politiques et militaires de l'année 1866 ».

*Ed. Neukomm* : « Sadowa d'après le carnet du prince royal de Prusse, Frédéric III ».

*Général Canonge* : « Histoire militaire contemporaine, 1854-1871 » (1).

*A. Pey* : « L'Allemagne d'aujourd'hui, 1862-1882 ».

*Grégor Samarow* (Oscar Meding) : « L'écroulement d'un empire. Sceptres et couronnes » (2).

*E. Chevalet* : « Histoire politique et militaire de la Prusse depuis ses origines jusqu'à 1867 » (3).

*E. de Laveley* : « La Prusse et l'Autriche depuis Sadowa ».

*V. Cherbuliez* : « L'Allemagne politique depuis la paix de Prague, 1866-1870 ».

---

# ALLEMAGNE ET FRANCE

## NAPOLÉON III, M. DE BISMARCK [4], GUILLAUME Ier

### Appendice 12

*A. Lefébure* : « Etude sur l'Allemagne nouvelle ».

*A. Lebon* : « Etude sur l'Allemagne politique ».

*Alf. Mézières* (5) : « La formation de la Prusse contemporaine ».

*Debidour* : « Histoire diplomatique de l'Europe depuis l'ouverture du congrès de Vienne jusqu'à la clôture du congrès de Berlin, 1814, 1878 ».

*Philarète Chasles* : « Etude sur l'Allemagne au 19e siècle ».

---

(1) Premier volume, p. 350 à 500 : Prusse et Autriche en 1866.

(2) II : Sadowa — Lire encore : Journal des Goncourt ; 1re série ; t. 3.

(3) Ch. 16 : p. 297 : les suites de la guerre de 1866.

(4) Cf. ses « Pensées et souvenirs. Mémoires inédits. » — Voir aussi les monographies et ouvrages divers de Mlle M. Bronsart et de M. M. Ch. Andler, J. Hocke, Baron Heckedorn, C. Benoist, M°° Busch, A. Pigeon, H. Welschinger.

(5) *Revue Bleue* du 13 juin 1891 : Analyse d'un livre de M. G. Cavaignac, portant ce même titre.

*Lavisse et Rambaud* : « Histoire générale. » — Tome XI (1).

*J. Roche* : « Allemagne et France ».

*M. Vallady* : « Français et Allemands. Les deux races. »

*E. Feydeau* « L'Allemagne en 1871. »

*A. Wolf* : « Deux Empereurs, 1870-1871 ».

*Ed. Simon* : « L'Allemagne et la Russie au 19ᵉ siècle. »

*Th. Juste* : « M. de Bismarck et Napoléon III, à propos des provinces Belges et Rhénanes ».

*L. Schneider* : « Souvenirs de l'Empereur Guillaume » (2).

*P. Matter* : « La Prusse au temps de Bismarck » (3).

*H. Léonardon* : Prim et la candidature Hohenzollern » (4).

*Eug Véron* : « Histoire de l'Allemagne depuis la bataille de Sadowa ».

*Arnaud de l'Ariège* : « La révolution de 1869. » — (Les élections.)

*Le Moniteur prussien de Versailles*, 1870-1871 : « Journal officiel du comte de Bismarck pendant l'occupation ».

---

# LA CAVALERIE. — SON ROLE EN 1870

## Appendice 13

*L. Yvert* : « Les vaillantes chevauchées de la cavalerie française pendant la guerre franco-allemande de 1870-71 ».

*Lieutenant-colonel Bonie* : « La cavalerie pendant la campagne de 1870-71 ».

*Dick de Lonlay* : « La cavalerie française à la bataille de Rezonville. »

*Paul Margueritte* : « Mon Père » (5).

*Ch. Leser* : « Le soldat » (6).

*Commandant Grandin* : « Les chevauchées du général Margueritte. De Miliana à Sedan. »

---

(1) « Révolutions et guerres nationales 1848-1871 ». — Ch. 8 : p. 303-350 : Formation de l'unité allemande.

(2) En 3 vol. — Cf. tome 1 : La guerre de 1870-1871.

(3) *Revue Historique* (F. Alcan), nᵒ 72.

(4) Ibid. nᵒ 74.

(5) Paul et Victor Margueritte : « La chevauchée au Gouffre. Sedan. » — Général Philebert : ouv. cité. — P. Despaques : « Soldats de Lorraine. »

(6) Froeschwiller, p. 145 : Mouzon, p. 150.

*X.* : « La division du général Margueritte à Sedan ».

*Eug. de Montzie* : « La journée de Reischshoffen. »

*Abbé Lanusse* : « Vingt minutes de la vie d'un peuple » (1).

*G. Bastard* : « Charges héroïques. » — (Armée de Châlons 2° vol).

---

# LES VILLES ASSIÉGÉES [2]

---

## Appendice 14

*G. Fischbach* : « Le siège et le bombardement de Strasbourg ».

*Dupetit Thouars* : « Notes sur le siège ».

*L. Delabrousse* : « Un héros de la défense nationale. Valentin et les derniers jours de Strasbourg. »

*A. Schnéegans* : « La guerre d'Alsace. Strasbourg ».

*Alf. Marchand* : « Le siège de Strasbourg, 1870 ».

*Julien Sée* : « Journal d'un habitant de Colmar. »

*Jean de Villeurs* : « Le roman d'un assiégé. Bitche, 1870-1871. »

*Capitaine Mondelli* : « La vérité sur le siège de Bitche ».

*Eug. Guesquin* : « Bitche et ses défenseurs, 1870-71 » (3).

*J. Wirth* : « Le siège de Neuf-Brisah. »

*Lieutenants Rissler et Athalin* : « Souvenirs du siège de Neuf-Brisah. »

*Capitaine Hollender* : « Le siège de Phalsbourg » (4).

*L. Dussieux* : « Le siège de Belfort. »

*E. Thiers et S. de la Laurencie* : « La défense de Belfort écrite sous le contrôle de M. le colonel Denfert-Rochereau. »

*G. Isambert* : « La défense de Châteaudun, 18 octobre 1870 » (5).

*L. D. Coudray* : « La défense de Châteaudun dans la journée du 18 octobre. Incendies de Varize et de Civry. »

*P. Coltelloni* : « Réalisme. Combat et incendie de Châteaudun, 18 octobre 1870. »

---

(1) Charge des cuirassiers à Reischshoffen, qu'il faut rapprocher des historiques des régiments les plus éprouvés : — 1er zouaves, 1er chasseurs d'Afrique, 2° cuirassiers — et de l'ouvrage déjà cité : « les régiments martyrs, Sedan-Paris ».

(2) Consulter encore, passim, les ouvrages cités de H. Roannis, Alf. Mézières ; Dussieux, 2° vol ; chap. 13 ; p. 125 à 138. — Général Niox : « Guerre de 1870. Simple récit. » — Siège des forteresses, p. 117-125.

(3) Hommage au colonel Tessier.

(4) Émile Lavisse : « Tu seras soldat ».

(5) Sur Châteaudun, voir également les « Pages et récits » de M. M. J. B. Bernot, Ed. Ledeuil... etc.

## ARMÉES DE BRETAGNE, DU NORD...
### BOURBAKI ET GARIBALDI

---

### Appendice 15

*R. de Mauni* : « Mémoires sur l'armée de Chanzy. Gardes mobiles de Mortain. »

*X* : « Journal d'un officier du 3ᵉ bataillon du 12ᵉ mobiles ».

*De Cugnac* : « Les volontaires vendéens à l'armée de Bretagne ».

*Lieutenant-colonel Des Moutis* : « Le 49ᵉ régiment. Mobiles de l'Orne. »

*Léon Géraud* : « Les étapes d'un chasseur à pied ».

*Ed. Deschaumes* : « L'armée du Nord, 1870-71. Le général Faidherbe ».

*Brunel* : « Le général Faidherbe. »

*P. Le Hautcourt* : « Le général Faidherbe et la défense nationale dans le Nord. »

*Commandant Kanappe* : « Sans armée, 1870-1871 ».

*Wolowsky* : « Le colonel Bourras et le corps franc des Vosges. »

*Aug. Marais* : « Garibaldi et le corps franc des Vosges ».

*Ch. Rémond* : « Les batailles de Nuits. »

*Commandant Grandin* : « Le général Bourbaki. »

*Général Bordone* : « Garibaldi, 1807-1882. Sa vie, ses aventures, ses combats ».

*A. C. De la Rive* : « Le condottiere Guiseppe Garibaldi, 1870-1871. »

*Bachelin* : « L'armée de l'Est en Suisse. Notes et croquis. »

---

## LA GUERRE DANS L'EST. SEDAN. METZ.

---

### Appendice 16

*Général Fay* : « Journal d'un officier de l'armée du Rhin ».

*Général H. Bonnal* : « Froeschwiller ». — Théâtre des premières opérations du 15 juillet au 12 août.

*X* : « Relation de la bataille de Froeschwiller ».

*Alf. Duquet* : « Froeschwiller, Châlons, Sedan »

*Adh. de Chalus* : « Wissembourg, Frœschwiller. Retraite sur
 Châlons ».

*Em. Delmas* : « De Frœschwiller à Paris ».

*P. Martin* : « Guerre de 1871. Wissembourg, Reischoffen, Forbach. Batailles sur la Lauter, la Sauer et la Sarre ».

*Dick de Lonlay* : « Les zouaves à l'armée du Rhin ».
 id.   « La bataille de Saint Privat ».

*Capitaine Hallouin* : « La journée du 14 août ».

*Commandant X. Everard* : « Guerre de 1870. La première armée de l'Est. Reconstitution exacte et détaillée des petits
 combats, avec cartes et croquis ».

*A. de Scheel* : « Opérations de la 1ʳᵉ année ». — Trad. Furcy-
 Raynaud.

*Un ancien officier de l'armée du Rhin* : « Le général Lapasset,
 1817-1875 ».

*Ch. Yriate* : « Campagne de France, 1870-1871 (1). »

*G. Bastard* : « Un jour de bataille ». Armée de Châlons : 1ᵉʳ vol.

*G. Bastard* : « L'armée de Châlons. Sanglants combats ».

*A. Borbstaedt* : (trad. de Serda) : « Opérations des armées allemandes depuis le début des opérations jusqu'à la catastrophe de Sedan ».

*Prince Bibesco* : « Belfort, Reims, Sedan ».

*Général Lebrun* : « Bazeilles, Sedan ».

*Franquet* : « Sedan en 1870 ».

*Camille Lemonnier* : « Sedan ».

*X* : « Sedan : les derniers coups de feu ».

*Abbé Lanusse* : « L'heure suprême à Sedan ».

*E. Corra* : « La bataille de Sedan par le général de Wimpffen ».

*Un officier d'Etat-Major* : « L'affaire de Sedan »

*Général Ambert* : « Après Sedan ».

*Bonnamour* : « La gloire » (2).

*Général Deligny* : « L'armée de Metz en 1870 »

*Un officier du génie* : « Trois mois à l'armée de Metz ».

*Colonel M. Poullet* : « La campagne de l'Est ».

*Colonel Thomas* : « L'armée de Metz en 1870 ».

*Colonel Patry* : « Les journées de Metz, 13, 18 août 1870 » (3)

*Un officier général prussien* : « Les opérations militaires autour
 de Metz ».


---

(1) La retraite de Mézières : 13ᵉ corps, Vinoy. — Cf. J. Poirier : « Le 13ᵉ corps
pendant la guerre de 1870 ».

(2) Dernier chapitre : le *Pèlerinage*. De Bazeilles au calvaire d'Illy. Sedan.
Les deux entrevues.

(3) *Revue Bleue*, 16 août 1895.

*Un général prussien* : « La campagne de Metz ».

*Général Frossard* : « Rapport sur les opérations du 2ᵉ corps de l'armée du Rhin ».

*Général Jarras* : « Souvenirs du chef d'État Major général de l'armée du Rhin 1870 » (1).

*Colonel Decaureix* : « Souvenirs et observations sur la campagne de 1870 ». (Armée du Rhin, tome 1).

*Valfrey* : « Le maréchal Bazaine et l'armée du Rhin ».

*Lieutenant-colonel Rousset* : « Le 4ᵉ corps de l'armée de Metz » (2).

*Alfred Duquet* : « Les grandes batailles de Metz. 19 juillet, 18 août ».

   id.   « Les derniers jours de l'armée du Rhin : 19 août, 29 octobre ».

*Meyret* : « Carnet d'un prisonnier de guerre. Les batailles sous Metz. La capitulation. La captivité ».

*L. Bouchard* : « Les mémoires d'un soldat de Metz racontés par lui-même ».

*Capitaine Rossel* : « Les derniers jours de Metz. La capitulation ». 2 vol.

*E. J.* « Les vaincus de Metz. — La capitulation de Metz ». 2 vol.

*Dick de Lonlay* : « Français et Allemands » (3).

*Le P. Marchal* : (4) « Le drame de Metz ».

*Colonel d'Andlau* : « La campagne et les négociations de Metz ».

*Un officier supérieur de l'armée du Rhin* : « Metz. Campagne et négociations ».

*A. G.* « Fallait-il quitter Metz en 1870 ? »

*Ch. Kuntz*, major (H. S.) : « Le maréchal Bazaine pouvait-il, en 1870, sauver la France ? »

*Un officier d'infanterie* : « Trahison du maréchal Bazaine ».

*E. R. lieutenant d'infanterie* : « La trahison de Bazaine ».

*E. A. Spoll* : « Guerre de 1870. Campagne de la Moselle ».

*Capitaine G. Crüst* : « Histoire du lieutenant Cili, ou capitulation de l'armée de Metz, 1870-1871 ».

*Maréchal Bazaine* : « Rapport officiel sur la capitulation de Metz ».

   id.   « Mémoires et rapport sommaire sur les opérations de l'armée du Rhin et sur la capitulation de Metz ».

   id.   « Épisodes de la guerre et blocus de Metz. »

--------

(1) Publiés par sa femme en 1871.

(2) *Revue Historique* (Alcan) : n° 71.

(3) Les 5ᵉ et 6ᵉ vol : l'investissement ; le blocus de Metz.

(4) Aumônier de la garde impériale.

# SIÈGE DE PARIS. COMMUNE

## Appendice 17

*Général Ducrot* : « La défense de Paris, 1870-1871 ». 4 vol.

*Théophile Gautier* : « Tableaux de siège ».

*Edgar Quinet* : « Le siège de Paris et la défense nationale ».

*Mme Edg. Quinet* : « Paris. Journal du siège (1). »

*J. d'Arsac* : « Mémorial du siège de Paris. »

*Louis Veuillot* : « Paris pendant les deux sièges ». 2 vol.

*Jules Claretie* : « Paris assiégé. Champigny, Buzenval ».

*P. de Keraeu* : « Journal d'un mobile : 14 septembre-29 janvier
          1870-71 »

*X* : « Journal du siège par un bourgeois de Paris ».

*Général Brunon* : « Journal du siège du fort de Vanves ».

*Le Hautcourt* : « Siège de Paris » — (Revue Historique : nᵒˢ 68
          et 70).

*Jules Lemelle* : « Siège de Paris, 1870-1871 ».

*Jeziersky* : « Combats et batailles du siège de Paris, 1870-71 ».

*Jean Larocque* : « Souvenirs révolutionnaires, 1871 ».

*Léonce Dupont* : « Souvenirs de Versailles pendant la Commune ».

*Quillet Saint-Ange* : « Le camp retranché de Paris ».

*Pierre Maquest* : « La France et l'Europe pendant le siège de
          Paris : 18 septembre 1870, 28 janvier 1871 ».

*E. Blum* : « Journal d'un vaudevilliste ».

*A. Henryot* : « Paris pendant le siège ».

*J. Claretie* : « Histoire de la révolution de 1870-71 ».

*J. Sokulowicz* : « Le général Trochu et le siège de Paris devant
          l'histoire militaire ».

*Vice-Amiral de la Roncière le Noury* : « La marine au siège
          de Paris ».

*Général Vinoy* : « Siège de Paris. Campagne de 1870-1871 ».

---

(1) Sous ce même titre : Georges d'Heylli : 4 vol.
Sous celui de : « Siège de Paris » : Francis Garnier, Fr. Sangnier, Fr. Sarcey.
Consulter encore à des titres divers :
J. M. Cournier : « Une famille en 1870-1871 ».
Jules Levallois : « Le siège de la commune. Un dîner chez V. Hugo » — Voir la
*Revue Bleue*, du 11 mai 1895.
*Enquête* : Dépositions J. Brame et Jérôme David. (Fortifications.)

*Ermete Pierotti* : « Rapports militaires officiels du siège de Paris de 1870-1871 ».

*Borel d'Hauterive* : « Les sièges de Paris. Annales militaires de la capitulation... » (1).

# DOCUMENTATION GÉNÉRALE

## Appendice 18

*Raymond François* : « 1870. Les derniers jours d'un Empire ».

*Germain Bapst.* : « Napoléon III et sa cour ».

*X.* : « La France et la Russie en 1870, d'après les papiers du général Fleury ».

*Comte d'Hérisson* : « Les responsabilités de l'année terrible ».

    *Id.*       « Journal d'un officier d'ordonnance : juillet 1870, février 1871 ».

*Comte E. de Kératry* : « Petits mémoires » (2).

*Colonel Rousset* : « Les maîtres de la guerre moderne. Frédéric II, Napoléon, Moltke ».

*Comte Benedetti* : « Essai de diplomatie. Ma mission à Ems.» (3).

*Général Trochu* : « Œuvres posthumes » (4).

*D. L. Hahn* : « La guerre de l'Allemagne contre la France et la fondation de l'empire allemand »

*E. d'Avesne* : « Les deux Frances. Radicaux et catholiques, 1870 ».

*Rustow* : « La guerre de France 1870-1871 ».

*X...* : « Journal de guerre du général de Wittich, 1870-1871 ».

*Moritz Busch* : « Le comte de Bismarck et sa suite pendant la guerre de France 1870-1871 ».

*Marc Debrit* : « La guerre de 1870. Notes au jour le jour par un neutre ».

*Amédée de Céséna* : « Histoire de la guerre de Prusse, 1870-1871 ».

*Christian* : « Guerre de 1870 ».

---

(1) Cf. Le siège de Paris par les Prussiens, p. 309. — Voir encore : général Castex : tome 2 : 1870-71. — Journal des Goncourt : 2ᵉ série : t. 1.

(2) Cf. Les responsables de la guerre en 1870 : p. 145. — Si j'avais arrêté Gambetta ; p. 197.

(3) *Revue Historique* (F. Alcan) n° 60.*

(4) *Ibid.* n° 63.

(5) Traduction du commandant Richert.

*Général Niox* : « La guerre de 1870. Simple récit ».

*Wachter* : « Guerre de 1870-1871 ».

*Abbé de Meissos* « Journal d'un aumônier militaire pendant la guerre franco-allemande ».

*Commandant Rousset* : « Histoire générale de la guerre de 1870-1871 », 6 vol.

*X* : « Les combats de 1870-1871 », 2 vol.

*T. de Saint-Germain* : « La guerre de 7 mois Résumé des faits militaires et des documents relatifs à la guerre de 1870-1871 ».

*A. Desprez* : « Histoire de la guerre de 1870 et du siège de Paris ».

*Commandant Blanc* : « Souvenirs de guerre ».

*Colonel Fabre* : « Précis de la guerre franco-allemande ».

*Un chirurgien* : « Grands cadres, petits tableaux. Gravelotte. Sedan. Campagne de la Loire ».

*A. de Ponchalon* : « Souvenirs de guerre 1870-1871 » (1).

*Colonel Fix* : « Souvenirs d'un officier d'État-major » (2).

*P. Tréchon* : « Souvenirs d'un franc-tireur, 1870-1871 ».

*Un lorrain annexé* : « Souvenirs d'un officier de partisans. Guerre de 1870-1871 ».

*G. Debras* « 1870-1871. Souvenirs de guerre ».

*P. de Lano* : « Journal d'un vaincu ».


## GOUVERNEMENT DE LA DÉFENSE NATIONALE

*Stéph. Liégeard* : « Le crime du 4 septembre ».

*Thiers* : « Histoire de la révolution de 1870 » (3).

*Samuel Denis* : « Histoire contemporaine. La chute de l'empire Gouvernement de la défense nationale. L'assemblée nationale ».

*A. Rogat* : « Les hommes du 4 septembre ».

*E. Dréolle* : « La journée du 4 septembre ».

*Ed. Guillemin* : « Les héros de la décadence nationale »

*Ed. Deschaumes* : « Le grand patriote » (4).

---

(1) *Revue Historique* (Alcan) ; n° 63.

(2) *Ibid*, n° 52.
Consulter encore une foule de biographies : « Le maréchal Canrobert », par Germain Bapst ; « Le maréchal Mac-Mahon » par Xavier de Préville, commandant Grandin, L. Laforge : — « Garibaldi et l'armée des Vosges », par Aug. Marais.

(3) Ses dépositions : enquêtes des 4 septembre 1870 et 18 mars 1871.

(4) Gambetta, p. 79 à 121.
— M. de Kératry a écrit dans « Le 4 septembre et le gouvernement de la Défense nationale » : « Je suis de ceux qui ont voté la guerre. Je me suis en cela séparé de mes amis politiques, blâmé par certains de l'avoir voté parce qu'un succès pouvait réconforter l'Empire ». — On rapprochera ce passage de ces lignes

*Jean Koc* : « M. Gambetta et le pouvoir personnel ».

*G. d'Heylli* : « La guerre dans la province. Télégrammes militaires de M. L. Gambetta, du 9 octobre 1870 au 6 février 1871. Documents officiels ».

*J. Reinach* : « Le ministère Gambetta ».

*P. Charriaut* : (1871) « Collection générale des lois et décrets du gouvernement français à partir du 4 septembre ».

*A. Rivière* : « Trois mois de dictature en province. Le gouvernement de la défense nationale à Tours ».

*P. et V. Margueritte* : « Les tronçons du glaive. La défense nationale 1870-1871 ».

## CAMPAGNE SUR LA LOIRE

*Général Camô* : « Guerre franco-allemande. La deuxième armée de la Loire » (1).

*Général Gougeard* : « La deuxième armée de la Loire. Division de l'armée de Bretagne ».

*Capitaine Dumas* : « La guerre sur les communications allemandes : l'armée de Bretagne ».

*Un officier de l'armée de la Loire* : « Souvenirs de la guerre de la défense nationale ».

*Jean Reynaud* : « Souvenirs de l'armée de la Loire ».

*G. Breuilhac* : « Campagnes de la Loire et de la Sarthe ».

*Ch. Mengin* : « Histoire de la deuxième armée de la Loire avec pièces officielles et documents inédits. Coulmiers » (2).

*Fonssagrives* : « Le sacrifice de Loigny. Bataille du 2 décembre 1870 ».

*Abbé Sanisol* : « Loigny ou Patay, 2 décembre 1870 ».

*Auguste Boucher* : « Bataille de Loigny et combats de Villepion et Pourpry » (3).

*F. Desplantes* : « Chanzy (4) et l'armée de la Loire ».

*Fr. Bulot* : « Le 75ᵉ mobiles ».

*Major Von Kortzfleisch* : « La campagne sur le Loir et la prise de Vendôme, 15-16 décembre 1870. Etude d'histoire militaire ». — Traduction Fontaine.

---

du *Journal de Fidus* : « Ce n'est pas la crainte d'un revers qui les faisait tant insister contre la guerre. C'était la *crainte d'un succès* qui seule... explique l'opposition de quelques ambitieux ».

(1) Combats des 7 et 8 décembre 1870.

(2) Commandant Rousset : « Les marins et les corps francs en 1870-1871. La victoire de Coulmiers. » — E. Lacroix : « L'infanterie de marine, 1870-71 ».

(3) On consulterait encore avec profit pour les 1ᵉʳ et 2 décembre : a) les éloges funèbres en l'honneur des morts de Loigny par les abbés Viet, Verret... etc. b) la collection du « Journal du Loiret » de l'hiver 1870-1871 ; et les articles du Journal *Paris* ; hiver 1895-96...

(4) Sur Chanzy : Cf. commandant Grandin, Jean Laur.

# NOTES COMPLÉMENTAIRES

## Appendice 19

Pendant que je corrigeais les dernières épreuves de ce livre, quelques lectures nouvelles (1) occupaient les loisirs de mes vacances. — J'ai pu prendre aussi connaissance de plusieurs publications récentes sur la guerre de 1870-1871.

La haute autorité et l'indiscutable compétence de tous ces auteurs, me permettent peut-être de me sentir aussi heureux que fier de n'y avoir rien trouvé qui vienne sensiblement infirmer mes propres conclusions.

J'en extrairai quelques courtes citations qui sont de nature à justifier la sévérité de plusieurs de mes critiques que d'aucuns pourraient, a priori, taxer d'exagération et d'injustice.

1. Relativement aux cruautés commises par les Allemands :

*L. de Narcy*, dans son « Journal d'un officier de Turcos, 1870 », cite, p. 46, le cas du capitaine Tourangin, mortellement blessé à Wissembourg, qui fut « écrasé d'un coup de crosse sur la tête, pour avoir refusé de livrer aux Bavarois surexcités, le portefeuille et les objets précieux qu'il détient » (2).

*Alexis Martin*, dans « Une visite à Orléans », nous entretient du rôle de De Sonis à Loigny, — p. 146 à 159, — et rappelle le malheureux sort du commandant de Troussures.

Il importe de relire la circulaire du comte de Chaudordy, — 29 novembre 1870, — flétrissant les « atrocités prussiennes. »

---

(1) Victor Hugo : « La libération du territoire ».

Armagnac : « Quinze jours de campagne ; août-septembre 1870 ».

X. X. X. « La frontière de l'Est » — Nancy (*Revue de Paris* du 15 février 1897).

Capitaine V. Nicolas : « Le livre d'or de l'infanterie de marine. »

P. A. Dornoy : « Guerre de 1870-1871. Les trois batailles de Dijon ; 30 octobre, 26 novembre, 21 janvier ».

E. Waldteufel : « Six mois de paix armée. L'Allemagne. L'Autriche-Hongrie. L'Italie. — Paris-Toulon. »

(2) Livre cité du commandant Urdy ; notamment (pages 94-96) : acharnement de sept cavaliers allemands contre le sous-lieutenant Vieil-Lamare.

2. Relativement à notre préparation à la guerre et à la conduite des opérations :

P. *Le Hautcourt* : « La réorganisation de l'armée avant 1870 ».
        id :           « Le commandement en 1870 » (1).

MM. Margueritte, dans un article du *Temps* (7 février 1902), nous donnent sur *Lebœuf* en Crimée et en Italie, deux anecdotes qui auraient trouvé leur place à la page que je lui ai consacrée.

3. Relativement à l'influence désastreuse des préoccupations politiques — juillet-août 1870, — sur les événements militaires :

MM. P. et V. Margueritte, dans leur « Chevauchée au gouffre, Sedan, » soulignent vigoureusement le rôle de l'Impératrice et de ses ministres à Paris. Ils rappellent que *Rouher*, président du Sénat, fut expédié auprès de l'Empereur qui, à son tour, pesa sur Mac-Mahon indécis.

Il est bon, sur le même sujet, de transcrire cette page (2) :

« Le 18 août 1870, le retour à Paris était résolu. L'Empereur était décidé. Mac-Mahon, de son côté, avait résisté aux obsessions de Rouher et de Saint-Paul, qui voulaient le pousser en avant...

Mac-Mahon allait faire rétrograder ses troupes quand il reçut une lettre de Bazaine lui annonçant qu'il sortirait le 26, de Metz. Cela l'ébranle et ne le décide pas. Il en réfère à Palikao, qui lui intime l'ordre de marcher en avant...

L'Empereur était donc décidé à rentrer aux Tuileries. Me voici, dans la nuit du 18 août, chez l'Impératrice. Je lui annonce le retour de l'Empereur. Elle s'écrie « qu'il faut qu'il ne revienne pas, qu'il se fasse tuer à la tête de son armée ». J'ai beau lui objecter qu'il y a un sentiment général qui s'oppose à ce qu'il garde le commandement ; j'ai beau dire que, s'il ne commande plus, il est nécessaire qu'il abandonne son rôle de *chevalier errant* ; qu'il est nécessaire qu'il soit sur son trône, qu'il rentre aux Tuileries. L'Impératrice tient absolument à son idée... »

4. Complément à mon appréciation de la conférence de La Haye et des efforts faits pour arriver à une paix universelle :

Travaux et conférences de « l'Alliance universelle des femmes pour la paix par l'éducation ».

Remarquable article de Madame Séverine dans le *Figaro* du 1er avril 1902, sur le Congrès de la Paix : « Vision d'ensemble ».

5. Après avoir regretté l'absence en France d'un ouvrage définitif et complet sur la guerre de 1870, j'ai cité, sans grand enthousiasme (3), les publications mensuelles de la « Section historique de l'État-major de l'armée, » dans la *Revue d'Histoire*.

---

(1) Cf. *Revue de Paris* : Nᵒˢ des 1ᵉʳ août et 1ᵉʳ novembre 1901.

(2) Journal des Goncourt : Tome 5ᵉ (1872-1877) p. 14-16. — *Conversation du général Schmitz*.

(3) « La journée du 6 août en Alsace ». — janvier 1902 : IVᵉ année ; 5ᵉ volume.

Le très-distingué rédacteur militaire du *Journal des Débats* (1) en a fait en quatre articles, — mai 1902, — une critique complète et décisive.

6. Relativement aux fautes commises par les Prussiens, au cours de la campagne, les mémoires du Maréchal de Blumenthal (2) sont très-explicites.

7. Sur le rôle joué en France par Garibaldi :
*Dussieux*, dans son 2ᵉ volume, — p. 72-77 et 98-103, — est à consulter.

8. De même aussi pour l'*Armistice* ; — p. 109-110.
L'attitude adoptée alors par Jules Favre est fortement étudiée dans les ouvrages cités de Canis (3) et le journal de Fidus (4).

9. Le « Correspondant », nᵒ du 10 avril 1902, contient, du vicomte de Meaux, ancien ministre, des « Souvenirs politiques. L'assemblée nationale à Bordeaux ».

10. L'œuvre militaire de la République a été étudiée en une instructive petite brochure, par MM. A. Delpech et G. Lamy, sous ce titre : « La France sous la troisième République, 1870-1901 (5) ».

11. Les aspirations ambitieuses de l'Allemagne actuelle ont fait l'objet de plusieurs articles fort documentés des journaux parisiens.
Sous le titre de « Pangermanisme », M. Édouard Drumont (6) a rappelé :
*a)* Les limites fixées à l'empire allemand sur la carte dressée par l'association pangermanique, fondée en 1894.
*b)* Les lettres du vieux Mommsen ; les paroles du colonel de Bernhardi, celles de Von Der Goltz.
*c)* La leçon qui se dégage d'un beau livre de M. Chéradame : « L'Europe et la question d'Autriche au seuil du XXᵉ siècle. »

12. Peut-être se souvient-on de certaine appréciation du *colonel* Deplanque sur son nouveau général, en Algérie, de Wimpffen (7) :

---

(1) M. Charles Malo.

(2) « Carnet de campagne » : 1866-1870. — Ceux du général Von Stosch établissent la préméditation et « le piège tendu » par Bismarck.

(3) « Histoire de la République Française de 1870 à 1883 ». — P. 167 et ssq.

(4) Aux dernières pages : ch. 7.

(5) P. 11 à 18.

(6) *Libre Parole* du samedi 7 juin 1902.

(7) « Je ne suis pas flatté de l'avoir : pour bien des raisons il me déplait, et c'est un mauvais homme, mauvais soldat et mauvais général. Je l'ai eu en Crimée comme général de brigade et l'ai vu à l'œuvre ». — Cf. Lettre du 6 juin 1869.

On sait, du moins, quel rôle il joua dans la dernière phase de la bataille de Sedan, quand il exhiba sa lettre de commande-ment après le blessure du maréchal de Mac-Mahon, pour enlever au général Ducrot, qui venait d'en être investi, la direction du mouvement des troupes.

Il faut lire à ce sujet dans le « Correspondant, » — août 1901 — une étude remarquable d'un anonyme qui déplore la « substi-tution d'un général en chef, ignorant de son terrain de manœuvres et des intentions de l'ennemi, à un général en chef renseigné, intuitif, et aussi prompt à prendre son parti qu'à s'y tenir ferme-ment (1). »

---

# ÉTAT PHYSIQUE ET MORAL DE L'EMPEREUR

---

## Appendice 20

Au moment de la retraite vers Mézières et Paris, l'Empereur Napoléon III paraissait plus accablé, plus affaibli que jamais. A la date du 27 août, voici le portrait que MM. P. et V. Margue-ritte nous tracent de lui : « L'Empereur avait encore vieilli ; son mal ne lui laissait aucun repos ; courbé en deux, il gémissait, seul, pendant des heures. Plus encore, l'anxiété de son destin le tourmentait. Une tristesse infinie flottait dans ses yeux troubles, sous les paupières lourdes .. »

---

(1) Analyse de l'étude parue dans le « Correspondant », par M. Félicien Pascal : *Soleil* du 2 septembre 1901.

Deux extraits de ce livre, relatifs à l'expédition de Crimée,
tirés à part sur papier du Japon, ont été accueillis en Russie
par les soins de son excellence M. De Montebello, notre ancien
ambassadeur à la cour impériale. L'un de ces deux opuscules
fut déposé aux archives du musée historique de Sébastopol et
l'autre présenté en hommage à sa Majesté l'Empereur Nicolas II.

L'auteur a reçu cette lettre :

AMBASSADE
DE LA                    Saint-Pétersbourg le 13/26 août 1902.
HEPUBLIQUE FRANÇAISE
—

Monsieur,

J'ai l'honneur de vous faire savoir que j'ai transmis
au Ministère de la cour Impériale votre ouvrage intitulé :
« Les trois frères Deplanque en Crimée ».

Le baron Fréedérickzs vient de m'informer que sa
Majesté a daigné donner l'ordre de vous exprimer ses
remerciements.

*Signé :* DE MONTEBELLO.

# ERRATA

———



———

# TABLE DES MATIÈRES

*Achevé d'imprimer*
*le cinq novembre mil neuf cent deux,*
*par*
*Em.-M. LELIÈVRE*
*à Laval (Mayenne) et Paris.*

Imprimerie Em.-M. LELIÈVRE — Paris et Laval.